Hartmut Kaelble (Hrsg.)
Der Boom 1948–1973

Schriften des Zentralinstituts für sozialwissenschaftliche
Forschung der Freien Universität Berlin

ehemals Schriften des Instituts für politische Wissenschaft

Band 64

Hartmut Kaelble (Hrsg.)

Der Boom 1948–1973

*Gesellschaftliche und wirtschaftliche Folgen
in der Bundesrepublik Deutschland und in Europa*

Westdeutscher Verlag

Die Deutsche Bibliothek – CIP-Einheitsaufnahme

Der **Boom** 1948–1973: gesellschaftliche und wirtschaftliche
Folgen in der Bundesrepublik Deutschland und in Europa/
Hartmut Kaelble (Hrsg.). – Opladen: Westdt. Verl., 1992
(Schriften des Zentralinstituts für Sozialwissenschaftliche
Forschung der Freien Universität Berlin; Bd. 64)
ISBN 3-531-12291-6
NE: Kaelble, Hartmut [Hrsg.]; Zentralinstitut für
Sozialwissenschaftliche Forschung <Berlin>: Schriften des
Zentralinstituts...

Der Westdeutsche Verlag ist ein Unternehmen der Verlagsgruppe Bertelsmann International.

Alle Rechte vorbehalten
© 1992 Westdeutscher Verlag GmbH, Opladen

Das Werk einschließlich aller seiner Teile ist urheberrechtlich
geschützt. Jede Verwertung außerhalb der engen Grenzen des
Urheberrechtsgesetzes ist ohne Zustimmung des Verlags unzulässig
und strafbar. Das gilt insbesondere für Vervielfältigungen,
Übersetzungen, Mikroverfilmungen und die Einspeicherung und
Verarbeitung in elektronischen Systemen.

Druck und buchbinderische Verarbeitung: Weihert-Druck, Damstadt
Gedruckt auf säurefreiem Papier
Printed in Germany

ISBN 3-531-12291-6

Inhalt

Gerold Ambrosius/Hartmut Kaelble
Einleitung: Gesellschaftliche und wirtschaftliche Folgen des Booms der
1950er und 1960er Jahre 7

I. Theoretische und historische Einordnung des Booms 1948-1973

Burkart Lutz
Die Singularität der europäischen Prosperität nach dem Zweiten Weltkrieg 35

II. Wirtschaftliche und gesellschaftliche Folgen des Booms in der Bundesrepublik

Hubert Kiesewetter
Amerikanische Unternehmen in der Bundesrepublik Deutschland 1950-1974 .. 63

Harm G. Schröter
Außenwirtschaft im Boom: Direktinvestitionen bundesdeutscher Unternehmen im Ausland 1950-1975 82

Klaus Megerle
Die Radikalisierung blieb aus. Zur Integration gesellschaftlicher Gruppen
in der Bundesrepublik Deutschland während des Nachkriegsbooms 107

III. Wirtschaftliche und gesellschaftliche Folgen in Westeuropa

Gerold Ambrosius
Wirtschaftswachstum und Konvergenz der Industriestrukturen in
Westeuropa 129

Bo Stråth
Der Nachkriegsboom in Schweden: Zur Frage von Kontinuität und
Bruch im Gesellschaftswandel 169

Walther L. Bernecker
Das spanische Wirtschaftswunder. Ökonomisches Wachstum und
sozialer Wandel in der Franco-Ära 190

Hartmut Kaelble
Boom und gesellschaftlicher Wandel 1948-1973: Frankreich und
die Bundesrepublik Deutschland im Vergleich 219

Gerold Ambrosius/Hartmut Kaelble

Einleitung: Gesellschaftliche und wirtschaftliche Folgen des Booms der 1950er und 1960er Jahre

Was veranlaßt Historiker und historisch interessierte Soziologen, einen Band über den Boom der 1950er und 1960er Jahre herauszugeben? Ein neues Beispiel für die Nostalgie nach der harmonischen Welt der Prosperitätsjahre der Bundesrepublik, der Zeit des Wirtschaftswunders und des ungebrochenen Wachstumsoptimismus? Die clevere Plazierung eines Themas in Erwartung eines Booms in den 1990er Jahren? Oder ist es die Abrechnung mit einer Epoche, an deren Irrtümern, Fehlplanungen und dauerhaften Schäden wir immer noch leiden?

Erster und augenfälligster Grund: Mit der Geschichte dieses Booms befaßt sich fast niemand. Nicht Historiker, sondern ein Soziologe, Burkart Lutz, und ein Ökonom, Jean Fourastié, haben die bisher wichtigsten Bücher über diese Epoche geschrieben[1]. Neben diesen beiden Bänden liegt zwar viel zur Geschichte jener Zeit, aber wenig zur Geschichte des Booms vor. Weder die Wirtschaftsgeschichte noch die Sozialgeschichte des Booms und seine vielfältigen Folgen sind bisher gut erforscht. Das ist erstaunlich, denn der Boom hat die heute Lebenden zutiefst geprägt: Die jetzt Sechzig- und Siebzigjährigen haben den Boom als eine Periode der Sorglosigkeit und des Aufatmens nach einer Zeit der leidensvollen Jugend oder des jungen Erwachsenendaseins während der Weltwirtschaftskrise, der NS-Machtergreifung, der Kriegs- und der Nachkriegsjahre erlebt. Die heute Vierzig- und Fünfzigjährigen sind in ihrer Kindheit und Jugend von dem Prosperitätsoptimismus des Booms zutiefst geprägt worden. Für die heute Zwanzig- und Dreißigjährigen war der Umbruch vom Boom in die wirtschaftliche Krisenhaftigkeit ein Schlüsselerlebnis und eine oft schwer zu verarbeitende Korrektur von Erfahrungen und Erwartungen.

Zweiter und wichtigerer Grund für diesen Band über den Boom der 1950er und 1960er Jahre: In dieser Zeit fanden fundamentale historische Weichenstellungen statt, die die Wirtschaften und Gesellschaften Europas bis heute prägen

---

1 Burkart Lutz, *Der kurze Traum immerwährender Prosperität. Eine neue Interpretation industrieller wie kapitalistischer Entwicklung im Europa des 20. Jahrhunderts*, Frankfurt a.M. 1984; Jean Fourastié, *Les trentes glorieuses ou la révolution invisible*, Paris 1979. – Im folgenden stammen die Teile über wirtschaftliche Folgen von Gerold Ambrosius, über sozialhistorische Folgen von Hartmut Kaelble.

und bestimmen. Sie sind für die Geschichte der Bundesrepublik besonders offenkundig, weil der Boom mit den Gründerjahren der Bundesrepublik zusammenfällt und schon allein deshalb viele bundesdeutsche Institutionen und Grundorientierungen aus den Prosperitätsjahren stammen: die grundsätzlichen wirtschaftlichen Prinzipien der sozialen Marktwirtschaft ebenso wie der moderne bundesdeutsche Sozialstaat, die Tarifautonomie und die Schlichtungsregeln im Arbeitskonflikt ebenso wie die grundsätzlichen Organisationsformen der Tarifpartner, die Einheitsgewerkschaft wie die Arbeitgeberverbände; die Durchsetzung der Dienstleistungsarbeit als größter Erwerbssektor, der Angestellten als größte Berufsgruppe ebenso wie die Berufstätigkeit von Ehefrauen und Müttern; das Parteiensystem in der Bundesrepublik ebenso wie die europäische Integration und die Westorientierung der bundesdeutschen Wirtschaft und Gesellschaft, Kultur und Politik; die modernen, von langlebigen Konsumgütern geprägten Konsumformen ebenso wie die moderne Bildungsexpansion; die Energie- und Umweltkrise ebenso wie die Krise der Stadt- und Bildungsplanung. Das sind nur Beispiele. Es ließe sich eine lange Liste von Weichenstellungen aufstellen, die in der Prosperitätsphase der 1950er und 1960er Jahre ihren Ausgang nahmen. Die meisten fanden auch in anderen westeuropäischen Ländern statt, in denen nicht gleichzeitig ein neuer Staat gegründet wurde. Der Boom war deshalb europaweit eine Epoche fundamentaler Weichenstellungen und Umbrüche, die bisher unterschätzt, ja sogar vergessen sind, wohl weil sie nicht mit spektakulären Ereignissen wie Kriegen oder Revolutionen einhergingen. Den Boom als eine Epoche grundsätzlicher Weichenstellungen wiederzuentdecken, die bis heute unsere Gesellschaft prägen, ist deshalb eine wichtige Aufklärungsaufgabe des Historikers.

Ein dritter Grund, der das Interesse einer ganzen Reihe von Historikern und historischen Sozialwissenschaftlern am Boom der fünfziger und sechziger Jahre erklärt, sind die Krisen und die wirtschaftlichen und gesellschaftlichen Probleme, die der Boom hervorbrachte und die teilweise bis heute die westeuropäischen und auch die osteuropäischen Gesellschaften prägen. Zu diesen Krisen und Problemen gehören die Wachstumsgrenzen, die durch Energie und Umweltbelastung gesetzt sind und an die die europäischen Wirtschaften und Gesellschaften während des Booms zum ersten Mal in aller Härte stießen. Zu diesem Problem gehört auch die Entscheidungsträgheit vieler europäischer Regierungen und Verwaltungen, die vielfach erheblich langsamer und unzureichender reagierten als die japanischen und nordamerikanischen Regierungen und Verwaltungen. Ein krisenhaftes Erbe der Prosperitätsjahre ist auch der Städtebau, die vielfach ungestaltete Stadtexpansion, die fehlende Vorausschau bei der Versorgung und mit Dienstleistungen, mit Verkehrsverbindungen, Stadtteilplanungen, die das menschliche Zusammenleben nicht berücksichtigen, im schlimmsten Fall die Last verslumter Neubaugettos. Zu den negativen Folgen der Prosperitätsphase wird vielfach auch die Krise des Wohlfahrtsstaates gerechnet, der ursprünglich auf einem kontinuierlich hohen Wirtschaftswachstum und damit auch auf einem hohen Wachstum der öffentlichen Finanzen aufbaute, der die Selbsthilfefähigkeiten in der Bevölkerung

Einleitung

austrocknete und Erwartungen an öffentliche soziale Sicherungen entstehen ließ, die an die Grenzen der Finanzierbarkeit und der Leistungsfähigkeit von Bürokratien stießen. In den Prosperitätsjahren wurde auch die Bildungskrise erzeugt, eine über die Aufnahmefähigkeiten des Marktes hinausgeschossene Expansion des Hochschulsektors, die in den Universitätsabsolventen übersteigerte Erwartungen an Berufschancen weckte und in eine rasch steigende Akademikerarbeitslosigkeit hineinführte. Burkart Lutz hat auf eine weitere negative Auswirkung der Prosperitätsjahre aufmerksam gemacht: Der traditionelle, familienwirtschaftliche und nicht lohnorientierte Sektor der europäischen Wirtschaften wurde während der Prosperitätsjahre aufgesaugt, womit eine Wirtschaftsweise verschwand, die in früheren Prosperitäts- und Depressionsjahren als Reservoir für wirtschaftliche Erholung und als Polster für wirtschaftlichen Niedergang gedient hatte. Eine weitere folgenschwere Konsequenz des Booms: Die Erfahrungen dieser Prosperitätsjahre, vor allem der inflationären Spätphase des Booms, haben die wirtschaftswissenschaftliche Konjunkturtheorie in eine tiefe Krise gestürzt, die optimistische Hoffnung auf eine theoriebegründete Steuerbarkeit der Konjunktur zerstört - eine Krise von der sich die Wirtschaftswissenschaften bis heute nicht erholt haben. Schließlich eine direkt nach dem Boom besonders viel diskutierte, krisenhafte Folge: Wie schon frühere Boomperioden führte auch diese Prosperitätszeit in ihrer Endphase zu überhöhten sozialen und wirtschaftlichen Erwartungen, zu einer zunehmenden Inflexibilität der politischen Strukturen und Entscheidungsträger und daher notwendigerweise in eine Wirtschaftskrise. Der Nachweis, daß diese vielfältigen, teilweise bis heute andauernden Krisenerscheinungen bereits in den Prosperitätsjahren angelegt waren und nicht einfach Folgen der wirtschaftlichen Wachstumsstörungen seit 1973 sind, ist ein wesentlicher Grund für die Beschäftigung mit der Geschichte des Booms[2].

Ein vierter, auf das Fach Sozialgeschichte beschränkter, eher akademischer Grund für die historische Beschäftigung mit dem Boom: Seit der Entstehung der modernen Sozialgeschichte hat sich diese Disziplin zumindest in Frankreich und der Bundesrepublik in besonders starkem Maße für die Auswirkungen von wirtschaftlichen Konjunkturen interessiert. In Frankreich hat vor allem Ernest Lab-

---

2 Einige zusammenfassende Arbeiten aus einer riesigen Literatur: Lutz, *Prosperität* (Anm.1); Fritz W. Scharpf, *Sozialdemokratische Krisenpolitik in Europa. Das "Modell Deutschland" im Vergleich*, Frankfurt a.M. 1987; Peter Flora, Krisenbewältigung oder Krisenerzeugung. Der Wohlfahrtsstaat in historischer Perspektive, in: W.J. Mommsen (Hrsg.), *Die Entstehung des Wohlfahrtsstaats in Großbritannien und Deutschland, 1850-1950*, Stuttgart 1982; ders. (Hrsg.), *Growth to Limits*, 5 Bde., Berlin 1986 ff.; Hansjoerg Siegenthaler, Ansätze zu einer generalisierenden Interpretation langwelliger Wachstumsschwankungen und ihrer sozialen Implikationen im 19. und frühen 20. Jahrhundert, in: H. Kellenbenz (Hrsg.), *Wachstumsschwankungen*, Stuttgart 1981; ders., The Structure of Economic Fluctuations, Individual Choice and Organizational Behavior, in: J. Kocka/G. Ranki (Hrsg.), *Economic Theory and History*, Budapest 1985; M. Olson, *The Rise and Decline of Nations. Economic Growth, Stagflation and Social Rigidities*, New Haven 1982.

rousse immer wieder die Frage aufgeworfen, ob die französische Revolution auch durch wirtschaftliche Krisenerscheinungen erzeugt worden ist. In der Bundesrepublik hat das Buch von Hans Rosenberg über die Große Depression der 1870er und 1880er Jahre und ihre Auswirkungen auf die sozialen Mentalitäten und die Politik eine ganze Generation von Sozialhistorikern geprägt. Die wirtschaftlichen, gesellschaftlichen, politischen und kulturellen Folgen von wirtschaftlichen Wechsellagen sind deshalb ein Standardthema der Sozialgeschichte. Freilich haben sich die Sozialhistoriker bisher vor allem für Epochen wirtschaftlicher Wachstumsstörungen interessiert. Über die vielfältigen Folgen von wirtschaftlichen Prosperitätsphasen haben sie dagegen sehr viel weniger nachgedacht.

Der vorliegende Band nimmt vor allem die zweite Frage, die nach den langfristigen Weichenstellungen während des Booms, auf. Der Band beginnt mit einem grundlegenden Aufsatz von Burkart Lutz, der den Grundgedanken seines einflußreichen Buches folgt und die zahlreichen Diskussionen über dieses Buch aufnimmt. Im zweiten Teil des Bandes werden grundlegende Einzelaspekte der wirtschaftlichen und sozialen Folgen des Booms in der Bundesrepublik erörtert. Unter den wirtschaftliche Folgen steht vor allem das außergewöhnliche Wachstum der Auslandsinvestitionen im Mittelpunkt: Harm Schröter untersucht das Wachstum der bundesdeutschen Investitionen im Ausland, Hubert Kiesewetter das Wachstum der amerikanischen Investitionen in der Bundesrepublik. Danach behandelt Klaus Megerle als wichtige gesellschaftliche Folge des Booms die außergewöhnliche, heute wieder aktuell gewordene Integration von Millionen von Flüchtlingen und Vertriebenen in der Frühphase des Wirtschaftsbooms der Bundesrepublik. Im dritten Teil des Bandes werden schließlich die vielfältigen wirtschaftlichen und gesellschaftlichen Folgen des Booms in mehreren europäischen Ländern dargelegt. Mit einer wesentlichen wirtschaftlichen Folge des Booms, dem Wandel und der Konvergenz in der Struktur der europäischen Industrien, beschäftigt sich Gerold Ambrosius. Bo Stråth wirft die Frage auf, ob nicht die Weichenstellungen, die in anderen europäischen Ländern während des letzten Booms erfolgten, in Schweden bereits in den 1930er Jahren gestellt wurden. Walther L. Bernecker untersucht, wie weit das Franco-Regime im Boom verfiel und damit der Boom in Spanien zu einem politischen Systemumbruch beitrug. Hartmut Kaelble schließlich versucht zu zeigen, daß das Tempo der Strukturwandlungen während des Booms in Frankreich auf der einen Seite erheblich unterschätzt wurde, auf der anderen Seite erheblich höher war als in der Bundesrepublik und sich aus diesem Grunde die französische und die bundesdeutsche Gesellschaft beträchtlich einander annäherten.

Boom ist ein stark ökonomisch geprägter Begriff: als ein Ausdruck von Aufschwung, Hochkonjunktur, Blütezeit, Hausse, als das Gegenteil von Rezession, Depression, Krise oder Baisse. Eine allgemein akzeptierte, präzise Definition gibt es nicht. Selbst eine genaue Zeitbestimmung des hier behandelten Booms ist nur hinsichtlich seines Endes möglich. Sieht man einmal von dem europaweiten Einbruch der Konjunktur 1966/67 ab, so war 1973 das letzte Jahr, in dem das Sozi-

Einleitung

alprodukt noch einmal sehr hohe Zuwachsraten erzielte. 1974 setzte eine weltweite Krise ein und beendete eine Periode, in der konjunkturelle Abschwünge nicht als Rezessionen erfahren und bezeichnet wurden, sondern als Wachstumsstörungen. Der Beginn des Booms ist nicht exakt zu datieren. In einigen Ländern begann der ungewöhnliche Aufschwung unmittelbar nach dem Krieg, in anderen setzte er 1946/47 ein. In der Bundesrepublik wird sein Anfang - auch nach langer Diskussion über den Sinn dieses Datums - immer noch mit der Währungs- und Wirtschaftsreform im Sommer 1948 gleich gesetzt. Es seien daher großzügige Formulierungen über die Dauer erlaubt: Der Boom umfaßt die 1950er und 1960er Jahre ebenso wie das Vierteljahrhundert nach dem Zweiten Weltkrieg oder die Nachkriegszeit bis Mitte der siebziger Jahre.

Ursachen, Kennzeichen und Folgen eines Booms sind extrem vielschichtig, besonders dann, wenn man sich nicht auf die rein ökonomische Sichtweise beschränkt, sondern soziale, politische, letztlich gesellschaftliche Zusammenhänge mitberücksichtigt. Komplex sind auch die Beziehungen zwischen den Ursachen, den Begleiterscheinungen und den Folgen eines Booms. Einen einfachen Ursachen-Folgen-Zusammenhang gibt es jedenfalls nicht. Es kommt auf den Standpunkt an. Manches kann ebenso gut als Ursache wie als Folge des Booms interpretiert werden.

Ein weiteres Problem taucht in diesem Zusammenhang auf: Welches sind spezifische Folgen des Booms und welches sind Entwicklungstrends, die sich so oder ähnlich auch ohne eine Periode extremen Wirtschaftswachstums durchgesetzt hätten? Eindeutige und abschließende Antworten können auf diese Frage sicherlich nicht gegeben werden. Eine contrafaktische Analyse stößt sehr schnell an ihre Grenzen. Insofern kommt es auch in dieser Hinsicht bis zu einem gewissen Maße auf die subjektive Einschätzung an.

Ein erster Aufsatzband zu einem wenig bearbeiteten Thema kann nicht erschöpfend sein, sondern muß sich notgedrungen auf Einzelthemen und auf einzelne Länder konzentrieren. Um trotzdem die Gesamtentwicklung der wirtschaftlichen und gesellschaftlichen Folgen des Booms im Auge zu behalten, sei auf den folgenden Seiten ein knapper Überblick über grundlegende wirtschaftliche und gesellschaftliche Boomfolgen gegeben, die über die Prosperitätszeit hinaus die europäischen Gesellschaften bis heute beeinflussen und bestimmen. Dabei sollen nur die großen Linien gezogen und nicht auf die vielfältigen Unterschiede zwischen den einzelnen europäischen Ländern eingegangen werden.

Gesellschaftliche und wirtschaftliche Langzeitfolgen des Booms

I. Wirtschaftliche Folgen

I.1. Folgen für das Niveau, die Entwicklung und die Struktur der europäischen Volkswirtschaften

1. Der Boom der 1950er und 1960er Jahre hatte deshalb so einschneidende langfristige Folgen, weil er außergewöhnlich war. Selbst wenn man ihn mit den früheren Prosperitätsphasen der Industriegesellschaft, dem Eisenbahnboom der 1850er und 1860er Jahre und dem Elektro- und Chemieboom der 1890er und 1900er Jahre vergleicht, expandierte die Wirtschaft schnell. Es fielen nicht nur die Wachstumsraten des Sozialprodukts an sich aus dem Rahmen, sondern - was für die Entwicklung von Wirtschaft und Gesellschaft wichtiger ist - die Wachstumsraten des Sozialprodukts pro Kopf. Nie zuvor waren die Menschen in den westeuropäischen Ländern schneller wohlhabend geworden als in dem Vierteljahrhundert nach dem Zweiten Weltkrieg. Die wirtschaftlichen Folgen einer solchen individuellen und kollektiven, privaten und öffentlichen Wohlstandssteigerung waren weitreichend. Es änderten sich die Einkommenniveaus ebenso wie die Nachfragestrukturen mit entsprechenden Folgen für die Angebots- bzw. Produktionsstrukturen. Sowohl der Industrialisierungsschub nach dem Zweiten Weltkrieg als auch die in den sechziger Jahren einsetzende De-Industrialisierung in den meisten westeuropäischen Volkswirtschaften waren eine Konsequenz dieser enormen Einkommenssteigerung. In wenigen Jahren führte der Boom eine Reihe von Gesellschaften in die Periode des industriellen Massenkonsums, in die die USA bereits in der Zwischenkriegszeit eingetreten waren. Schon wenige Jahre später begann der industrielle Beschäftigungsanteil wieder zu sinken; der Übergang zur Dienstleistungswirtschaft setzte ein.
2. Ein weiteres Kennzeichen des Booms war seine Breite. Er erfaßte praktisch alle Länder Europas, Länder mit verschiedenen Entwicklungsniveaus und unterschiedlichen Wirtschaftssystemen. Auch das hebt ihn von den Phasen schnellen Wirtschaftswachstums im 19. Jahrhundert ab. Während sich die Unterschiede im Pro-Kopf-Einkommen zwischen den Ländern in diesen Perioden eher verschärften, zumindest aber nicht veränderten, nahmen sie während des Booms nach dem Zweiten Weltkrieg deutlich ab. Den weniger entwickelten Ländern an der europäischen Peripherie gelang ein Aufholprozeß, der sie an den westeuropäischen Durchschnitt heranführte. Diese Nivellierung der Pro-Kopf-Einkommen war zwar kein längerfristiges Phänomen, d.h. nach dem Boom verschärften sich die Disparitäten wieder. Aber allein die Tatsache, daß es einigen Ländern zumindest zeitweilig gelang, sich dem hohen Niveau der Pro-Kopf-Einkommen der am weitest

Einleitung 13

entwickelten Länder anzunähern, hatte weitreichende ökonomische Konsequenzen. Auch im Hinblick auf die Höhe des Einkommens und die Struktur des Konsums entstand so etwas wie ein integrierter westeuropäischer Wirtschaftsraum mit verbesserten Absatzchancen für die Industrien der hochentwickelten Länder, Industrialisierungsimpulsen in den weniger entwickelten Staaten, Möglichkeiten zur Verlagerung von Produktionsstätten, generell höher intraeuropäischer Mobilität der Produktionsfaktoren usw.
Sieht man in der Höhe des Sozialprodukts pro Kopf einen wichtigen Indikator für das allgemeine sozio-ökonomische Entwicklungsniveau, so sind die wirtschaftlichen Langzeitwirkungen einer enormen Steigerung der Pro-Kopf-Einkommen und ihrer, wenn auch nur zeitweiligen, Nivellierung kaum zu unterschätzen.

3. Auch die Wirtschaftsstrukturen wurden durch den Boom in einer Weise geprägt, daß die Folgen weit über sein Ende hinausreichten. Was den intersektoralen Strukturwandel anbelangt, so hatte sich der Prozeß abnehmender agrarischer und zunehmender industrieller Beschäftigungsanteile in der Zwischenkriegszeit verlangsamt. Der Boom beschleunigte dann erneut - wie bereits erwähnt - die De-Agrarisierung und Industrialisierung. Viele europäische Volkswirtschaften erlebten in den sechziger Jahren den Höhepunkt der Industrialisierung - gemessen am Anteil der in der Industrie Beschäftigten an der Gesamtbeschäftigung. Der Boom führte einige europäische Volkswirtschaften nicht nur auf ein Industrialisierungsniveau, das höher lag als das der außereuropäischen Staaten mit ähnlichem Entwicklungsstand, er ließ auch den Prozeß der De-Industrialisierung vergleichsweise spät einsetzen. Immer noch gilt - besonders in der Bundesrepublik - die Industrie als eigentliche "engine of growth". Die Tatsache, daß der tertiäre Sektor die gesamtwirtschaftliche Produktivitätsentwicklung in der Zwischenzeit nicht mehr bremst, sondern - im Gegenteil - beschleunigt, wird erst allmählich wahrgenommen. Der Boom hat den Glauben an die "workshop-economies" nachhaltig gestärkt, so daß der Weg in die "postindustrielle" Wirtschaft erst relativ spät angetreten wurde.
Zugleich vollzog sich während des Booms eine weitere Angleichung der Wirtschaftsstrukturen, wobei allerdings lediglich ein säkularer Trend wieder aufgenommen wurde, der in der Zwischenkriegszeit zeitweilig unterbrochen war. Immerhin waren sich die westeuropäischen Volkswirtschaften in ihren Strukturen Mitte der siebziger Jahre ähnlicher als unmittelbar nach dem Krieg mit langfristig wirkenden Folgen für die innereuropäischen Wirtschaftsbeziehungen. Darauf geht der Aufsatz von Gerold Ambrosius in diesem Band näher ein.

4. Der Boom bedeutete nicht nur enormes Wirtschaftswachstum, er baute zugleich wachstumshemmende Faktoren auf, die zwar schon vor 1974 Wirkung zeigten, aber erst eines äußeren Schocks bedurften, um voll wirksam zu werden. Die Krise Mitte der siebziger Jahre und die folgende rezessive

Phase waren eben nicht nur ein üblicher Konjunktureinbruch oder eine Ölpreiskrise, sie waren auch eine langfristig angelegte Überproduktionskrise. Der Boom hatte zumindest in den reichsten Gesellschaften im Konsumgüterbereich zu Sättigungserscheinungen geführt. Der labilen Nachfrage standen auf der Angebotsseite Produktionskapazitäten gegenüber, die extremen Wachstumsraten bedurften, um einigermaßen ausgelastet zu werden. Sicherlich erzeugte der Boom auf Unternehmerseite Absatzerwartungen, die sich im Laufe seiner langen Dauer so weit verfestigten, daß der Schock pessimistischer Entwicklungschancen um so nachhaltiger wirkte. Die Krise 1974/75 war insofern ein tiefgreifender Systemschock. Sie bedeutete das Ende des "Goldenen Zeitalters" und des Glaubens an den dauerhaft stabilen Wachstumspfad.

Es kann nicht verwundern, daß die extreme Mobilität der Menschen - des Produktionsfaktors Arbeit -, die nach dem Krieg bestand, nicht über ein Vierteljahrhundert gleich hoch blieb. Die Bereitschaft, einen neuen Beruf zu ergreifen, den Wohnort zu wechseln, familiäre und sonstige Beziehungen aus beruflichen Gründen leiden zu lassen, nahm in dem Maße ab, in dem der Boom für eine permanente Anspannung des Arbeitsmarktes sorgte. Es ging immer weniger darum, ob man Arbeit fand, sondern wie man sich verbesserte. Diese abnehmende Mobilität, in der sich letztlich ein gewandeltes Verhältnis von Arbeit und Wirtschaft ausdrückt, ist ein dauerhaftes Phänomen, das auch durch hohe Arbeitslosigkeit nicht kurzfristig beseitigt wird.

All dies führte zu einer - man sprach von "Eurosclerosis" - gewissen Erstarrung der Wirtschaftsstrukturen, die erst unter dem Schock der Krise Mitte der siebziger Jahre voll wahrgenommen wurde. Erst allmählich wurden die überkommenen Strukturen aufgebrochen, Produktionen eingestellt, umgestellt oder flexibler gemacht. Für die Betroffenen war und ist dieser Prozeß der Umstrukturierung schmerzhaft. Dies gilt um so mehr, als eine weitere negative Folge der Prosperitätsjahre auch darin liegt, daß der traditionelle, familienwirtschaftliche und nicht lohnorientierte Sektor der europäischen Wirtschaften während des Booms aufgesaugt wurde und damit eine Wirtschaftsweise verschwand, die in früheren Krisenphasen den wirtschaftlichen Niedergang abgepolstert und die wirtschaftliche Erholung erleichtert hatte.

Für die meisten Menschen manifestieren sich die "Grenzen des Wachstums" wohl in der extremen Beanspruchung der Umwelt. Der Boom führte die traditionelle Industriewirtschaft und -gesellschaft auf einen Höhepunkt, zeigte aber - sozusagen systemimmanent - die Grenzen auf, die durch die außerordentliche Belastung von Mensch und Umwelt gesetzt wurden. Ohne Zweifel hat diese Folge des Booms das Verhältnis von Mensch und Natur, von Ökonomie und Ökologie am nachhaltigsten verändert. Ohne Zweifel sind dadurch Grenzen aufgezeigt worden, die traditionellen Entwicklungsprozessen definitiv ein Ende setzen. Ob das allerdings Grenzen des Wachstums sind, sei dahingestellt. Definiert man Wirtschafts-

Einleitung 15

wachstum formal als Zunahme des Sozialprodukts, so spricht im Gegenteil vieles dafür, daß die Umstellung auf eine ökologisch verträglichere Produktionsweise den Wachstumsprozeß erneut beschleunigen wird. Versucht man den Zuwachs des Sozialprodukts allerdings inhaltlich zu bestimmen, sieht die Rechnung anders aus. Dann fraß bereits während des Booms die Beseitigung der durch die traditionelle Produktionsweise angerichteten Schäden einen zunehmenden Teil des Sozialprodukts auf. Dann sind die Folgekosten des Booms - selbstverständlich nicht nur die des Booms - so hoch, daß tatsächlich von einem nachhaltigen wachstumsbremsenden Effekt gesprochen werden kann.

I.2. Folgen für die Produktionsprozesse

In produktionstechnischer Hinsicht brachte der Boom den endgültigen Durchbruch der standardisierten Massenproduktion in Europa - ein Vorgang, der sich in den USA bereits in der Zwischenkriegszeit vollzogen hatte und als fordistisches Produktionsmodell bezeichnet wird. Die damit verbundene steigende technische Inflexibilität als Folge zunehmender Technisierung war durchaus gewollt, resultierte sie doch aus der Erwartung stabiler Massennachfrage und stellte sie unter diesen Bedingungen - aufgrund der economies of scale - die kostengünstigste Lösung dar. Zugleich ergab sich daraus im Industriesektor noch einmal und in dieser Form zum letzten Mal ein positiver Zusammenhang zwischen Produktions-, Produktivitäts- und Beschäftigungswachstum. Die Produktion nahm so schnell zu, daß trotz hoher Produktivitätszuwächse immer mehr Menschen beschäftigt wurden. Dieser Zusammenhang begann sich am Ende des Booms aufzulösen. Das "Gesetz der steigenden Skalenerträge" verlor seine Erklärungskraft. Der Boom führte das technisch-organisatorische Konzept der traditionellen Industrialisierung zur höchsten Vollendung, leitete aber zugleich den Übergang zu einem neuen Konzept ein, dem der flexibel automatisierten Prozeßtechnik, der economies of scope. Der Widerspruch zwischen Technisierung und Flexibilität der Produktionsprozesse wird damit aufgehoben. Dieser Wandel hat Folgen, die weit über den produktionstechnischen Aspekt hinausreichen. Die immer stärkere Durchdringung der Produktionsprozesse durch sogenannte flexible Fertigungssysteme wird nicht nur die wirtschaftliche, sondern letztlich die gesellschaftliche Entwicklung auf Dauer entscheidend prägen.

I.3. Folgen für die internationalen Wirtschaftsbeziehungen

Noch schneller als das westeuropäische Sozialprodukt nahm während des Booms der westeuropäische Handel zu. Mitte der sechziger Jahre erreichten die westeuropäischen Länder einen Internationalisierungsgrad wie nie zuvor in ihrer Geschichte. Ein immer größerer Teil der nationalen Sozialprodukte wurde ausgeführt und der Anteil des nationalen Verbrauchs, der nicht von der eigenen Wirtschaft erstellt, sondern importiert wurde, stieg enorm an. Am Ende des Booms waren die westeuropäischen Volkswirtschaften so eng miteinander verflochten, daß im Hinblick auf den Handelsaustausch von einem integrierten westeuropäischen Wirtschaftsraum gesprochen werden konnte.

Mindestens ebenso wichtig für den Übergang von einzelnen Nationalökonomien zu einer gemeinsamen Eurowirtschaft war die durch den Boom bewirkte zunehmende Mobilität der Produktionsfaktoren Arbeit, Kapital und technischer Fortschritt innerhalb Westeuropas. Während des Booms wurden nicht nur in den nationalen Wirtschaften die landwirtschaftlichen, handwerklichen und sonstigen Arbeitskräftereservoirs beseitigt, sondern auch die der europäischen Peripherie in Anspruch genommen. Der europäische Arbeitsmarkt, einschließlich des türkischen und nordafrikanischen, erreichte einen Grad an Mobilität, daß seither nur noch bedingt von autonomen nationalen Arbeitsmärkten gesprochen werden kann. Die Zuwanderung von wenig oder gar nicht qualifizierten Arbeitskräften hatte langfristige Folgen für die arbeitabgebenden wie für die arbeitaufnehmenden Länder, deren wirtschaftliche Bedeutung zwar nur bedingt quantifizierbar, aber nicht zu überschätzen ist.

Das gleiche gilt für die durch den Boom bewirkte hohe Mobilität der Produktionsfaktoren Kapital und technischer Fortschritt. Während am Anfang der fünfziger Jahre die meisten europäischen Währungen nur eingeschränkt konvertibel waren und ausländische Direktinvestitionen genehmigt werden mußten, hatte am Anfang der siebziger Jahre der europäische Geld- und Kapitalmarkt einen Grad an Flexibilität erreicht, daß es souveräne nationale Geld- und Kreditsysteme nur noch bedingt gab. Ausländische Direktinvestitionen und internationale Unternehmensverflechtungern ließen grenzüberschreitende Produktionszusammenhänge entstehen, die die Volkswirtschaften intensiv miteinander verklammerten. Darauf gehen die Artikel von Hubert Kiesewetter und Harm Schröter näher ein. Der technische Fortschritt breitete sich immer schneller aus und der internationale Produktionszyklus von Gütern beschleunigte sich. Nicht zuletzt schuf das hohe Wirtschaftswachstum den Regierungen politische und finanzielle Spielräume, die die wirtschaftspolitische Einigung Westeuropas entscheidend förderten. Der Boom war somit eine wesentliche Voraussetzung für einen effektiven Integrationsprozeß. Als Folge des Booms wuchsen die westeuropäischen Volkswirtschaften so schnell zusammen, daß das Ende oder die Auflösung der Nationalwirtschaften abzusehen ist.

I.4. Folgen für die Wirtschaftswissenschaft und die Wirtschaftspolitik

Eine weitere Folge des Booms war die Einseitigkeit, mit der die liberale Wirtschaftswissenschaft des Westens in makroökonomischen Gleichgewichten dachte. Die Volkswirtschaften schienen auf Dauer mit hohen Wachstumsraten zu expandieren. Die auftretenden strukturellen Reibungen glaubte man vernachlässigen zu können. Nicht von ungefähr hatte die neoklassische Wachstumstheorie während des Booms ihre Blütezeit. Einen konstruktiven, operationalen Beitrag zur praktischen Steuerung der längerfristigen Wirtschaftsentwicklung leistete dieser Zweig der Theorie nicht. Ähnlich sorglos forschten die Konjunkturtheoretiker. Konjunkturelle Wechsellagen alten Stils gab es nicht mehr. Schwankungen in der Konjunktur reduzierten sich auf solche der Wachstumsraten. Für diejenigen, die dennoch nicht an die Selbststabilisierung des liberalen Wirtschaftssystems glaubten, lag mit der keynesianischen Theorie ein allgemein akzeptierter Ansatz zur Konjunktursteuerung vor.

Weitgehende Passivität gegenüber Wachstum und Konjunktur oder der Glaube an die "Machbarkeit der Dinge" kennzeichneten die Wirtschaftspolitik. Die Bundesrepublik ist vielleicht das beste Beispiel für beide Politikvarianten: zunächst für die Überzeugung, daß die stabile Eigendynamik einer liberalen Ordnung nicht durch staatliche Eingriffe gestört werden sollte, sodann dafür, daß liberale Wirtschaftssysteme mit fast wissenschaftlicher Präzision gesteuert werden könnten. Die Folge war eine gewisse Hilflosigkeit von Wissenschaft und Politik gegenüber den praktischen Problemen seit Mitte der siebziger Jahre.

II. Gesellschaftliche Folgen

Für die gesellschaftlichen Folgen waren die Eigenarten dieses Booms von ausschlaggebender Bedeutung. Sie sollen erst kurz skizziert werden, bevor auf die Folgen im einzelnen eingegangen wird.

Erstens hat der Boom der 1950er und 1960er Jahre zu einer außergewöhnlichen Steigerung der Durchschnittseinkommen, der Löhne und damit auch des Lebensstandards geführt. Niemals zuvor in der deutschen Geschichte und auch niemals danach stiegen die Realeinkommen und die Reallöhne derartig dramatisch an. Sie haben sich zwischen 1949 und 1973 in der Bundesrepublik vervierfacht und liegen damit weit über den demgegenüber recht bescheidenen Steigerungsraten der Realeinkommen und Reallöhne während der Prosperitätsphasen des langen 19. Jahrhunderts. In anderen europäischen Ländern sieht die Reallohnentwicklung ähnlich aus. Es mag für die Bewertung des Booms wichtig sein, daß diese außergewöhnlich hohen Steigerungen der Realeinkommen und der Reallöhne nur eine Rückkehr zum langfristigen Trend waren. Für die gesellschaftlichen Konsequenzen des Booms bleibt die historische Tatsache der enormen Realeinkommenssteigerung ausschlaggebend. Wir kommen auf die Folgen gleich zurück.

Zweitens hat der Boom der 1950er und 1960er Jahre außergewöhnlich große Arbeitsmarktchancen geboten. Niemals zuvor und auch bisher niemals danach

Grafik 1: Entwicklung der Reallöhne in europäischen Ländern 1920-1982
(1913=100)

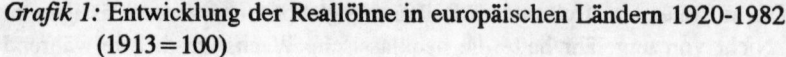

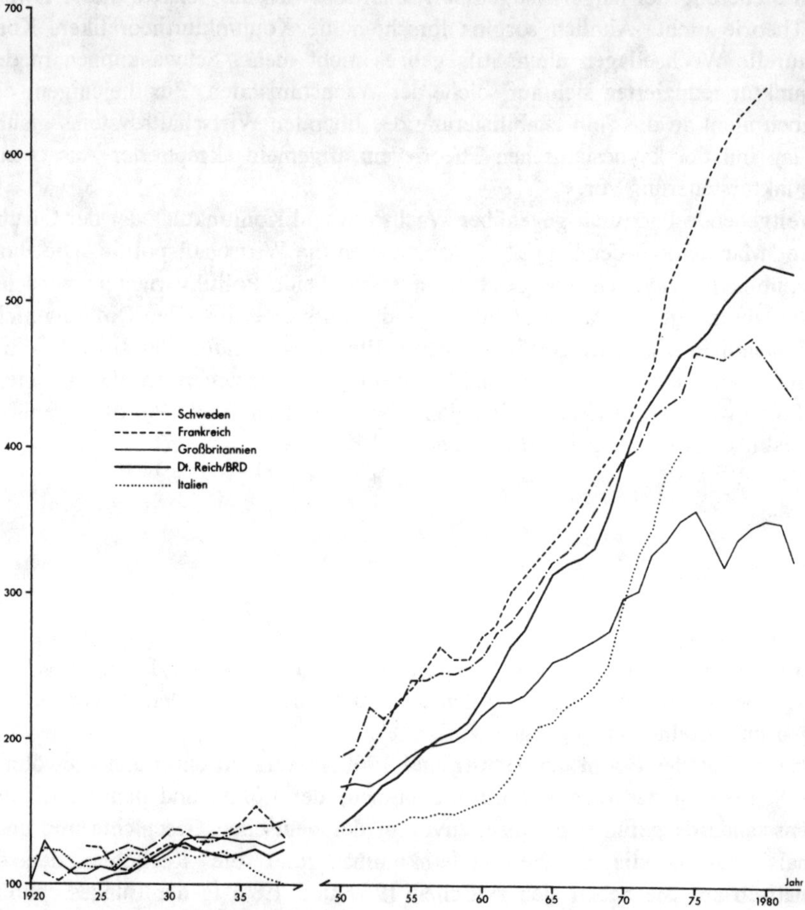

Quelle: G. Ambrosius/W.H. Hubbard, *Sozial- und Wirtschaftsgeschichte Europas im 20. Jahrhundert*, München 1986, S.70.

war die statistisch erfaßte Arbeitslosigkeit, aber auch die schwer faßbare verdeckte Arbeitslosigkeit so gering wie in den 1950er und 1960er Jahren. Niemals zuvor und danach war der Nachfragesog nach Arbeitskräften so massiv wie in dem Vierteljahrhundert zwischen 1949 und 1973. Obwohl durch die ungewöhnlich rasche Bildungsexpansion, durch die Absenkung des Rentenalters und durch die außerordentlich starke Reduzierung der Arbeitszeit dem Arbeitsmarkt immer mehr Arbeitskraft entzogen wurde, stieg die Erwerbstätigkeit der erwachsenen Bevölkerung während der 1950er und 1960er Jahre spürbar an.

Einleitung

Tabelle 1: Arbeitslosenrate in % der zivilen Erwerbstätigen

Land	1890	1900	1910	1920	1930	1939	1950	1960	1970	1980
Belgien					5,4	19,3	9,0	5,4	2,9	11,8
Dänemark				6,1	13,7	18,4	8,7	4,3	2,9	6,7
Deutschland/ Bundesrepublik	2,3	2,0	1,9	3,8	15,3	2,1	10,2	1,2	0,7	3,4
Finnland								1,5	1,9	
Frankreich	7,0	6,8	5,8							6,4
Großbritannien	2,1	2,5	4,7	2,4	14,6	11,7	1,5	1,6	2,6	6,8
Irland			15,6			15,6	7,5	6,7	7,2	8,2
Italien			3,8			3,8	8,3	4,2	3,2	7,2
Niederlande		2,5		5,8	7,8	19,9	2,0	1,2	1,1	6,2
Norwegen		3,9	2,9	2,3	16,6	18,3	2,7	2,5		
Österreich							6,2	3,5	2,4	1,9
Portugal									2,7	6,7
Schweden				11,0	12,2	9,2	2,2	1,4	1,4	
Schweiz					3,4	3,1	1,8			
Spanien										9,9

Quelle: Alle Angaben stammen aus B.R. Mitchell, *European Historical Statistics 1750-1975*, London 1975, S. 174-180. Die Spalte "1980" aus: *Eurostat Revue/Rassegna 1975-84*, Brüssel 1986, S. 129. Die Angaben sollen nur die groben Tendenzen aufzeigen. Zahlreiche Widersprüche zu nationalen Langzeitreihen der Arbeitslosigkeit bestehen.

Drittens schließlich brachte der Boom den Regierungen und den Gemeinden außergewöhnlich große finanzielle und politische Spielräume. Aufgrund der rapide wachsenden Erträge der Wirtschaft wuchsen die öffentlichen Haushalte in dieser Zeit so rasch wie niemals zuvor und danach in Friedenszeiten der europäischen Geschichte. In den großen europäischen Ländern verzehnfachten sich die nominalen öffentlichen Ausgaben in der kurzen Zeit von 1949 bis 1973. Auch die Staatsquote, d.h. der Anteil der Staatsausgaben am Sozialprodukt, stieg enorm an[3].

Diese drei Besonderheiten - neben den außergewöhnlich hohen Wachstumsraten die außergewöhnlich hohen realen Einkommenssteigerungen, die außergewöhnlich günstigen Arbeitsmarktchancen und die außergewöhnlichen finanziellen

---

3 Vgl. Peter Flora, *State, Economy and Society in Western Europe, 1815-1975*, 2 Bde., Bd.1, Frankfurt a.M. 1983, S.257ff.

und auch politischen Spielräume der Regierungen und Gemeinden - haben den Boom der 1950er und 1960er Jahre zu einer Ära vielfältiger Langzeitweichenstellungen gemacht. Sie haben, anders ausgedrückt, nicht nur zu bestimmten wirtschaftlichen und gesellschaftlichen Erwartungen, Einstellungen und Lebensweisen während des Booms selbst geführt, die letztlich Boomblüten waren und sich in den 1970er Jahren meist wieder verloren. Eine ganze Reihe von wirtschaftlichen und gesellschaftlichen Boomfolgen hat vielmehr die Wirtschaft und Gesellschaft der meisten westeuropäischen Länder so gründlich verändert, daß ihre Wirkungen bis heute spürbar sind und auch in absehbarer Zeit nicht verschwinden dürften. Für jede dieser drei Besonderheiten des Booms sei auf wichtige Langzeitwirkungen im einzelnen verwiesen.

II.1. Folgen der außergewöhnlichen realen Einkommenssteigerung

1. Der sprunghafte Anstieg der Realeinkommen und Reallöhne hat den privaten Konsum in den westeuropäischen Ländern grundlegend verändert. Die Realeinkommen stiegen so rasch an, daß selbst bei einer erheblichen Verbesserung der Ernährung und Kleidung der Anteil für diese Ausgaben absank und sich damit der Spielraum der Privathaushalte für bisher unbekannte Ausgaben erweiterte. Die neuen Spielräume wurden vielfältig genutzt: Zu einem großen Teil wurde der Wohnstandard erheblich verbessert. Die Wohnflächen, aber vor allem auch die Qualität der Wohnungen, vergrößerte sich in den 1950er und 1960er Jahren rapide. Innentoilette, eigenes Bad, Zentral- bzw. Ölheizung wurden zum Standard erhoben; die Versorgung mit Elektrizität, Frischwasser und Kanalisation setzte sich vollends durch. Neue Formen der Wohnungsnutzung entstanden. Kinderzimmer wurden erst jetzt allgemein üblich. Die Küche, früher oft der einzige beheizbare Raum, verlor immer mehr ihre zentrale Funktion und wurde Arbeitsklause. Das Wohn- und Eßzimmer entwickelte sich zum Lebenszentrum der Familie. Die erweiterten finanziellen Spielräume der Privathaushalte sorgten daneben aber für eine noch fundamentalere Veränderung: Sie machten den Einstieg in den Markt der langlebigen Konsumgüter möglich, der sich während des Booms dramatisch erweiterte. Autos, Radios, Fernsehapparate, Plattenspieler, Haushaltsgeräte wie Kühlschränke, Mixer, kompliziertere Küchenherde, zu Beginn des Booms noch Privileg kleiner Minderheiten, gehörten an seinem Ende zur Standardausrüstung der bundesrepublikanischen Haushalte. Ganz neue Konsumfelder kamen auf: Der Markt für Kinder, für Jugendliche entstand, der Markt für Herren- und Damenmode weitete sich von einer Bevölkerungsminderheit auf eine Bevölkerungmehrheit aus. Ein weiterer Teil der gewachsenen Einkommen wurde für die verschiedenen Formen der sozialen Sicherung verwandt. Der Anteil der Eigenheimbesitzer in der

Einleitung 21

Bundesrepublik stieg von rund einem Viertel auf fast die Hälfte, in Frankreich und England auf ähnliche oder noch höhere Anteile an. Eine stärkere Minderheit der Europäer besaß damit eine große Sicherheit des Wohnens. Darüber hinaus wurden Versicherungen verschiedenster Art, darunter vor allem Lebensversicherungen, abgeschlossen. Verdeckter ist schließlich eine vierte einschneidende Veränderung der Haushaltsausgaben im rasch steigenden Lebensstandard: Die traditionellen Ausgaben für Nahrungsmittel und Kleidung wurden gegen Ende des Booms anders ausgegeben als am Anfang. Sie wurden viel seltener beim Bauern auf dem Markt, beim Einzelhändler in der Nähe, beim kleinen handwerklichen Produzenten wie Schneider, Schuster oder Schreiner, sondern schon während des Booms in steigendem Maße in Handelsketten und vor allem meist als Industrieprodukte gekauft. Stärker als noch am Anfang des Booms kamen die dramatisch wachsenden Realeinkommen auch in den traditionellen Haushaltsausgaben dem modernen, kapitalintensiven Handel und der modernen Industrie zugute. Gleichzeitig orientierten sich die Konsumenten bei der Qualitätsauswahl der Produkte nicht mehr an der persönlichen Kenntnis des Produzenten, sondern am Image, an der Werbung und der Marke des Produkts.

2. Der rasche Anstieg der Realeinkommen trug zudem wesentlich dazu bei, daß sich die Klassenkulturen in den europäischen Gesellschaften allmählich auflösten. So ist der Boom einer der Gründe für den langsamen Zerfall der besondersartigen Arbeiterkultur. Sie hatte in Deutschland wie auch anderswo in starkem Maße den Charakter einer Notkultur, einer Kultur der gegenseitigen Solidarität in individuellen Notsituationen des Alltags, die durch die rasche Steigerung der Reallöhne während des Booms der 1950er und 1960er Jahre gemildert wurde. Die Arbeiterkultur verlor dadurch einen Teil ihrer Existenzberechtigung, verstärkt noch durch eine weitere, gleich noch zu erwähnende Folge des Booms, den Aufbau des modernen Wohlfahrtsstaats. Die wachsenden Reallöhne schwächten zudem eine weitere Besonderheit der deutschen Arbeiterhaushalte ab: den außerordentlich hohen Anteil am Einkommen, der für Nahrungsmittel ausgegeben wurde, worin sich die Arbeiterhaushalte stark von den Mittelschicht- und Oberschichthaushalten unterschieden. Auf diese Weise verringerten sich auch die sozialen Trennlinien zur bürgerlichen Welt. Gleichzeitig erlaubten die steigenden Realeinkommen auch für Arbeiterhaushalte, weit stärker als jemals zuvor am Markt teilzuhaben, an Industrieprodukten, langlebigen Konsumgütern wie Haushaltsgeräten, Fernsehapparaten, Plattenspielern, Automobilen, auch zu reisen und Versicherungen abzuschließen. Auch damit war eine wichtige soziale Trennlinie zwischen Arbeiter- und bürgerlicher Welt gefallen. Sicherlich ist der Boom nicht der einzige Grund dafür, daß sich die Arbeiterkultur in Deutschland aufgelöst hat. Der Einsatz moderner Massenmedien schon in der Weimarer Republik, die systematische Zerstörung

der Arbeiterbewegung während des NS-Regimes, die Entscheidung der Gewerkschaften und der Sozialdemokratie nach 1945, die traditionelle Arbeiterkultur nicht wieder aufzubauen, aber auch andere, gleich noch zu erwähnende Entwicklungen während des Booms haben zweifellos ebenfalls ihren Teil dazu beigetragen. Ohne die enorme Steigerung der Realeinkommen während des Booms wäre sie jedoch aller Wahrscheinlichkeit nach nicht so rasch verschwunden[4].

Es wäre freilich ein grundsätzlicher Irrtum zu glauben, der steigende Lebensstandard habe nur die Kultur einer sozialen Klasse in der Bundesrepublik aufzulösen mitgeholfen. Er hat zusammen mit anderen Entwicklungen auch viel zur Auflösung der bürgerlichen und der bäuerlichen Kultur beigetragen. Die bürgerliche Kultur verlor durch die wachsenden Realeinkommen und die veränderten Konsumweisen viel von ihren sozialen Trennlinien nach unten. Während noch um 1950 der Besitz eines Wagens, eines Fernsehapparats, von Haushaltsmaschinen, aber auch bestimmte Lebensweisen wie das Reisen, das Weintrinken, das Wohnzimmer, die regelmäßige Lektüre einer Tageszeitung, Kosmetik, die elegante Mode, "moderner Geschmack" weitgehend dem Bürgertum vorbehalten waren und dadurch relativ scharfe Trennlinien in den Lebensweisen gegenüber dem Rest der Gesellschaft gezogen wurden, verloren sich diese sozialen Grenzen im Verlauf des Booms immer mehr. Was blieb, waren "feine" Unterschiede, die manchmal noch dem Außenstehenden, manchmal aber auch nur noch dem Insider erkennbar waren. Nicht mehr der Wagen, sondern die Marke, nicht mehr das Fernsehgerät, sondern die Art des Fernsehkonsums, nicht mehr die Zeitungslektüre, sondern die Art der Tageszeitung, nicht mehr die Kleidermode, sondern die Art der modischen Kleidung setzten Zeichen für soziale Unterschiede. In diesen feinen Unterschieden wurde gleichzeitig die Variationsbreite innerhalb des Bürgertums, zwischen Unternehmern, Intellektuellen, freien Berufen, leitenden Angestellten und Beamten schärfer oder fiel stärker auf. Nicht mehr das Bürgertum als Ganzes setzte sich gegenüber der Arbeiterklasse als Ganzes ab. Parallel zu diesen Verwischungen von sozialen Trennlinien gab es sicherlich auch leichte Abmilderungen der Einkommens- und Vermögensunterschiede

---

4 Zur Entwicklung des Konsumes seit dem Zweiten Weltkrieg liegen nur sehr wenige international vergleichende Untersuchungen vor. Vgl. N.R. Herpin/ D. Verger, *La consommation des français*, Paris 1988; L. Lévy-Garboun, Les modes de consommation de quelques pays. Comparaisons et loi d`évolution (1960-1980), in: *Consommation*, 1/1983; A.S. Deaton, The structure of demand 1920-1970, in: *Fontana Economic Histroy of Europe*, Bd. 5, Teil 1, London 1976. Zur Entwicklung der Arbeiterkultur in Deutschland nach 1945 vgl. Klaus Tenfelde, Vom Ende und Erbe der Arbeiterkultur, in: S. Miller/M. Ristau (Hrsg.), *Gesellschaftlicher Wandel - Soziale Demokratie*, Köln 1988; Josef Mooser, *Arbeiterleben in Deutschland 1900-1970. Klassenlagen, Kultur und Politik*, Frankfurt a.M. 1984; A. Triebel, *Zwei Klassen und die Vielfalt des Konsums: Haushaltsbudgetierung bei abhängig Erwerbstätigen in Deutschland im ersten Drittel des 20.Jahrhunderts*, Diss. FU Berlin 1990 (Zum proletarischen Konsum der Vor- und Zwischenkriegszeit)

Einleitung

während des Booms, die freilich in Frankreich, in Großbritannien, in den Niederlanden, in Schweden stärker ausgeprägt waren bzw. besser belegt sind als in der Bundesrepublik[5].

Wie in den meisten anderen europäischen Ländern hat sich auch die bäuerliche Kultur in der Bundesrepublik in den 1950er und 1960er Jahren weitgehend aufgelöst. Die Bauern nahmen während des Booms nicht nur in ihrem zahlenmäßigen Gewicht wie auch anderswo in Westeuropa dramatisch ab. Die für das ganze 19. und frühe 20. Jahrhundert konstitutiven Gegensätze zwischen Stadtleben und bäuerlichem Landleben verwischten sich während der fünfziger und sechziger Jahre zunehmend. Mit dem steigendem Realeinkommen, freilich auch mit der verbesserten Ausbildung, mit der steigenden räumlichen Mobilität durch das Automobil und dichteren Informationen über das Fernsehen nahmen die Landwirte mehr und mehr am städtischen Konsum teil und unterschieden sich in ihren Lebensweisen erheblich weniger von vergleichbaren städtischen Schichten. Diese Entwicklung beschleunigte sich, als im Verlauf der 1950er und 1960er Jahre reine Bauerndörfer in der Bundesrepublik immer seltener und Bauern in Dörfern immer mehr zu einer winzigen Minderheit wurden, das Dorfleben immer weniger prägten[6].

In starkem Maße bestimmt durch die außergewöhnlichen Einkommenssteigerungen löste sich daher in den 1950er und 1960er Jahren eine Gesellschaft auf, die für rund ein Jahrhundert prägend gewesen war: die konfliktgeladene Symbiose von Arbeiterkultur, bürgerlicher Kultur und bäuerlicher Kultur. Seit dem Boom ist diese Gesellschaftsformation endgültig und unwiederbringbar an den Rand der Geschichte gedrängt worden.

3. Die starke Steigerung der Realeinkommen und Reallöhne beeinflußte den sozialen Konflikt zwischen Arbeitgebern und Arbeitnehmern entscheidend. Hierfür sei nur das bundesdeutsche Beispiel angeführt, da die europäischen Länder in der Regelung des Arbeitskonflikts seit 1945 unterschiedliche Wege gingen: Die Institutionalisierung der bundesdeutschen Tarifautonomie mit ihren für europäische Verhältnisse außergewöhnlich strengen Konflikt- und

---

5 Zur historischen Entwicklung des Bürgertums nach 1945 gibt es nur sehr wenige Untersuchungen und Überlegungen: Vgl. H. Mendras, Une figure de la France, in: ders. (Hrsg.), *La sagesse et le désordre. France 1980*, Paris 1980; P. Bourdieu, *Die feinen Unterschiede*, 3. Aufl., Frankfurt a.M. 1984; B. de Wita, *Ni vue, ni connue. Approche ethnographique de la culture bourgeoise*, Paris 1988; H. Kaelble, *Nachbarn in Europa. Entfremdung und Annäherung der französischen und deutschen Gesellschaft seit dem späten 19. Jahrhundert*, München vorauss. 1991, Kapitel 9.

6 Als wenige Hinweise auf eine umfangreiche, aber bisher nicht europaweit vergleichende Literatur R. Hubscher, Destruction de la paysannerie?, in: Y. Lequin (Hrsg.), *Histoire des français XIXe-XXe siécles*, Bd.2, Paris 1983; P. Collomb, *La mort de L'Orme séculaire. Crise agricole et migration dans l'Ouest Audois des années cinquante*, Paris 1984; A. Ilien/U. Jeggle, *Leben auf dem Dorf. Zur Sozialgeschichte des Dorfes und zur Sozialpsychologie seiner Bewohner*, Opladen 1978; B. Brüggemann/R. Riehle, *Das Dorf*, Frankfurt a.M. 1986.

Streikregelungen, die auch für die deutsche Geschichte völlig neu waren und in den späten 1940er und frühen 1950er Jahren teils durch Gerichtsbeschlüsse, teils durch Gesetze und teils durch Vereinbarungen der Tarifpartner durchgesetzt wurden, hätten aller Wahrscheinlichkeit nach ohne die raschen Einkommenssteigerungen kaum eine Chance gehabt. Die Durchbrechungen dieser Regeln und die wilden Streiks am Ende der 1960er und frühen 1970er Jahre, als die Einkommenszuwächse nicht mehr so stark waren, zeigten die Grenzen dieser Institutionen sehr deutlich. Sicherlich läßt sich aus den realen Einkommenssteigerungen nicht erklären, warum diese Institutionen gerade in der Bundesrepublik entwickelt wurden und warum sie in anderen europäischen Ländern mit ähnlich starken Einkommenssteigerungen ganz anders gerieten. Die Autonomie der Tarifpartner scheint eine Lehre aus der besonderen Entwicklung der deutschen Geschichte gewesen zu sein. Aber diese Schlüsse aus der Geschichte auch durchzusetzen, hat doch viel mit hohen realen Lohnsteigerungen zu tun. Vor allem erklärt der rasch wachsende Lebensstandard auch, warum in der Verteilung der Einkommen zwischen Gewerkschaften und Unternehmern erstmals ein Kompromiß gefunden werden konnte, in dem die Gewerkschaften auf eine Umverteilung der Einkommen verzichteten, während umgekehrt die Arbeitgeber akzeptierten, daß die Zuwächse des Sozialprodukts an die Tarifpartner proportional verteilt wurden. Ohne den rasch wachsenden Lebensstandard wäre ein solcher Verteilungskompromiß undenkbar gewesen. Die Gewerkschaften hätten zweifellos auf die Forderung nach einer Umverteilung der Einkommen nicht verzichtet, während umgekehrt die Arbeitgeber aller Wahrscheinlichkeit nach die Masse der wirtschaftlichen Zuwächse für sich in Anspruch genommen hätten[7].

Schließlich hat die Steigerung des Lebensstandards in starkem Maße auch die nationalen Identitäten in Europa bestimmt. Auch hier sei nur die bundesdeutsche Identität, der Extremfall einer völlig neuen Identität, vorgestellt: Ohne Zweifel trug der Boom mit dazu bei, daß sich die Bundesdeutschen am Ende des Booms hochgradig mit der Bundesrepublik identifizierten. Die Bundesrepublik galt als ein bedeutender wirtschaftlicher Erfolg, der der Masse der Bundesdeutschen spürbar zugute gekommen war. Sicherlich beruhte die Identifikation mit der Bundesrepublik und die Abschwächung der in den 1950er Jahren noch vorherrschenden nostalgischen Höherbewertung des Kaiserreichs oder des Booms der 1930er Jahre nicht allein auf der Steigerung des Lebensstandards. Es gab zweifellos auch politische Gründe, auf die wir gleich noch zurückkommen werden. Ohne den

---

[7] Vgl. G.A. Ritter, *Der Sozialstaat*, München 1989, S.159ff.; H. Volkmann, Modernisierung des Arbeitskampfs? Zum Formwandel von Streiks und Aussperrung in Deutschland 1864-1975, in: H. Kaelble et al., *Probleme der Modernisierung in Deutschland*, 2. Aufl., Opladen 1979; L. Kißler/R. Lasserre, *Tarifpolitik*, Frankfurt a.M. 1987.

Einleitung

Boom und ohne die rasche Steigerung des Lebensstandards wäre jedoch die Identifikation der Bundesdeutschen mit der Bundesrepublik aller Wahrscheinlichkeit nach nicht sehr weit über die Identifikation der Deutschen einer Generation davor mit der Weimarer Republik hinausgegangen.

II.2. Folgen des außergewöhnlich günstigen Arbeitsmarkts

Auch der einmalig günstige Arbeitsmarkt während der Prosperitätsphase der 1950er und 1960er Jahre veränderte die Gesellschaft der Bundesrepublik in der längeren Sicht bis zur Gegenwart. Dabei ergab sich das Paradox, daß sich die Arbeitsmarktsituation in den 1970er Jahren wieder verschlechterte, wichtige Wirkungen der Arbeitsmarktsituation der Prosperitätszeit aber auf Dauer erhalten blieben.

1. Durch die aussichtsreichen Arbeitsmarktchancen der Prosperitätszeit wurde der traditionelle, familienwirtschaftliche Sektor in weiten Teilen Europas aufgesaugt, obwohl die Politik der Regierungen sehr oft auf eine Erhaltung und Subventionierung der familiären Wirtschaftsform zielte. Dieser traditionelle Sektor der europäischen Wirtschaft war - das hat Burkart Lutz stark herausgestrichen - durch kleine Familienbetriebe geprägt, in denen Familienmitglieder anstelle von Lohnabhängigen arbeiteten und die Abhängigkeiten auf familiären Hierarchien und nicht auf dem Lohnnexus beruhten. Diese Familienbetriebe waren zudem oft durch nichtmarktwirtschaftliche Mentalitäten und durch engen persönlichen Kontakt mit den Klienten eines kleinen lokalen Marktes geprägt. Überall in Europa ging aufgrund des chancenreichen Arbeitsmarkts nicht nur die Beschäftigung in denjenigen Wirtschaftssektoren zurück, in denen die familienwirtschaftlichen Betriebe besonders häufig waren wie in der Landwirtschaft, im Handwerk und im Einzelhandel. Auch die Produktionsformen und Marktbeziehungen der Betriebe in diesen Sektoren wandelten sich grundlegend. Aus der bäuerlichen Familienwirtschaft wurde der marktorientierte, kapitalintensive Landwirtsbetrieb, begleitet von einer historisch außergewöhnlichen Steigerung der Produktivität in der Landwirtschaft. Aus dem Handwerksbetrieb, der als Schneider, als Schuhmacher, als Küfer, als Schmied auf Bestellung für eine lokale Kundschaft arbeitete, wurde das Reparatur- und Bauhandwerk, das Industrieprodukte einbaute oder reparierte. Aus dem Einzelhändler, der in seinem Viertel auch gleichzeitig Kreditgeber und Kommunikationszentrum war, wurde die Filiale einer Ladenkette oder ein Spezialladen mit wenigen Waren und oft überlokaler Kundschaft. Sicherlich verschwand dieser traditionelle familienwirtschafliche Sektor nicht überall in Europa, aber während der Prosperitätszeit wurde er doch in starkem Maße zurückgedrängt,

in einigen Teilen Europas fast völlig verdrängt. Diese Zurückdrängung war definitiv. Nach der Prosperitätszeit bestand keine Chance mehr, daß die familienwirtschaftlichen agrarischen, handwerklichen und kleinhändlerischen Betriebe wiederauflebten. Damit endete nicht nur eine Wirtschaftsweise, sondern auch eine Lebensform und eine politische Einstellung. Das Bauerndorf war unwiederbringlich dahingegangen, das Leben auf dem Land wurde ein städtisches Leben mit anderen Mitteln. Für bürgerliche Städter trocknete das Reservoir an Arbeitskräften vom Land, der Dienstboten, der ungelernten Arbeiter, der Arbeitskräfte mit einer ländlichen Arbeitsmentalität aus. Die Bauernmärkte in den Städten gingen immer mehr zurück. Gleichzeitig verschwand eine kleinbürgerliche Lebensweise. Sie war geprägt gewesen von einem eigensinnigen Bedürfnis nach wirtschaftlicher Selbständigkeit, von einem starken Familienzusammenhalt, sie hatte eine vielfältige lokale Vereinskultur entwickelt und war ein Schmelztiegel für Mobile aus den verschiedensten sozialen Schichten. Die Zurückdrängung dieser familienwirtschaftlichen Betriebe und dieser bäuerlichen und kleinbürgerlichen Lebensformen hatte je nach europäischem Land sehr unterschiedliche politische Wirkungen: Sie schwächte in England die soziale Basis des Liberalismus und Konservatismus, in Frankreich die des staatsskeptischen Republikanismus, in Deutschland rechtsradikale Tendenzen, die am Ende der Weimarer Republik im Kleinbürgertum dem Nationalismus zugute gekommen waren. In je nach Land unterschiedlicher Weise hatten die Zurückdrängung und Aufsaugung der traditionellen familiären Wirtschaftsweisen durch die einmaligen Arbeitsmarktchancen der Prosperitätszeit daher auch wichtige politische Auswirkungen[8].

2. Der günstige Arbeitsmarkt hat auf lange Sicht die Arbeitsmarktchancen für Frauen verändert. Zwar stieg die generelle Erwerbstätigkeit für Frauen nicht erkennbar an und sank in manchen Ländern sogar ab. Ein Durchbruch vollzog sich jedoch in der Berufstätigkeit von verheirateten Frauen. Erstmals in der Geschichte stieg der Berufstätigenanteil von verheirateten Frauen auf die Dauer erheblich an. Um 1970 arbeiteten in der Bundesrepublik mehr als die Hälfte der verheirateten Frauen. (Beispiele sind andere europäische Länder.) Auch davor gab es kurze Perioden, in denen viele verheiratete Frauen berufstätig waren. Sie beschränkten sich aber auf die außergewöhnliche Situation der beiden Weltkriege. Weder nach dem Ersten noch nach dem Zweiten Weltkrieg gab es Anzeichen dafür, daß sich die intensive außerhäusliche Berufstätigkeit von verheirateten Frauen über den Weltkrieg hinaus fortsetzen würde. Erst mit dem Boom wurden die Weichen für eine

---

8 Vgl. G. Crossick/H.-G. Haupt (Hrsg.), *Shopkeepers and Master Artisans in 19th Century Europe*, Methuen 1984; dies., *Geschichte des Kleinbürgertums in Europa* (Arbeitstitel), München vorauss. 1991; Lutz, *Prosperität* (Anm.1); H.A. Winkler, *Liberalismus und Antiliberalismus*, Göttingen 1979.

dauerhafte Berufstätigkeit der Mehrzahl der verheirateten Frauen gestellt - eine Entwicklung, die unumkehrbar geworden ist.

Die Berufstätigkeit verheirateter Frauen und Mütter hat das Familienleben, das Familienrecht und die Familienpolitik entscheidend beeinflußt. Sie hat langfristig die Polarisierung der Geschlechterrollen, den scharfen Gegensatz zwischen berufstätigem Ehemann und der reinen Hausfrau abgeschwächt und die Rollenverteilung zwischen den Partnern angeglichen oder zumindest verändert. Sie hat gleichzeitig auch zu einem anderen Berufsverständnis unter Frauen geführt. Der Beruf wurde nicht mehr nur als eine vorübergehende Tätigkeit vor der Ehe, sondern als eine lebenslange angesehen. Der Berufstätigkeit verheirateter Frauen lagen nicht mehr so ausschließlich wie noch in den 1950er Jahren wirtschaftliche Not und wirtschaftlicher Zwang zugrunde, sondern in steigendem Maße Interesse am Beruf. Die Lebenserwerbskurven von Frauen veränderten sich daher während der Prosperitätszeit einschneidend, freilich je nach europäischem Land in unterschiedlicher Weise. In manchen Ländern, zum Beispiel den skandinavischen, unterschied sich die Lebenserwerbskurve von Frauen nur noch wenig von denen der Männer; in anderen Ländern, zum Beispiel in Italien, blieb sie auch nach der Prosperitätszeit auf bestimmte Phasen des Lebens beschränkt. Im europäischen Durchschnitt veränderte sich die Lebenserwerbskurve von Frauen stark und auf Dauer. Die Berufstätigkeit verheirateter Frauen war auch ein starker Anstoß für die Veränderung des Ehe- und Familienrechts. Die zunehmende rechtliche Eigenständigkeit von Ehefrauen bei wirtschaftlichen Verträgen und der Kindererziehung ist sicherlich auch aus Gründen ihrer größeren wirtschaftlichen Selbständigkeit durch Berufstätigkeit durchgesetzt worden. Anderenfalls würde die in der Verfassung vorgeschriebene Gleichberechtigung von Männern und Frauen in der Bundesrepublik ähnlich wie in der Weimarer Republik stärker nur auf dem Papier geblieben sein. Vor allem hat sich zugleich mit der Berufstätigkeit der Ehefrauen die Familienpolitik gewandelt. Während in weiten Teilen Europas in den 1950er Jahren die Hausfrauenehe noch das deutlich vorherrschende Ideal und Zielbild der Familienpolitik war, orientierte sich im Verlauf der Prosperitätszeit die Familienpolitik auch an der Ehe, in der beide Ehepartner berufstätig waren. Netze von Kindergärten, von Ganztagsschulen wurden ausgebaut, Erziehungshilfen wurden im Steuerrecht berücksichtigt oder sogar subventioniert. Auch in dieser Hinsicht war die Prosperitätszeit eine Weichenstellung auf Dauer: Nicht nur die Berufstätigkeit der Ehefrauen blieb nach der Prosperitätszeit erhalten; auch die Wirkungen in der Arbeitsteilung zwischen den Ehepartnern, im Familienrecht und in der Familienpolitik konnten nicht wieder rückgängig gemacht werden.

3. Die außergewöhnlichen Arbeitsmarktchancen der Prosperitätszeit haben weiterhin die innereuropäischen Migrationsströme stark beeinflußt. In der Bundesrepublik ist es vor allem auf die Prosperitätszeit zurückzuführen, daß

die Millionen von Flüchtlingen und Vertriebenen aus den heute russischen und polnischen Gebieten des ehemaligen Deutschen Reiches, auch aus der DDR, relativ rasch einen Arbeitsplatz fanden und in die Gesellschaft der Bundesrepublik integriert wurden. Darauf geht in diesem Band der Aufsatz von Klaus Megerle ein. Daneben hat aber die Prosperitätszeit auch zu einem starken Anwachsen der Migration von der europäischen Peripherie in die industrialisierten Teile Europas geführt. Der Anteil ausländischer Arbeiter aus weniger entwickelten Ländern stieg zwar schon während der Industrialisierung spürbar an, war also schon eine alte Entwicklung, erreichte aber während der Prosperitätszeit ein Niveau wie niemals zuvor. Wäre Europa nicht durch den Eisernen Vorhang geteilt gewesen, hätte sich diese Migration nicht auf die Südeuropäer beschränkt, sondern hätte sicherlich die Osteuropäer einbezogen. Zwar endete in den frühen siebziger Jahren überall in Westeuropa die Zuwanderung von berufsaktiven Ausländern. Aber der Anteil der Ausländer ging nirgends auf das Niveau vor der Prosperitätszeit zurück. Auch in dieser Hinsicht blieben die Wirkungen des Booms in der darauffolgenden Epoche wirtschaftlicher Schwierigkeiten erhalten.

4. Schließlich hat die ungewöhnlich günstige Arbeitsmarktsituation der Prosperitätszeit auch den Bildungsstand der europäischen Bevölkerungen einschneidend und dauerhaft verändert. Vor der Prosperitätsphase dominierten in den europäischen Gesellschaften die Volksschulabsolventen noch bei weitem. Nur ein winziger Teil der Bevölkerungen hatte weiterführende Schulen oder gar Hochschulen besucht. Im Boom begann ein säkularer Umbruch. In wichtigen europäischen Ländern begann der Anteil der Volksschüler erstmals spürbar und dauerhaft zu sinken und der Anteil der Sekundarschüler anzusteigen. Dieser Umbruch war besonders deutlich in Frankreich, Großbritannien, der Bundesrepublik, aber auch in Österreich, Belgien, den Niederlanden und Norwegen sichtbar. Im Boom setzte damit eine Entwicklung ein, an deren Ende nur noch eine Minderheit der Bevölkerung Volksschulabsolventen waren. Ähnlich spektakulär vollzogen sich die Veränderungen auf dem Hochschulsektor: Das dramatische Wachstum der Hochschulstudenten begann während des Booms in einer Beschleunigung, wie sie die Bildungsgeschichte davor niemals gekannt hatte. Der Sog des Arbeitsmarkts war zwar nicht der einzige, aber doch ein wesentlicher Faktor für diesen tiefen Umbruch im Bildungsstand der europäischen Bevölkerung, der nur noch mit der Alphabetisierung des 19. und frühen 20. Jahrhunderts vergleichbar ist. Auch diese Wirkungen der ungewöhnlichen Arbeitsmarktchancen der Prosperitätszeit verschwanden danach nicht wieder. Die Bildungsexpansion verlor zwar etwas an Dynamik, setzte sich aber auch in der Zeit verzögerten wirtschaftlichen Wachstums der 1970er und 1980er Jahre in einem Tempo fort, das für das 19. und frühe 20.

Einleitung 29

Jahrhundert ungewöhnlich war[9].

II.3. Folgen der außergewöhnlichen finanziellen und politischen Spielräume der europäischen Regierungen

Eine dritte Schlüsselrolle für die vielfältigen Wirkungen des Booms spielten schließlich die außergewöhnlichen finanziellen und politischen Spielräume der europäischen Regierungen. Nicht nur konnten die öffentlichen Finanzen außerordentlich hohe Zuwächse verbuchen, auch die Umverteilungskonflikte hielten sich in einer Zeit der enormen Steigerung des Lebensstandards in Grenzen. Auch dadurch entstanden dauerhafte Weichenstellungen, die nach dem Boom wirksam blieben.

1. Die außergewöhnlich großen finanziellen Spielräume der europäischen Regierungen machten es möglich, daß während der Prosperitätszeit die modernen Leistungen des Wohlfahrtsstaats durchgesetzt werden konnten. Erst seit dem Boom sind in der Mehrzahl der europäischen Länder die gesamten Bevölkerungen und nicht nur Teile der Bevölkerung durch staatliche Sozialversicherungen in den wichtigsten Versicherungsbereichen, in der Krankenversicherung, der Rentenversicherung, der Unfallversicherung abgesichert. Erst seit dem Ende des Booms setzte sich das moderne Verständnis der Altersrente durch, von der der Rentenempfänger wirklich leben kann und nicht mehr ein marginales Dasein in der Gesellschaft fristet. Erst seit der Prosperitätszeit ist das durchschnittliche Einkommen der Alten vergleichbar hoch mit dem der erwerbstätigen Bevölkerung, manchmal sogar höher. Die dynamische, an die allgemeine Entwicklung des Lebensstandards gebundene Rente ist eine Errungenschaft des Booms. Die Leistungen der Krankenversicherungen sind während der Prosperitätszeit ebenfalls drastisch gewachsen. Sie haben mit dazu beigetragen, die Kindersterblichkeit zu reduzieren und die Lebenserwartung zu verlängern. Die staatlichen Ausgaben für den Wohnungsbau, die in unterschiedlicher Form in allen europäischen Ländern während der Prosperitätszeit anstiegen, haben ihren Teil zu der bereits erwähnten Steigerung der Wohnungsqualität beigetragen. Die Bildungsexpansion, die in Europa weitgehend durch den Staat und nicht durch private Schulen und Universitäten finanziert wurde, hat ebenfalls eine starke Ausweitung der staatlichen Ausgaben hervorgerufen. In allen diesen Bereichen des Wohlfahrtsstaates wuchsen die Ausgaben nicht nur im allgemeinen Tempo der Staatsausgaben, die sich in den zwanzig Jahren zwischen 1950 und 1970 in den großen europäischen Ländern nominal verzehnfachten. Die Wohlfahrtsausgaben stiegen noch rascher; ihr Anteil an den Staatsausgaben hat sich in manchen Ländern sogar verdoppelt. Auch diese

---

9 Zeitreihen in: Flora, *State* (Anm. 3), S.556ff.

"Boomblüte" des explosionsartigen Wachstums des Wohlfahrtsstaates verschwand nach der Prosperitätszeit nicht. Die wohlfahrtsstaatlichen Rechte, wohlfahrtsstaatlichen Leistungen und Absicherungen blieben trotz vielfältiger und aus allen politischen Richtungen kommender Kritik am Wohlfahrtsstaat in den meisten europäischen Ländern erhalten. Die Weichen der Prosperitätszeit wurden nicht wieder zurückgestellt.

2. Große finanzielle und politische Spielräume entstanden während der fünfziger und sechziger Jahre auch in der Stadt- und Raumplanung. Eine ganze Reihe neuer Herausforderungen wie der Wiederaufbau der zerstörten Städte, die Expansion der Städte durch das Bevölkerungswachstum und - mehr noch - durch die Zuwanderung vom Land, von Flüchtlingen, aus weniger entwickelten Regionen, der Wandel der kommerziellen und administrativen Dienstleistungen, die Durchsetzung neuer Verkehrsträger, vor allem des Automobils, aber auch des Flugzeugs, neue Konsumformen durch den steigenden Lebensstandard, höhere Ansprüche an das Wohnen, an Reisemöglichkeiten entstand während des Booms. Die außergewöhnlichen finanziellen Spielräume während der Prosperitätszeit erlaubten es den Verwaltungen, diesen Herausforderungen zu antworten und sie nicht zu verdrängen und zu vergessen. Das Antlitz der europäischen Städte und Räume hat sich dadurch während des Booms grundsätzlich gewandelt. Neue Stadtviertel und Vorstädte wurden geplant und gebaut, mit dem Wohnhochhaus als weithin sichtbares neuartiges Symbol. Ein neues Straßennetz der Autobahnen entstand. Der innerstädtische Verkehr wurde an das Automobil angepaßt, Flugplätze wurden gebaut oder ausgebaut. Neben den innerstädtischen Einkaufszentren entstanden Einkaufszentren an den Peripherien der Städte. Überall in Europa wurden die Gemeindeverwaltungen umstrukturiert, die Gemeinde- und Verwaltungsgrenzen verändert, die öffentlichen Dienstleistungen in den Kindergärten, Schulen, Sozialverwaltungen, Krankenhäusern umstrukturiert. Die Kompetenzen der städtischen und regionalen Behörden nahmen stark zu. Überall in Europa gab es eine Planungseuphorie, einen breiten Konsens über die Machbarkeit und Modernisierbarkeit der gesellschaftlichen Beziehungen. Dabei kam es in der Stadt- und Raumplanung auch zu Fehlplanungen, die in der Folgezeit zu Belastungen wurden. Neue Stadtteile und neue Vorstädte wurden nicht selten zu überstürzt gebaut, zu wenig durchdacht, zu wenig mit Dienstleistungen versorgt und an den menschlichen Bedürfnissen vorbeikonstruiert. Die Innenstädte waren oft zu sehr am raschen Verkehrsfluß der Autos ausgerichtet und drohten ihre Urbanität und ihren Lebenswert zu verlieren. Gemeindereformen waren oft zu sehr an Verwaltungseffizienz und zu wenig an Bürgernähe orientiert. Die Planungseuphorie und die wachsenden Kompetenzen der Verwaltungen berücksichtigten die tatsächlichen Bedürfnisse der Menschen oft zu wenig und ließen ihnen nicht selten zu wenig Raum für eigene Initiativen und die eigenständige Einrichtung ihres

Einleitung 31

Lebens. Ohne Zweifel waren auch die Weichenstellungen im Städtebau und der Raumplanung der Prosperitätszeit auf Dauer, da sie sich ihrer Natur nach nur schwer ändern, nicht wieder abreißen und rasch wieder zurücknehmen lassen. Sie waren auf Dauer nicht nur in ihren positiven, sondern auch in ihren negativen Folgen.

3. Die großen finanziellen und vor allem politischen Spielräume haben den neuen demokratischen Staatsformen und Verfassungen, die während dieser Zeit in einer Reihe von europäischen Ländern eingeführt wurden, zu großer Stabilität verholfen. Auch hier sei nur das Beispiel Bundesrepublik genannt: Die neue Verfassung wurde nicht, wie nach dem Ersten Weltkrieg die Verfassung von Weimar, wirtschaftlichen Krisensituationen, extremen Umverteilungskonflikten und wirtschaftspolitischen Belastungen ausgeliefert, sondern konnte in einer langen Prosperitätszeit ihre positiven Seiten entfalten und dadurch in der Bevölkerung breite Unterstützung gewinnen. Aus der gesamteuropäischen Perspektive ist die Prosperitätszeit eine entscheidende Durchbruchsphase für demokratische Verfassungen. Auch diese Weichenstellung hat nicht nur zu "Boomdemokratien", sondern zur Stabilität von demokratischen Verfassungen auch nach dem Ende des Booms geführt.

4. Die politischen Spielräume der Prosperitätszeit wurden schließlich auch für eine neue Ordnung der internationalen Wirtschaftsbeziehungen in Europa genutzt. Das außerordentlich hohe wirtschaftliche Wachstum der fünfziger und sechziger Jahre hat auch die Verteilungskonflikte zwischen den europäischen Ländern gemildert und die Chancen für Kompromisse in den internationalen Wirtschaftsbeziehungen beträchtlich erweitert. Die wichtigsten westeuropäischen Länder haben diese Chance genutzt, haben aus den Fehlern der internationalen Wirtschaftsbeziehungen der Zwischenkriegszeit gelernt und mit dem Aufbau eines europäischen Wirtschaftsmarktes durch wirtschaftliche Integration begonnen. Sie fingen Schritt für Schritt zuerst mit der Integration eines Wirtschaftszweigs, der Schwerindustrie, in der Montanunion 1950 an und fuhren dann mit der Integration aller Wirtschaftszweige ab 1957 in der EWG fort. Noch während des Booms wurde der integrierte europäische Wirtschaftsraum von rund einem Drittel der Bevölkerung Europas mit dem Beitritt Großbritanniens und Irlands auf rund die Hälfte ausgeweitet. Ohne die außergewöhnliche wirtschaftliche Prosperität wäre aller Wahrscheinlichkeit nach diese entscheidende Startphase der europäischen Integration nicht gelungen. Das Scheitern der europäischen Zollunionspläne nach der kurzen wirtschaftlichen Prosperitätszeit der 1920er Jahre zeigt deutlich, daß derartige Integrationsprozesse lange Prosperitätsphasen benötigen. Obwohl die europäische Integration in den 1970er und 1980er Jahren in eine längere schwere Krise geriet, war auch diese Weichenstellung von Dauer. Die nächsten Schritte, der Aufbau eines europäischen Währungssystems, der Beitritt der iberischen Länder, vor allem

aber der Ausbau des Binnenmarkts, liefen in die Richtung, die während der Prosperitätszeit begründet worden war.

Soweit ein knapper Überblick über heute erkennbare und über den Boom hinausweisende wirtschaftliche und gesellschaftliche Folgen. Er mag über unseren Band hinaus auch zu weiteren Arbeiten über diese wichtige Epoche der europäischen Geschichte anregen.

Der vorliegende Band enthält Beiträge, die aus zwei verschiedenen Zusammenhängen hervorgegangen sind. Auf der einen Seite enthält er, vor allem im zweiten Teil, Aufsätze einer Forschungsgruppe, die 1987 am Zentralinstitut für sozialwissenschaftliche Forschung der Freien Universität Berlin entstanden ist. Sie wurde von der FU-Kommission für Forschung und wissenschaftlichen Nachwuchs finanziell gefördert und von Hartmut Kaelble und Heinrich Volkmann geleitet. Die Beiträge des ersten Teils und überwiegend auch des dritten Teils stammen aus der Frühjahrstagung 1988 des Arbeitskreises für moderne Sozialgeschichte, die Hartmut Kaelble organisiert hat und auf der unter anderen die Beiträge von Walther L. Bernecker, Burkart Lutz und Bo Stråth vorgetragen und diskutiert worden sind. Wir danken dem Direktorium des Zentralinstituts für sozialwissenschaftliche Forschung für die Aufnahme des Bandes in seine Reihe, Heike Siesslack und Ingrid Russau für die Niederschrift der Manuskripte, Svenja Pfahl und Arpád v. Klimó für die Erstellung der druckgerechten Vorlage sowie Frauke Burian für die Lektoratsarbeiten.

I. Theoretische und historische Einordnung des Booms 1948 - 1973

Burkart Lutz

Die Singularität der europäischen Prosperität nach dem Zweiten Weltkrieg

Vorbemerkung

Im Zeitbewußtsein wie in der Wissenschaft wurde bisher die europäische Prosperität der Jahrzehnte nach 1950 ganz überwiegend als bloße Etappe einer säkularen Entwicklung industriegesellschaftlicher Modernisierung verstanden, die als solche keiner besonderen Erklärung bedurfte; zu erklären war allenfalls das zeitweise besonders hohe Tempo des Wirtschaftswachstums (das "Wirtschaftswunder"). Die Ursache hierfür muß vor allem in der Dominanz von - hier als "historische Modelle" bezeichneten - theoretischen Konstrukten gesucht werden, die alle Momente von Kontinuität scharf hervorheben und nur ganz bestimmte Daten als relevant und Deutungen als pertinent zulassen.

Will man sich aus den Engführungen dieser Modelle und der von ihnen induzierten Sichtweisen lösen, will man insbesondere einen neuen, unbefangeneren Blick auf mögliche Zukünfte und in ihnen enthaltene Probleme gewinnen, so muß man, wie im Folgenden zu zeigen versucht wird, das ihnen durchgängig zugrunde liegende Paradigma industriegesellschaftlicher Entwicklung in Frage stellen und neue Modelle konzipieren, die auf wesentlich anderen Prämissen aufbauen. Das hiermit bezeichnete Arbeitsprogramm kann vermutlich nur bewältigt werden, wenn es gelingt, die arbeitsteiligen Abschottungen zwischen den wichtigsten beteiligten Disziplinen, besonders zwischen Wirtschafts- und Sozialgeschichte auf der einen, Sozialwissenschaften auf der anderen Seite, zu überwinden, die sich in den letzten Jahrzehnten - parallel zum "Boom" und zu dem ihn begleitenden Aufschwung der Wirtschafts- und Sozialwissenschaften - herausgebildet haben. Deshalb hatte ich mich ganz besonders über die Aufforderung von Hartmut Kaelble gefreut, meine Deutung der Nachkriegsentwicklung auf der von ihm vorbereiteten Bad Homburger Tagung im Frühjahr 1988 vorzustellen und einen Aufsatz für diesen Band zu schreiben.

Der folgende Beitrag enthält in seinem Kern - II.- den in meinem Bad Homburger Vortrag vorgestellten Entwurf zu einem solchen neuen historischen Modell. Er wird, nicht zuletzt als Reaktion auf die Diskussion in Bad Homburg, ergänzt durch - I. - einige Überlegungen zum epidemiologischen Status und zu den forschungsstrategischen Intentionen dieser Argumentation und durch - III.- den Versuch, anzudeuten, wie der Ertrag des vorgeschlagenen Modells getestet werden könnte.

Ich bin mir wohl bewußt, daß mein Beitrag auf den Historiker einigermaßen provozierend wirken kann; dies sollte nicht stören, wenn es nur gelingt, hierdurch einen starken und produktiven Anreiz zur Debatte zu geben.

Anzumerken ist noch, daß auf Fußnoten bewußt verzichtet wird; dieser Beitrag fußt im wesentlichen auf bereits veröffentlichten, z.T. ausführlich belegten Darstellungen, auf die am Ende des Textes verwiesen wird.

I. Die Notwendigkeit neuer "historischer Modelle"

1. Was ist ein "historisches Modell"?

Wer immer sich - als Historiker oder als Sozialwissenschaftler - mit wesentlichen Phänomenen, Strukturen und Entwicklungen moderner Gesellschaften beschäftigt und es nicht bei einer bloß soziographischen oder anekdotischen Kompilation mehr oder minder beliebig ausgewählter und im strengen Sinne des Wortes "sinn"-loser Einzelinformationen belassen will, ist gezwungen, explizit oder (zumeist) implizit auf theoretisch-analytische Konstrukte zu rekurrieren, die man als "historische Modelle" (etwas bescheidener vielleicht: "historische Theoreme") bezeichnen kann. Solche Modelle sind komplexe Interpretationsfiguren, die sich in expliziter, ausgearbeiteter Form als systematische Verknüpfung einer größeren Anzahl von Struktur- und Verlaufshypothesen präsentieren. Sie sind letztlich nichts anderes als eine Konkretion und Spezifikation des jeweils herrschenden historisch-gesellschaftlichen Paradigmas, was auch erklärt, warum der Bezug auf sie so oft implizit bleibt, da den sie begründenden Annahmen wegen ihrer paradigmatischen Verankerung ein sehr hoher Grad an Evidenz, ja Selbstverständlichkeit eigen zu sein scheint.

Selbst wenn sie nur in impliziter Form verwendet werden, sind historische Modelle im Forschungsprozeß von zentraler Bedeutung: Sie geben die Dimensionen und Aspekte von Realität vor, die für die Analyse und Erklärung bestimmter Ereignisse oder Entwicklungen relevant sind - von der Stammeszugehörigkeit in Nadlers berüchtigten deutschen Literaturgeschichte bis zur Form des Eigentums an den Produktionsmitteln in den vulgärmarxistischen Traktaten; sie bestimmen die zeitlichen Verkettungen, in denen Wirkungszusammenhänge aufzufinden sind; sie sichern die Einbindung der Ergebnisse von Detailuntersuchungen in globale historische Prozesse und gesellschaftliche Strukturen.

Damit sie diese Funktionen erfüllen können, müssen historische Modelle stets zwei Komponenten enthalten:

- einmal einen - in den meisten elaborierteren Varianten als epochenspezifisch definierten, in vielen impliziten Varianten hingegen faktisch als metahistorisch gesetzten - gesellschaftlichen Strukturzusammenhang, dessen Existenz, dessen Funktionieren und dessen Wirkungen plausibel zu erklären beansprucht wird;
- zum anderen eine Entwicklungs- und Veränderungsdynamik, die in diesen Strukturzusammenhang eingelagert ist, die aber - in den elaborierteren Varianten - sehr wohl über ihn hinausweist, also seine Zerstörung, Überwindung oder Transformation bewirken kann.

Beides läßt sich sehr gut an einem bekannten und in den letzten Jahrzehnten häufig in den verschiedensten Zusammenhängen verwendeten Modell illustrieren, nämlich dem - auf Vorarbeiten von Clark fußenden - Drei-Sektoren-Modell von Jean Fourastié:

Der grundlegende Strukturzusammenhang, den dieses Modell postuliert, liegt darin, daß sich die wirtschaftlichen Aktivitäten einer industriellen Volkswirtschaft untereinander sowohl - produktionstheoretisch - nach ihrer Produktivität und den Möglichkeiten der Produktivitätssteigerung als auch - konsumtheoretisch - nach den Verbraucherpräferenzen gegenüber den von ihnen hervorgebrachten Gütern und Leistungen unterscheiden und daß Produktivitätsniveau bzw. Steigerungsmöglichkeiten der Produktivität - negativ - mit der Stellung des Produkts in der Verbraucherpräferenz korrelieren. Hieraus ergibt sich denn auch die für dieses Modell charakteristische Entwicklungsdynamik fortschreitender Tertiarisierung: Je mehr sich die Leistung einer Volkswirtschaft dank starker Produktivitätssteigerungen im primären und sekundären Sektor erhöht, desto mehr verlagert sich die Konsumentennachfrage auf Produkte des - niederproduktiven und nur geringe Produktivitätssteigerungen erlaubenden - tertiären Sektors, der demzufolge auch ständig mehr Arbeitskräfte an sich zieht. Im Endstadium werden dann nur mehr geringe Restbestände der Erwerbsbevölkerung im primären und sekundären Sektor benötigt, d.h. wird der dem Drei-Sektoren-Modell zugrundeliegende Strukturzusammenhang ähnlich bedeutungslos geworden sein, wie er es vor der Industrialisierung in den vom primären Sektor beherrschten Verhältnissen war.

Wie sich an der Rezeptionsgeschichte von Fourastié leicht zeigen ließe, sind historische Modelle in der Regel Instrumente, deren Gebrauch nicht auf eine einzelne Disziplin beschränkt ist. Ihre Zirkulation und Verbreitung können selbst starke Tendenzen interdisziplinärer Segmentation konterkarieren, weshalb auch ihre Revision und die schrittweise Erarbeitung und Erprobung neuer Modelle bewußt als gemeinsame Sache aller Beteiligten - Historiker, Ökonomen und Sozialwissenschaftler - verstanden und betrieben werden sollte.

2. Das Paradigma industriegesellschaftlicher Entwicklung

Das Drei-Sektoren-Modell ist nur eines aus einer ganzen Reihe von historischen Modellen, die - oft auf der Grundlage von angelsächsischen Vorarbeiten aus den zwanziger und dreißiger Jahren - nach dem Zweiten Weltkrieg auf sehr unterschiedlichem Abstraktionsniveau und in sehr verschiedenartigen Forschungs- und Verwendungszusammenhängen entstanden, von der Genese ökonometrischer Wachstumstheorien über die Erarbeitung von Instrumenten für staatliche Bildungs- oder Regionalplanung bis zur Grundlegung antikapitalistischer Gesellschafts- bzw. Systemkritik. Alle diese Modelle wurzeln in einem Paradigma, das die wissenschaftliche und intellektuelle Entwicklung der Nachkriegszeit dominierte und das man als Paradigma der industriellen Gesellschaft bezeichnen kann: Moderne Gesellschaften kennzeichnen sich gemäß diesem Paradigma ganz generell durch hohe dynamische Stabilität; sie bringen aus sich selbst eine Dynamik kontinuierlicher Entwicklung hervor; die sie tragenden - tendenziell überall gleichartigen - Strukturen (wie Markt, industrielle Technik und Produktion, individuelle Freiheit und ähnliches) sind gleichzeitig essentielle Voraussetzung dieser Dynamik und, durch alle notwendigen Anpassungsprozesse hindurch, ihr hervorragendstes Ergebnis.

Wegen ihrer Verhaftung in diesem Paradigma ist allen historischen Modellen der Nachkriegszeit, unabhängig von ihrem spezifischen Anwendungsfeld und unabhängig von dem jeweiligen - mehr politik- bzw. planungs- oder mehr forschungsbezogenen - Verwendungszusammenhang, ein Grundmuster gemeinsam, das sich in drei Thesen fassen läßt:

1. Ins Zentrum der Analyse werden immer die Strukturen und Funktionsbeziehungen des durch industrielle Produktion, marktwirtschaftliche Verkehrsweisen und städtische Lebensformen geprägten Kerns "moderner" Volkswirtschaften und Gesellschaften gerückt.
2. Die jeweils thematisierte Veränderungsdynamik ist in diesen Kernstrukturen selbst begründet und bedarf zu ihrer Erklärung nicht des Rekurses auf externe Tatbestände oder Entwicklungen.
3. Die von dieser Dynamik hervorgebrachten Veränderungen kennzeichnen sich durch eine prinzipielle, allenfalls von kontingenten Ereignissen (wie Kriege oder andere politisch verursachte Katastrophen) unterbrochene Kontinuität.

Modelle dieses Grundmusters wirken als hochgradig selektive Raster oder Masken, indem sie alle Fakten, Tendenzen und Zusammenhänge, die nicht mit der von diesen drei Thesen begründeten Sichtweise übereinstimmen, entweder gänzlich ausblenden oder als irrelevant definieren. Die Ausblendung trifft in erster Linie alle Momente von Diskontinuität, von Krise, von Strukturbruch, deren es zweifellos in jeder historischen Epoche einige zu beobachten und zu analysieren gäbe und sicherlich in der Nachkriegszeit mehr als genug gegeben hätte. Doch wurden in den Jahrzehnten der Dominanz dieser Modelle alle Theorien, die explizit disruptiv-diskontinuierliche Verläufe annehmen, mit großer Konsequenz aus der wissenschaftlichen Diskussion verbannt; diese ließ keine Deutungen zu, von denen die Vorstellung einer fundamentalen Entwicklungskontinuität in Frage gestellt worden wäre.

Wie diese Ausblendung funktionierte und bis heute noch funktioniert, läßt sich sehr gut an den "vormodernen", traditionellen Wirtschaftsweisen, Lebensformen und Gesellschaftsstrukturen demonstrieren. Diese geraten, sofern sie überhaupt als beachtenswert erscheinen, allenfalls als Verfügungsmasse der Industrialisierung und Modernisierung (oder als deren vielleicht bedauernswertes, aber unvermeidliches Opfer) ins Blickfeld; so interessieren z.B. bäuerliche (bzw. genauer: bäuerlich-handwerkliche) Produktions- und Lebensweisen höchstens als Hemmnisse auf dem Weg zu höherer ökonomischer Effizienz und gesellschaftlicher Rationalität, deren Zerstörung unvermeidlich war. Wie diese Zerstörung im einzelnen geschah und welche Beziehungen sich hierbei zwischen dem traditionellen und dem modernen Sektor herausgebildet hatten, erschien ganz ohne Bedeutung, wenn es darum ging, Verlauf und Ergebnisse des Industrialisierungs- und Modernisierungsprozesses zu erklären.

Gemäß dieser Sicht werden dann auch die empirisch-historischen Belege sortiert, geordnet, bewertet und interpretiert: Ereignisse wie das englische Bauernlegen, die Tragödie der schlesischen Weber oder die fortschreitende Entvölkerung ganzer Landstriche in Zentral- und Südfrankreich erscheinen als der gesetzmäßige Normfall. Anderes - wie z.B. die durchaus aktive Rolle zumindest größerer Teile der Bauern- und Handwerkerschaft im Modernisierungsprozeß mancher, vor allem nordeuropäischer, Länder oder die bis zur Mitte des 20. Jahrhunderts anhaltende Dominanz des traditionellen Sektors in der alltäglichen Versorgung der im modernen Sektor arbeitenden und lebenden Bevölkerung - wird entweder gar nicht zur Kenntnis genommen oder als untypische Ausnahme bzw. als Übergangserscheinung abgetan.

3. Modelle diskontinuierlicher Entwicklung

Historische Modelle, die ihren Ursprung im Paradigma industrieller Gesellschaft haben und dem eben skizzierten Grundmuster entsprechen, übernahmen in dem außerordentlichen Aufschwung von sozialwissenschaftlicher Forschung und Theoriebildung, der die Jahrzehnte nach dem Zweiten Weltkrieg kennzeichnet, ein ganzes Bündel von Funktionen, die oft so fundamental sind, daß sie im Alltag wissenschaftlichen Arbeitens kaum mehr wahrgenommen werden: als leistungsfähiges Instrument der Komplexitätsreduktion und Problemsegmentierung; als stabiler und verläßlicher Verweisungszusammenhang, auf dessen Basis einerseits die arbeitsteilige Konzentration empirischer Sozialforschung auf die systematische Beobachtung und Analyse jeweils begrenzter Ausschnitte der Realität, andererseits die schrittweise Akkumulation und zumindest partielle Integration von an sich ganz disparaten Wissensbeständen möglich wurde; als Medium, mit dessen Hilfe partikulare Sozialerfahrungen und Forschungsbefunde in einem überzeugenden, weithin akzeptierten und in sich einigermaßen konsistenten historischen und gesellschaftstheoretischen Gesamtzusammenhang verortet werden konnten.

Seit der Mitte der siebziger Jahre manifestieren sich jedoch in wachsender Zahl und mit zunehmender Dringlichkeit Phänomene, Ereignisse und Entwicklungen, die in offenem Widerspruch zu den von solchen Modellen implizierten Regelhaftigkeiten stehen: Scheinbar unerschütterliche Maximen der Politik erweisen sich als brüchig; so hatte z.B. langanhaltende Massenarbeitslosigkeit keine politische Destabilisierung zur Folge. Bislang als konstitutiv geltende Strukturmomente entwickelter Industriegesellschaften werden in Frage gestellt, wie die überlegene Effizienz großbetrieblicher Produktion und Organisation, die Zentralität von Beruf und Erwerb im individuellen Lebenszusammenhang oder die hohe Leistungsfähigkeit professioneller, arbeitsteiliger und technisierter Gesundheitsversorgung. Auch mehren sich die Zweifel an der Verläßlichkeit bisher generell akzeptierter Prinzipien individueller Lebensgestaltung oder politischen Handelns, so etwa, daß vermehrte Erwerbsbeteiligung der Frauen das beste Mittel zur Überwindung geschlechtsbedingter Ungleichheit sei. Zugleich manifestieren sich ganz neue Anlässe und Ursachen von Besorgnis und Unsicherheit, von den Perspektiven des weiteren wirtschaftlichen Wachstums über die Frage nach der Zukunft der Dritten Welt bis zur Bedrohung unserer natürlichen Umwelt; und keines der klassischen historischen Modelle eignet sich als Grundlage dafür, diese neuen Fragen und Probleme adäquat zu bearbeiten.

So ist es nicht verwunderlich, daß die meisten der genannten Sachverhalte und neuen Fragen gegenwärtig sehr kontrovers diskutiert werden: Sind die Veränderungen, Spannungen und neuen Probleme, die wir gegenwärtig subjektiv erfahren oder empirisch beobachten, lediglich Ausdruck vorübergehender Entwicklungsengpässe, die wir durchschreiten müssen, die aber an der Grundrichtung des gesellschaftlichen Modernisierungsprozesses nichts Wesentliches ändern werden? Stehen wir derzeit wieder einmal, wie dies auch früher schon mehrfach der Fall war, vor der Notwendigkeit, die im Laufe einer allzu stürmischen Entwicklung gestörte Übereinstimmung zwischen verschiedenen gesellschaftlichen Lebensbereichen wiederherzustellen? Oder befinden wir uns vielleicht mitten in einer gesellschaftlichen Strukturkrise, die wir nur in ihrem Ausmaß noch nicht wahrnehmen können (oder wollen)? Vollzieht sich zur Zeit - gewissermaßen unter unseren Füßen - ein säkularer Entwicklungsbruch, dessen erfolgreiche Bewältigung keineswegs gesichert ist und der in jedem Fall eine grundlegend neuartige, aus der Vergangenheit nicht extrapolierend ableitbare gesellschaftliche Strukturkonstellation hervorbringen wird?

Die in den letzten Jahrzehnten entwickelten und vielfach bewährten historischen Modelle geben auf Fragen dieser Art nicht nur keine Antworten, sondern machen es oft sogar unmöglich, sie überhaupt zu stellen. Die Vermutung eines sich gegenwärtig vollziehenden oder sich anbahnenden Strukturbruchs, eines Umschwungs in grundlegenden und seit Jahrzehnten wirkenden Entwicklungstendenzen läßt sich auf ihrer Grundlage nicht einmal als Arbeitshypothese formulieren. Wer dennoch der Annahme von Strukturkrisen und Entwicklungsbrüchen nachgehen will, läuft deshalb stets Gefahr, der Faszination durch Einzelsymptome zu erliegen und Thesen mit säkularem Anspruch zu formulieren, die letztendlich nur auf subjektiven Eindrücken und Einschätzungen ohne hieb- und stichfeste, nachvollziehbare Fundierung gegründet sind.

Hier hilft nur die Konstruktion neuer historischer Modelle mit einer wesentlich anderen Axiomatik, die insbesondere nicht mehr an der Kontinuitätsprämisse festhält, die mit dem bisher vorherrschenden Konzept industriegesellschaftlicher Entwicklung unauflöslich verbunden ist. Die notwendige Revision der Deutungsmuster, Strukturannahmen und Interpretationsfiguren bezieht sich ja nicht nur auf Gegenwart und Zukunft, sondern auch auf die Vergangenheit. Sachverhalte wie der Umschwung einer säkularen Tendenz lassen sich nicht adäquat erfassen, beschreiben und analysieren, indem man einfach annimmt, daß hier und jetzt etwas gänzlich Neues beginnt und daß fortan ganz andere Gesetzmäßigkeiten walten als bisher. Alles, was sich jetzt ereignet oder in einer absehbaren Zukunft ereignen kann oder wird, hängt auf vielfältige Weise mit bereits existierenden Strukturen und in diesen verfestigten vergangenen Prozessen zusammen; es kann nur von Mechanismen und Gesetzmäßigkeiten hervorgebracht werden, die sich - kontext- und epochenspezifisch variiert - auch in empirisch-historisch beobachtbaren Zuständen schon auffinden lassen müssen.

Die These, daß sich gegenwärtig in der Wirtschaft- und Sozialstruktur der entwickelten Industrienationen ein tiefgreifender Umbruch vollzieht, kann also legitim nur vertreten, wer auch bereit ist, bislang als unbestreitbar gesichert geltende Aussagen über vergangene Entwicklungen in Frage zu stellen und nach Ansätzen und Konzepten zu suchen, mit deren Hilfe er die verfügbaren Informationsbestände anders arrangieren und analysieren kann, als dies bisher dem Stand der Wissenschaft zu entsprechen schien. Damit rückt insbesondere die Frage nach den Ursprüngen und Ursachen der historisch beispiellosen, lang anhaltenden Prosperität der europäischen Nachkriegszeit ins Zentrum.

Eine Antwort auf diese Frage sei mit Hilfe von drei Thesen gesucht, die in scharfem Kontrast zu der auf dem Paradigma industriegesellschaftlicher Entwicklung basierenden Axiomatik stehen:

1. Industriell-marktwirtschaftliche Gesellschaften entwickeln sich nicht gemäß einer fundamentalen Kontinuität, sondern in großen Schüben, die durch jeweils singuläre soziale, wirtschaftliche wie politisch-institutionelle Konstellationen (die französischen Regulationstheoretiker haben hierfür das Begriffspaar "Regulationsmodus" und "Akkumulationsregime" geprägt) charakteri-

siert sind. Solche Entwicklungsschübe folgen offenbar nicht unmittelbar aufeinander; zwischen ihnen liegen - möglicherweise im historischen Ablauf immer länger werdende - Phasen ökonomischer Stagnation und politischer Turbulenz.
2. Die bisherigen Entwicklungsschübe industriell-marktwirtschaftlicher Gesellschaften definierten sich nicht zuletzt durch jeweils spezifische Austauschbeziehungen der expandierenden modernen (sich modernisierenden) Sektoren mit den Teilen des eigenen Landes oder mit dritten Ländern, in denen noch traditionelle Wirtschafts- und Lebensweisen vorherrschen. Die Unterscheidung zwischen den einzelnen, historisch aufeinander folgenden Entwicklungsschüben der großen westlichen Industrienationen kann sich vor allem an der Frage orientieren, ob sie hierbei die Existenzgrundlagen ihrer Austauschpartner konsolidiert oder zerstört haben.
3. Im Rahmen der Beziehungen zwischen industrialisierten und traditionellen Teilen der Volks- (oder Welt-) Wirtschaft spielt die Mobilisierung zusätzlicher Arbeitskräfte und deren Zusammenhang mit Lohnhöhe und Lohnentwicklung eine ausschlaggebende Rolle.

Der nunmehr zu skizzierende Entwurf eines historischen Modells postuliert nicht zuletzt, daß die weitgehende Neutralisierung dieses Zusammenhangs als politische Leistung zu den zentralen Voraussetzungen der europäischen Nachkriegsprosperität gehört.

II. Die europäische Prosperität nach dem Zweiten Weltkrieg- Skizze einer Erklärung

1. Die Vorgeschichte: Stagnation und krisenträchtige Wachstumsblockierung zwischen 1914 und 1945/50

a) Das Ende der europäischen Exportdynamik

Zugleich mit dem Ersten Weltkrieg ging eine jahrzehntelange starke Expansion des Welthandels zu Ende, deren Dynamik vor allem dem wachsenden Export von Industrieprodukten (überwiegend europäischer Provenienz) in die nicht industrialisierten Teile der Welt entsprungen war und die allen Industrienationen eine Periode lang anhaltender Prosperität beschert hatte. Das Zusammentreffen einer Reihe von Ursachen - der weitgehende Ausfall des vor 1914 sehr bedeutsamen russischen Marktes, die Konkurrenz neuer außereuropäischer Industrienationen, die sinkende Kaufkraft vieler Entwicklungsländer und zunehmende Turbulenzen im internationalen Währungs- und Kreditsystem - bewirkte, daß nach dem Ersten Weltkrieg

Die Singularität der europäischen Prosperität

- weltweit die Exportmöglichkeiten für Industrieprodukte nicht mehr, wie bisher, schneller, sondern eher langsamer zunahmen als die Industrieproduktion selbst;
- die europäischen Industrienationen, Sieger wie Besiegte, sich mit einem wesentlich bescheideneren Anteil am Gesamtvolumen der Industrieexporte begnügen mußten.

Dies traf alle europäischen Nationen sehr schwer (freilich die Besiegten noch etwas mehr als die Sieger, die "Habenichtse" noch etwas mehr als die Hegemonialmächte großer Kolonialreiche). Selbst die Länder, deren Infrastruktur und Industrie kaum unter Kriegsfolgen oder Reparationen gelitten hatten, erreichten erst ein Jahrzehnt nach Kriegsende mühsam wieder das Produktionsniveau von 1913, und auch dies, am Vorabend der Weltwirtschaftskrise, nur für kurze Zeit.

Erstmals in ihrer Geschichte mußten die europäischen Industrienationen in den zwanziger Jahren die Erfahrung anhaltender Massenarbeitslosigkeit machen. Im reichen Großbritannien, als Siegernation und größte Kolonialmacht der Erde in einer relativ günstigen Position, fiel die Zahl der Arbeitslosen selbst auf dem Gipfelpunkt von Konjunkturaufschwüngen kaum einmal unter die Maximalwerte, die vor 1914 die Talsohle von Rezessionen markierten. Und im Deutschen Reich verharrte die Arbeitslosenquote auch im konjunkturell besten Jahr 1927 auf einem Niveau, das vor dem Krieg selbst in den schlechtesten Jahren bei weitem nicht erreicht wurde. Überdies waren die konjunkturellen Ausschläge in den zwanziger Jahren gleichzeitig heftiger und schneller als je in den vorausgegangenen Jahrzehnten. So nimmt es nicht wunder, daß alle europäischen Regierungen zunächst tatenlos, dann die deflationistischen Tendenzen noch verstärkend, in die Weltwirtschaftskrise hineinstolperten, die vielen zeitgenössischen Beobachtern als natürlicher Endpunkt einer seit langem angelegten krisenhaften Entwicklung des Industriesystems erschien.

Ganz offenkundig war es den europäischen Industrienationen bis zum Beginn der Rüstungskonjunktur in den späten dreißiger Jahren (die mit dem Schrecken des Krieges ihr Ende unvermeidlich selbst hervorbrachte) nicht gelungen, die erlahmte Dynamik des Exports durch den Entwicklungsimpuls einer anhaltend expandierenden Inlandsnachfrage zu ersetzen und damit ein sich selbst tragendes binnenwirtschaftliches Wachstum in Gang zu bringen (wie es zur gleichen Zeit zumindest zeitweise in den Vereinigten Staaten von Amerika bestand). Dies darf nun freilich nicht als einfaches Versagen des politisch-administrativen Systems verstanden werden; die eigentliche Ursache ist vielmehr in grundlegenden sozioökonomischen Strukturen der europäischen Industrienationen zu suchen, die sich im Zuge der bisherigen Industrialisierung herausgebildet und das exportorientierte Wachstum bis zum Ersten Weltkrieg wesentlich getragen hatten.

b) Eine duale Wirtschaftsstruktur

Die Anfänge der europäischen Industrie entstanden im wesentlichen als Inseln in einem noch weitgehend geschlossenen und intakten Milieu traditioneller Lebens- und Wirtschaftsweisen. Erst im Laufe des 19. Jahrhunderts bildete sich, als Ergebnis des raschen industriewirtschaftlichen Wachstums und gestützt auf eine immer effizientere und feingliedrigere Verkehrsinfrastruktur, ein zunehmend komplexes und vernetztes Produktions- und Verteilungssystem heraus, das von industrieller Technik, großbetrieblicher Organisation und kapitalistischen Entscheidungskalkülen geprägt war.

Doch darf man den Durchdringungsgrad industrieller Produktionsweisen und marktwirtschaftlicher Distributions- und Verkehrsformen nicht überschätzen, der noch in der ersten Hälfte des 20. Jahrhunderts selbst in den industriell höchstentwickelten europäischen Nationen erreicht war. Überall stand hier dem modernen Sektor ein immer noch bedeutsamer traditioneller Sektor gegenüber, der gewissermaßen im Abseits des Industrialisierungsprozesses verharrte (was freilich moderate Wohlstandsmehrung keineswegs ausschloß), dem der größte Teil der Landwirtschaft, große Teile von Handwerk und Einzelhandel und viele Dienstleistungen (sowie in mancher Hinsicht auch die Hauswirtschaft der meisten Arbeitnehmerfamilien) zuzurechnen sind und der nahezu das gesamte flache Land, aber auch die Mehrzahl der Märkte und kleineren Städte noch vollständig beherrschte.

Dieser traditionelle Sektor unterscheidet sich vor allem in drei Merkmalen vom industriellen Sektor:

(1) Während dieser ganz überwiegend an einem großräumigen Markt von nationalen, wenn nicht internationalen Dimensionen orientiert ist, auf dem abstrakte Nutzenabwägungen das Anbieter- wie Nachfrageverhalten steuern, ist der traditionelle Sektor noch in starkem Maße von Prinzipien der Bedarfsdeckung bestimmt. Seine Produkte und Leistungen dienen vornehmlich der Befriedigung unmittelbarer Lebensbedürfnisse. Auch dort, wo rein subsistenzwirtschaftliche Selbstversorgung bereits an Bedeutung verloren hat, reduziert sich doch der typische Absatzmarkt auf kleinräumige, durch dichte soziale Kontakte charakterisierte Nahversorgung, bei der allenfalls einzelne Verarbeitungs- und Handelsstufen zwischen Erzeuger und Endverbraucher geschaltet sind.

(2) Während für den industriellen Sektor die auf Rentabilitätskalkül und bürokratische Herrschaft gegründete großbetriebliche Organisation charakteristisch ist, besteht die vorherrschende Organisationsform des traditionellen Sektors im familienwirtschaftlichen Kleinbetrieb. Auch dort, wo überwiegend für den Markt produziert wird, dominiert doch weiterhin das Bestreben, mit dem Betrieb den Familienangehörigen ein Auskommen zu sichern, statt möglichst viel Gewinn zu erwirtschaften.

(3) Während der industrialisierte Sektor Lohnarbeit selbst in unternehmensleitenden Funktionen zur Regel macht, dominieren im traditionellen Sektor noch Arbeitsformen, bei deren Zustandekommen und inneren Ausgestaltung Marktmechanismen kaum eine Rolle spielen: Ein Großteil der im traditionellen Sektor beschäftigten Arbeitskräfte ist in seiner Eigenschaft als Angehöriger der den Betrieb tragenden Familie erwerbstätig; und auch die Arbeitskräfte, die als Gesinde, Lehrlinge, Gesellen oder Handlungsgehilfen im formalen Sinne Arbeitnehmer sind, partizipieren doch faktisch weitgehend an dem subsistenzwirtschaftlichen Lebenszusammenhang, in dem Betrieb und Haushalt nur unvollkommen, wenn überhaupt, voneinander getrennt sind.

c) Intersektoraler Austausch und positive Rückkoppelung

Moderner und traditioneller Sektor entsprechen keiner bloß statistischen Untergliederung der Volkswirtschaft. Sie sind viel eher als jeweils eigenständige ökonomische Universen zu betrachten; Güter, Geld und Menschen zirkulieren zwischen ihnen nicht frei und beliebig, sondern hauptsächlich im Rahmen stark strukturierter Austauschbeziehungen, von denen vor allem drei hervorzuheben sind:

(1) Aus dem traditionellen Sektor, der - als direkte Folge seiner besonderen Sozialverhältnisse - einen großen Bevölkerungsüberschuß aufweist, rekrutiert der expandierende industriell-marktwirtschaftliche Sektor die Masse seines Bedarfs an zusätzlichen Beschäftigten: Familienangehörige Arbeitskräfte werden zu (großbetrieblichen) Lohnarbeitern.

(2) Die Lohnarbeiterschaft des industriell-marktwirtschaftlichen Sektors deckt ihre Lebensbedürfnisse ganz überwiegend durch Güter und Leistungen des traditionellen Sektors: Der größere Teil der Löhne, die von den Betrieben des modernen Sektors gezahlt werden, fließt nicht, wie in einem geschlossenen Kreislauf-Modell, direkt an diese zurück, sondern wird zunächst im Sektor vereinnahmt.

(3) Soweit mit diesen Mitteln im Folgezug Güter und Leistungen des modernen Sektors beschafft werden, geschieht dies in erster Linie zu investiven Zwecken, sei es zur verbesserten Ausrüstung und Ausstattung des einzelnen Betriebes bzw. Haushalts, sei es - über entsprechende Umlagen und Abgaben - zum Ausbau von öffentlicher Infrastruktur; die Deckung laufenden Bedarfs mit korrespondierendem Kaufzwang spielt nur eine untergeordnete Rolle.

In diesen Austauschbeziehungen ist ein Wirkungsmechanismus vom Typ einer "positiven Rückkoppelung" angelegt. Positive wie negative Impulse der Entwicklung des modernen Sektors werden vom traditionellen Sektor nicht - wie bei "negativer Rückkoppelung" - abgefedert und ausgeglichen, sondern jeweils verstärkt auf den modernen Sektor zurückgeworfen. Hierbei spielen Arbeitsmarkt und Lohngesetz eine zentrale Rolle.

Solange der industriell-marktwirtschaftliche Sektor unter dem Impuls expandierender Exporte wächst, erschließt er sich auch binnenwirtschaftlich neue Absatzmärkte:

Auch wenn die Arbeitgeber im modernen Sektor im Interesse einer starken Wettbewerbsposition am Weltmarkt durch Nutzung der aus dem traditionellen Sektor abwandernden Überschußbevölkerung und der hierdurch erzeugten Arbeitsmarktkonkurrenz sehr effektiv für niedrige Lohnsätze sorgen, nehmen doch in den Familien/Betrieben des traditionellen Sektors sowohl die Bereitschaft wie die Fähigkeit zum Kauf von Produkten (und partiell auch Leistungen) des modernen Sektors kontinuierlich zu, solange die Industrieexporte wachsen: weil auch bei stagnierenden Lohnsätzen dank des Anwachsens der Arbeitnehmerschaft im modernen Sektor mit deren Versorgung steigende Barerlöse erzielt werden, weil sich wegen der Entlastung vom Bevölkerungsüberschuß diese steigenden Barerlöse auf weniger Personen konzentrieren und weil im gleichen Zuge das Bedürfnis steigt, den Arbeitsanfall (zunächst wohl vor allem bei Spitzenbelastung, insbesondere zu Erntezeiten) durch Investitionen zu reduzieren.

Auf diese Weise wird eine zunächst ausschließlich exportinduzierte Prosperität bald zunehmend binnenwirtschaftlich abgestützt, obwohl die Masse der Arbeitnehmerhaushalte hiervon im wesentlichen nur insofern profitiert, als es Arbeit für alle - wenngleich zu nach wie vor niedrigen Lohnsätzen - gibt und in vielen Haushalten mehrere Personen erwerbstätig sein können.

Diese "Prosperitätsspirale", bei der die sekundäre Prosperität im traditionellen Sektor die positiven Effekte expandierenden Außenhandels immer wieder verstärkt, schlägt jedoch in eine "Depressionsspirale" um, wenn - wie nach dem Ersten Weltkrieg - der Export ins Stocken kommt: Dann benötigt die Industrie kaum zusätzliche Arbeitskräfte; die Summe der im modernen Sektor verdienten Löhne und Gehälter schrumpft eher, als daß sie wächst; und damit schwindet sehr rasch auch die Fähigkeit des traditionellen Sektors, Güter und Leistungen aus dem industriell-marktwirtschaftlichen Sektor zu beziehen (es sei denn um den Preis einer bald existenzbedrohenden Verschuldung). Diese Spirale läßt sich - das Scheitern der z.T. ausgesprochen kühnen sozialpolitischen Experimente der Weimarer Republik spricht hierfür eine sehr deutliche Sprache - nicht dauerhaft blockieren, solange der Mechanismus des Lohngesetzes und seine effiziente Nutzung unter dem doppelten Druck der sich im traditionellen Sektor nun wieder aufstauenden Bevölkerungsüberschüsse einerseits und der verschärften Weltmarktkonkurrenz andererseits jede dauerhafte (d.h. im nächsten Konjunkturabschwung nicht wieder rückgängig gemachte) Anhebung der Lohneinkommen verhindern. Und ohne steigende Löhne ist wiederum - wie die amerikanische Entwicklung der zwanziger Jahre und die europäische Entwicklung nach dem Zweiten Weltkrieg belegen - kein originäres, auf expandierende Binnenmärkte gegründetes Wachstum in Gang zu setzen.

2. Wohlfahrtsstaat und Neutralisierung des Lohngesetzes als die historische Leistung der Nachkriegszeit

Diese depressive, wachstumsblockierende Grundkonstellation, die sich mit dem Ersten Weltkrieg etabliert hatte, blieb auch über das Ende des Zweiten Weltkriegs hinaus erhalten. Nach dem Ende der Feindseligkeiten und der Beseitigung der drückendsten Kriegsschäden befanden sich deshalb alle europäischen Nationen, Sieger wie Besiegte, in einer Lage, die eher noch auswegloser erscheinen mußte, als sie es in den zwanziger und dreißiger Jahren war:

Die Weltmarktposition Europas hatte sich diesmal im Gefolge des Krieges noch weit mehr verschlechtert als nach 1914/18. Schon die Hoffnung, wenigstens die Absatzmärkte und Einflußgebiete der Zwischenkriegszeit halten zu können, erschien kaum berechtigt.

Binnenwirtschaftlich hatte sich während des Krieges und vor allem in der unmittelbaren Nachkriegszeit der traditionelle Sektor zumeist erneut, wenn auch provisorisch, gefestigt; und in seinen Betrieben/Haushaltungen lebten große Massen von Arbeitskräften, die jederzeit bereit waren, schon auf kleine, vom modernen Sektor ausgehende Mobilitätsanreize zu reagieren. Überdies lastete ein riesiges akutes Neuangebot, das in von Land zu Land verschiedener Mischung aus entlassenen Soldaten, aus heimkehrenden Gefangenen und Fremdarbeitern sowie aus Flüchtlingen und Heimatvertriebenen bestand, auf dem Arbeitsmarkt.

Damit schienen alle Voraussetzungen für ein geradezu dramatisch effizientes Funktionieren des Preismechanismus auf dem Arbeitsmarkt gegeben zu sein, so daß das Lohngesetz noch härter als in der Zwischenkriegszeit jede dauerhafte binnenwirtschaftliche Expansion blockieren mußte: weil einerseits die Versorgung der nationalen Volkswirtschaften mit den unbedingt benötigten Rohstoffen und Nahrungsmitteln nur durch forcierten Export möglich war, der mehr als je zuvor niedrige Lohnkosten voraussetzte und weil andererseits große Mengen von - z.T. sehr qualifizierten und erfahrenen - Arbeitskräften bereitstanden, die willig waren, um fast jeden Preis nahezu jede Arbeit anzunehmen.

Daß es dennoch nicht zu dem Zusammenbruch der europäischen Volkswirtschaften kam, den viele Beobachter befürchtet hatten, daß vielmehr der kurzlebige Exportboom im Gefolge des Korea-Krieges in ein langanhaltendes binnenwirtschaftliches Wachstum überführt werden konnte - dies war offenbar nur möglich, weil es den europäischen Nationen in den frühen fünfziger Jahren gelang, den Lohnmechanismus und damit die "depressive Spirale" weitgehend zu blockieren.

Ein Bündel von teilweise sehr weitreichenden, allerdings den Zeitgenossen in ihrer Bedeutung zumeist kaum bewußten gesellschaftlichen Innovationen konvergierte in einer Konstellation, deren wesentliche Elemente man unter den Oberbegriff Wohlfahrtsstaat zusammenfassen kann. Drei Bestandteile dieser wohlfahrtsstaatlichen Konstellation (die natürlich je nach der nationalen Tradition und den

aktuellen Verhältnissen bei Kriegsende von Land zu Land im Detail anders aussieht) sind besonders hervorzuheben:
(1) Staatsintervention und Nachfragesteuerung stabilisieren die binnenwirtschaftliche Nachfrage und damit auch das volkswirtschaftliche Lohnniveau.
(2) Durch arbeitsrechtliche Regelungen, durch Leistungen des Sozialversicherungssystems und durch arbeitsmarktpolitische Maßnahmen wird verhindert, daß - z.B. im Konjunkturabschwung oder in strukturschwachen Regionen - ein ausreichend leistungsfähiges Angebot auf dem Arbeitsmarkt auftritt, das aufgrund seiner wirtschaftlichen und sozialen Lage gezwungen ist, Lohnsätze zu akzeptieren, die deutlich unter dem gesamtwirtschaftlichen Durchschnitt liegen.
(3) Ein dritter und zentraler Bestandteil dieser wohlfahrtsstaatlichen Konstellation kann als "aktive" oder "dynamische" Lohnpolitik bezeichnet werden; darunter ist jegliche Form kollektiver oder sonstwie institutionalisierter Festlegung von Löhnen und Gehältern zu verstehen, die eine tendenziell stetige Dynamik von Lohnsumme und Lohnniveau auf gesamtwirtschaftlicher Ebene sicherstellt.

Damit waren zentrale Voraussetzungen für einen langanhaltenden Boom geschaffen, der seine Dynamik vor allem aus zwei sehr eng miteinander verbundenen Tendenzen bezog: aus der Durchsetzung einer neuen Lebensweise und aus der nahezu vollständigen Absorption des traditionellen durch den - jetzt erstmals mit Wirtschaft und Gesellschaft als Ganzem identischen - modernen, industriell-marktwirtschaftlichen Sektor.

3. Neue Lebensweise und Massenproduktion und die Absorption des traditionellen Sektors

Noch in den ersten Jahren nach dem Ende des Zweiten Weltkrieges bestand in allen europäischen Industrienationen ein traditioneller Sektor beträchtlicher Stärke. Dieser Sektor, dessen Stabilität bis dahin nicht zuletzt darauf gegründet war, daß seine ärmeren Teile die Definition des Existenzminimums vorgaben, an dem sich dann auch das Lohnniveau des industriell-marktwirtschaftlichen Sektors orientierte, wurde von der wohlfahrtsstaatlichen Neutralisierung des Lohngesetzes, dem hierdurch ermöglichten Reallohnanstieg und deren Folgewirkungen in seinen Grundfesten erschüttert und innerhalb von zwei bis drei Jahrzehnten weitgehend zerstört. Hierdurch wurden dem industriell-marktwirtschaftlichen Sektor - im Zuge eines Prozesses, den man in Analogie zur "äußeren Landnahme" des kolonialen und außenwirtschaftlichen Imperialismus als "innere Landnahme" bezeichnen könnte - exzeptionell günstige Wachstumschancen eröffnet, die ihrerseits wiederum einen schnellen Anstieg der Reallöhne nachgerade notwendig, aber eben auch problemlos möglich machten.

Die Singularität der europäischen Prosperität 49

Hierbei wirkten zwei Prozesse zusammen, die sich gegenseitig verstärkten und die beide einem sehr charakteristischen zyklischen Verlaufsmuster mit zunächst rasch wachsender, dann immer schwächer werdender Dynamik folgten:

a) Neue Muster industriell-tertiären Konsums

Nachdem bis zur Mitte des 20. Jahrhunderts Haushaltsführung und Lebensweise der großen Mehrzahl der Arbeitnehmer des industriell-marktwirtschaftlichen Sektors noch stark vom traditionellen Sektor, seinen Produkten und den für ihn charakteristischen Praktiken, Regeln und Prinzipien der Lebensführung geprägt waren, setzte sich im Zeichen steigenden Massenwohlstandes innerhalb von zwei bis drei Jahrzehnten fast überall in Europa eine "neue Lebensweise" durch, die sich in wesentlichen Zügen in der "middle class" der USA zwischen den beiden Kriegen entwickelt hatte. Zentrales Charakteristikum dieser neuen Lebensweise ist, daß zur Befriedigung der wesentlichen materiellen und eines Gutteils der immateriellen Bedürfnisse Güter und Leistungen nachgefragt und genutzt werden:
- die nur dank industrieller Technik und industrieller Organisation existieren bzw. funktionieren können;
- deren Produktion von marktwirtschaftlichen Rentabilitätskalkülen gesteuert wird;
- deren Distribution über weitgehend anonyme großräumige Märkte geschieht.

Typische Erzeugnisse und Leistungen des traditionellen Sektors sind hingegen, ist diese neue Lebensweise einmal etabliert, aus der alltäglichen Versorgung des weitaus größten Teils der Bevölkerung nahezu völlig verschwunden; damit ist auch die Existenzgrundlage dieses Sektors weitgehend zerstört.

Die Verdrängung des traditionellen Sektors aus der laufenden Versorgung der Bevölkerung vollzog sich vor allem auf dreifache Weise:
1. Der marktwirtschaftliche Sektor zog einen immer größeren Teil des mit steigenden Löhnen verfügbaren zusätzlichen Einkommens an sich.
2. Typische Erzeugnisse des traditionellen Sektors wurden zunehmend durch funktional äquivalente industrielle Güter und durch nach großbetrieblich-marktwirtschaftlichen Prinzipien erbrachte Leistungen substituiert.
3. Mehr oder minder große Restbestände des traditionellen Sektors - Betriebe und/oder bisher hier erzeugte Güter und Leistungen - wurden vom industriell-marktwirtschaftlichen Sektor aufgesogen und den in ihm herrschenden Gesetzen industrieller Rationalität und marktwirtschaftlicher Rentabilität unterworfen.

Dieser Siegeszug des industriell-marktwirtschaftlichen Sektors, der letztendlich nur den - eher wenigen - Betrieben des traditionellen Sektors eine Überlebenschance ließ, die bereit und in der Lage waren, sich seinen Gesetzen zu unterwerfen und sich auf ihrer Grundlage neu zu etablieren, beruhte offenbar auf einer ganzen Reihe von sich teilweise wechselseitig verstärkenden Konkurrenzvorteilen, von denen vor allem drei zu nennen sind:

Eine erste Überlegenheit des industriell-marktwirtschaftlichen Sektors bestand in seiner Fähigkeit, Güter und Leistungen mit einem sehr hohen Nutzwert anzubieten, denen der traditionelle Sektor nichts Vergleichbares gegenüberstellen konnte: Automobil, Radio und Fernsehen sind charakteristische Beispiele hierfür.

Ein weiterer Konkurrenzvorteil des industriell-marktwirtschaftlichen Sektors ist seine mit dem Begriff Skalen-Effekt nur unvollständig umschriebene Fähigkeit, die Preise seiner Güter bzw. Leistungen bei steigendem Absatz zu senken. Dem haben die Betriebe des traditionellen Sektors nur wenig entgegenzusetzen; und dort, wo sie dies - beispielsweise in der Landwirtschaft durch Produktspezialisierung und vermehrten Einsatz von Chemie - dennoch versuchten, taten sie hiermit einen kaum mehr rückgängig zu machenden ersten Schritt zur Übernahme industriell-marktwirtschaftlicher Produktionsweisen und Prinzipien der Wirtschaftsführung.

Hiermit eng verbunden ist ein dritter Konkurrenzvorteil des industriell-marktwirtschaftlichen über den traditionellen Sektor, der daraus resultiert, daß auch die Haushaltungen des traditionellen Sektors in dem Maße dem Einfluß der neuen Lebensweise ausgesetzt sind, in dem diese sich mit zunehmendem Massenwohlstand in der restlichen Bevölkerung ausbreitet.

b) Die Mobilisierung "traditioneller" Arbeitskraft

Deshalb ist unmittelbares Komplement der Verdrängung des traditionellen Sektors aus der alltäglichen Versorgung der Bevölkerung, in der zunehmend Güter und Leistungen des industriell-marktwirtschaftlichen Sektors dominieren, die Mobilisierung großer Teile der bisher im traditionellen Sektor gebundenen - ganz überwiegend familieneigenen - Arbeitskräfte für - ganz überwiegend lohnabhängige - Erwerbstätigkeit im modernen Sektor; für die Bundesrepublik läßt sich das Volumen dieser Mobilisierung in den fünfziger und sechziger Jahren auf rund sieben Millionen, d.h. 50 Prozent der 1950 gezählten lohnabhängigen Beschäftigten schätzen.

Dieser Prozeß, der zunächst nur als Wiederaufnahme oder Fortsetzung der jahrzehntealten Abwanderung der Überschußbevölkerung des traditionellen in den modernen Sektor erschien, begann sehr schnell, ersteren seiner Substanz zu berauben, da er zunehmend auch dessen "Kernarbeitskräfte" erfaßte. Er wurde vor allem von drei - z.T. eng miteinander verbundenen - Mechanismen getragen.

(1) An erster Stelle ist der vom kontinuierlich steigenden Lohnniveau im industriell-marktwirtschaftlichen Sektor ausgehende Anreiz zu nennen: Während bis zur Mitte des 20. Jahrhunderts das Lohnniveau im industriell-marktwirt-

Die Singularität der europäischen Prosperität 51

schaftlichen Sektor nicht nennenswert über das Existenzminimum steigen konnte, das - noch weitgehend naturwissenschaftlich definiert - in den ärmeren Teilen des traditionellen Sektors bestand (weil anderenfalls sofort massive Wanderungsbewegungen mit entsprechenden Arbeitsmarkteffekten ausgelöst worden wären), geht nunmehr von den tendenziell ständig steigenden Löhnen und den sich parallel hierzu in vieler Hinsicht verbessernden sonstigen Arbeitsbedingungen (z.B. Arbeitszeitverkürzung) ein stets wachsender, permanenter Sog aus, der immer größere Teile der Bevölkerung im traditionellen Sektor unter Abwanderungsdruck setzt.

(2) Dieser Abwanderungsanreiz steigender Löhne wirkt um so stärker, als gleichzeitig - als zweiter Mechanismus - im Gefolge wohlfahrtsstaatlicher Politik auch die wirtschaftliche und soziale Unsicherheit sichtbar schwindet, die bislang das Lohnarbeiterdasein kennzeichnete. In der Nutzenabwägung zwischen Aufrechterhaltung des eigenen Betriebes oder Aufnahme von Lohnarbeit in einem Betrieb des industriell-marktwirtschaftlichen Sektors, zu der sich fortschreitend fast alle Familien des traditionellen Sektors gezwungen sehen, verliert das noch in der Zwischenkriegszeit realistische Argument zunehmend an Gewicht, daß nur der eigene Besitz auch in schlechten Zeiten ausreichend Sicherheit bietet.

(3) Hinzu kommt als dritter Mechanismus der immer mächtigere Einfluß der neuen Lebensweise: In vielen Fällen sind ja die für sie konstitutiven Verbrauchsstandards, Zeitbudgets und Verhaltensorientierungen mit einer Fortführung des Familienbetriebes nach traditionellen Prinzipien unvereinbar. Die Beschaffung der zunehmend als unverzichtbar erachteten technischen Güter ist allenfalls mit Hilfe zusätzlichen Lohneinkommens möglich. Und das für die neue Lebensweise typische Konzept von Freizeit (als frei verfügbare Tages- oder Wochen- oder Jahreszeit) steht in offenem Widerspruch mit der überkommenden, zumindest partiell noch auf Eigenversorgung eingestellten Produktions- und Wirtschaftsweise.

III. Die Nagelprobe der praktischen Anwendung

Historische Modelle sind nicht an sich und als solche wahr oder falsch. Was sie leisten, läßt sich erst am konkreten Anwendungsfall bzw. anhand der Frage ermessen, für welche Gattungen von Anwendungen sie welchen Analyse- und Erklärungsertrag erbringen.

An drei Typen von Anwendungen sei nunmehr abschließend skizziert (freilich keineswegs in der notwendigen und möglichen Detailliertheit ausgeführt), wie eine solche Erprobung des eben in groben Strichen gezeichneten historischen Modells aussehen könnte. Hierbei geht es einmal (1.) darum, ob sich aus diesem

Modell ein realistisches Verlaufsmuster der europäischen Nachkriegsprosperität ableiten läßt. Des weiteren ist (2.) zu fragen, ob mit seiner Hilfe befriedigende Erklärungen für jeweils nationale Varianten dieses als generell unterstellten Verlaufsmusters zu gewinnen sind. Bei einem dritten Anwendungstyp ist (3.) zu prüfen, ob vor seinem Hintergrund gesellschaftliche Entwicklungen plausibel gemacht werden können, die im Lichte der bisher vorherrschenden, auf dem industriegesellschaftlichen Paradigma fußenden Modelle ausgesprochen paradox erscheinen.

1. Ein realistisches Verlaufsmuster des Booms

Aus den eben dargestellten Annahmen über die zentralen Mechanismen der Prosperität in der europäischen Nachkriegszeit ergibt sich auch ein zu erwartendes Ablaufschema, das sich durch drei Merkmale charakterisieren läßt:

(1) Nach einem (je nach den nationalen Ausgangsverhältnissen) mehr oder minder schwierigen Start aufgrund der beginnenden Konsolidierung der oben so genannten "wohlfahrtsstaatlichen Konstellation" müßte ein wirtschaftlicher Aufschwung einsetzen, der sich in dem Maße beschleunigt, in dem die neuen politisch-institutionellen Bedingungen die beiden zentralen Wachstumsimpulse - Durchsetzung einer neuen Lebensweise und Absorption des traditionellen Sektors - freisetzen. Im Regelfalle müßte das Wachstum in dieser Aufschwungphase ein Tempo und eine Mächtigkeit erreichen, für die es kein historisches Beispiel gibt; während längerer Zeit dürften sich zyklische Schwankungen konjunktureller Art allenfalls in Variationen der Wachstumsraten, aber nicht mehr in Stillstand oder gar Rückgang der gesamtwirtschaftlichen Aktivität manifestieren.

(2) Da die beiden tragenden Impulse der Prosperität ihrerseits zyklischen Charakter haben und das von ihnen verursachte Wachstum über kurz oder lang an Grenzen stößt, die entweder aus Sättigungsphänomenen (bei der Durchsetzung der neuen Lebensweise) oder aus der Ausschöpfung ihres Potentials (bei der Absorption des traditionellen Sektors) resultieren, müßte das Wirtschaftswachstum nach einer ersten stürmischen Aufschwungphase sukzessive, zunächst fast unmerklich, dann aber zunehmend deutlicher, an Kraft verlieren. Dies könnte sich in verschiedener Weise manifestieren: durch abnehmende Zuwachsraten; durch steigende Abhängigkeit der wirtschaftlichen Entwicklung von staatlichen Wachstumsimpulsen; durch zunehmende Kapitalintensität mit dem Zwang steigender Kapitalakkumulation; durch vermehrte (und/oder vermehrt sichtbar werdende) Risiken und soziale Kosten von Wachstum usf.

(3) Mit der Erschöpfung der beiden tragenden Wachstumsimpulse müßten die jeweiligen Volkswirtschaften - wiederum nahezu unmerklich - in eine neue Phase mit stagnativer Grundtendenz eintreten, in der es immer schwieriger wird, die volkswirtschaftlichen Ressourcen über marktgesteuerte Impulse auszulasten. In dieser Phase müßte die Krisenanfälligkeit deshalb zwar deutlich zunehmen. Dennoch könnte durch den Fortbestand der wesentlichen politisch-institutionellen Elemente der wohlfahrtsstaatlichen Konstellation ein Umschlagen der stagnativen Grundtendenz in kumulative Depressionstendenzen nach dem Muster der Weltwirtschaftskrise von 1929-33 vermieden werden; es sollte sogar möglich sein, mittels massivem Einsatz keynesianischer Instrumente globaler Nachfrageausweitung durch öffentliche Haushaltsdefizite auch längerdauernde moderate Wachstumsraten zu sichern, allerdings um den Preis zunehmender öffentlicher Verschuldung.

Die tatsächliche Entwicklung in den europäischen Ländern stimmt mit diesen "Erwartungen" recht gut überein. Insofern scheint der Erklärungswert des hier vorgeschlagenen Modells recht gut zu sein. Und die aus ihm abzuleitende Prognose, daß mit der marktwirtschaftlichen Öffnung großer Teile Osteuropas den Ökonomien der EG-Länder ein neues Potential quasi (d.h. auf den europäischen Binnenmarkt bezogen) interner "Landnahme" zuwächst, dessen Nutzung einen neuen, allerdings an Mächtigkeit und Dauer sicherlich hinter der Nachkriegs-Prosperität zurückbleibenden Wachstumsschub begründen wird, ist mit hoher Wahrscheinlichkeit mehr als bloße Spekulation.

2. Die komparative Analyse nationalspezifischer Entwicklungsverläufe

Es versteht sich wohl von selbst, daß das skizzierte Verlaufsmuster der Nachkriegsprosperität in erheblichem Umfange nationalspezifische Varianten zuläßt. In dem Maße, in dem solche Varianten tatsächlich zu beobachten sind, stellen sie vorzügliche Testfälle für die Tragfähigkeit und Erklärungskraft des weiter oben dargestellten historischen Modells dar und überdies eine fast ideale Gelegenheit, es zu verbessern und zu verfeinern. Dies gilt für den primären Gegenstand der Analyse, den Boom nach 1950, ebenso wie für die notwendigerweise in die Analyse einzubeziehenden unmittelbar vorausgegangenen Etappen der Prosperität vor und nach der Jahrhundertwende und der krisenträchtigen Stagnation der Zwischenkriegszeit.

Hierzu einige durchaus vorläufige Notizen, die allenfalls als Anregungen zu weiterer Diskussion und Klärung zu verstehen sind:

(1) Wesentliche Unterschiede zwischen den Nationen sowohl im Tempo der Industrialisierung vor dem Ersten Weltkrieg als auch in der Dramatik der Entwicklungen zwischen den beiden Kriegen müßten sich, sind die weiter oben sehr knapp resümierten Überlegungen nicht ganz falsch, aus ihrer jeweils spezifischen demographischen Dynamik erklären lassen:

Je größer der - vor allem im traditionellen Sektor heranwachsende - Bevölkerungsüberschuß ist, desto besser müßte es der jeweiligen nationalen Industrie, sofern überhaupt eine industrielle Basisausstattung besteht, gelingen, Lohnsätze und Lohnstückkosten niedrig zu halten und hierdurch mit ihren Produkten zusätzliche Weltmarktanteile zu erobern. Je schwächer hingegen die demographische Dynamik ist, je weniger Kinder über die zur Bestandserhaltung notwendige Zahl hinaus geboren werden, desto mehr muß industrielle Expansion mit dem Preis steigender Löhne und entsprechender Verschlechterung der internationalen Wettbewerbsposition bezahlt werden. Das Bevölkerungswachstum der drei großen Industrienationen Deutschland, Frankreich und Großbritannien in den Jahrzehnten vor und nach der Jahrhundertwende müßte demzufolge - jenseits der Einflüsse früherer oder späterer Industrialisierung und größerer oder kleinerer Kolonialreiche - recht gut mit den Unterschieden im Tempo des industriellen Wachstums, vor allem zwischen dem Ende der "großen Depression" und dem Ausbruch des Ersten Weltkrieges, korrelieren.

Desgleichen spricht vieles dafür, daß die Differenzen in der Bevölkerungsdynamik - unter Einrechnung entsprechender Zeitschiebungen - auch einen Gutteil der Unterschiede erklären können, die in der Wahrscheinlichkeit einer faschistischen Machtergreifung in den zwanziger und dreißiger Jahren bestanden: Wegen des Rückgangs der Industrieexporte bei gleichzeitig gewachsenem Zwang zu beschleunigter Produktivitätssteigerung war der moderne Sektor in den zwanziger Jahren nirgendwo mehr in der Lage, wie bisher die Bevölkerungsüberschüsse des traditionellen Sektors zu absorbieren; hierdurch gerieten wachsende Teile dieses Sektors nach Maßgabe der sich in ihnen aufstauenden Überbevölkerung unter einen sozialen und ökonomischen Druck, der sie, wurde er stark genug, dazu zwang, bisherige republikanische Allianzen aufzukündigen. In der Tat war Italien mit seinem besonders starken Bevölkerungswachstum die erste der großen europäischen Nationen, in denen die parlamentarische Demokratie gestürzt wurde. Das deutsche Reich mit bereits deutlich sinkenden, aber immer noch starken Bevölkerungsüberschüssen (und vor allem sehr starken Jahrgängen junger Erwachsener) folgte als nächste Nation, während keine der westeuropäischen Nationen, die seit langem kaum mehr einen Geburtenüberschuß zu verzeichnen hatten, eine faschistische Machtergreifung erlebte. Die Virulenz eventueller faschistischer Regime scheint hingegen mehr mit der Schärfe des Bruchs in der Wohlstandsentwicklung zu korrelieren, den der traditionelle Sektor nach dem Ende des Ersten Weltkrieges erlebte und der sicherlich im Deutschen Reich am größten, in Ländern wie Ungarn und Polen hingegen wenig ausgeprägt war.

Die Singularität der europäischen Prosperität

Eine solche Argumentation würde nicht zuletzt auch verständlich machen, warum im Deutschland der zwanziger Jahre die Parteien, die in erster Linie die Bevölkerung des traditionellen Sektors repräsentierten (und hier wiederum vor allem das Zentrum, dessen katholische Klientel tendenziell den größten Kinderreichtum aufwies), ihr ursprüngliches in vieler Hinsicht bereits wohlfahrtsstaatliches Bündnis mit den Sozialdemokraten nicht durchhalten konnten, während in Schweden die (protestantischen und weniger auf hohe Fertilität festgelegten) Bauern einige Jahre später mit dem rot-grünen Bündnis der gleichen Politik eine dauerhafte Basis verschafften.

(2) In der Zeit nach dem Zweiten Weltkrieg würden - immer auf der Grundlage des oben skizzierten Modells - vor allem zwei nationale Spezifika in den Ausgangsbedingungen die offenkundigen Unterschiede erklären, die zwischen den europäischen Nationen im Hinblick auf den Verlauf des Booms bestehen:

Der Boom müßte einerseits um so früher einsetzen, je weiter in der jeweiligen Nation schon vor oder bei Kriegsende das wohlfahrtsstaatliche Instrumentarium ausgebaut war; wo dies nicht der Fall war, bedurfte es hingegen längerer Zeit, bis die entsprechenden Institutionen neu geschaffen waren oder bis sich aus bereits Bestehendem funktionale Äquivalente herausbilden konnten. Großbritannien - sehr schnelles Einsetzen des Booms - und Italien - wo erst gegen Ende der fünfziger Jahre das Wachstum hohes Tempo gewinnt - sind sicherlich zwei gute Extrembeispiele im einen und im anderen Sinne.

Unabhängig davon müßte der Boom in den Nationen recht rasch wieder erlahmen, die bei Kriegsende nur mehr einen geringen traditionellen Sektor besaßen, während überall dort, wo noch sehr große Teile der Bevölkerung in traditionelle Wirtschafts- und Lebensweisen eingebunden waren, ein sehr starkes und lang anhaltendes Wachstum zu erwarten ist. Auch hier liefern Großbritannien - dessen Prosperität nicht sehr lange anhielt - und Italien - mit seinem bis heute ungebrochenen Wachstum - zwei gute kontrastierende Exempel.

3. Die Erklärung scheinbar paradoxer Entwicklungen

Der wesentliche Anstoß, der den Verfasser in den Jahren nach 1980 veranlaßte, die weiter oben dargestellte Argumentationsfigur nichtlinearer Entwicklung auszuarbeiten und auf die europäische Prosperität nach dem Zweiten Weltkrieg anzuwenden, ging von seiner Arbeit an zwei konkreten Veränderungstendenzen aus, die in allen europäischen Industrienationen zu beobachten sind. Beiden Tendenzen ist gemeinsam, daß sie vor dem Hintergrund der bisher dominierenden Sicht der dynamischen Stabilität und Entwicklungskontinuität industrieller Gesellschaften ausgesprochen paradoxen Charakter tragen - der allerdings erst im

Laufe der siebziger und achtziger Jahre langsam sichtbar wurde. Die eine dieser Entwicklungen ist die rapide und massive Expansion weiterführender, gehobener und höherer Bildung, die andere die Herausbildung zunehmend verfestigter und geschlossener interner Arbeitsmärkte.

Abschließend sei auf beide Tendenzen etwas ausführlicher eingegangen.

a) Die massive Expansion höherer Bildung

In den sechziger und siebziger Jahren wurden in den zeitweise sehr intensiven und fruchtbaren Debatten über die Ursachen der Bildungsexpansion drei mögliche Faktoren ins Spiel gebracht, von denen heute allenfalls noch einer eine gewisse Kredibilität beanspruchen kann:

(1) Im Gegensatz zu einer verbreiteten Illusion der sechziger Jahre läßt sich kein ernstzunehmendes ökonomisches Interesse an einer massenhaft steigenden Zahl von Abiturienten und Hochschulabsolventen nachweisen, das eine so weitreichende Reallokation volkswirtschaftlicher Ressourcen in Form von Aufwendungen für das Bildungssystem und in Form ausgefallener produktiver Leistungen der Schüler und Studenten rechtfertigen würde.

(2) Auch die Erklärung der Bildungsexpansion als politische Reformleistung, die nunmehr dank der massiv gestiegenen Wirtschaftsleistung möglich wäre, trägt nicht viel weiter: In der Tat fällt es schwer, anzunehmen, daß sich alle europäischen Nationen zur gleichen Zeit und in einem beispiellosen Konsens aller politischen Strömungen und Kräfte entschlossen haben sollten, von nun an einen großen und nachhaltig wachsenden Teil ihres Bruttosozialprodukts für die Bildung der heranwachsenden Generationen auszugeben - und zwar, vergleicht man den Zeitpunkt des Beginns der Bildungsexpansion und ihr Tempo in den verschiedenen Nationen, tendenziell um so schneller und stärker, je größer der Industrialisierungsrückstand zu den führenden Nationen war.

(3) Was bleibt, ist allenfalls die dritte der damaligen Erklärungen, nämlich der Verweis auf die massiv gestiegene gesellschaftliche Nachfrage nach Bildung. Doch wirft diese Erklärung selbst wiederum eine Fülle von neuen Fragen auf: Warum sollte in einer prinzipiell kontinuierlichen Entwicklung die Nachfrage nach höherer Bildung ausgerechnet in den fünfziger und sechziger Jahren schlagartig zunehmen? Warum geschah dies, trotz großer Unterschiede in Wohlstandsniveau und Wirtschaftswachstum, praktisch überall in Europa zur gleichen Zeit? Warum war die staatliche Bildungspolitik - trotz ganz verschiedener Staatstraditionen und Organisationsstrukturen - überall außerstande, die Expansion der weiterführenden Teile des Bildungssystems soweit zu steuern, daß wenigstens die dramatischsten Arbeitsmarktprobleme und die Herausbildung ausgeprägter "Schweinezyklen" beim Nachwuchs für das Lehramt vermieden würden?

Die Singularität der europäischen Prosperität 57

Wer auf Fragen dieser Art eine Antwort geben will, findet in den herkömmlichen historischen Modellen keine Hilfe. Ganz anders ist die Lage, wenn man annimmt, bei der Nachkriegsentwicklung handele es sich um einen einmaligen Wachstumsschub, der unter anderem auf der rascheren Zerstörung traditioneller (strukturell bildungsferner) Wirtschafts- und Lebensformen und der Generalisierung von (Nutzenmaximierung gemäß dem Human-Kapital-Kalkül geradezu erzwingenden) marktwirtschaftlichen Verkehrs- und Verhaltensweisen gründet. Dann werden Ereignisse und Entwicklungen wie die "Bildungsexplosion" (wie man in Frankreich die sprunghafte Zunahme der Oberschüler und Studenten in den sechziger Jahren nennt), die mit einer gewissen Verzögerung dem Einsetzen des massiven Wirtschaftswachstums folgen, sehr plausibel, wenn nicht sogar hoch wahrscheinlich.

b) Die zunehmende Schließung betriebsinterner Arbeitsmärkte

Eine andere typische Entwicklung der Nachkriegszeit, deren paradoxer Charakter in der Fachöffentlichkeit nur mühsam mit recht heroischen Argumenten verdeckt wird, ist die zunehmende Schließung betriebsinterner Arbeitsmärkte.

Interne Arbeitsmärkte haben sich historisch als ein sehr effizientes Instrument erwiesen, mit dessen Hilfe große Betriebe für die schnelle und kostengünstige Schließung einer - bedarfs- oder angebotsinduziert - neu aufbrechenden Qualifikationslücke sorgen konnten. Insofern war es nicht erstaunlich, daß in der rapiden Industrialisierung der ersten zwei Nachkriegsjahrzehnte die typischen Strukturmerkmale interner Arbeitsmärkte - Konzentration des Austauschs mit dem externen Arbeitsmarkt auf eine begrenzte Zahl von "Eintritts-Arbeitsplätzen", Existenz qualifizierender Mobilitätsketten, starke Betriebsbindung einer qualifizierten "Stammbelegschaft" usf.- überall in Europa (wie in einer vergleichbaren Situation schon zwei oder drei Jahrzehnte vorher in Teilen der USA) zunehmende Bedeutung erlangten.

Hingegen muß die weitere Entwicklung seit der zweiten Hälfte der sechziger Jahre in der herkömmlichen Perspektive als ausgesprochen paradox erscheinen. In der Tat wirkte die Masse der europäischen Industrie entweder aktiv daran mit oder ließ wenigstens ohne nennenswerten Widerstand zu, daß diese ursprünglich gegenüber dem externen Arbeitsmarkt offenen Strukturen zunehmend institutionell-rechtlich abgeschirmt wurden und daß die ursprünglich stark asymmetrische Bindung der (Stamm-) Belegschaft an den Betrieb durch erhöhten Schutz der individuellen Beschäftigungsverhältnisse immer mehr in eine wechselseitige Bindung zwischen dem Betrieb und jedem einzelnen Beschäftigten transformiert wurde. Das Paradox wird noch stärker, wenn man sich vor Augen hält, daß ein Großteil dieser Veränderungen nicht in die Periode akuten Arbeitskräftemangels, sondern in die darauf folgende Phase hoher und tendenziell steigender Unterbeschäftigung fällt.

Wie war es möglich, daß sich die Beschäftiger auf diese Weise den für sie bisher essentiellen Zugriff zum externen Arbeitsmarkt und die damit verbundene Chance nehmen ließen, auf diesem konkurrierende Arbeitskräfte lohnsenkend oder leistungssteigernd gegeneinander (oder gegen die Stammbelegschaft) auszuspielen? Warum haben sie in ihrer großen Mehrheit die in ihrer Sicht positive Veränderung der politischen Kräfteverhältnisse seit den späten siebziger Jahren nicht zu einem substantiellen Abbau der Regeln und Normen zum Schutze der Stammbelegschaften genutzt, sondern sich mit einer bloßen Erhöhung der Einsatz- und Beschäftigungsflexibilität der Randbelegschaften begnügt? Kann man annehmen, daß mitten in einer der erfolgreichsten Phase marktwirtschaftlicher Entwicklung die Mehrheit der Beschäftiger zur gleichen Zeit ihre eigentlichen Interessen aus dem Auge verliert? Und wenn man diese Annahme als höchst unplausibel verwirft: Wieso konnte sich in einer prinzipiell kontinuierlich verlaufenden Entwicklung plötzlich eine fundamental neue Bedingungskonstellation betrieblichen Handelns herausbilden, die zu einer grundlegenden Neudefinition essentieller betrieblicher Interessen Anlaß gibt?

Auch hier könnte die soeben skizzierte, vor allem auf die Offenlegung von disruptiven Momenten abgestellte Sichtweise eine recht plausible Erklärung liefern: Aus zentralen Merkmalen der Prosperitätskonstellation der europäischen Nachkriegszeit entstand für viele Betriebe eine Art arbeitskräfte- und beschäftigungspolitische "Falle". Diese Falle, der sie aus eigener Kraft nicht mehr entkommen konnten, veranlaßte dann eine große Anzahl von Betrieben dazu, ihre Politik auf optimale Nutzung der Chancen umzustellen, die sich ihnen unter den neuen Bedingungen stark stabilisierter Beschäftigung bei deutlich reduzierter allokativer Leistungsfähigkeit des externen Arbeitsmarktes bieten - wobei evident ist, daß hierdurch diese Bedingungen selbst wiederum konsolidiert werden.

In ganz ähnlicher Weise scheint es übrigens mit dem hier vorgeschlagenen historischen Modell auch möglich zu sein, den aktuellen, durch große Unübersichtlichkeit und widersprüchliche Tendenzen charakterisierten Stand "posttayloristischer" Rationalisierung und betrieblicher Nutzung von Arbeit und Technik verständlich zu machen, nämlich als Folge und Moment einer historischen Situation, in der sich neue Herausforderungen mit den Nachwirkungen und Spätfolgen eines auslaufenden Wachstumsschubes überlagern.

Hinweise auf einige einschlägige Veröffentlichungen des Verfassers

1. Zu den einleitenden forschungsstrategischen Überlegungen:

Lutz, Burkart, Strukturkrise als Herausforderung an die Soziologie, in: J. Matthes (Hrsg.), *Krise der Arbeitsgesellschaft?*, Frankfurt a.M./New York 1983, S. 321-335.

Lutz, Burkart, Effet sociétal ou effet historique - Quelques rémarques sur le bon usage de la comparaison internationale, in: AISLF (Hrsg.), *Le lien social. Actes du XIIIe Colloque de l'Association Internationales des Sociologues de Langue Française*, Genf 1989, S. 53-66.

2. Zu Einzelheiten des vorgeschlagenen historischen Modells:

Lutz, Burkart, *Der kurze Traum immerwährender Prosperität - Eine Neuinterpretation der industriell-kapitalistischen Entwicklung im Europa des 20. Jahrhunderts*, Frankfurt a.M./New York 1984 (2. Auflage 1989).

Lutz, Burkart, Die Bauern und die Industrialisierung - Ein Beitrag zur Erklärung von Diskontinuität der Entwicklung industriell-kapitalistischer Gesellschaften, in: J. Berger (Hrsg.), *Die Moderne - Kontinuitäten und Zäsuren* (*Soziale Welt*, Sonderband 4), Göttingen 1986, S. 119-137.

3. Zu einzelnen Anwendungen:

Lutz, Burkart, Bildungsexpansion und soziale Ungleichheit - Eine historisch-soziologische Skizze, in: R. Kreckel (Hrsg.), *Soziale Ungleichheiten* (*Soziale Welt*, Sonderband 2), Göttingen 1983, S. 221-245.

Lutz, Burkart, Das "ehrenamtliche Element". Eine Skizze des Zusammenhangs von Industrialisierung, Sozialstruktur und Arbeitnehmerorganisationen, in: S. Hradil (Hrsg.), *Sozialstruktur im Umbruch - Karl Martin Bolte zum 60. Geburtstag*, Opladen 1985, S. 181-189.

Lutz, Burkart, Bildung im Dilemma von Leistungselite und Chancengleichheit. Notizen zur Geschichte des französischen Bildungssystems, in: *ZSE (Zeitschrift für Sozialisationsforschung und Erziehungssoziologie)*, 6. Jg. 1986, H.2, S. 193-212.

Lutz, Burkart, *Arbeitsmarktstruktur und betriebliche Arbeitskräftestrategie. Eine theoretisch-historische Skizze zur Entstehung betriebszentrierter Arbeitsmarktsegmentation*, Frankfurt a.M./München 1987.

Bechtle, Günter/Lutz, Burkart, Die Unbestimmtheit post-tayloristischer Rationalisierungsstrategie und die ungewisse Zukunft industrieller Arbeit - Überlegungen zur Begründung eines Forschungsprogramms, in: K. Düll/ B. Lutz (Hrsg.), *Technikentwicklung und Arbeitsteilung im internationalen Vergleich*, Frankfurt a.M./München 1989, S. 9-91.

Lutz, Burkart/ Pierre Veltz, Maschinenbauer versus Informatiker - Gesellschaftliche Einflüsse auf die fertigungstechnische Entwicklung in Deutschland und Frankreich, in: K. Düll/ B. Lutz (Hrsg.), *Technikentwicklung und Arbeitsteilung im internationalen Vergleich*, Frankfurt a.M./München 1989, S. 213-285

II. Wirtschaftliche und gesellschaftliche Folgen des Booms in der Bundesrepublik

Hubert Kiesewetter

Amerikanische Unternehmen in der Bundesrepublik Deutschland 1950-1974

"Für mich galt: 'Hilf dir
selbst, so helfen dir die
Vereinigten Staaten!'"
Konrad Adenauer, 1965

I. Einleitung

Seit Mitte des 19. Jahrhunderts können wir in den Vereinigten Staaten von Amerika eine zunehmende Tendenz bei größeren Unternehmen erkennen, Direktinvestitionen im Ausland zu tätigen[1]. Die Anwendung des Systems der austauschbaren Teile und der Massenproduktion[2] hatte die US-Wirtschaft gezwungen, sich über die eigenen Grenzen auszudehnen. Das Mittel des Warenexports reichte einer stärkeren Hinwendung zum Protektionismus und einer international erstarkenden Konkurrenz nicht mehr aus, um trotz fallender Frachtraten gewerbliche Produkte in den aufstrebenden Industriestaaten in steigendem Maße abzusetzen. Größere Marktnähe, die Anpassung der Produkte an den Bedarf, die Kundenwerbung und Kundenberatung waren weitere Faktoren, Direktinvestitionen in anderen Staaten zu rechtfertigen. Ausländische Direktinvestitionen amerikanischer Firmen sind also keineswegs, wie dies manchmal zu lesen ist, eine Erscheinung der Zeit nach dem Ersten oder sogar erst nach dem Zweiten Weltkrieg. Deshalb ist es auch für die Periode vor 1914 keineswegs zutreffend, wenn behauptet würde, daß "the American investor had not become internationally minded, and a wide-spread prejudice against foreign investments made it both difficult and costly to obtain the capital necessary for foreign expansion"[3]. Beides, die internationale Ausrichtung amerikanischer Investoren als auch der Abbau von Voreingenommenheiten gegenüber Auslandsinvestitionen, erleichterten es, im Gegensatz

---

1 Mira Wilkins, *The Emergence of Multinational Enterprise: American Business Abroad from the Colonial Era to 1914*, Cambridge, Mass./London 1970, hat die wichtigsten Entwicklungen dargestellt.
2 Vgl. David A. Hounshell, *From the American System to Mass Production 1800-1932. The Development of Manufacturing Technology in the United States*, Baltimore/London 1984, S.67ff.
3 So Everett Stahl, Branch Factories in Foreign Countries, in: *Harvard Business Review*, VIII, 1929/30, S.96.

zu der Ansicht von E. Stahl, Investitionskapital im Ausland aufzubringen und bereitzustellen. Dies gilt es zu berücksichtigen, wenn im folgenden die Entwicklung amerikanischer Unternehmen in der Bundesrepublik Deutschland während der wirtschaftlichen Boomperiode analysiert wird, um den Eindruck zu vermeiden, als wäre 1945 für US-Multinationals in Deutschland die Stunde Null gewesen.

Viele derjenigen amerikanischen multinationalen Unternehmen, die in der Bundesrepublik im Rampenlicht des Interesses standen bzw. stehen, sind in der Zeit vor oder nach dem Ersten Weltkrieg gegründet worden. Um nur einige Beispiele zu nennen: John D. Rockefeller's Standard Oil Company of New Jersey - heute ESSO - beteiligte sich 1890 mit 40 Prozent an dem Gründungskapital der Deutsch-Amerikanischen Petroleum Gesellschaft (DAPG) in Höhe von neun Millionen Reichsmark und erhöhte ihre Beteiligung bis 1904 auf 90 Prozent[4]. International Harvester Company (IHC), der 1902 durch den Zusammenschluß der fünf größten amerikanischen Landmaschinenfirmen gegründete Trust, kaufte Ende 1908 in Neuss 100.000m² Land, errichtete dort ein Tochterunternehmen und begann 1911 mit der Produktion von Gras- und Getreidemähern, Rechen und Heuwendern sowie Bindfäden[5]. IBM Deutschland GmbH, die Tochter des US-Multis International Business Machines Corporation, ging aus der 1910 von Herman Hollerith in Berlin gegründeten Deutsche Hollerith-Maschinen Gesellschaft (DEHOMAG) hervor[6]. Die Ford Motor Company, am 16. Juni 1903 in Detroit gegründet, errichtete 1925 in Berlin einen Montagebetrieb für das legendäre Auto "Modell T"; seit 1931 befindet sich die Ford Werke AG (Name seit 1939) mit einer eigenen Produktionsstätte in Köln-Niehl[7]. Auch General Motors (GM) etablierte sich bereits 1929 auf dem deutschen Markt, indem sie den Großteil des 1862 gegründeten Familienunternehmens Adam Opel in Rüsselsheim übernahm und es in eine Aktiengesellschaft umwandelte, an der GM zuerst mit 80 Prozent beteiligt war. Im Jahr 1931, mitten in der Weltwirtschaftskrise, wurde GM Alleinbesitzer von Opel mit einem Kapital von 33,36 Millionen Dollar.

Im Gegensatz zu diesen häufig beschriebenen und häufig kritisierten amerikanischen Multinationals sind unsere Kenntnisse von der Vielzahl mittlerer und

---

4   Vgl. Ralph W. Hidy/Muriel E. Hidy, *Pioneering in Big Business 1882-1911. History of Standard Oil Company (New Jersey)*, New York 1955, S.123ff.
5   Vgl. Hubert Kiesewetter, Beasts or Beagles? Amerikanische Unternehmen in Deutschland, in: Hans Pohl (Hrsg.), *Ausländische Unternehmen in Deutschland*, Stuttgart 1991. In der Literatur findet sich häufig die Jahresangabe 1909 für den Produktionsbeginn in Neuss, doch wurde in dem Jahr erst mit dem Bau des Werkes begonnen.
6   Tilman Driessen, *Von Hollerith zu IBM. Zur Frühgeschichte der Datenverarbeitungstechnik von 1880 bis 1970 aus wirtschaftswissenschaftlicher Sicht*, Köln 1987 (Wirtschafts- und Rechtsgeschichte, Bd.5); *Kleine Chronik der IBM Deutschland 1910-1985*, 5. Aufl., Stuttgart 1986.
7   Vgl. *Von Menschen und Automobilen. 50 Jahre Ford Deutschland 1925/1975*, Köln 1975; Hanns-Peter Rosellen, *"...und trotzdem vorwärts". Die dramatische Entwicklung von Ford in Deutschland 1903 bis 1945*, Frankfurt a.M. 1986; ders., *Ford-Schritte. Der Wiederaufstieg der Ford-Werke Köln von 1945 bis 1970*, Frankfurt a.M. 1988.

kleiner US-Unternehmen in der Bundesrepublik - den Gründen ihrer Etablierung, der Dauer ihrer Existenz, ihrem Einfluß auf die bundesdeutsche Wirtschaft, ihrer innerbetrieblichen Struktur - gering[8]. Im Jahr 1967 schrieb M. Kruk[9], daß das Wirken von GmbHs und anderen Nicht-Aktiengesellschaften in der Bundesrepublik einer breiten Öffentlichkeit weitgehend verborgen bliebe, weil diese nur einer eingeschränkten Publikationspflicht unterlägen. Deshalb sei es "bisher kaum jemals registriert worden, in welch hohem Umfange gerade amerikanische Geschäftsleute hier unmittelbar Aktivität entfalten". Hier setzt der vorliegende Überblick an; er stellt - meines Wissens zum ersten Mal - aus den Commerzbank-Handbüchern "Wer gehört zu wem"[10] die amerikanischen Unternehmen in der Bundesrepublik Deutschland von 1954 bis 1974 nach ihrer Branchenzugehörigkeit zusammen[11]. Dies war nicht einfach nur durch Kompilation zu bewerkstelli-

---

[8] Es ist bezeichnend, daß die meisten neueren amerikanischen ebenso wie die meisten deutschen Analysen über ausländische Direktinvestitionen von US-Multinationals entweder auf der Zeitschrift *Fortune* basieren, die seit 1954 jährlich "The Fortune 500. The Largest U.S. Industrial Corporations" zusammenstellt, oder aus arbeitsökonomischen Gründen die bedeutendsten Unternehmen auswählen, wobei allerdings manchmal unzulässig verallgemeinert wird. Vgl. z.B. John H. Dunning/Robert D. Pearce, *The World's Largest Industrial Enterprises 1962-1983*, New York 1985; Rolf Jungnickel/Henry Krägenau/Matthias Lefeld/Manfred Holthus unter Mitarbeit von Barbara Erhardt, *Einfluß multinationaler Unternehmen auf Außenwirtschaft und Branchenstruktur der Bundesrepublik Deutschland*, Hamburg 1977 (Veröffentlichungen des HWWA-Institut für Wirtschaftsforschung Hamburg); James W. Vaupel/Joan P. Curhan, *The World's Multinational Enterprises. A Sourcebook of Tables Based on a Study of the Largest U.S. and Non-U.S. Manufacturing Corporations*, Genf 1974; Raymond Vernon, *Sovereignty At Bay. The Multinational Spread of U.S. Enterprises*, London 1971. Jungnickel u.a. haben z.B. in ihrer für das Jahr 1972 durchgeführten HWWA-Untersuchung nur solche ausländischen multinationalen Unternehmen aufgenommen, die zu diesem Zeitpunkt in der Bundesrepublik mit ihren deutschen Tochtergesellschaften einen Umsatz von mindestens 500 Millionen DM erzielten. "Diese Umsatzgrenze wurde gewählt, weil in Deutschland erst dann eine generelle, von der Rechtsform unabhängige Publikationspflicht einsetzt und nur über diese Unternehmen ausreichende Informationen vorlagen." (S.42) Allerdings konnten aufgrund dieser Vorgehensweise nur insgesamt 31 ausländische Multis in der Bundesrepublik erfaßt werden, so daß Aussagen über deren Einfluß und Wirkungen alles andere als repräsentativ ausfallen müssen, trotz ihrer hohen Anteile am Umsatz und an der Beschäftigung. Die Autoren dieser Studie scheinen dies nicht genügend bedacht zu haben.
[9] Max Kruk, *Die oberen 30.000. Industrielle, Bankiers, Adelige*, Wiesbaden 1967, S.98.
[10] Vgl. *Wer gehört zu wem. Mutter- und Tochtergesellschaften von A-Z*, 1.Aufl. (Berlin), Dezember 1954. Die 2. Auflage erschien im September 1955, die 3. Auflage im August 1957, die 4. im April 1959, die 5. im Januar 1961, die 6. im Januar 1964, die 7. im Januar 1967, die 8. im April 1969, die 9. im April 1971, die 10. im Mai 1973 und die 11.Auflage im April 1975. Von 1954 bis 1975 haben sich die erfaßten Gesellschaften von 1.100 auf 8.267 erhöht. In den folgenden Jahren erschienen unregelmäßig weitere Commerzbank-Handbücher. Die zuletzt erschienene 16.Auflage: *Wer gehört zu wem. A guide to capital links in West German companies*, Frankfurt a.M. 1988, erfaßte 10.318 Gesellschaften.
[11] Ursprünglich waren in einem "Anhang" alle erfaßten amerikanischen Unternehmen zwischen 1954 und 1974 tabellarisch nach Branchen zusammengestellt worden. Da dieser "Anhang" über 100 Seiten umfaßt, konnte er hier nicht abgedruckt werden.

gen, sondern erforderte eine Reihe von Vorgaben, von denen die wichtigsten hier kurz genannt werden sollen:
1. Um die jeweiligen Firmen den entsprechenden Branchen zuzuordnen, wurde der Branchenschlüssel, d.h. die Branchenzugehörigkeit bzw. -bezeichnung - erst ab der 9.Auflage 1971 wurden den Gesellschaften in den Handbüchern überhaupt eine oder mehrere Branchennummern zugeteilt -, der 13.Auflage 1979 zugrundegelegt.
2. Die Zuordnung der einzelnen Gesellschaften zu den jeweiligen Branchen wurde für jeden Fall dadurch entschieden, ob die Gesellschaft bei ihrem letzten Nachweis mit amerikanischen Teilhabern eine große amerikanische Kapitalbeteiligung aufwies oder nicht.
3. Die Erfassung der Gesellschaften und der beteiligten amerikanischen Unternehmen ist vom letzten Stichjahr aus, d.h. 1974, rückwärts bis 1954 erfolgt. Die Namensangaben und die Standorte beziehen sich deshalb auf das Jahr 1974.
4. Der Mindestbetrag beim Grund- bzw. Stammkapital, den eine Gesellschaft aufweisen mußte, um erfaßt zu werden, hat sich im Laufe der Erhebungsjahre verändert. 1954 war es eine Million DM, seit 1955 wurde der Betrag auf 500.000 DM herabgesetzt und erst seit der 14. Auflage 1982 wieder auf eine Million DM erhöht. In dem hier behandelten Zeitraum erreichen also immer mehr Gesellschaften das Mindestkapital und wurden "aufnahmefähig".

Die Fragen, mit denen sich dieser Aufsatz etwas näher beschäftigt, die aber nur in Ansätzen beantwortet werden können, sind folgende:
- Wie haben sich rein zahlenmäßig die amerikanischen Unternehmen in der Bundesrepublik während des Booms entwickelt?
- Hat es aufgrund des bundesrepublikanischen Booms eine entsprechende Zunahme der Aktivitäten amerikanischer Unternehmen in der Bundesrepublik Deutschland gegeben?
- Haben sich US-Firmen bei ihren Auslandsinvestitionen dem starken Wirtschaftswachstum während dieser Periode angepaßt?
- Welche Veränderungen sind innerhalb der einzelnen Branchen aufgetreten und worauf sind diese zurückzuführen?
- Lassen sich branchenmäßig Schwerpunkte von US-Firmen im Verhältnis zum Strukturwandel der deutschen Wirtschaft im Boom herauskristallisieren?

II. Amerikanische Direktinvestitionen in der Bundesrepublik während des Booms

Ehe die Entwicklung amerikanischer Unternehmen und ihre branchenmäßige Verteilung in der Bundesrepublik Deutschland zwischen 1950 und 1974 untersucht wird, werden kurz die allgemeinen Tendenzen amerikanischer Direktinvestitionen während dieser Zeit beschrieben. Es soll hier nicht auf die Rolle der USA beim wirtschaftlichen Wiederaufbau im Nachkriegsdeutschland eingegangen werden; darüber gibt es inzwischen eine vielfältige Literatur[12]. Aufgrund eines Verbots der westzonalen Militärregierungen war es den Amerikanern bis zum Juni 1950 - in dem Monat brach der Koreakrieg aus und am 1. Oktober trat die Bundesrepublik dem General Agreement on Trade and Tariffs (GATT) bei - ohnehin untersagt, Direktinvestitionen in Deutschland vorzunehmen. "Der Wert der US-Investitionen in Europa", so Hellmann[13], "lag Ende 1950 unter dem des Jahres 1923 und nur leicht über dem von 1929". Kurz vor Ausbruch des Koreakrieges, am 6. März 1951, verlangte der Hohe Kommissar und Sonderbeauftragte der Marshallplan-Verwaltung für Deutschland, John J. McCloy, "eine bedeutende Modifizierung der freien Marktwirtschaft"[14], damit die Bundesrepublik ihren internationalen Verpflichtungen nachkommen könnte. Der Koreaboom beschleunigte in starkem Maße die Internationalisierung des Kapitaltransfers. Von 1950 bis 1979 erhöhten sich die amerikanischen Direktinvestitionen im Ausland von 11,8 auf 192,6 Mrd. Dollar, d.h. mit einer durchschnittlichen jährlichen Wachstumsrate von über 10 Prozent[15]; im Jahre 1974 lagen sie bei 110,1 Mrd. Dollar. Davon entfielen im ersten Jahr 29 Prozent auf die Mineralölindustrie, 32 Prozent auf die Verarbeitenden Industrien und 39 Prozent auf "andere" Industrien. Bis 1979 war der Anteil der Petrochemie auf 22 Prozent gesunken - trotz des starken Anstiegs der Petroleumpreise seit 1973, wofür allerdings wesentlich der Rückzug aus den industriell schwach entwickelten Ölförderländern der OPEC verantwortlich war -, während die Verarbeitungsindustrien nun 43 Prozent der amerikanischen Direktinvestitionen stellten. Seit Mitte der 1960er Jahre übertrafen die amerikanischen Direktinvestitionen in Europa diejenigen in Kanada, d.h. die europäischen Direktinvestitionen der USA wuchsen von 15 Pro-

---

12 Vgl. z.B. Heiner R. Adamsen, *Investitionshilfe für die Ruhr. Wiederaufbau, Verbände und Soziale Marktwirtschaft 1948-1952*, Wuppertal 1982 (*Düsseldorfer Schriften zur Neueren Landesgeschichte und zur Geschichte Nordrhein-Westfalens*, Bd.4); Gerold Ambrosius, *Die Durchsetzung der Sozialen Marktwirtschaft in Westdeutschland 1945-1949*, Stuttgart 1977 (*Studien zur Zeitgeschichte*, Bd.10); Theodor Eschenburg, *Jahre der Besatzung 1945-1949*, Stuttgart 1983 (*Geschichte der Bundesrepublik Deutschland*, Bd.1); Michael Fichter, *Besatzungsmacht und Gewerkschaften. Zur Entwicklung und Anwendung der US-Gewerkschaftspolitik in Deutschland 1944-1948*, Opladen 1982 (*Schriften des Zentralinstituts für sozialwissenschaftliche Forschung der Freien Universität Berlin*, Bd.40).
13 Rainer Hellmann, *Amerika auf dem Europamarkt. US-Direktinvestitionen im Gemeinsamen Markt*, Baden-Baden 1966, S.24 (*Schriftenreihe zum Handbuch für Europäische Wirtschaft*, Bd.33).
14 Zitiert in Werner Abelshauser, *Wirtschaftsgeschichte der Bundesrepublik Deutschland (1945-1980)*, Frankfurt a.M. 1983, S.76 (edition suhrkamp, 1241). Dort (S.83) wird behauptet: "Die Koreakrise hat die korporative Durchdringung der westdeutschen Marktwirtschaft außerordentlich beschleunigt."
15 Siehe Obie G. Whichard, Trends in the U.S. Direct Investment Position Abroad, 1950-79, in: *Survey of Current Business*, Febr. 1981, Bd.61, Nr.2, S.39ff.

zent im Jahre 1950 auf 42 Prozent 1979, dagegen fielen diejenigen in Kanada im gleichen Zeitraum von 30 auf 21 Prozent[16].

Es gibt viele Gründe dafür, warum Westeuropa - Großbritannien[17] ausgenommen - und besonders die Bundesrepublik einen immer größeren Anteil der Auslandsinvestitionen der USA anzogen. Ohne hier im einzelnen darauf einzugehen, seien einige Gründe genannt: 1. Der Zweite Weltkrieg hatte generell sowie speziell durch Devisenausfuhrverbote, Firmenübernahmen und schließlich Zerstörung von in amerikanischem Besitz befindlichen Produktionsstätten Direktinvestitionen in Europa eingeschränkt; 2. die außereuropäischen Industrieländer waren nach 1950 "saturierter" mit US-Investitionen als Europa, so daß eine Umlenkung stattfand; 3. Rekonstruktion und Wiederaufbau boten aufgrund der economies of scale amerikanischer Produktionsmethoden gute Investitionsmöglichkeiten für die USA; 4. die Gründung der Europäischen Wirtschaftsgemeinschaft (EWG) 1957 eröffnete einen größeren Markt in den wichtigsten europäischen Industriestaaten; 5. die Rückkehr zu Währungsstabilität und Konvertibilität ermöglichte den Rücktransfer von Gewinnen und ermunterte US-Direktinvestoren, neue Tochtergesellschaften aufzubauen; 6. die zunehmende Kaufkraft der europäischen Bevölkerung, die Wiedererlangung der Konkurrenzfähigkeit auf den Weltmärkten und der Trend zur Massenkonsumgesellschaft sicherten den amerikanischen Direktinvestitionen hohe Rendite.

Im Jahre 1950 betrug der Anteil Europas an allen amerikanischen Direktinvestitionen 14,7 Prozent, 1955 15,3 Prozent, 1960 21,0 Prozent, 1965 28,3 Prozent, 1970   33,5 Prozent und 1974   40,6 Prozent oder 44,7 Mrd. Dollar[18]. Trotzdem rechtfertigte dies keineswegs die schrillen Töne in den 1960er Jahren von einer "Amerikanisierung Europas"[19]; selbst das weitverbreitete Schlagwort des Bestsellers von J.-J. Servan-Schreiber, "Die amerikanische Herausforderung"[20], war bei nüchterner Betrachtung übertrieben. Gerade in der Bundesrepublik, die sehr viel mehr US-Direktinvestitionen angelockt hatte als Frankreich,

---

16 Der Anteil Lateinamerikas sank noch viel stärker, nämlich von 39 Prozent 1950 auf 19 Prozent 1979.
17 In der Verarbeitenden Industrie sank der Anteil Großbritanniens an den US-Direktinvestitionen in Europa von 58 Prozent im Jahre 1950 auf 29 Prozent 1979. England trat erst 1973 der EWG bei, d.h. nach dem Scheitern der Beitrittsverhandlungen im Januar 1963 mußten einige amerikanische Unternehmen die Hoffnung aufgeben, Produkte von ihren englischen Firmen nach dem Kontinent zu exportieren; deshalb flossen mehr US-Direktinvestitionen in die westeuropäischen Staaten.
18 Errechnet aus Whichard, Trends (Anm. 15), S.50f., Tab.7.
19 Edward A. McCreary, *The Americanization of Europe. The Impact of Americans and American Business on the Uncommon Market*, Garden City (N.Y.) 1964, deutsch: *Die Dollar-Invasion. Amerikanische Firmen und Manager in Europa*, München 1965. Dort (S.23) heißt es über die Amerikanisierung Europas: "Sollte damit gemeint sein, daß von nun an in Europa amerikanische Ideen, Einstellungen und Vorurteile gelten, dann lautet die Antwort nein. Falls aber 'Amerikanisierung' die Entwicklung und Ausbreitung amerikanischer oder ähnlicher Güter, Verfahren und Organisationsformen in Europa bedeutet, besteht die Antwort in einem qualifizierten Ja."
20 Jean-Jacques Servan-Schreiber, *Die amerikanische Herausforderung*, Hamburg 1969, (Vorwort von Franz Josef Strauß). Im Original: *Le défi américain*, Paris 1967.

war deren gesamtwirtschaftliche Bedeutung noch gering. "The total sales of U.S.-owned industrial output in West Germany in 1963 were $ 3,090 million or 3.2 Prozent of gross national product."[21] Die Stabilität, Produktivität und Wettbewerbsfähigkeit der bundesrepublikanischen Wirtschaft führte dazu, daß sich der Anteil der Bundesrepublik an den US-Direktinvestitionen in der EWG stetig erhöhte. Betrug er 1950 bereits 32,0 Prozent oder 204 Millionen Dollar, so wuchs er bis 1968 auf 42,0 Prozent bzw. 3.774 Millionen Dollar[22].

Ein weiterer Aspekt sollte bei der Diskussion von US-Direktinvestitionen mit ins Kalkül gezogen werden. Je mehr amerikanische Unternehmen sich in der Bundesrepublik ansiedelten und je länger sie ihre Produkte auf deutschen und europäischen Märkten absetzten, um so mehr verringerte sich wahrscheinlich der Anteil des Kapitaltransfers aus den USA. Bei freier Konvertibilität der Währungen, wie sie seit 1959 in fast allen westeuropäischen Staaten eingeführt wurde, sowie durch die Entwicklung eines Eurodollar-Marktes waren immer mehr US-Firmen in der Lage, Kapital aus eigenen Überschüssen bzw. auf den entsprechenden nicht-amerikanischen Kapitalmärkten zu mobilisieren[23]. Als dann Mitte der 1960er Jahre der amerikanische Präsident Lyndon B. Johnson wegen eines aufgetretenen Zahlungsbilanzdefizits US-Unternehmen, die im Ausland tätig waren, aufforderte, zur Finanzierung ihrer Investitionen Anleihen auf dem europäischen Währungsmarkt aufzunehmen, schlossen sich 425 amerikanische Gesellschaften dem Programm zur freiwilligen Selbstbeschränkung zur Verringerung der Kapitalabflüsse aus den USA trotz höherer Anleihezinsen in Europa an. Von Juni bis Ende 1965 nahmen US-Unternehmen 541 Millionen Dollar an Anleihen im Ausland auf, darunter Esso allein 22,5 Millionen Dollar. Das massive Auftreten amerikanischer Firmen auf dem europäischen Kapitalmarkt führte nicht nur zu steigenden Kreditkosten, Kapitalknappheit und einer inflationären Tendenz, sondern stellte auch den eigentlichen Sinn von Direktinvestitionen in Frage. Der Bankier Hermann J. Abs gab im Juli 1965 zu bedenken, ob nicht die Kreditwünsche ausländischer Firmen in der Bundesrepublik beschränkt werden sollten, solange deutschen Unternehmen nicht die gleiche Möglichkeit im Ausland eingeräumt würde. Der Grundsatz der Gegenseitigkeit müsse gewahrt bleiben, damit durch "Kooperation beider Kapitalzentren" das Ziel eines "Zweibahnverkehrs" im in-

---

21 C.F. Karsten, Should Europe Restrict U.S. Investments? (1965), in: *American Foreign Economic Policy. Essays and Comments*, hrsg. v. Benjamin J. Cohen, New York (N.Y.) 1968, S.235.
22 Vgl. Rainer Hellmann, *Weltunternehmen nur amerikanisch? Das Ungleichgewicht der Investitionen zwischen Amerika und Europa*, Baden-Baden 1970, S.277, Tab.2 (Schriftenreihe Europäische Wirtschaft, Bd.45). Dagegen investierten bundesrepublikanische Unternehmen in den USA 1968 gerade 387 Mio. Dollar oder 13,9 Prozent der gesamten EWG-Direktinvestitionen in den USA; vgl. ebd., S.278, Tab.3.
23 Vgl. Gabriel Kolko, *The Roots of American Foreign Policy. An Analysis of Power and Purpose*, Boston 1969, S.73f. "Whatever else they may be", heißt es dort (S.74), "profits on such investments are not primarily the reward for the transfer of American capital abroad."

ternationalen Kapitalmarkt erreicht werden könne[24].

III. Amerikanische Unternehmen in der Bundesrepublik und ihre Entwicklung in den einzelnen Branchen

Die Veränderungen bei Direktinvestitionen stellen nur einen relativ groben Indikator dar, um die Bedeutung von multinationalen Unternehmen auf ausländischen Märkten zu messen. Bei der Betrachtung eines Zeitraums von beinahe einem Vierteljahrhundert wirken nicht nur Währungsschwankungen, die Freigabe fester Wechselkurse oder unterschiedliche Inflationsraten verzerrend auf das Gesamtbild ein. Bezogen auf amerikanische Direktinvestitionen in der Bundesrepublik, veränderten sich auch die Definitionen von Direktinvestitionen des U.S. Department of Commerce. Von 1950 bis 1961 wurde als Direktinvestition der Besitz eines US-Investors von mindestens 25 Prozent des stimmberechtigten Kapitals eines ausländischen Unternehmens angesehen, während nach 1962 bereits Anteile von mehr als 10 Prozent als Direktinvestition angesehen und erfaßt wurden[25]. Ich habe deshalb versucht, die einzelnen amerikanischen Unternehmen in der Bundesrepublik Deutschland zu erfassen; das ist jedoch ebenfalls nicht vollständig möglich, weil es keine halbwegs lückenlose Statistik über einzelne Firmengründungen bzw. Beteiligungen seit dem Bestehen der Bundesrepublik gibt. Um einen etwas genaueren Eindruck von den während des Booms und durch den Boom ausgelösten Veränderungen zu erhalten, werden im folgenden einige spezielle Merkmale der erfaßten US-Unternehmen umrissen. Dabei geht es weniger um eine exakte strukturelle Analyse einzelner Firmen oder Branchen als vielmehr um eine überblickmäßige Darstellung allgemeiner Tendenzen amerikanischer Unternehmen im Boom. Systematische Analysen müssen späteren Arbeiten vorbehalten bleiben.

Die USA spielten von allen ausländischen Staaten bei den Direktinvestitionen in Deutschland seit über hundert Jahren die führende Rolle. Daran hat sich bis heute nichts geändert. Um 1950 wurden laut einer wissenschaftlich fragwürdigen Zusammenstellung des Deutschen Wirtschaftsinstituts in Ost-Berlin unter Leitung von Jürgen Kuczynski 447 Gesellschaften bzw. 36 Prozent aller ausländischen Gesellschaften von amerikanischen Firmen oder Einzelpersonen "kontrolliert"[26]. Darin sind alle erfaßbaren Unternehmungen enthalten, in denen ein direkter oder

---

24 Hellmann, *Amerika* (Anm.13), S.147ff.; Zitat von H. J. Abs, S.151.
25 Vgl. Whichard, Trends (Anm. 15), S.56.
26 *Ausländische Beteiligungen an westdeutschen Unternehmungen*, Berlin 1951, S.17ff. Da dies leider die einzige zusammenfassende Studie zu diesem Themenkomplex für diesen frühen Zeitpunkt ist, wird sie hier mit den entsprechenden Vorbehalten verwendet. Die Direktinvestitionen der USA in der Bundesrepublik beliefen sich danach auf DM 683.882.000 oder 38,8 Prozent an allen direkten Auslandsbeteiligungen (ebd. S.23).

indirekter amerikanischer Einfluß aufgetreten sein soll. Die Diskrepanz zu der von mir errechneten Zahl von 51 Unternehmen für das Jahr 1954/55 mit mehr als 500.000 DM Kapital ist eklatant. Sie läßt sich vor allem damit erklären, daß das Deutsche Wirtschaftsinstitut auch alle diejenigen Unternehmen mit einbezogen hat, in denen beispielsweise amerikanische Patente und Lizenzen verwendet wurden. Beschränken wir uns auf Gesellschaften mit direkter amerikanischer Beteiligung, dann erhöhte sich deren Anzahl bis 1974 auf 520 amerikanische Unternehmen in der Bundesrepublik oder um 920 Prozent. Wenn die Angaben des US-Department of Commerce zutreffen, dann waren im Jahre 1960 insgesamt 555 amerikanische Unternehmen und Einzelkaufleute mit 606 Niederlassungen in der Bundesrepublik und West-Berlin vertreten. Diese Zahlen enthalten keine deutschen Firmen, die aufgrund von Lizenzverträgen oder Absprachen über Gewinnbeteiligungen mit amerikanischen Partnern verbunden waren[27]. Nach Link[28] verfügten 1971 588 amerikanische Unternehmen über ungefähr 700 Zweigniederlassungen in der Bundesrepublik, wobei deren Anteil an allen ausländischen Investitionen annähernd 50 Prozent betrug.

Es ist recht schwierig zu messen, ob aufgrund des bundesrepublikanischen Booms die Aktivitäten amerikanischer Unternehmen entsprechend zugenommen oder ob die US-Direktinvestitionen andere Ursachen gehabt haben. Bei einer etwas detaillierteren Betrachtung der Fluktuationen amerikanischer Firmen bzw. Beteiligungen in der Bundesrepublik fallen drei Sachverhalte auf:

1. Nur eine relativ geringe Anzahl amerikanischer Unternehmen war während des gesamten Zeitraums auf dem deutschen Markt präsent. Dazu gehörten die Exxon Corporation (Esso AG)[29], General Refractories Company (Deutsche Magnesit GmbH), American Standard Inc. bzw. Standard Sanitary Manufacturing Company (Ideal-Standard GmbH), Worthington Corporation (Deutsche Worthington GmbH), International Harvester Company, United Shoe Machinery Corporation (Maschinenfabrik Turner GmbH), Westinghouse Air Brake Co. (Wabco Westinghouse GmbH), Ford Motor Company (Ford-Werke AG), General Motors Corp. (Adam Opel AG), General Electric Company (AEG-Telefunken), IBM World Trade Corporation (IBM Deutschland GmbH), International Telephone and Telegraph Corporation (Standard Elektrik Lorenz AG), Eastman Kodak Company (Kodak AG), The Carborundum Company (Carborundum Werke GmbH), Kraft Foods Company (Kraft GmbH) und Corn Products Refining Co. (Maizena GmbH).
2. Die zahlenmäßige Zunahme amerikanischer Unternehmen in der Bundesrepublik ist in verschiedenen Zeitabschnitten unterschiedlich verlaufen. Eine

---

27 Vgl. Heinz Hartmann, *Amerikanische Firmen in Deutschland. Beobachtungen über Kontakte und Kontraste zwischen Industriegesellschaften*, Köln/Opladen 1963, S.35 (*Dortmunder Schriften zur Sozialforschung*, Bd.23).
28 Werner Link, *Deutsche und amerikanische Gewerkschaften und Geschäftsleute 1945-1975. Eine Studie über transnationale Beziehungen*, Düsseldorf 1978, S.39.
29 In der Klammer steht der Name der deutschen Gesellschaft, sofern er sich von der amerikanischen Muttergesellschaft unterscheidet.

Normalisierung der wirtschaftlichen Beziehungen zwischen den USA und der Bundesrepublik erfolgte mit der Wiederinkraftsetzung des deutsch-amerikanischen Handelsvertrages anläßlich des ersten Adenauer-Besuches in den Vereinigten Staaten im April 1953. Nachdem der Council of the Allied High Commission im März bzw. Juni 1951 einige noch bestehende monetäre Einschränkungen gelockert hatte, bildete der Handelsvertrag die Grundlage, "auf der die Geschäftsleute beider Länder in der Lage sind, ihren Wohnsitz in einem der beiden Länder zu nehmen, um dort ihre Geschäfte zu betreiben"[30]. Am 22. Juli 1954 wurde das deutsch-amerikanische Doppelbesteuerungsabkommen abgeschlossen, und ab 1. Juli 1958 waren alle Restriktionen gegenüber der Kapitaleinfuhr in die Bundesrepublik aufgehoben. Die Anzahl amerikanischer Unternehmen wuchs von 1954/55 bis 1958 um 64,7 Prozent, von 1958 bis 1963 um 121,4 Prozent, von 1963 bis 1968 um 124,7 Prozent und von 1968 bis 1974 um 24,4 Prozent. Das Jahrzehnt nach 1958 ist besonders markant und weist eine Steigerung von fast 400 Prozent auf, d.h. eine grobe Koinzidenz zwischen wirtschaftlichem Aufschwung und den Aktivitäten von US-Firmen in der Bundesrepublik erscheint durchaus plausibel. Allerdings kann dieser Indikator nur als ein recht grobmaschiges Raster angesehen werden, denn eine Verschiebung der Basisjahre nach vorne oder hinten würde ein anderes Bild ergeben und erst eine Einzeluntersuchung über die Höhe der Beteiligungen, über Neugründungen bzw. Firmenübernahmen und eventuell über die Produktion oder den Umsatz könnte uns genauere Aufschlüsse liefern.

3. Die Fluktuation amerikanischer Unternehmen war erheblich höher als dies mit Blick auf die großen Multis gewöhnlich angenommen wurde. In der 20jährigen Periode von 1954 bis 1974 gab es insgesamt 236 amerikanische Unternehmen, die entweder weniger als zehn Jahre in der Bundesrepublik existierten oder von nicht-amerikanischen Firmen übernommen wurden. Diese Zahl enthält noch nicht diejenigen US-Firmen, die in einem kürzeren als zehnjährigen Abstand vor 1974 bzw. im Jahr 1974 in die Bundesrepublik gekommen waren und nach 1974 fallierten. Die Motive für diese relativ hohe Anzahl von Unternehmen, die sich nur kurz auf dem deutschen Markt behaupten konnten, sind vielschichtig und von Branche zu Branche verschieden. Sie sollen hier nicht explizit erörtert werden.

Vieles deutet darauf hin, daß sich amerikanische Unternehmen dem starken wirtschaftlichen Wachstum während der Boomperiode angepaßt haben. Erkennbar wird dies nicht nur in der starken zahlenmäßigen Zunahme, sondern auch in der Aufstockung des Kapitals. Wenn wir die sechs größten amerikanischen Multinationals in der Bundesrepublik - IBM, Exxon, General Motors, Mobil Oil, Ford und General Electric - mit mehr als 700 Mio. DM Kapital im Jahre 1974 heraus-

---

30 Zitiert nach Link, *Gewerkschaften* (Anm. 28), S.123f.

greifen, so erhöhten sie zusammen ihr Kapital von 1.038 auf 3.230 Millionen DM, d.h. um 211,2 Prozent in dem Jahrzehnt von 1958 bis 1968. In den folgenden vier Jahren betrug die Kapitalerhöhung 48,1 Prozent und zwischen 1972 und 1974 nur 8,0 Prozent. IBM wies die größten Steigerungsraten auf, von 18 auf 500 Mio. DM in dem Jahrzehnt nach 1958. Die entsprechenden Zahlen bei Mobil Oil stiegen von 90 auf 400, bei General Motors von 200 auf 850, bei Esso von 300 auf 850, bei General Electric von 310 auf 510 Millionen DM. Nur die Ford-Werke in Köln beließen das Kapital während dieser Zeit bei 120 Millionen DM, um es danach bis 1972 auf 720 Millionen zu erhöhen. Ein weiterer Indikator für die Anpassungsfähigkeit von US-Unternehmen an die veränderten wirtschaftlichen Bedingungen im Boom war die günstige Ertragslage amerikanischer Firmen.

Die Veränderungen in der Zusammensetzung und Bedeutung von amerikanischen Firmen in der Bundesrepublik, wenn wir eine branchenmäßige Aufgliederung vornehmen, sind so vielfältig, daß hier nur die Entwicklung der wichtigsten Branchen im Boom skizziert werden soll. In Tabelle 1 sind die Anzahl und die Summe des Grund- bzw. Stammkapitals aller Gesellschaften in der entsprechenden Branche aufgeführt. Daraus geht eindeutig hervor, daß sich die Elektrotechnik einschließlich der Datenverarbeitung zwar nicht der Anzahl, aber dem Kapital nach zur bedeutendsten Branche mit amerikanischer Beteiligung entwickelt hat. Dies ist um so erstaunlicher, als 1954/55 mit General Electric, IBM, ITT, Dr. Siegmund Loewe, The National Cash Register und The Ritter Company lediglich sechs amerikanische Unternehmen vertreten waren. Die ersten drei Konzerne gehörten zwar von Anfang an zu den einflußreichsten amerikanischen Multinationals in der Elektrobranche, aber die weltweite Konkurrenz in diesem Gewerbezweig sicherte ihnen keineswegs uneinholbare Wettbewerbsvorteile. Der Boom und ein wachsender Markt für elektrotechnische Artikel, ganz abgesehen von der Führungsrolle der USA auf dem Gebiet der Computerproduktion und -anwendung, haben sich gegenseitig verstärkt. Allein zwischen 1963 und 1968 hat sich die Anzahl der amerikanischen Firmen in dieser Branche mehr als verdoppelt, bis 1974 ist sie auf 78 angestiegen. Ganz anders verlief die Entwicklung in der Erdölindustrie und Mineralölverarbeitung (Petrochemie). Die beiden amerikanischen Ölmultis Exxon und Mobil Oil Corporation übten einen solch dominierenden Einfluß aus, daß sich zwar die Anzahl der amerikanischen Ölgesellschaften bis auf 19 im Jahre 1972 erhöhte, sie nach Ausbruch der Ölkrise 1973 aber schnell wieder auf zehn zurückging. Mit der zunehmenden Motorisierung in der Bundesrepublik stieg der Anteil der amerikanischen Ölfirmen am deutschen Markt zuerst an, ging dann aber allmählich zurück. Im Jahre 1964 besaßen US-Firmen noch 90 Prozent der Förderanlagen in der Petroleumindustrie in der Bundesrepublik[31]. Ihr Anteil an der Raffineriekapazität ist nach

---

31 Vgl. Gabriel Kolko, *The Roots of American Foreign Policy. An Analysis of Power and Purpose*, Boston 1969, S.74.

Tabelle 1: Anzahl und Kapital amerikanischer Unternehmen in der Bundesrepublik Deutschland nach Branchen 1954/55-1975

Name der Branche[a]	1954/55	1958	1963	1968	1972	1974	Grund- bzw. Stammkapital[b] (1974, in Mio.DM)
1. Elektrotechnik (einschl. Datenverarbeitung) (305)	6	10	21	53	61	78	3.031,503
2. Erdöl- und Erdgasgewinnung, Mineralölverarbeitung (101)	2	5	8	15	19	10	2.490,40
3. Schienen-, Straßen- und Luftfahrzeugbau (304)	2	4	5	7	8	1	1.859,02
4. Chemische Industrie, Chemiefasern und Kunststoffe (400)	3	5	24	59	58	62	1.052,115
5. Maschinen- und Anlagenbau (302)	10	20	38	77	86	94	960,822
6. Holdinggesellschaften (802)	0	0	1	2	4	8	863,80
7. NE-Metallindustrie (301)	2	3	4	10	21	23	497,592
8. Nahrungsmittelindustrie (410)	4	4	6	14	18	18	446,485
9. Gummi- und Asbestindustrie (402)	1	1	4	12	12	11	311,90
10. Einzelhandel (einschl. Kaufhäuser und Versandhandel (601)	0	0	1	5	4	3	288,68
11. Kreditinstitute, Bausparkassen (800)	1	2	10	8	12	12	281,65
12. Eisen-, Blech- und Metallwarenindustrie (307)	0	1	7	20	24	25	278,24
13. Feinmechanik und Optik (einschl. Büromaschinen) (306)	2	3	7	16	20	25	252,942
14. Energiewirtschaft (Elektrizität, Gas, Kernenergie) (200)	0	1	1	5	5	6	157,95
15. Feinkeramische und Glasindustrie (403)	3	2	3	5	7	5	128,075
16. Pharmazeutische Industrie und Kosmetik (401)	0	1	6	17	14	19	107,06
17. Eisen- und Stahlindustrie (300)	0	0	9	16	15	11	95,85
18. Papier- und Pappeverarbeitende Industrie (405)	0	1	7	7	6	7	84,40
19. Tabakverarbeitende Industrie (411)	0	0	1	3	3	3	78,50

Amerikanische Unternehmen in der Bundesrepublik 75

20. Textil- und Bekleidungsindustrie (407)	0	2	7	7	7	5	76,25
21. Gaststätten und Beherbergungswesen (901)	3	0	0	5	5	8	68,80
22. Grundstücks- und Wohnungswesen (900)	0	1	1	6	6	4	67,85
23. Versicherungen (801)	1	1	0	1	3	5	53,00
24. Sonstige Getränkeindustrie (400)	0	0	1	3	2	3	50,29
25. Musikinstrumenten-, Sportgeräte-, Spielwaren und Schmuckwarenindustrie (412)	0	0	0	1	6	5	30,275
26. Gewinnung und Verarbeitung von Steinen und Erden, grobkeramische Erzeugnisse (102)	1	1	1	3	3	3	26,00
27. Groß- und Außenhandel (600)	1	1	1	5	6	6	15,77
28. Verlagswesen und Druckereigewerbe (602)	0	0	0	5	4	4	11,17
29. Bauindustrie (500)	0	1	0	0	0	3	8,50
30. Holzbearbeitung und -verarbeitung, Möbelindustrie (404)	1	0	0	1	2	2	7,00
31. Land- und Forstwirtschaft, Fischerei (000)	0	0	0	1	2	2	3,78
32. Schiffbau (303)	0	0	0	1	1	1	2,70
33. Ingenieurbau (510)	0	0	0	0	1	1	2,00
34. Bergbau (100)	3	3	1	2	0	0	0,00
35. Ledererzeugung und -verarbeitung (einschl. Schuhe) (406)	2	1	0	2	0	0	0,00
36. Brauereien und Mälzereien (408)	0	0	0	1	0	0	0,00
37. Schiffahrt (701)	1	2	1	1	0	0	0,00
38. Spedition und Lagerei, Verkehrsneben- und -hilfsgewerbe (702)	0	0	0	1	2	0	0,00
39. Sonstige (910)	2	8	10	21	29	37	119,908
Summe	51	84	186	418	476	520	13.810,277

a Geordnet nach der Höhe des Kapitals im Jahre 1974 bzw. nach Branchennummern.
b Angegeben ist die Summe des Grund- bzw. Stammkapitals aller Gesellschaften in der entsprechenden Branche im Jahre 1974 in Millionen DM, d.h. nicht die Anteile der amerikanischen Großaktionäre bzw. Gesellschafter.
Quelle: Commerzbank-Handbücher 1954-1975 und eigene Berechnungen.

dem 1966 erfolgten Aufkauf der Deutschen Erdöl AG (DEA) durch Texaco von 31 Prozent 1964 auf 38 Prozent 1970, die Investitionsausgaben sind von 121 auf 177 Millionen Dollar gestiegen[32]. Im Schienen-, Straßen- und Luftfahrzeugbau überragten die beiden amerikanischen Giganten General Motors und Ford Motor Company eindeutig alle anderen US-Unternehmen in dieser Branche. 1974 stellten sie beinahe 90 Prozent des gesamten Kapitals, das in dieser Branche von amerikanischen Firmen angelegt war. Daneben etablierten sich komplementäre Unternehmen für die Automobilindustrie, und es wird nicht überraschen, daß die amerikanische Reifenindustrie mit den Firmen The Goodyear Tire & Rubber Company, The Firestone Tire & Rubber Co. sowie The B.F. Goodrich Company einen erheblichen Marktanteil in der Bundesrepublik behauptete. Der bundesrepublikanische Boom hat sich in dieser Branche - abgesehen von der Autoindustrie und den entsprechenden Zulieferfirmen - für ein größeres Engagement amerikanischer Multis als eher retardierend erwiesen. Interessant ist, daß die United Aircraft Corporation im Jahre 1958 von einem Kapital in Höhe von sieben Millionen DM der Gesellschaft "Weser Flugzeugbau Focke-Wulf" 30 Prozent übernahm, bis 1972 jedoch wieder ausgeschieden war. Ähnlich erging es der Boeing Company, die 1968 einen Anteil von 16,66 Prozent an Messerschmitt-Bölkow-Blohm erwarb, im Jahre 1978 aber nur noch eine Beteiligung von 0,99 Prozent hielt. In der zweiten Hälfte der 1960er Jahre lag der Umsatzanteil der US-Firmen Ford und Opel an der gesamten Automobilproduktion in der Bundesrepublik um 30 Prozent, allerdings mit fallender Tendenz[33]. Eine Branche, in der der amerikanische Einfluß ganz eindeutig vom Boom geprägt wurde, war die chemische Industrie. Ursprünglich stammten die meisten ausländischen Direktinvestitionen in dieser Branche von belgischen, Schweizer, englischen und französischen Firmen. Die weltweite Vormachtstellung der deutschen Chemieindustrie seit Ende des 19. Jahrhunderts hatte US-Direktinvestitionen in diesem Sektor eingeschränkt. Im Jahre 1950 betrugen die gesamten Investitionen der amerikanischen Chemieindustrie in Europa lediglich 74 Millionen Dollar. Bis 1968 stiegen sie auf etwa 2 Mrd. Dollar an, wovon 20 Prozent, d.h. 400 Millionen Dollar, auf die Bundesrepublik entfielen. Von 1958 bis 1968 erhöhte sich die Anzahl der amerikanischen Firmen von fünf auf 59 und stabilisierte sich danach auf diesem Niveau. Fast alle größeren amerikanischen Chemieunternehmen versuchten auf dem deutschen Markt Fuß zu fassen, was aufgrund der deutschen und ausländischen Konkurrenz nicht immer gelang, aber im großen und ganzen erfolgreich war. Nicht nur E.I. Du Pont de Nemours and Company etablierte sich dauerhaft in der Bundesrepublik, sondern auch neben vielen anderen amerikanischen Chemiefirmen z.B. Air Products and Chemicals Inc., American Cynamid Company, Celanese Corporation, W.R. Grace & Co., Johnson & Johnson, Norton Company und Procter & Gamble. Der Maschinen- und Anlagenbau,

---

32 Vgl. Hellmann, *Weltunternehmen* (Anm. 22), S.61ff.
33 Vgl. ebd., S.69.

durch den die deutsche Industrie ihre größten Exporterfolge erzielt, ermöglichte auch den US-Firmen das zahlenmäßig stärkste Engagement. In den 20 Jahren, die von den Commerzbank-Handbüchern in Tabelle 1 erfaßt sind, beteiligten sich amerikanische Unternehmen an 133 Gesellschaften. Eine Verdoppelung der Firmen trat zwischen 1963 und 1968 auf, aber die Zunahme hielt auch danach an. Es gab fast keinen Zweig des Maschinenbaus, in dem US-Unternehmen nicht vertreten waren. Besondere Schwerpunkte waren der Landmaschinenbau mit John Deere & Co. sowie International Harvester als auch die Herstellung von Spezialprodukten für die Automobilindustrie. Die Palette reichte von Achsen und Getrieben bis hin zu Lagern und Kreuzgelenken, repräsentiert u.a. durch die Borg-Warner Corporation, The Cross Company, Eaton Corporation, The Torrington Co., Westinghouse Air Brake Co. Natürlich waren auch amerikanische "Spezialisten" auf dem deutschen Markt vertreten, so die Clark Equipment Company für Gabelstapler, die Otis Elevator Company für Aufzüge, die Parker-Hanifin Corporation für Kolbenpumpen oder Pitney Bowes Inc. für Adressier- und Druckmaschinen. Die amerikanische Nahrungsmittelindustrie hatte mit der Corn Products Refining Company (Maizena GmbH) schon seit langem in Deutschland Fuß gefaßt und schloß an diese Tradition nach dem Zweiten Weltkrieg an. Zusammen mit der deutschen Familie Dircks kontrollierte der Maizena-Konzern nicht nur die Maizena-Werke GmbH in Hamburg, sondern auch die Mondamin GmbH in Berlin, die C.H. Knorr AG in Heilbronn und zahlreiche weitere Nahrungsmittelfirmen[34]. Der Konsumboom schlug sich in dieser Branche in größere US-Aktivitäten nieder. Bis zum Jahre 1968 hatten sich Food Products Inc., General Foods Corp., Kellogg, Kraft Foods Company, Libby, McNeil & Libby sowie Mars Inc. fest etabliert. In der benachbarten Branche der Getränkeindustrie sind Coca-Cola und Pepsi-Cola geradezu Markenzeichen amerikanischer Direktinvestitionen in der Bundesrepublik geworden. Und seit 1974 ist im Gaststättengewerbe auch McDonald's mit einem Kapital von zehn Millionen DM vertreten.

Ob der Strukturwandel der bundesdeutschen Industrie während des Booms zur Ausprägung von bestimmten branchenmäßigen Schwerpunkten beim US-Engagement geführt hat, ist schwer zu beantworten, weil Detailuntersuchungen fehlen. Zwei Tendenzen lassen sich umreißen:

1. Amerikanische Unternehmen haben versucht, in fast allen Branchen durch Direktinvestitionen in der Bundesrepublik tätig zu werden. Während des hier behandelten Zeitraums gab es nur zwei Branchen, nämlich das Bauhilfsgewerbe und den Schienen-, Straßen- und Luftverkehr, in denen keine amerikanische Firma vertreten war. Allerdings blieb in einer Reihe von Branchen wie der Land- und Forstwirtschaft, der Gewinnung und Verarbeitung von Steinen und Erden, dem Schiffbau, der Holzverarbeitung und Möbelindustrie, der

---

34 Vgl. Kurt Pritzkoleit, *Männer-Mächte-Monopole. Hinter den Türen der westdeutschen Wirtschaft*, Frankfurt a.M. 1958, S.473.

Tabelle 2: Die umsatzstärksten US-Unternehmen in der Bundesrepublik Deutschland 1976

Unternehmen	Rang 1976[a]	Grund-bzw Stammkapital in Mio. DM[b]	Umsatz 1976 in Mio. DM	Beschäftigte	U.S.-Großaktionäre bzw. Gesellschafter	Beteiligung in %
Esso AG, Hamburg	8	966,5	12.502	4.844	Exxon Corporation New York	100,0
AEG, AEG-Telefunken, Berlin/Ffm.	13	704,1	11.341	131.800	Gen. Electric Overseas Capital Corporation, New York	10,66
Adam Opel AG, Rüsselsheim	16	950,0	8.804	58.421	General Motors Corp., Detroit	100,0
Ford AG, Köln	17	720,0	8.657	52.929[c]	Ford Motor Co., Dearborn	99,8
IBM-Deutschland GmbH, Stuttgart	27	1.100,0	5.960	24.215	IBM World Trade Corp., New York	100,0
Deutsche Texaco AG, Hamburg	29	360,4	5.798	5.898[d]	Texaco International Financial Corp., Dover	96,8
Mobil Oil AG	34	725,0	4.908	2.390[e]	Mobil Oil Corp., New York	100,0
Standard Electric Lorenz AG, Stgt.	62	303,9	2.696	33.878	Internat. Standard Electrical Corp., N.Y.	99,44
Deutsche Marathon, Hamburg Petroleum GmbH, München	90	200,0	1.650	702	Marathon International Oil Company, Findlay	100,0
Messerschmitt Bölkow-Blohm GmbH, München	92	62,83	1.635	20.123	The Boeing Company, Seattle	8,9

a Gemessen an den hundert umsatzstärksten Unternehmen in der Bundesrepublik.
b Im Jahr 1975.
c Einschließlich der Belegschaft der Ford-Werke in Genk/Belgien.
d Einschließlich der Beschäftigten im Ausland.
Quellen: Hauptgutachten 1976/1977, Monopolkommission, Fortschreitende Konzentration bei Großunternehmen, Baden-Baden 1978, S.112-114; 125-128; Tabellen im hier nicht abgedruckten Anhang (vgl. Anm. 11).

Bauindustrie, dem Ingenieurbau, dem Verlagswesen und Druckereigewerbe der amerikanische Einfluß unbedeutend. Aus drei Branchen, in denen amerikanische Unternehmen bis 1968 schwach vertreten waren, verschwanden sie bis 1974 ganz, entweder durch die Umwandlung in indirekte Beteiligungen oder durch Rückzug. Es sind dies Branchen, die im bundesrepublikanischen Boom bereits krisenanfällig waren, nämlich der Bergbau, die Ledererzeugung und -verarbeitung sowie die Schiffahrt.
2. Die umsatzstärksten US-Unternehmen in der Bundesrepublik Deutschland im Jahre 1976 (vgl. Tabelle 2) entstammen drei Branchen, die traditionell eine Domäne amerikanischer Multinationals waren, nämlich der Mineralölindustrie mit Exxon, Texaco und Mobil Oil, der Automobilindustrie mit General Motors und Ford sowie der elektrotechnischen Industrie mit IBM, General Electric und International Standard Electric. Hier hat der Boom vorhandene Entwicklungen verstärkt, aber nicht ausgelöst. Ob daraus allerdings der Schluß zu ziehen ist, daß nur ein langfristiges Engagement unternehmerisch einen Erfolg verbürgt, kann m.E. nur eine genauere Untersuchung einzelner Branchen abschließend beantworten.

IV. Ergebnisse

Die vorstehende Skizze der Entwicklung amerikanischer Unternehmen in der Bundesrepublik während der Boomperiode soll in sechs Punkte zusammengefaßt werden:
1. In dem hier behandelten Zeitraum zwischen 1950 und 1974 gab es unterschiedliche Phasen der Aktivitäten von US-Firmen. Von 1950 bis 1955 erfolgte eine weitgehende Konsolidierung. Danach - bis etwa 1960 - ist eine allmähliche Zunahme von US-Unternehmen und zwischen 1960 und 1969 eine beschleunigte Ausbreitung festzustellen, die sich in den folgenden Jahren stabilisierte. Auch M. Wilkins konstatierte seit den späten 1950er Jahren "a fantastic acceleration of U.S. direct investments"[35].
2. Amerikanische Unternehmen haben von dem wirtschaftlichen Boom in der Bundesrepublik auf die Weise profitiert, daß alteingesessene Firmen sich auf die expandierende Nachfrage nach ihren Produkten ein- bzw. umstellen konnten, während viele neue US-Direktinvestitionen ein relativ geringes Risiko eingingen. Tindall erklärt diese Zunahme mit einem Nachahmeeffekt: "One of the explanations for foreign direct investment is that once one

---

35 Mira Wilkins, *The Maturing of Multinational Enterprise: American Business Abroad from 1914 to 1970*, Cambridge (Mass.) 1974, S.343 (*Harvard Studies in Business History*, XXVII).

competitor does it, the other must follow."[36]
3. Die einzelnen Branchen wiesen unterschiedliche Entwicklungen auf, doch es lassen sich zwei Grundtendenzen ablesen. Zum einen konnten sich amerikanische Unternehmen in Sektoren, in denen sie seit langem weltweit führend waren - Mineralöl, Autos, Computer -, in Deutschland behaupten, auch wenn ihr Marktanteil relativ zurückging. Andererseits gab es ausgesprochene Boombranchen in der Bundesrepublik wie den Maschinen- und Anlagenbau, die Elektrotechnik und Feinmechanik, die Metallwarenindustrie sowie die pharmazeutische Industrie, die amerikanischen Firmen ganz neue Absatzmöglichkeiten eröffneten.
4. Es hat eine viel höhere Fluktuation amerikanischer Unternehmen gegeben als vermutet werden kann. Dies ist vielleicht darauf zurückzuführen, daß der Boom ökonomische Erwartungen geweckt hat, die der deutsche Markt nicht erfüllen konnte. Außerdem flossen nicht nur von den USA ausländische Direktinvestitionen nach Deutschland, so daß im Wettbewerb Unternehmen, die die Marktzugangschancen nicht richtig beurteilten, schnell von anderen Konkurrenten verdrängt wurden.
5. Während der hier behandelten Periode hat ein günstiges Klima für Auslandsinvestitionen vorgeherrscht. Außer dem Doppelbesteuerungsabkommen genossen amerikanische Tochterfirmen in der Bundesrepublik eine Reihe von Steuervorteilen, beispielsweise bei den Körperschafts- und Kapitalertragssteuern sowie den Abschreibungsbestimmungen. Die bundesdeutsche Wirtschaftspolitik schuf, abgesehen von der hohen ökonomischen und politischen Stabilität, ein liberales Investitionsklima und man wich auch von diesem Kurs nicht ab, nachdem aufgrund der starken amerikanischen Direktinvestitionen von Unternehmen und Gewerkschaften Kritik laut geworden war. Die französischen Restriktionsmaßnahmen erhöhten zusätzlich die Attraktivität von US-Investitionen in Deutschland. Noch Ende August 1966 erklärte der Regierungsdirektor Waldemar Müller-Enders vom Bundeswirtschaftsministerium: "Bedenken gegen ausländische Kapitalanlagen, nur weil der Investor Ausländer ist, sollten in einem Land mit freiheitlicher Wirtschaftsordnung nicht erhoben werden. Das mag anders sein in Staaten, die ihre Investitionen nach mehr oder weniger strengen Planvorstellungen steuern. Die oft zum Ausdruck gebrachte Furcht vor Überfremdung paßt jedenfalls nicht in unsere wirtschaftliche Wirklichkeit."[37] An dieser Auffassung hat auch der spätere

---

36 Robert E. Tindall, *Multinational Enterprises. Legal and Management Structures and Interrelationship with Ownership, Control, Antitrust, Labor, Taxation and Disclosure*, Dobbs Ferry (N.Y.) 1975, S. 142.; C.F. Karsten, Europe (Anm. 21), S.236, versucht diese Zunahme damit zu erklären, daß ausländische U.S.-Direktinvestitionen nicht den amerikanischen Antitrustgesetzen unterlagen und "U.S.investments abroad became a fashion, and a factory overseas became a status symbol". Es ist allerdings zu bezweifeln, ob für profitorientierte Unternehmen solche psychologischen Gründe ausreichen, um Dollarinvestitionen in Millionenhöhe zu tätigen.
37 Zitiert von Hellmann, *Weltunternehmen* (Anm. 22), S.124.

Wirtschaftsminister Karl Schiller grundsätzlich festgehalten.
6. In den 1950er und 1960er Jahren lagen die Lohnkosten in der Bundesrepublik unter denen in den USA. Außerdem stieß der US-Binnenmarkt in vielen Bereichen tendenziell an eine Sättigungsgrenze, so daß Direktinvestitionen und verstärkte Exporte ein Ventil gegenüber sinkenden Profitraten boten. Trotzdem hat sich nicht bewahrheitet, was Hellmann[38] 1970 so formulierte: "Die Furcht geht um, daß in wenig mehr als einem Jahrzehnt hundertfünfzig vorwiegend amerikanische Unternehmen Europas Wirtschaft kontrollieren werden."

---

38 Ebd., S.13.

Harm G. Schröter

Außenwirtschaft im Boom: Direktinvestitionen bundesdeutscher Unternehmen im Ausland 1950-1975

I. Einführung

Die Außenwirtschaft einer modernen westlichen Industriegesellschaft setzt sich aus dem Außenhandel, den Dienstleistungen und dem Sektor der finanziellen Transaktionen zusammen. Von diesen Bereichen ist der Außenhandel traditionell am besten, die Direktinvestitionen (DI)[1] als Teil der finanziellen Transaktionen sind am schlechtesten dokumentiert worden. Das ließe sich hinnehmen, wenn Direktinvestitionen und Auslandsproduktion relativ gering zu bewerten wären. Aber wie weit trifft dies zu? Großbritannien und die USA, Staaten mit einer ungebrochenen Tradition ihrer Direktinvestitionen, stellten durch ihre Unternehmen schon zu Beginn der 1970er Jahre mehr als doppelt so viele Waren im Ausland her, als sie exportierten![2] (Vgl. Tab. 1.) Nach dem Zweiten Weltkrieg wuchs in den westlichen Industriestaaten der Außenhandel generell stärker als das jeweilige Bruttosozialprodukt. Doch die Auslandsproduktion nahm allgemein noch schneller zu als der Außenhandel. Einen ersten Eindruck des Verhältnisses von Auslandsproduktion zu Exporten am Ende der Boomzeit soll Tabelle 1 vermitteln. Für die Bundesrepublik sollen hier nur zwei Aspekte bezüglich dieser Tabelle hervorgehoben werden:

1. Zu Beginn der 1970er Jahre spielte die Auslandsproduktion der Bundesrepublik eine wichtige Rolle. Sie überstieg ein Drittel des Exportes. Die Ausfuhr betrug 1971 136 Milliarden DM, die Auslandsproduktion mithin über 50 Milliarden DM.
2. Im internationalen Vergleich allerdings war das Verhältnis von Auslandsproduktion zu Export das niedrigste. Hieraus erwächst die Frage: Waren die Di-

---

[1] Unter Direktinvestitionen werden solche Auslandsinvestitionen verstanden, bei denen der Investor nicht nur eine finanzielle Beteiligung hält, sondern gleichzeitig Einfluß auf die unternehmerischen Entscheidungen nimmt. Zum Verfahren vgl. Anm. 34.
[2] Vgl. R. Jungnickel, Die Wettbewerbsposition der deutschen multinationalen Unternehmen im internationalen Vergleich, in: W. Däubler/K. Wohlgemuth (Hrsg.), *Transnationale Konzerne und Weltwirtschaftsordnung*, Baden-Baden 1978, S.13-35, hier S.14.

rektinvestitionen der Bundesrepublik zumindest aus dem Blickwinkel der Weltwirtschaft gesehen doch ein zweitrangiger Faktor?

Ein eindeutiges "nein" ist die Antwort. Am Ende des Booms waren die bundesdeutschen Direktinvestitionen ihrem Umfang nach die drittgrößten der Welt (vgl. Tab. 8), zu Beginn des Booms waren (fast) gar keine vorhanden gewesen.

Tabelle 1: Auslandsproduktion in % des Exports 1971a

Staat	Prozentsatz
USA	395,4
Schweiz	236,8
Großbritannien	214,3
Frankreich	93,6
Japan	37,5
Bundesrepublik Deutschland	37,4

a) Auslandsproduktion: Wert der im Ausland erfolgten Produktion. Errechnet aus: United Nations, *Multinational Corporations in World Development*, New York 1973, S.159, Tab.19

Ihre Geschichte in dem Vierteljahrhundert des Booms ist also eine "Erfolgsstory" - und nicht nur das: Sie beschreibt eine der wichtigsten Strukturveränderungen in der bundesdeutschen Wirtschaft überhaupt. Während eine Betrachtung der industriellen Außenwirtschaft sich z.B. für das Jahr 1950 auf den Handel konzentrieren kann, wäre eine solche Sichtweise zum Ende des Booms unvollständig. Die Bedeutung der Strukturveränderung ergibt sich nicht allein aus dem bundesdeutschen, sondern mehr noch aus dem weltweiten ökonomischen Zusammenhang: Um die Mitte der 1970er Jahre war die Auslandsproduktion weltweit so stark angestiegen, daß ihr Wert den des Weltexportes überstieg. Seit dieser Zeit sind die internationalen Wirtschaftsbeziehungen stärker durch die Auslandsproduktion gekennzeichnet als durch den traditionellen Außenhandel. Der Wiederaufbau bundesdeutscher Direktinvestitionen stellte zunächst qualitativ einen zusätzlichen Faktor dar, dessen quantitative Menge gegen Ende des Booms nicht mehr zu übersehen war. Es ist deshalb merkwürdig, daß weder die "Erfolgsstory" noch die reale Bedeutung des Vorganges Anlaß waren, diesen historischen Prozeß darzustellen. Im folgenden soll aufgezeigt werden, wie innerhalb des Booms diese qualitative, tiefgreifende Strukturveränderung der bundesdeutschen Außenwirtschaft vollzogen wurde. Im Vordergrund stehen Fragen des Umfangs der Direktinvestitionen auch im internationalen Vergleich ebenso wie ihre Zusammensetzung nach Branchen und die regionale Verteilung. Der staatliche Einfluß auf die Direktinvestitionen und die Motivstruktur der Investoren werden abzuschätzen versucht. Die Fragen der Phasenbildung ergeben eine jeweils deutliche Zäsur im Investitionsverhalten gegenüber Entwicklungsländern sowie in der öffentlichen Wahrnehmung von Direktinvestitionen überhaupt. Da ein Überblick über mögliche und z.T. nachgewiesene politische Auswirkungen von Direktinvestitionen den Rahmen dieser Arbeit sprengen würde, sei hier auf diese Diskussion lediglich aufmerksam gemacht. Als einer der ersten hat sich (abgesehen von Lenin) Raymond Vernon[3] mit dieser Problematik befaßt. Es sei hier aber auch darauf hingewiesen, daß private Unternehmen, um gewünschte politische Veränderungen zu erreichen, in Drittländern nicht nur Direktinvestitionen, sondern auch andere Mittel wie z.B. Kartelle eingesetzt haben[4].

II. Das Thema Direktinvestitionen in Wissenschaft und Öffentlichkeit

Menge und Qualität der wirtschaftswissenschaftlichen Literatur zu deutschen Auslandsinvestitionen im 20. Jahrhundert waren, so scheint es, von einer eigenen Konjunktur geprägt. Kurz vor und auch nach dem Ersten Weltkrieg war eine recht intensive Diskussion entfacht worden, die sich zu einem bedeutenden Teil und mit prominenter internationaler Beteiligung (z.B. Eli F. Heckscher) in der Zeitschrift des Kieler "Instituts für Weltwirtschaft und Seeverkehr" (Weltwirtschaftliches Archiv) konzentrierte. Dagegen brachten die dreißiger, vierziger und sogar die fünfziger Jahre kaum wissenschaftliche Fortschritte in Deutschland[5]. Auch in diesem Fall war die wissenschaftliche Initiative auf die angelsächsischen Länder übergegangen[6], ohne daß an die genannten früheren Studien angeknüpft wurde. Doch auch dort geriet die Bedeutung des Untersuchungsfeldes so weit aus den Augen, daß seine Neuentdeckung durch Charles

---

3 Raymond Vernon, *Sovereignity at Bay*, London 1971.
4 Auf welche Weise z.B. die deutsche Industrie Direktinvestitionen, Kartelle und langfristige Verträge alternativ und komplementär in Verfolgung ihrer Ziele einsetzte, ist exemplarisch für die Zeit 1918-39 nachgewiesen worden (Harm Schröter, Risk and Control in Multinational Enterprise: German Business in Scandinavia, 1918-1939, in: *Business History Review*, Bd. 62, Herbst 1988, S.420-443).
5 Die Menge der insbesondere in der NS-Zeit erschienenen deutschen Schriften trug eindeutig propagandistischen Charakter (z.B. A. Zischka, *Wissenschaft bricht Monopole*, Leipzig 1939, oder die vom Deutschen Institut für Bankwissenschaft und Bankwesen herausgegebene Studie von L. Drescher, *Die weltwirtschaftliche Machtstellung Großbritanniens bis zum Kriegsausbruch*, Berlin 1941).
6 Stellvertretend sei hier nur C. Lewis, *America's Stake in International Investments*, Washington D.C. 1938, genannt, ein Werk, das auch heute noch als unübertroffen gilt (vgl. M. Wilkins, *The History of Foreign Investment in the United States to 1914*, Cambridge, Mass.1989, S.159ff.).

Kindleberger und Stephen Hymer[7] Ende der 1960er Jahre Furore machte. Seit dieser Zeit wächst die ökonomische Literatur hierzu besonders in den angelsächsischen Ländern derart an[8], daß sie in ihrer Gesamtheit für eine Einzelperson nicht mehr rezipierbar ist. Die Entwicklung theoretischer Ansätze ist durch eine Vielzahl z.T. miteinander konkurrierender Versuche gekennzeichnet. Sie alle sind durch unterschiedliche Defizite gekennzeichnet, so daß sich bis heute keine Lehrmeinung durchsetzen konnte. Für den deutschen Sprachraum findet sich eine entsprechende Charakteristik in der Monographie von Jens Haas, die hier stellvertretend für andere angeführt sei[9].

Auch die historische Forschung hatte das Thema Direktinvestitionen jahrzehntelang vernachlässigt. Doch nur wenig später als Kindleberger/Hymer legte die Wirtschaftshistorikerin Mira Wilkins eine erste umfangreiche Studie vor. Ihr Buch "The Emergence of Multinational Enterprise: American Business Abroad from the Colonial Era to 1914", das 1970 erschien, wirkte in der Tat bahnbrechend. Seitdem wird dem Thema Auslandsinvestitionen ein zunehmend breiterer Raum gewidmet. Doch ähnlich wie bei den Ökonomen konzentrierte sich der wissenschaftliche Fortschritt in den angelsächsischen Ländern und auch in Schweden, während Studien aus Frankreich, Japan, der Bundesrepublik usw. erst seit relativ kurzer Zeit vorliegen[10]. Die historisch orientierten Arbeiten sind u.a. deshalb wichtig, weil einschlägig ausgewiesene Ökonomen, soweit sie sich nicht historisch orientieren, z.T. zu Fehlurteilen kommen können: Um die große Anzahl der Multis zu kennzeichnen, verwies beispielsweise Krägenau[11] auf den UN-Bericht, der für 1969 von weltweit 7.300 Multis ausging[12]. Dagegen hat Nordlund allein für das kleine Land Schweden über 750 Multis ermittelt![13] Seine Zahlenreihen enden 1914, d.h. mit der Frühphase und bevor die breite Entwicklung einsetzte. Demnach hätten also mehr als zehn Prozent der Multis von 1969 schon 50 Jahre zuvor und allein in dem kleinen und damals wenig entwickelten schwedischen Markt investiert. Eine geradezu groteske Vorstellung! Sie illu-

---

7 Ch. Kindleberger, *American Business Abroad. Six Lectures on Direct Investment*, London 1969; Hymers Dissertation, die für Kindlebergers "lectures" viele Anregungen gab, wurde erst 1976 veröffentlicht (S. Hymer, *The International Operations of National Firms: A Study of Direct Foreign Investment*, Cambridge, Mass. 1976).
8 Die Bedeutung, die den Direktinvestitionen in den angelsächsischen Ländern zugemessen wird, läßt sich daran ablesen, daß an der britischen University of Reading vor wenigen Jahren für diese Fragen ein eigener Studiengang mit selbständigem Abschluß innerhalb der wirtschaftswissenschaftlichen Fakultät geschaffen wurde.
9 Sie bietet eine recht gute Übersicht über die Entwicklung der theoretischen Ansätze und konfrontiert sie mit einer geographisch umgrenzten Detailuntersuchung. Vgl.Jens M. Haas, *Multinationale Unternehmen und internationaler Handel. Das Auslandskapital in Norwegen und Schweden*, Frankfurt a.M./New York 1987.
10 Vgl. P. Hertner/G. Jones, Multinationals: Theory and History, in: dies. (Hrsg.), *Multinationals: Theory and History*, Aldershot 1986, S.1-18, S.7ff.
11 Henry Krägenau, *Internationale Direktinvestitionen 1950-1973*, Hamburg 1975.
12 United Nations, S.27f.
13 Wenn die von Krägenau zu Recht kritisierte Definition der UN zugrunde gelegt wird. Vgl. Sven Nordlund, *Upptäckten av Sverige*, Kungälv 1989.

striert, wie sehr die Anzahl von 1969 unterschätzt wurde und wie gering die Kenntnis über Multis zu diesem Zeitpunkt war.

Nicht nur die Wissenschaften, auch die öffentliche Wahrnehmung hatte das Thema Direktinvestitionen lange Zeit vernachlässigt. Doch einmal auf die Tagesordnung gesetzt, erzielte es große Wirkung. Möglicherweise bedurfte es aufgrund des allgemeinen wirtschaftlichen Zukunftsoptimismus infolge des Booms einer besonderen Art von öffentlichem Paukenschlag, um das Interesse von Medien und Wissenschaft auf das Thema Auslandsproduktion zu lenken. Im Oktober 1967 veröffentlichte der französische Publizist und Politiker Jean-Jacques Servan-Schreiber sein Buch "Le défi américain". Es machte Furore; die Zeitschrift "Der Volkswirt" urteilte: "Dieses Buch hat seit seinem Erscheinen vor zwei Monaten de Gaulles Selbstsicherheit mehr angekratzt, als es die Argumente der französischen Opposition in den letzten Jahren vermochten."[14] Das Werk wurde sofort ins Deutsche ("Die amerikanische Herausforderung") übersetzt, und, versehen mit einem ausführlichen Vorwort von Franz Josef Strauß, erreichte schon im ersten Erscheinungsjahr mehrere deutsche Auflagen mit zusammen 800.000 Exemplaren! Servan-Schreiber thematisiert die Bedeutung der Direktinvestitionen. Der erste Satz lautet: "Es könnte sehr gut sein, daß in fünfzehn Jahren die dritte industrielle Weltmacht, nach den USA und der UdSSR, nicht Europa, sondern die amerikanische Industrie in Europa ist."[15] Zu einem wesentlichen Teil wirkte das Buch dadurch, daß es irrationale Überfremdungsängste mobilisierte, die in Deutschland schon einmal, in den zwanziger Jahren, grassiert hatten[16]. Aus ökonomischer Sicht war die europäische Furcht ebenso unbegründet wie die Überfremdungsangst, die heute - 1990 - in den USA um sich greift[17].

Seit dem Erscheinen dieses Buches blieb das Thema Direktinvestitionen auf der Tagesordnung. Es hat damit in der öffentlichen Rezeption der sozio-ökonomischen Verhältnisse eine bis heute andauernde wichtige Wirkung gehabt. Sie läßt sich u.a. an den Veröffentlichungsjahren ökonomischer Untersuchungen über dieses Thema ablesen: Vor 1968 existierten nur ein einziges Buch, das von Hubertus Seifert[18], sowie zwei kurze Aufsätze[19]. Unmittelbar nach Servan-

---

14 *Der Volkswirt* v. 15.12.1967.
15 J.-J. Servan-Schreiber, *Die amerikanische Herausforderung*, Hamburg 1968, S.27.
16 Aus der Einleitung des Autors: "Von einer ziemlich prosaischen Betrachtung der amerikanischen Investitionen in Europa ausgehend, entdeckt man ein zerfallendes Wirtschaftsgebilde - nämlich das unsrige. Politische und geistige Strukturen, die dem Druck von außen weichen; den Beginn einer geschichtlichen Bankrotterklärung. Unserer Bankrotterklärung." (Ebd., S.21.) Diese Sätze wurden tatsächlich mitten im Boom veröffentlicht!
17 "The scale of foreign investment has stirred deep-seated US fears about a loss of sovereignty" (Artikel in der *Financial Times* v. 15.9.1989, S.18).
18 Hubertus Seifert, *Die deutschen Direktinvestitionen im Ausland*, Köln/Opladen 1967.
19 G. Brüninghaus, Die Direktinvestitionen der Bundesrepublik im Ausland 1952 bis 1964, in: *Mitteilungen des Rhein.-Westf. Instituts für Wirtschaftsforschung 1965*, H.10, S.249-266; Deutsche Bundesbank (Hrsg.), Die deutschen Direktinvestitionen im Ausland, in: *Monatsberichte der Deutschen Bundesbank*, 17. Jg., Nr.11, S.19-27. (Vgl. auch die kurze Vorstudie in: ebd., Nr.5, S.51-60.)

Schreibers "Paukenschlag" folgten Expertengespräche, wie das der Handelskammer Hamburg im Mai 1969[20] und wenig später schon erste vorläufige Studien für beschränkte Leserkreise, so z.B. das von der Commerzbank vervielfältigte Manuskript "Auslandsfertigung"[21]. Ab 1974/75 wurden Untersuchungen auf breiter Materialbasis, z.T. sogar international vergleichend, veröffentlicht[22], Arbeiten, die bis heute periodisch fortgesetzt werden. Alle Autoren, ob Wirtschaftsjournalisten oder Wirtschaftswissenschaftler, waren sich darin einig, "daß es in vielen Industrien und in vielen Absatzgebieten größere deutsche Direktinvestitionen schon deshalb geben muß, damit wir unsere Position am Weltmarkt langfristig behaupten können"[23]. Zugleich wurde vor dem Hintergrund des anhaltend großen Handelsbilanzüberschusses darauf hingewiesen, daß hier durch Direktinvestitionen eine Entlastung eintreten müsse. Da beide Effekte volkswirtschaftlich sinnvoll seien, wurde in demselben Atemzug der Ruf nach staatlicher Subventionierung von Direktinvestitionen laut. Die FDP-Fraktion im Bundestag stellte im Dezember 1968 den Antrag, die Vergünstigungen des Entwicklungshilfe-Steuergesetzes auch auf Direktinvestitionen in Industriestaaten auszudehnen. Die Forderung nach staatlicher Subvention bzw. finanzieller Entlastung von Direktinvestitionen war durchaus doppelbödig, denn in Expertenkreisen blieb unbestritten, daß solche Maßnahmen keine oder nur wenige Direktinvestitionen auslösen würden und höchstens als flankierende - aber willkommene - Maßnahmen zu begreifen seien[24]. Obwohl eine bedeutende Stimulierung von Direktinvestitionen durch staatliche Maßnahmen also nicht zu erwarten war, wurde in der Bundesrepublik am Ende der sechziger Jahre eine Reihe von Möglichkeiten geschaffen, im Ausland lokalisierte Direktinvestitionen im Inland steuerlich geltend zu machen[25]. In einem aufwendigen internationalen Vergleich der Industrieländer aus dem Jahre 1972 schnitt die Bundesrepublik neben den USA als derjenige Staat ab, der seiner Industrie für Direktinvestitionen die umfangreichste öffentliche Förderung ange-

---

20 Handelskammer Hamburg (Hrsg.), *Deutsche Direktinvestitionen im Ausland. Motivation, Entwicklung, Förderung*, o.O., o.J. (Hamburg 1969), Manuskript, 2. Journalistenfachgespräch der Handelskammer Hamburg am 12.5.1969
21 Commerzbank AG (Hrsg.), *Auslandsfertigung*, o.O., o.J. (1971).
22 Insbesondere Krägenau, *Direktinvestitionen* (Anm.11). Diese Studie aus dem HWWA-Institut für Wirtschaftsforschung wird als Reihe periodisch aktualisiert (letztes Erscheinungsjahr: 1987).
23 H.R. Freiherr v. Schröder als Vertreter der Bank Schröder, Münchmeyer, Hengst & Co., zugleich Vizepräses der Handelskammer Hamburg in seiner Einleitung zur Expertenrunde in der Handelskammer am 12.5.1969, S.10.
24 Vgl. Handelskammer Hamburg, *Direktinvestitionen* (Anm.20); vgl. auch das Echo der Tagung in Spezialorganen, z.B. *Industriekurier* v. 13.5.1969, *Nachrichten für Außenhandel* v. 19.5.1969, *Wirtschaftsspiegel* v. 13.5.1969 u.a.
25 Die Neuerungen fielen insbesondere in die Ära des Finanzministers Franz Josef Strauß (1966-69), der schon im Vorwort zu Servan-Schreibers Bestseller auf die Notwendigkeit weiterer bundesdeutscher und europäischer Direktinvestitionen hingewiesen hatte (s.o.Anm. 15).

deihen ließ[26]. Diese Studie wies zugleich für eine ganze Reihe von Staaten nach, daß die Förderung der Direktinvestitionen durch industrielle Mutterländer bestenfalls eine höchst moderate Wirkung habe, die durch steuerliche und devisenpolitische Maßnahmen der Tochterländer z.T. sogar überkompensiert werden würde[27]. Das heißt, staatliche Maßnahmen in den Tochterländern fielen für Investoren z.T. dermaßen negativ aus, daß die besonderen staatlichen Vergünstigungen, die dem Investor von seinem Mutterland eingeräumt wurden, weniger schwer wogen als die Belastungen im Tochterland. Ordnungspolitische Schritte verschiedener Staaten fielen also nicht immer zugunsten von Direktinvestitionen aus. Aber in der Regel waren Direktinvestitionen willkommen. Eine besondere Förderung durch die Mutterländer war deshalb nicht notwendig. In der Bundesrepublik hatte die Regierung Forderungen aus der Wirtschaft zu bereitwillig nachgegeben; aus der Sicht einer volkswirtschaftlichen Optimierung hatte sie überreagiert. Der Verdacht, daß die öffentliche Diskussion um Direktinvestitionen hier nicht nur den Antrieb, sondern zugleich das Vehikel abgab, ist nicht völlig von der Hand zu weisen; schließlich hatte die Regierung seit den 1950er Jahren Erfahrungen mit Administrationsmaßnahmen bezüglich bundesdeutscher Direktinvestitionen im Ausland gesammelt.

III. Die Entwicklung der rechtlichen Voraussetzungen bundesdeutscher Direktinvestitionen

Zu Beginn des Booms stand das staatliche Verbot von Auslandsinvestitionen, an seinem Ende die finanzielle Förderung von Auslandsproduktion. Die Stationen des hiermit umschriebenen politischen Wandels sollen kurz benannt werden: Im Grundsatz waren Direktinvestitionen zwischen 1945 und 1961, dem Jahr des Inkrafttretens des Außenwirtschaftsgesetzes (AWG), generell verboten. Aber Ausnahmemöglichkeiten und deren Handhabung unterhöhlten das Verbot immer mehr. Mit der Neufassung des Militärregierungsgesetzes Nr.53 im Jahre 1949 wurde die Verwaltungspraxis der Außenwirtschaft an bundesdeutsche Stellen übergeben. Aber Direktinvestitionen wurden erst mit dem Runderlaß Außenwirtschaft vom 1.Februar 1952[28] in Ausnahmefällen möglich. Die Genehmigung konnte dann gegeben werden, wenn "sich die Anlage und Unterhaltung von Ver-

---

26 "Während die USA, die Bundesrepublik und, mit einigen Abstrichen, Japan eine breite Palette differenzierter Förderungsmaßnahmen geschaffen haben, wurden in Großbritannien und Frankreich erst neuerdings Ansätze zur Stimulierung grenzüberschreitender Investitionen entwickelt" (Hans-Eckart Scharrer, : Direktinvestitionen im Ausland, Probleme der Messung und Förderung, in: ders. (Hrsg.), *Förderung privater Direktinvestitionen*, Hamburg 1972, S.1-88, S.76).
27 Vgl. ebd., S. 77.
28 RA Nr.15/52 (*Bundesanzeiger* Nr.20 v. 30.1.1952).

mögenswerten in Unternehmen im Ausland alsbald und nachhaltig devisenbringend oder devisensparend auswirkt"[29]. Unter eine solche Formulierung fielen insbesondere Absatzorganisationen, während die Auslandsproduktion sich in finanzpolitischer Hinsicht eher devisenvermindernd auswirkte. (Die steuerpolitischen Forderungen zugunsten der Direktinvestitionen gegen Ende des Booms argumentierten ja gerade mit einem Abbau des Devisenüberschusses.) Trotzdem begannen insbesondere große Unternehmen - z.b. Hoechst - schon 1952 den Grundstein für ihre Auslandsfertigung zu legen[30].

Die Devisenlage der Bundesrepublik entspannte sich schnell. Infolgedessen wurde in einem neuen Erlaß 1954 die Genehmigung von handelspolitischen Erwägungen allgemeiner Art abhängig gemacht, vor allem von der, "daß das Vorhaben zur Stärkung der wirtschaftlichen Beziehungen der Bundesrepublik Deutschland zum Ausland, insbesondere zur Förderung des Handelsverkehrs mit dem Auslande, beiträgt"[31]. Ab 1956 entfiel die Einzelgenehmigung pro Vorhaben, sofern nicht die Summe der Transaktionen drei Millionen DM überstieg. An ihre Stelle trat eine Meldepflicht des Unternehmens[32]. Alle Genehmigungsverfahren für Direktinvestitionen scheinen problemlos und positiv entschieden worden zu sein. Sowohl die Literatur als auch die Fach- und Tagespresse lassen keine Hinweise auf negative Entscheidungen erkennen - ohne daß damit deren Existenz grundsätzlich bezweifelt werden könnte. Durch das Außenwirtschaftsgesetz vom 5. Mai 1961 entfiel die Genehmigung vollständig, und nur die Meldepflicht blieb (bis heute) bestehen[33].

III.1. Die quantitative Entwicklung der Direktinvestitionen und ihre Motive

Aufgrund der genehmigten bzw. der gemeldeten Fälle sind Direktinvestitionen der Bundesrepublik wie in Tabelle 2 dargestellt berechnet worden.
In der Literatur wird diese Tabelle in ihrem zeitlichen Verlauf ungenügend interpretiert, da eine solche Sichtweise bei den Autoren nicht im Vordergrund ihrer Fragestellung stand. Die Direktinvestitionen von 1952 bis 1955 wurden stets kumuliert angegeben, obwohl entsprechende Zahlen infolge der Genehmigungspflicht für jedes Jahr vorliegen mußten. Insgesamt ist für die Boomperiode ein

---

29 Ebd.
30 Hoechst gründete 1952 die Holding Hoechst Industries Montreal. (Vgl. hierzu H. Schröter, Die Auslandsinvestitionen der deutschen chemischen Industrie 1930-1965, in: P. Hertner/R. Tilly (Hrsg.), i.E.
31 RA Nr.34/54 (*Bundesanzeiger* Nr. 83 v. 30.4.1954).
32 RA Nr.66/56 (*Bundesanzeiger* Nr.189 v. 28.9.1956).
33 Vgl. dazu: A.E. Lüke,/R. Wolff, *Meldebestimmungen im Auslandszahlungsverkehr*, Frankfurt a.M. 1964.

Tabelle 2: Die Entwicklung der bundesdeutschen Direktinvestitionen 1955-1974[a]

Spalte 1	2	3	4
	Zunahme gegenüber dem Vorjahr		Bestand
Jahr	in Mio.DM	in v.H.	in Mio.DM
1955			421,1
1956	409,9	97,4	831,0
1957	518,2	62,4	1.349,2
1958	509,4	37,8	1.858,6
1959	563,6	30,3	2.422,2
1960	739,6	30,5	3.161,8
1961	680,7	21,5	3.842,5
1962	1.113,2	29,0	4.955,7
1963	1.115,1	22,5	6.070,8
1964	1.134,3	18,7	7.205,1
1965	1.112,0	15,4	8.317,1
1966	1.678,2	20,2	9.995,3
1967	2.061,5	20,6	12.056,8
1968	2.292,2	19,0	14.349,0
1969	3.269,3	22,8	17.618,3
1970	3.494,2	19,8	21.113,2
1971	2.667,5	12,6	23.780,7
1972	2.816,2	11,8	26.596,9
1973	5.638,1	21,2	32.235,0
1974	4.529,9	14,1	36.764,9

a) Die Zahlen schließen ab 1959 das Saarland und ab 1961 West-Berlin ein. Sie sind entnommen aus Krägenau, *Direktinvestitionen* (Anm.11), S.123. Identische Zahlen finden sich bei Seifert, *Direktinvestitionen* (Anm.18), S.67, Brüninghaus, Direktinvestitionen (Anm.19), S.256, und der Commerzbank-Studie (Anm. 21), S.14. Als Quellenangabe findet sich unterschiedslos pauschal: Angaben des Bundesministeriums für Wirtschaft. Geringfügig anders - trotz gleicher Basis - sind die Zahlen von Franz Heidhues, Direktinvestition und Zahlungsbilanz, in: W.G. Hoffmann (Hrsg.), *Untersuchungen zum Wachstum der deutschen Wirtschaft*, Tübingen 1971, S.229-272, S.268 Tab.A 1 und A 2. - Zur Kritik an den amtlichen Zahlen vgl.unsere Anm.34.

schnelles Ansteigen des Bestandes an Direktinvestitionen ebenso zu verzeichnen (Spalte 4) wie eine trendmäßig wachsende Neuinvestitionssumme (Spalte 2). Diese jährlichen Raten sind Nettowerte. Sie errechnen sich aus den Bruttowerten abzüglich der Liquidationen, Gewinnrückflüsse etc. Die Bruttowerte beruhen auf den gemeldeten Transferwerten einerseits zuzüglich der geschätzten (!) reinvestierten Gewinne[34]. Diese Neuinvestitionen stellen das eigentlich dynamische Moment der Entwicklung dar. Es zeigt sich, daß ihre Entwicklung zwar trendmäßig, aber nicht linear zunahm, daß gelegentlich sogar Rückschritte in ihren Zuwachsraten zu verzeichnen waren (1961, 1971, 1972). Für die Boomzeit lassen sich folgende vier Wachstumsphasen aufgrund von Größenklassen benennen, wobei eine Schwankungsbreite von ca. 25 Prozent zugelassen wird (s. Tabelle 3).

Tabelle 3: Wachstumsphasen bundesdeutscher Direktinvestitionen nach Größenklassen

	Jahre	*Größenklasse in Mio. DM*
1. Phase	1956-61	ca. 550
2. Phase	1962-65	ca. 1.100
3. Phase	1966-68	ca. 2.000
4. Phase	1969-72	ca. 3.000

Die vier Wachstumsphasen umfassen zeitliche Intervalle von je drei bis sechs Jahren. Die Länge der Intervalle erinnert an die der Wachstumsschwankungen des Bruttosozialprodukts pro Einwohner innerhalb des Booms[35]. Diese konjunkturellen Schwankungen hatten ihren jeweiligen Wachstumsbeginn in den Jahren 1954, 1957, 1963, 1967 und 1971. Ein Vergleich der beiden Jahresreihen läßt aber keine Relation erkennen. Innerhalb des Booms ist also kein Zusammenhang von Binnenkonjunktur und Direktinvestitionen herzustellen. Während an anderer Stelle eine solche Korrelation nachgewiesen werden konnte[36], ist es für diesen Fall nicht möglich. Es ist denkbar, daß unter den besonderen Bedingungen des Booms einerseits und des Wiederaufbaus der Auslandsfertigung andererseits solche Beziehungen von den genannten und anderen Bewegungen überlagert wurden.

---

34 Vgl. Seifert, *Direktinvestitionen* (Anm. 18), S. 50ff.; Krägenau, *Direktinvestitionen* (Anm. 11), S. 30ff. Mit den systematischen Mängeln der amtlichen Erfassung setzen sich exemplarisch u.a. Seifert und - kürzer - Heidhues auseinander. Hier sollen nur die wichtigsten genannt werden: 1. Definitionsproblem: Für die amtliche Statistik ist letztlich die Erklärung des Investors (erwünschte Einflußnahme auf die Geschäftsführung oder nicht) entscheidend. 2. Wertveränderungen bleiben unberücksichtigt. 3. Die Tätigkeiten der Holdings fallen aus dem Erfassungsbereich heraus, ebenso die Kreditaufnahme im Ausland zwecks Direktinvestitionen. 4. Warenzeichen, Patente etc. wurden nicht erfaßt.
35 Vgl. Friedrich-Wilhelm Henning, Deutschland von 1914 bis zur Gegenwart, in: Wolfram Fischer (Hrsg.), *Handbuch der europäischen Wirtschafts- und Sozialgeschichte*, Bd. 6, Stuttgart 1987, S. 419-481, 458ff.
36 Für die schweizerischen Direktinvestitionen vor dem Ersten Weltkrieg s. Harm Schröter, Etablierungs- und Verteilungsmuster schweizerischer Auslandsproduktion von 1870 bis 1914, in: Paul Bairoch/ Martin Körner (Hrsg.), *Die Schweiz in der Weltwirtschaft*, Zürich 1990, S. 391-408.

Der Verlauf der Zahlenreihen in Tabelle 2 weist darauf hin, daß die Außenwirtschaftspolitik der Bundesregierung bezüglich der Direktinvestitionen nur beschränkt wirksam war. Ordnungspolitische Stichjahre waren 1956 und 1961 (s.o.). Im Falle von 1956 galt die Neuregelung nur im letzten Quartal des Jahres. Ein Anschwellen der Anzahl von Direktinvestitionen hätte aufgrund der politischen Veränderung in das folgende Jahr fallen müssen. Aber schon 1956 wurde fast ebensoviel wie in den vier vorhergehenden Jahren zusammen investiert (s. Tabelle 2, Spalte 2), so daß der erwartete Zahlensprung schon 1956 stattfand. Dagegen galt im Falle von 1961 die Neuregelung neun Monate im Jahr der Gesetzesverabschiedung. Infolgedessen wäre hier zumindest ein Ansteigen der Investitionszahlen gegenüber dem Vorjahr zu erwarten gewesen. Die Statistik weist dagegen sogar eine Verminderung aus und zugleich ein Emporschnellen im folgenden Jahr. Ein direkter Ursache-Wirkungs-Mechanismus ist kurzfristig, im Sinne eines Verzögerns oder Vorziehens bereits beschlossener Direktinvestitionen, nicht erkennbar. Dagegen scheint der finanzielle Hebel eine stärkere Wirkung gehabt zu haben: 1969, dem Jahr, in dem die zusätzlichen Abschreibungsmöglichkeiten für Direktinvestitionen griffen, schnellte die Summe der Direktinvestitionen um über 40 Prozent nach oben (s. Tabelle 2, Spalte 2). Ein direkter Wirkungsnachweis ist dies freilich nicht, er würde nur aufgrund einer breiten Auswertung von Vorstands- und Aufsichtsratsprotokollen oder gezielter Umfragen zu erbringen sein. Doch auch hier gilt, ebenso wie bei dem Vergleich mit dem konjunkturellen Verlauf, daß Boom und Wiederaufbau andere Entwicklungen überlagert haben könnten.

Andere vorhergesagte Wirkungen blieben völlig aus: Die Aufwertung der DM von mehr als neun Prozent gegenüber dem US-Dollar im Herbst 1969 verteuerte die bundesdeutschen Exporte. Die damit einhergehende Kaufkraftsteigerung der DM senkte dagegen die finanzielle Schwelle für durchzuführende Direktinvestitionen. Nach Prof. Kurt Hansen, dem Aufsichtsratsvorsitzenden der Bayer AG, "hat die deutsche Exportwirtschaft die DM-Aufwertung als klaren Auftrag verstehen müssen, um wesentlich stärker als bisher Export in Auslandsproduktion umzuwandeln"[37]. Doch der genannte "Auftrag" wurde nicht angenommen, die Prognose erwies sich als falsch. Die 1970 durchgeführten Direktinvestitionen waren nur geringfügig (knapp sieben Prozent) höher als die von 1969, während jene der beiden Folgejahre 1971 und 1972 sogar erheblich unter der Summe von 1969 lagen[38] (vgl. Tabelle 2, Spalte 2).

Die Gründe für bundesdeutsche Direktinvestitionen in der Boomphase lagen - soweit sie erfahrbar waren - nur zu einem sehr kleinen Teil auf der volkswirtschaftlichen Ebene. Es waren die innerbetrieblichen Beweggründe, die eindeutig dominierten. Von wirtschaftswissenschaftlicher Seite wurde deshalb z.T. schon sehr bald darauf hingewiesen, daß Direktinvestitionen mit dem Instrumentarium

---

37 Aus seinem Beitrag auf der Tagung der Schmalenbach-Gesellschaft am 17.4.1970 in Köln, zit. nach: Commerzbank, *Auslandsfertigung* (Anm. 21), S.1.
38 1971 wurden nur 81,6 Prozent und 1972 nur 86,1 Prozent von 1969 erreicht (Tab.2).

der traditionellen Außenwirtschaftstheorie einschließlich der Zinstheorie nicht erklärbar seien[39]. Infolgedessen wurde versucht, durch Umfragen die Gründe zu ermitteln[40], während Praktiker zugleich ihre Sicht der Dinge zur Kenntnis brachten[41]. In einem umfangreichen Gutachten für das Bundesministerium für Wirtschaft wurde 1977 die Motivstruktur für 119 Direktinvestitionen untersucht[42]. Es waren eindeutig die Marktmotive unternehmensstrategischer Art, die als entscheidend genannt wurden. Insbesonders ist die offensive Herangehensweise zu betonen, die aus Tabelle 4 (Ziffern 1,2,5,7) erkennbar wird. Die marktsichernden Gründe bildeten die zweitwichtigste Kategorie (Ziffern 3,6,8,12). Dagegen traten die staatlichen Maßnahmen (Ziffern 4,10,13) zurück. Schließlich ist interessant, daß die oft zitierten Gründe für Auslandsproduktion - höhere Gewinnerwartung sowie niedrigere Produktionskosten (Ziffern 9,11) - von absolut untergeordneter Bedeutung waren.

Die vorstehende Motivstruktur ist zur Zeit die einzige, die aufgrund wissenschaftlicher Erhebungen differenziert erfaßt worden ist. Ihre Aussagefähigkeit für alle bundesdeutschen Direktinvestitionen ist jedoch stark eingeschränkt. Der Untersuchungsgegenstand war die Motivstruktur innerhalb der multinationalen Unternehmen. Kleine Firmen wurden nicht, mittlere nur in Ausnahmefällen berücksichtigt[43]. Zwar waren bis zum Ende des Booms die von kleinen und mittleren Unternehmen in Direktinvestitionen investierten Summen relativ gering, doch überstieg die Anzahl der Direktinvestitionen aus dieser Gruppe die Anzahl der Direktinvestitionen seitens der Großunternehmen (vgl. Tabelle 6). Für die chemische Industrie galt dies schon 1965[44]. In der Konzentration der Studie auf die Großfirmen liegt somit ein Unsicherheitsfaktor. Ein weiterer liegt darin, daß nur die industriell wichtigsten Branchen untersucht wurden, unwichtigere (z.B. Textilindustrie) und sogar der ganze Dienstleistungssektor fanden keinen Eingang. Infolge dieser eingeengten Branchenauswahl kamen nur 44,3 Prozent aller Direktinvestitionen überhaupt in das Blickfeld[45]. Trotz der eingeschränkten Repräsentanz der Aussagen ist die vorgestellte Motivstruktur für einen großen und bedeutenden Teil der bundesdeutschen Direktinvestitionen wichtig.

---

39 z.B. Georg Koopmann, Warum gibt es multinationale Unternehmen?, in: Dietrich Kebschull/Otto G. Mayer (Hrsg.), *Multinationale Unternehmen, Anfang oder Ende der Weltwirtschaft?*, Frankfurt a.M. 1974, S.36-50.
40 So z.B. Rolf Jungnickel/Klaus Matthies/Rolf Sutter, *Die Auslandstätigkeit der deutschen multinationalen Unternehmen. Auswertung einer Fragebogenaktion*, Hamburg 1975 (HWWA-Report, Nr.31).
41 Commerzbank, *Auslandsfertigung* (Anm.21), S.7-9; Handelskammer Hamburg, *Direktinvestitionen* (Anm.20).
42 Vgl. Rolf Jungnickel u.a., *Einfluß multinationaler Unternehmen auf Außenwirtschaft und Branchenstruktur der Bundesrepublik Deutschland*, Hamburg 1977.
43 Eine Firmenliste findet sich im Anhang des Gutachtens.
44 Vgl. Schröter, *Auslandsinvestitionen 1930-1965* (Anm.30).
45 Berechnet nach der Branchenstruktur im Zeitraum 1972-74 aufgrund der Angaben in: Umschwung in der Bilanz der Direktinvestitionen, in: *Monatsberichte der Deutschen Bundesbank*, 30. Jg. 1978, H.10, S.34.

Tabelle 4: Motivstruktur für die Auslandsinvestitionen deutscher multinationaler Unternehmen[a]

	Insgesamt[b]
1. Ausweitung bestehender Marktpositionen im Ausland	2,0
2. Erschließung neuer Auslandsmärkte	1,4
3. Sicherung bestehender ausländischer Absatzmärkte	1,4
4. Umgehung von Handelshemmnissen	1,3
5. Förderung des Absatzes aus deutscher Produktion	1,0
6. Anpassung an Maßnahmen der Konkurrenz	0,9
7. Errichtung einer Exportbasis für Nachbarländer	0,8
8. Verfügbarkeit von Arbeitskräften oder Rohstoffen	0,7
9. Niedrigere Produktionskosten	0,5
10. Finanzielle Anreize des Anlagelandes	0,4
11. Höhere Gewinne als in Deutschland	0,4
12. Sicherung des deutschen Marktes	0,3
13. Politischer Druck des Anlagelandes	0,2
14. Sonstige Motive	0,3
Anzahl der einbezogenen Tochtergesellschaften	119

a) Da diese Tabelle stärker differenziert ist als die des Gutachtens, wurde sie (nach leichter Überarbeitung) entnommen aus: Jungnickel, Wettbewerbsposition (Anm.2), S.29.

b) Die Gewichtungsziffern ergeben sich aus einer vierstufigen Gewichtung seitens der Firmen (von "0"= keine Bedeutung bis "3"= entscheidende Bedeutung), darüber hinaus erfolgte bei der tabellarischen Zusammenfassung eine fünfstufige Gewichtung nach der Größe der Auslandstöchter.

III.2. Die Branchenstruktur der Direktinvestitionen

Auch die Branchenstruktur der Direktinvestitionen hat sich in der Boomzeit verändert. Doch die genaue Aufgliederung der Direktinvestitionen nach Branchen und ihre Veränderung im Laufe der Zeit stößt auf methodische Schwierigkeiten. Die meisten Autoren begnügten sich mit vagen Äußerungen oder Angaben für nur wenige Jahre[46], wobei die Branchenbezeichnungen nicht kompatibel sind.

---

46 Daten finden sich bei Seifert, Commerzbank, Krägenau 1975, Brüninghaus, Heidhues und in den *Monatsberichten der Deutschen Bundesbank.*

Damit können für eine zeitlich gestreckte Aussage die für verschiedene Jahre vorliegenden Angaben nicht einfach aneinander gereiht werden. Um dennoch einen Eindruck von der Verteilung der Direktinvestitionen auf die Wirtschaftszweige zu erhalten, wurde Tabelle 5 aus den beiden umfassendsten Darstellungen zusammengestellt. Dabei sind einerseits die Spalten 1 bis 3 und die Zahlen der Spalte 4 andererseits direkt untereinander vergleichbar. In einigen Fällen sind die Benennungen durchgängig (z.B. chemische Industrie), bei den meisten müssen indes verschiedene Zahlen miteinander in Beziehung gesetzt und abgeschätzt werden, da z.T. große Differenzen offenkundig sind. Eine solche Unstimmigkeit fällt insbesondere bei der Automobilbranche auf: Nur 3,7 Prozent des direkt investierten Kapitals (Spalte 4) stellt eine starke Unterschätzung dieser Branche dar. 1970 lag die Autoindustrie mit 1,8 Mrd.DM an dritter Stelle der Direktinvestitionen[47]. Möglicherweise verbergen sich hinter den genannten 3,5 Prozent der "Monatsberichte" nur jene Direktinvestitionen, die vollständige Automobile produzierten, während die Fertigung von Teilen dem Maschinenbau oder nicht genannten weiteren Industriezweigen zugerechnet wurden. Ähnliches gilt auch für die Eisen- und Stahlerzeugung[48] etc. Tabelle 5 vermag daher nur eine grobe Übersicht zu geben.

Es ist auffallend, wie sehr sich der Anteil der Industrie an den bundesdeutschen Direktinvestitionen zum Ende des Booms zugunsten der Dienstleistungen verringert hat. Von jenem Sektor entfiel 1970 ein Drittel auf Kreditinstitute, deren Direktinvestitionen zu Ende der Boomzeit schneller wuchsen als die aller anderen Unternehmensgruppen[49]. Dagegen sank der Anteil der Branchen, die sich schon in der ersten Direktinvestitionsphase bis 1961 hervorgetan hatten. So gaben die chemische Industrie und die Elektrotechnik zwischen der ersten und letzten Investitionsphase jeweils fünf Prozentpunkte an andere Branchen ab. Während sich die Direktinvestitionen in der ersten Phase bis 1961 auf nur wenige Branchen konzentrierten, zogen im Laufe der Zeit andere Wirtschaftszweige nach. Diese

---

47 Direktinvestitionen bis Mitte 1970: Chemie 4,7 Mrd.DM; Elektro 2,3 Mrd.DM; Auto 1,8 Mrd.DM; Maschinenbau 1,3 Mrd.DM - vgl. Commerzbank, *Auslandsfertigung* (Anm.21), S.49.

48 Konzerne wie Thyssen oder Mannesmann investierten in Bereiche, die auch unter die Bezeichnungen "Großeisen", "Metallhütten" und "Bergbau und Energie" fielen. Andererseits decken diese Begriffe auch z.B. Buntmetallverhüttung oder Erdgas ab. Alle Branchenzuordnungen beruhen auf der des bundesdeutschen Investors. Wenn dagegen das ausländische Investitionsobjekt für die Branchenzuordnung ausschlaggebend wäre, würden sich z.T. erhebliche Veränderungen vollziehen. Für 1976 gibt es hierfür eine Gegenüberstellung, aus der nur zwei signifikante Beispiele genannt seien: 1. Die Investitionen der chemischen Industrie würden von 8,1 Mrd.DM (1976) nach dem Kriterium des Auslandsobjekts auf 5,9 Mrd.DM zusammenschmelzen. Der Handel würde dagegen von 2,1 Mrd.DM (1976) auf 7,9 Mrd.DM emporschnellen. (Stand der Direktinvestitionen Ende 1976, in: *Monatsberichte der Deutschen Bundesbank*, 31. Jg. 1979, H.4, S.26-40, S.28).

49 Direktinvestitionen des Dienstleistungssektors 1970: 2,0 Mrd. DM; Direktinvestitionen der Kreditinstitute 1970: 0,72 Mrd. DM; vgl. Commerzbank, *Auslandsfertigung* (Anm.21), S.49.

Tabelle 5: Bestand der Direktinvestitionen nach Branchen in Prozent der investierten Summen[a]

Spalte Branche	1 1961	2 1965	3 1968	4 1972/74	5 1974 in Mrd.DM
Industrie	77,4	80,2	77,6	62,6	
Chemische Industrie	18,0	14,6	19,4	13,1	7,2
Eisen- u. Stahlerzeugung			11,3	2,9	
Großeisen	12,7	9,2	7,0		
Metallhütten	2,0	2,2	0,8		
Bergbau u. Energie	2,6	3,1	5,9		
Elektrotechnik u. Elektronik	13,7	12,4	10,7	8,7	3,9
Maschinenbau				7,5	2,7
Maschinen u. Apparate	6,2	7,1	6,7		
Feinmechanik u. Optik	0,6	2,1	0,5		
Straßenfahrzeugbau				3,7	2,6
Automobile u. Zubehör	7,5	9,3	10,3		
Nahrungs- u. Genuß- mittelindustrie	3,3	5,3	4,4	3,5	
Alle übrigen	22,6	19,8	22,4		
Dienstleistungsbereich				35,6	
Sonstige Sektoren				1,8	

a) Alle Bezeichnungen sind übernommen worden.
Quellen: Heidhues, Direktinvestitionen (Anm.a zu Tab.2), S.253, Spalten 1 bis 3; *Monatsberichte* 1978, (Anm.45), S.34, Spalte 4; Krägenau, *Direktinvestitionen* (Anm.11), S.130, Spalte 5.
Als Stichjahre wurden jene gewählt, die die Investitionsphasen nach Größenklassen abschlossen (s.Tab. 3).

Auffächerung hielt auch über das Boomende hinaus an. 1975-77 z.B. entfielen auf den Ölsektor sogar 12,6 Prozent aller bundesdeutschen Direktinvestitionen[50].

Gleichzeitig mit der Differenzierung der Branchenstruktur scheint ein weiterer Prozeß abgelaufen zu sein, über dessen quantitativen Umfang aber zu wenig bekannt ist. Während sich die Muttergesellschaften der ersten Investitionsphase fast ausschließlich aus Großunternehmen zusammensetzten, wagten im Laufe der Zeit immer häufiger auch mittlere, z.T. sogar kleine Firmen den Schritt in das Ausland. Zwar repräsentierten noch 1975 nur zehn Multis wertmäßig über 50 Pro-

---

50 Vgl. Umschwung (Anm.45), S.34.

zent aller industriellen Direktinvestitionen[51], aber der Prozeß der Diversifizierung hatte unübersehbar begonnen. Auf diese Entwicklung wird von einigen Autoren zwar hingewiesen, sie wird aber nicht ausreichend beschrieben. Allein Krägenau benennt die Anzahl der Investoren für 1964 und 1974[52]. Daraus läßt sich die folgende Tabelle berechnen:

Tabelle 6: Durchschnittlich investierte Summen pro Investor nach Branchen 1974

Spalte 1 Branche	2 Anzahl der Investoren	3 Investierte Gesamtsumme in Mio. DM	4 Durchschnittlich investierte Summe pro Investor in Mio. DM
Chemische Industrie	481	7.180,7	14,93
Eisen- u. Stahlerzeugung	243	2.905,4	11,96
Maschinenbau	1.191	2.675,3	2,25
Straßenfahrzeugbau	176	2.648,6	15,05
Elektrotechnik	468	3.880,9	8,29
Kreditinstitute	136	2.368,8	17,42
Sonstige	8.535a	15.105,2	1,77
Insgesamt	11.230	36.764,9	3,27

a) Davon private Haushalte: 3.126.
Quelle: Errechnet aus Krägenau, *Direktinvestitionen* (Anm.11), Tab. C 1.2/ Tab.C 1.7./ Tab. C 1.11.

Obwohl die Kreditinstitute zu Beginn des Booms mit Direktinvestitionen sehr zurückhaltend gewesen waren, hatten sie gegen Boomende nicht nur eine absolut bedeutende Position erreicht, sondern auch pro Mutterinstitut die größten Aufwendungen erbracht (Spalte 4). Sie waren die Spitzenreiter in der Gruppe der Großinvestoren, zu denen die Branchen Chemie, Auto, Elektrotechnik sowie Eisen- und Stahlerzeugung zählten. Sie alle wiesen auch innerhalb der Bundesrepublik einen überdurchschnittlich hohen Konzentrationsgrad auf. Dem stand der Maschinenbau als vorwiegend mittelständisch strukturierter Zweig gegenüber. Hier lag die Durchschnittssumme unter derjenigen der Gesamtheit (Spalte 4). Die durchschnittlich pro Investor im Ausland investierte Summe spiegelte 1974 die

---
51 Vgl. Jungnickel, *Wettbewerbsposition* (Anm. 2), S.16.
52 Doch sind die Angaben für 1964 für eine Auswertung zu undifferenziert. Vgl. Krägenau, *Direktinvestitionen* (Anm.11), Tab. C 1.11, S.155; Tab.C 1.14, S.158.

typische bundesdeutsche Größenordnung nach Branchen wider. Leider liegen für frühere Jahre vergleichbare Zahlen nicht vor. Die durchschnittlich investierten Summen pro Direktinvestitionen waren kleiner als die Zahlen der Spalte 4, da eine Reihe von Firmen mehrere Direktinvestitionen unterhielt. Ein Rückschluß auf die Größe der Mutterfirmen ist aus der Tabelle nicht direkt möglich. Hierüber fehlen Schätzungen oder gar Zahlen fast völlig. Selbst die einschlägigen Wirtschaftsverbände scheinen über entsprechende Unterlagen nicht zu verfügen[53]. Infolgedessen muß es an dieser Stelle bei dem Hinweis auf die zunehmende Differenzierung der Direktinvestitionen auch nach Unternehmensgrößen bleiben.

III.3. Die Regionalstrukturen der Direktinvestitionen

Genauere, wenngleich immer noch lückenhafte Daten sind dagegen für die regionale Streuung der Direktinvestitionen erhältlich. Als Stichjahre für Tabelle 7 wurden wiederum die zeitlichen Phasengrenzen für die Direktinvestitionen gewählt, die in Tabelle 3 ausgewiesen sind. Zudem werden die Zahlen für 1956 als Ausgangspunkt angeführt. Da sie aber noch derart geringe Werte repräsentieren, die sogar durch Einzelinvestitionen stark verändert wurden[54], können sie nur einer groben Orientierung dienen. Interessant ist die starke Verschiebung der Gewichte zwischen Industrie- und Entwicklungsländern. In rund zehn Jahren sank der Anteil der Entwicklungsländer von knapp 40 Prozent auf ca. 20 Prozent, während jener der Industrieländer entsprechend stieg (Spalten 2 und 5). Exemplarisch wird dieser Bedeutungsverlust an Brasilien deutlich. 1961 war es mit 16,6 Prozent das wichtigste Investitionsland überhaupt. 1972 war es schon auf den sechsten Platz abgerutscht. Eine Veränderung um zehn Prozent in der bundesdeutschen Regionalverteilung bedeutete einen einschneidenden Kurswechsel der Investitionspolitik. In den 1950er Jahren lenkten die Unternehmer ihre Direktinvestitionen besonders in diejenigen Entwicklungsländer, von denen sie annahmen, daß sie durch importsubstituierende Industrialisierung ein hohes Wachstum aufweisen und damit große Zukunftsmärkte repräsentieren würden (Brasilien, Argentinien, Mexiko, Indien, Iran). In den 1960er Jahren fand eine Umorientierung statt, die sich nicht nur auf die genannten, sondern auf die Entwicklungsländer generell bezog. (Nach der Boomzeit vollzog sich hier eine gewisse Korrektur, die aber in erster Linie den OPEC-Ländern zugute kam.) Besonders stark war der Strategiewechsel zugunsten

---

53 Auskunft des Verbandes der Chemischen Industrie vom 8.5.1989 an den Verf.
54 So schwankte der auf die (spätere) EWG entfallende Teil wie folgt: 1955: 16,2%; 1956: 18,0%; 1957: 13,9% (nach Heidhues, Direktinvestition (Anm.a zu Tab.2), Tab.3.

Tabelle 7: Regionalstruktur der Direktinvestitionen in Prozent der investierten Summen

Spalte	1 1956	2 1961	3 1965	4 1968	5 1972
Europa	38,2	38,5	53,8	56,6	60,5
EWG	18,0	14,0	25,3	29,3	35,5a
Frankreich		5,3	9,3	9,8	9,9
Belgien/Luxemburg		2,8	9,2	12,0	10,9
Niederlande		2,3	4,2	3,4	5,0
Italien		3,5	4,2	4,0	3,7
EFTA	15,1	20,2	23,0	21,5	16,5b
Großbritannien		1,4	1,7	2,4	2,6
Schweiz		12,1	13,4	11,5	14,1
Österreich		3,6	5,3	5,5	4,6
Spanien		2,6	3,6	3,8	6,0
Amerika	52,1	49,2	35,2	33,2	30,4
USA		8,7	6,4	8,2	8,1
Kanada		11,9	9,8	8,4	8,0
Brasilien		16,6	10,1	8,3	6,8
Industrieländerc	66,8	61,7	71,6	74,4	79,2
Entwicklungsländerd	33,2	38,3	28,4	25,6	20,8

a) EWG der Neun.
b) Ohne Dänemark, Großbritannien, Irland.
c) Europa, Nordamerika, Japan, Australien, Neuseeland, Südafrika.
d) Einschl. OPEC.
Quellen: Errechnet aus Krägenau, *Direktinvestitionen* (Anm.11), Tab. C 1.2; Heidhues, Direktinvestition (Anm.a zu Tab.2), Tab. 3.

der Industrieländer in der wichtigsten Investitionsbranche, der Chemie[55]. Gegenüber den Entwicklungsländern läßt sich der Strategiewechsel deutlich in die zweite Investitionsphase (1962-1965) einordnen. In diesen vier Jahren erfolgte ein Bedeutungsverlust um über zehn Prozent (Tab. 7, Spalte 3). Doch auch innerhalb der Industrieländer erfolgten in dieser Zeit ebenso massive wie beständige Veränderungen: Lag Amerika am Ende der ersten Investitionsphase mit fast 50 Prozent aller Direktinvestitionen auf dem ersten Platz, so hatte Europa am Ende der zweiten mit 53,8 Prozent die Führung übernommen. Innerhalb von Europa wiederum hatte die EWG ihren Anteil fast verdoppelt (Spalten 2 und 3). Be-

---
55 Vgl. Schröter, Auslandsinvestitionen 1930-1965 (Anm. 30), S.16.

zeichnenderweise war dieses Wachstum nicht auf Kosten der EFTA, deren Anteil sich ebenfalls vergrößern konnte, erfolgt, sondern zu Lasten der außereuropäischen Regionen. Die Regionalstruktur der Direktinvestitionen hatte sich damit derjenigen des Exports stärker angenähert. Die dritte und die vierte Investitionsphase innerhalb des Booms brachten dagegen keine einschneidenden Veränderungen, sondern setzten die Entwicklung der zweiten fort. Die strategischen Entscheidungen bezüglich der regionalen Struktur der bundesdeutschen Direktinvestitionen erfolgten also zwischen 1962 und 1965.

Die Entwicklung in einzelnen Ländern sei noch kurz kommentiert: Der starke Zuwachs des auf Belgien entfallenden Wertes 1965 beruhte zu einem großen Teil auf den Direktinvestitionen der Firmen Bayer und BASF, die beide ab 1964 in Antwerpen große Produktionsstandorte aufbauten, die nur mit ihren bedeutendsten innerhalb der Bundesrepublik verglichen werden können. Die herausragende Rolle der Schweiz, des größten bzw. zweitgrößten Investitionslandes während des Booms, ist nicht als Produktionsstandort zu erklären. Der hohe schweizerische Anteil repräsentiert vielmehr Holdinggesellschaften, die ihre Haupttätigkeit in Drittländern entfalteten. Dagegen dürften die auf den schweizerischen Binnenmarkt bezogenen Direktinvestitionen eher unter als über den Werten für Österreich gelegen haben. Bezüglich Spaniens, das nach damaligem Sprachgebrauch zu den Entwicklungsländern zählte, war der Strategie, sich in die nationale Industrialisierung rechtzeitig einzuschalten, Erfolg beschieden. Die anfänglich hohen Zahlen für Kanada spiegeln zwei Momente wider: Zum einen wurde Kanada, ähnlich wie die Schweiz, als Standort für Holdings genutzt. Zum anderen veranlaßten große Öl- und Gasfunde in den 1950er Jahren die Stahlindustrie (Rohre), dort zu investieren. Da beide Momente die in sie gesetzten Erwartungen nicht erfüllten, sank die Bedeutung Kanadas stetig.

IV. Die Bedeutung bundesdeutscher Direktinvestitionen in der Volks- und Weltwirtschaft

Die bundesdeutsche Ausfuhr bildete aufgrund ihrer großen Expansion geradezu das "Paradepferd" ökonomischen Erfolges während des Booms. Die Außenwirtschaft wuchs generell schneller als die Binnenwirtschaft, ein Trend, der sich statistisch in einer steigenden Im- und Exportquote niederschlug. Doch die jährlichen Direktinvestitionen entwickelten sich während des Booms sogar noch dynamischer als der Export. Eine Gegenüberstellung bietet Tabelle 8.

Die durchschnittliche Wachstumsrate des Exports betrug in der Boomzeit 12,4 Prozent, die der direkten jährlichen Neuinvestitionen 17,3 Prozent[56], d.h. in je-

---

56 Berechnet nach Tab.8.

Tabelle 8: Das Wachstum des Exportes und der Direktinvestitionen der Bundesrepublik Deutschland

Jahr	Export in Mrd.DM	Wachstumsrate des Exports	Direktinv. in Mio.DM	Wachstumsrate der Direktinv.
1955	25,7			
1956	30,9	20,2	409,9	
1957	36,0	16,5	518,2	26,4
1958	37,0	2,8	509,4	-1,7
1959	41,2	11,4	563,6	10,6
1960	47,9	16,3	739,6	31,2
1961	51,0	6,5	680,7	-8,0
1962	53,0	3,9	1.113,2	63,5
1963	58,3	10,0	1.115,1	0,2
1964	64,9	11,3	1.134,3	1,7
1965	71,7	10,5	1.112,0	-2,0
1966	80,6	12,4	1.678,2	50,9
1967	87,0	7,9	2.061,5	22,8
1968	99,6	14,8	2.292,2	11,2
1969	113,6	14,1	3.269,3	42,6
1970	125,3	10,3	3.494,2	6,9
1971	136,0	8,5	2.667,5	-23,7
1972	149,0	9,6	2.816,2	5,6
1973	178,4	19,7	5.638,1	93,7
1974	230,6	29,3	4.529,9	-19,7

Quelle: Zusammengestellt und errechnet aus: Tab.2; Statistisches Jahrbuch der Bundesrepublik Deutschland.

dem Jahr (rechnerisch) wuchsen die Direktinvestitionen allein durch Neuinvestitionen fast eineinhalbmal schneller als der Export. Die Direktinvestitionen konnten also auf Kosten des Exports ihren Anteil an der bundesdeutschen Außenwirtschaft steigern. Auch ein zweites Zahlenpaar verdeutlicht dies: Der Export konnte sich um den Faktor 9,0 vervielfachen (1955 zu 1974), aber die Direktinvestitionen sogar um den Faktor 11,1. Doch die jährlichen Neuinvestitionen erfassen nur einen Teil des Charakters von Direktinvestitionen. Dieser kann sich als besonders dynamisch erweisen, so wie es in unserem Fall während der Boomzeit festzustellen ist, aber für diese Dynamik gibt es keine ständige Notwendigkeit. Es ist durchaus denkbar, Direktinvestitionen in ihrem Bestand nur zu erhalten oder sogar zu vermindern. Die 1930er Jahre mögen dafür als Beispiel dienen. Die ökonomische Wirkung der Ausfuhr beruht auf einer Vielzahl von Einzelexporten, die ständig wiederholt werden müssen. Dagegen hat die

Tabelle 9: Direktinvestitionsbestände im Ausland

Spalte 1 Staat	2 Jahr	3 Art der Angaben: A = amtl. Angabe S = Schätzung	4 Mrd. DM
USA	1973	A	257,45
Großbritannien	1973	A	71,23
Bundesrepublik Deutschland	1974[b] 1974[c]	A S	34,75[a] 41,70
Frankreich	1972	S	18,91
Schweiz	1972	S	40,32
Kanada	1972	S	15,16
Japan	1974[d]	A	24,65
Niederlande	1973	S	12,77
Schweden	1973	S	10,31
Italien	1971	S	8,04
Belgien	1971	S	7,80
Australien	1971	S	1,46
Portugal	1971	S	0,77
Dänemark	1971	S	0,74
Norwegen	1971	S	0,22
Österreich	1971	S	0,10

a) Die Diskrepanz zu der in Tab. 2 genannten Zahl (36,76 Mrd. DM) ist nicht erklärlich. Beide Zahlen werden von Krägenau, *Direktinvestitionen* (Anm.11), in ihrem jeweiligen Zusammenhang mehrfach und genauer als hier wiedergegeben, verwendet, ohne daß Krägenau auf die Differenz aufmerksam macht.
b) Jahresende
c) Juni
d) März
Quelle: Krägenau, *Direktinvestitionen* (Anm.11), Tab. 1, S.32.

ökonomische Wirkung der Direktinvestitionen einen beständigeren Charakter. Die einmalig vollzogene Investition ist die Voraussetzung, aber eben auch nicht mehr als die Voraussetzung, für eine langanhaltende Wirkung der Produktion. Insofern stellen die Wachstumsraten der Direktinvestitionen Akkumulationsraten dar, im Gegensatz zu denen des Exports. Die Bedeutung der Ausfuhr wird statistisch durch die Exportquote beschrieben. Eine vergleichbare Meßzahl, die Auslandsproduktion im Verhältnis zur Inlandsproduktion, wird in den Statistischen Jahrbüchern leider nicht veröffentlicht.

Zu Beginn des Booms waren praktisch keine bundesdeutschen Direktinvestitionen vorhanden[57]. An seinem Ende waren erhebliche Summen im Ausland angelegt. Die steil ansteigenden Zahlen - die durchschnittliche jährliche Wachstumsrate des Bestandes lag über 20 Prozent[58] - weisen auf eine für die Bundesrepublik sehr wichtige Entwicklung hin. Hierfür gab der binnenwirtschaftliche Boom die wirtschaftliche Grundlage. Doch sei hervorgehoben, daß es sich bei den Direktinvestitionen um eine ganz besonders starke Zunahme handelte. So hohe Wachstumsraten wie 20 Prozent wurden auch während des Booms nur von wenigen großen wirtschaftlichen Bewegungen erreicht. Die Bedeutung dieses Vorgangs wird aber noch deutlicher, wenn er an der internationalen Entwicklung gemessen wird. Dies soll im Folgenden umrissen werden, indem zuerst die internationale Situation zum Boomende und sodann die bundesdeutsche Bilanz der Direktinvestitionen vorgestellt wird.

Die internationale Stellung der Bundesrepublik hinsichtlich der Direktinvestitionen am Ende des Booms wird aus Tabelle 9 deutlich. Nachdem die Bundesrepublik die Schweiz überrundet hatte, lag sie auf Platz 3 der "Weltrangliste". Innerhalb des Booms hatte sie in der Rangfolge ihren Höhepunkt erreicht; wenige Jahre später wurde sie ihrerseits von Japan überholt. Grundlage dieser Aussage ist die geschätzte Zahl ("S") der Tabelle 9. Sie kommt den tatsächlichen Verhältnissen weit näher als die amtliche Zahl[59] und kann auch im internationalen Maßstab eher zum Vergleichen herangezogen werden[60]. D.h., daß auch die in Tabelle 2 angegebenen amtlichen Werte absoluten Mindestsummen entsprechen, die aufgrund ihrer Erfassung systematisch unterschätzte und im Laufe der Zeit stark unterschätzte Werte repräsentieren.

Relativiert wird dieser internationale Aufstieg allerdings, wenn die Bedeutung der Direktinvestitionen in Beziehung zur jeweiligen Volkswirtschaft gesetzt wird.

Dabei geht es vor allem nicht um die über Jahre kumulierten Werte, sondern nur um jene in der Endphase des Booms (Spalte 2 und 3).
Im Verhältnis zu ihrem Bruttosozialprodukt investierte die Bundesrepublik am Boomende in einer international vergleichbaren Größenordnung (Spalte 2). Die Direktinvestitionen dieser Jahre waren bezüglich des Exports aber immer noch erheblich kleiner als die Großbritanniens, der Niederlande oder gar der USA (Spalte 3). Auch gegen Ende des Booms setzte die bundesdeutsche Wirtschaft immer noch sehr auf den Export als bewährte Form der Außenwirtschaft. Wenn dagegen die im Ausland erzielten Leistungen der Direktinvestitionen in Beziehung zur Ausfuhr gesetzt werden (Spalte 4), erwies sich die Bundesrepublik auch am Boomende noch als das Schlußlicht der Tabelle. Die USA wiesen einen zehnfach höheren Wert aus! Selbst eine kleine Volkswirtschaft wie die niederländi-

---

57 Zum Problem der Kontinuität (bundes-)deutscher Direktinvestitionen von 1930 bis 1965 vgl. Schröter, Auslandsinvestitionen 1930-1965 (Anm. 30).
58 Vgl. Tab. 2.
59 Vgl. Anm. 34.
60 Vgl. Krägenau, *Direktinvestitionen* (Anm.11), S.27 ff.

Tabelle 10: Volkswirtschaftliche Bedeutung der Direktinvestitionen am Ende des Booms im internationalen Vergleich

Spalte 1	2	3	4
	Durchschnitt 1970-1972		1971
Staat	DI x 100 / BSP	DI x 100 / Ex	EI x 100 / Ex
USA	0,4	9,5	395,5
Großbritannien	0,6	4,0	214,6
Bundesrepublik Deutschland	0,4	2,2	37,3
Frankreich	0,3	2,2	93,5
Niederlande	1,4	3,9	51,7
Kanada	0,3	1,7	67,7

DI = Direktinvestitionen
BSP = Bruttosozialprodukt
Ex = Export
EI = Eigenleistung der ausländischen Tochtergesellschaften
Quelle: Krägenau, *Direktinvestitionen* (Anm.11), Tab. 3, S.43.

sche, die infolge ihres beschränkten Binnenmarkts notwendigerweise hohe Exportquoten aufweisen mußte, lag in der Relation von Auslandsproduktion zu Export vor der Bundesrepublik. Hier kam die wenig gebrochene Akkumulation der Direktinvestitionen über viele Jahrzehnte zum Tragen.

Die bundesdeutsche Bilanz der Direktinvestitionen war naturgemäß lange Zeit positiv. Es floß mehr direktinvestiertes Kapital aus dem Ausland herein als aus der Bundesrepublik hinaus, so daß die Bilanz des direktinvestierten Kapitals positiv war. Bei den Direktinvestitionen überwog der Kapitalimport den Kapitalexport. Die Rolle der USA als größter Investor ist in diesem Band herausgestellt worden (s. den Beitrag Kiesewetter). Neben der Unterbewertung der Mark zog vor allem der Boom in der Bundesrepublik ausländische Investoren an. Das Ende des Booms markierte auch das Ende dieser Attraktivität. 1974 wurde letztmalig mehr direktinvestiertes Kapital importiert als exportiert. 1975 wurde die Bilanz schon mit rd. zwei Millionen DM negativ. Seither investierte die Bundesrepublik im Ausland mehr als das Ausland in der Bundesrepublik[61]. Schon in den Jahren 1969 und 1970 war die Bilanz der Direktinvestionen geringfügig negativ gewesen. Diese Entwicklung war ebenso sehr auf das schlagartig zurückhaltende Investitionsverhalten der USA zurückzuführen wie auf das expansive der Bundesrepu-

---

[61] Vgl. dazu: Umschwung in der Bilanz der Direktinvestitionen, in: *Monatsberichte der Deutschen Bundesbank*, 30. Jg. 1978, H.10, S.31-36.

Außenwirtschaft im Boom

blik. Während die bundesdeutschen Zahlen gerade in dieser vierten Investitionsphase (1969-1972) stark anzogen, gingen die der USA fast auf Null zurück. Insgesamt standen die starken Schwankungen der US-Zahlen[62] der stetigen Entwicklung der bundesdeutschen gegenüber. Im Beitrag von Kiesewetter werden diese Veränderungen deutlich: Viele US-Firmen engagierten sich nur für kurze Zeit. Dagegen war es in bundesdeutschen Unternehmen üblich, eine längerfristige Strategie zu verfolgen.

Innerhalb des Booms war es der bundesdeutschen Wirtschaft gelungen, ein breites Netz an Direktinvestitionen zu etablieren. Bis 1961 hatten die Entwicklungsländer daran einen großen Anteil. Doch in der zweiten Phase (1962-1965) bildete sich mit der hohen Konzentration der Direktinvestitionen auf Industrieländer und speziell auf Europa ein Verteilungsmuster heraus, das bis heute Bestand hat. Die Entwicklung wurde vornehmlich von den exportorientierten Branchen getragen. Wenngleich auch kleinere Firmen am Ende des Booms vermehrt an diesem Entwicklungsprozeß teilnahmen, so waren es doch die großen Unternehmen, die Quantität und auch Qualität der Direktinvestitionen weitgehend bestimmten. Ausschlaggebend waren vor allem langfristige, weltmarktstrategische Ziele. Dafür wurden Nachteile, wie z.B. eine geringere Rendite, zeitweilig in Kauf genommen. Insbesondere diese Voraussetzungen unternehmerischen Handelns im Boom sollten ins Auge gefaßt werden, wenn in späteren Untersuchungen die Gründe ermittelt werden, die die relativ geringe Wirksamkeit wirtschaftspolitischer Einflußnahmen einerseits und konjunktureller Einflüsse andererseits verursachten. Auch große Unternehmen konnten es sich nicht leisten, Direktinvestitionen durchzuführen, ohne Rücksicht auf Verluste zu nehmen. Wohl aber konnten sie in Ausmaß und zeitlicher Dauer kalkulierte Defizite in Verfolgung umfassenderer Ziele verkraften. Diese Strategie war erfolgreich. Zu Beginn des Booms gab es praktisch keine bundesdeutschen Direktinvestitionen, an seinem Ende standen sie international an dritter Stelle. Die durch den Boom gesteigerten wirtschaftlichen Möglichkeiten bildeten die Grundlage dieses Prozesses. Es ist kaum denkbar, daß eine ähnlich rasante Entwicklung in einer Stagnations- oder gar Depressionsphase möglich gewesen wäre[63].

Gegen Ende des Booms begann die Bundesrepublik bezüglich der Direktinvestitionen eine internationale Rolle zu spielen, die der des Deutschen Kaiserreichs vor dem Ersten Weltkrieg vergleichbar wäre[64]. Während hier Momente der Kontinuität erkennbar werden, zeigt sich an anderer Stelle ein deutlicher Bruch. So wie auf einer Reihe von Feldern der wirtschaftlichen und sozialen Entwicklung während des Booms Diskontinuitäten und sogar säkulare Neuerungen bezeichnet

---

62 Vgl. den Saldo der Direktinvestitionen mit dem der USA 1965-1975 in: ebd., S.32.
63 So gingen z.B. die Direktinvestitionen weltweit während der 1930er Jahre gegenüber den 1920ern stark zurück.
64 Vgl. zur Rolle der verschiedenen Staaten bis 1914: Mira Wilkins, *The History of Foreign Investment in the United States to 1914*, Cambridge, Mass. 1989, S.141-188.

worden sind[65], findet sich ein solcher Qualitätssprung auch bei den Direktinvestitionen: Gegen Ende des Booms hatte die bundesdeutsche Auslandsproduktion ein Ausmaß erreicht, das auch relativ in der bisherigen Geschichte unbekannt war. Nicht zuletzt durch die Direktinvestitionen hat die Außenwirtschaft seither einen weit höheren Einfluß als je zuvor. Wissenschaft und öffentliche Meinungsbildung haben diese Entwicklung erst mit einer gewissen zeitlichen Verzögerung wahrgenommen. Doch auch hier erfolgte ein Umschwung innerhalb der Boomzeit. Seit Anfang der 1970er Jahre findet die wirtschaftliche Multinationalisierung nicht mehr unbeachtet, sondern unter den Augen einer mal mehr, mal weniger kritischen (Fach-) Öffentlichkeit ihren Fortgang.

---

65 z.B. Knut Borchardt, *Wachstum. Krisen, Handlungsspielräume der Wirtschaftspolitik*, Göttingen 1982, S.125-150, sowie die Beiträge dieses Bandes.

Klaus Megerle

Die Radikalisierung blieb aus.
Zur Integration gesellschaftlicher Gruppen in der Bundesrepublik Deutschland während des Nachkriegsbooms

I.

"Im Verlaufe der fünfziger Jahre ist - dies muß als erstes hervorgehoben werden - eine erstaunlich schnelle Entschärfung von gesellschaftlichen Konflikten zu beobachten und eine dementsprechend schnelle Verbreiterung von Konsens innerhalb der westdeutschen Bevölkerung. Symptomatisch drückt sich dies in einer auffälligen Konzentration und Integrationsstärke des Parteiensystems aus: Drei Bundestagsfraktionen repräsentierten 1961 94,3 % aller Wähler, wobei auch die große Oppositionspartei es nicht mehr für wählerwirksam und ratsam hielt, im Hinblick auf die Wirtschafts- und Gesellschaftsordnung oder im Hinblick auf die politische, ökonomische und militärische Westintegration der Bundesrepublik grundsätzliche Alternativen anzubieten ...Zweifellos liegt - wie zweitens hervorzuheben ist - der Hauptschlüssel für die Erklärung dieses Vorgangs in dem beispiellosen Wirtschaftswachstum und der rapiden ökonomisch-technischen Modernisierung." Mit diesen Feststellungen[1] hat Hans Günter Hockerts den Zusammenhang zwischen dem vielgerühmten "Wirtschaftswunder" und dem nicht minder bestaunten "Demokratiewunder" in der Bundesrepublik Deutschland hergestellt. Dieser Zusammenhang ist in der Literatur zur Frühphase der Republik so oft betont[2] und partiell auch genauer analysiert worden[3], daß die Frage heute nicht

---

1 Hans Günter Hockerts, Integration der Gesellschaft: Gründungskrise und Sozialpolitik in der frühen Bundesrepublik, in: *Zeitschrift für Sozialreform*, 32/1986, S. 40.
2 Stellvertretend sei verwiesen auf Rudolf Morsey, *Die Bundesrepublik Deutschland. Entstehung und Entwicklung bis 1969*, München 1987, S. 45, 183; Hans-Peter Schwarz, *Die Ära Adenauer. Epochenwechsel, 1957-1963*, Stuttgart/Wiesbaden 1983, S. 339ff.
3 Explizit thematisiert wird der Zusammenhang bei Werner Kaltefleiter, *Wirtschaft und Politik in Deutschland. Konjunktur als Bestimmungsfaktor des Parteiensystems*, Köln/Opladen ²1968, sowie in den beiden kurzen Aufsätzen von Hockerts, Integration (Anm.1), und Martin Schumacher, Staatsgründung im Wirtschaftsaufschwung. Anfänge und Entwicklungstendenzen der westdeutschen Nachkriegsdemokratie (1949-1953), in: Lothar Albertin/Werner Link (Hrsg.), *Politische Parteien auf dem Weg zur parlamentarischen Demokratie in Deutschland. Entwicklungslinien bis zur Gegenwart*, Düsseldorf 1981.

lauten kann, ob dieser Konnex bestanden hat, sondern worin das Spezifikum der konstatierten Folgewirkung zu suchen ist. Beschränkt sich der Zusammenhang lediglich darauf, daß die Stimmung der Bevölkerung im Zeichen des wirtschaftlichen Wachstums durch materielle Zugeständnisse besänftigt, antidemokratische und systembedrohende Einstellungen und Verhaltensweisen verdeckt, die Protesthaltung gesellschaftlicher Gruppen überspielt und die Stimmen der Wähler als Zeichen momentaner Zufriedenheit gewonnen werden konnten? Oder gab es darüber hinaus in der Bundesrepublik während und durch die Prosperitätsphase der 1950er und 1960er Jahre einen gesellschaftlichen Entwicklungsschub, der zu tiefgreifenden, nicht rückgängig zu machenden Veränderungen führte und damit eine ähnliche oder für die langfristigen Linien der deutschen Politik sogar größere Bedeutung erlangte als andere Einschnitte im 20.Jahrhundert? Hierbei geht es auch darum herauszufinden, wie groß das Ausmaß der gesellschaftlichen Veränderungen tatsächlich gewesen ist und ob von einem Bruch durch Wandel gesprochen werden kann.

Angesichts der Relevanz dieser Fragestellung für die demokratische Entwicklung in der Bundesrepublik ist es erstaunlich, daß die Thematik in der Forschung bisher kaum eingehendere Beachtung gefunden hat. Allzusehr, wenn auch im Hinblick auf die politische Situation der Nachkriegszeit durchaus verständlich, standen die außenpolitische Standortbestimmung der Bundesrepublik Deutschland im Rahmen des Ost-West-Gegensatzes, die Gründung und Ausgestaltung der beiden deutschen Staaten und schließlich auch die wirtschaftliche Entwicklung im Vordergrund des Interesses[4]; sozialgeschichtliche Studien sind dagegen erst in jüngster Zeit und zunächst meist zu Teilbereichen erschienen[5]. Das von mir verfolgte Forschungsprojekt soll dazu beitragen, diese Lücke zu schließen, darüber hinaus aber - gemeinsam mit den übrigen Beiträgen des Gesamtprojekts - auch insofern zu einem gewissen Paradigmawechsel anregen, als tiefgreifende gesellschaftliche Entwicklungsschübe bisher eher als Folgen von ökonomischen und politischen Krisenperioden analysiert worden sind[6]. Hier geht es nun um die Phase des beispiellosen, langanhaltenden Wirtschaftsaufschwungs der Nachkriegszeit, der fast alle Industriestaaten erfaßte und der für die Bundesrepublik beispielsweise an der außergewöhnlichen Wachstumsrate des Sozialprodukts pro Kopf der Bevölkerung von durchschnittlich 5,6 Prozent während der Jahre 1950

---

4 Vgl. dazu das Kapitel "Grundprobleme und Tendenzen der Forschung" sowie das Literaturverzeichnis bei Morsey, *Bundesrepublik* (Anm.2), S. 113ff. bzw. 187ff.
5 Hervorgehoben seien hier nur die Sammelbände von Werner Conze/M.Rainer Lepsius (Hrsg.), *Sozialgeschichte der Bundesrepublik Deutschland. Beiträge zum Kontinuitätsproblem*, Stuttgart 1983, und von Martin Broszat/Klaus-Dietmar Henke/Hans Woller (Hrsg.), *Von Stalingrad zur Währungsreform. Zur Sozialgeschichte des Umbruchs in Deutschland*, München 1988; die Beiträge im letzten Band reichen zum Teil über die 40er Jahre hinaus.
6 Erinnert sei an die grundlegende Studie von Hans Rosenberg, *Große Depression und Bismarckzeit. Wirtschaftsablauf, Gesellschaft und Politik in Mitteleuropa*, Berlin 1967. Eine vergleichbare Pionierarbeit zu einer Boomphase ist mir für die deutsche Geschichte nicht bekannt.

bis 1965 festgemacht werden kann[7]. Mit dem vorliegenden Beitrag soll dazu für den Bereich der grundsätzlichen Orientierung der Gesellschaft und einzelner sozialer Gruppen ein erster Annäherungsversuch unternommen werden.

II.

Um den Wandel erfassen zu können, der durch den Nachkriegsboom in den gesellschaftlichen Einstellungen und Verhaltensweisen der Bevölkerung bewirkt wurde, ist von der Situation auszugehen, wie sie vor Beginn des wirtschaftlichen Aufschwungs bestanden hat. Dies ist jedoch nur sehr begrenzt möglich. Einmal reichen die von den westlichen Alliierten durchgeführten Meinungsumfragen für eine differenzierte Analyse nicht aus. Zum anderen war die Zeit zwischen dem Kriegsende und den Anfängen des Wachstumsprozesses zu kurz, um unter den Bedingungen der Besatzungsherrschaft und der Sorge um die nackte Existenz Verhaltensdispositionen gegenüber einer allenfalls vage am Horizont sichtbaren Gesellschaftsordnung treffen oder gar kollektiv ausprägen zu können. Ein Blick auf die Weimarer Zeit ist deshalb unumgänglich. Auch wenn wir spätestens seit Fritz René Allemanns Buch von 1956 wissen sollten, daß Bonn nicht Weimar ist[8], ergeben sich für die hier verfolgte Fragestellung doch wichtige Vergleichsaspekte. Dabei ist weniger an Parallelen bei politischen, für die Identitätsfindung der Bevölkerung allerdings nicht zu unterschätzenden Belastungsfaktoren wie Kriegsniederlage, Reparationen und Demontagen sowie territorale Verluste gedacht, zumal sich hierbei für den nach 1945 in Angriff genommenen zweiten Demokratieversuch auch entlastende Momente aufzeigen lassen[9]. Vielmehr geht es um die politische Repräsentanz und die gesellschaftliche Akzeptanz, die die bürgerliche parlamentarische Demokratie fand.

Unter diesen Stichworten zeigt sich sofort die Desintegration und Segmentierung der Weimarer Gesellschaft[10], wie anhand von drei Artikulationsmustern politischer Einstellung und Handlungsweise kurz in Erinnerung gerufen werden

---

7 Vgl. hierzu Gerold Ambrosius, Die Ökonomie der fünfziger Jahre: Zum Verhältnis von Wachstum, Struktur und Politik, in: *Sozialwissenschaftliche Informationen*, 15/1986, H. 2, S. 17, der einen knappen Überblick bietet. Ausführlicher Werner Abelshauser, *Wirtschaftsgeschichte der Bundesrepublik Deutschland (1945-1980)*, Frankfurt a.M. 1983, und unter weltwirtschaftlichem Blickwinkel Herman van der Wee, *Der gebremste Wohlstand. Wiederaufbau, Wachstum, Strukturwandel 1945-1980*, München 1984.
8 Fritz René Allemann, *Bonn ist nicht Weimar*, Köln/Berlin 1956.
9 So ist - um nur einen Aspekt anzudeuten - mit dem Verlust der ostdeutschen Gebiete und der Teilung Deutschlands die reaktionäre Bastion des ostelbischen Großgrundbesitzes zerstört worden.
10 Vgl. Detlef Lehnert/Klaus Megerle, Politische Identität und nationale Gedenktage, in: dies. (Hrsg.), *Politische Identität und nationale Gedenktage. Zur politischen Kultur in der Weimarer Republik*, Opladen 1989, S. 15ff.

soll. Auf der politischen Ebene trafen sich mit der Sozialdemokratie, den Linksliberalen und dem katholischen Zentrum drei in ideologischer Ausrichtung, sozialer Basis, ökonomischen und gesellschaftlichen Grundvorstellungen sowie kultureller Identität einander vielfach fremde Parteien unter dem Zeichen der demokratischen Staatsgründung. Unter diesen Voraussetzungen gelang es angesichts der krisenhaften ökonomischen Entwicklung nicht, den erzielten Verfassungskonsens als tragfähige Plattform für die neue Republik zu etablieren. Bereits 1920 verlor die "Weimarer Koalition" ihre Mehrheit im Reichstag an mehr oder minder antidemokratische Kräfte. Bis zum Ende der Republik "konnte nur regiert werden, wenn es entweder keine republikanische und demokratische Regierung oder keine republikanische und demokratische Opposition gab"[11]. Das Parteiensystem war aber in gewisser Weise nur Abbild der politischen Kultur in der Republik[12]. Aufgrund historischer Vorbelastungen, dissensfördernder Rahmenbedingungen und krisenhafter Entwicklungen gab es weder eine einheitliche noch eine dominante politische Kultur; die politisch-kulturelle Identitätsfindung fand nicht allein im Spannungsfeld von individuellen Sozialisationsprozessen und Strukturen der Systemintegration statt, vielmehr waren als intermediäre Instanzen die "sozialmoralischen Milieus" (Lepsius) und "Lagermentalitäten" (Kluge und Negt) zu Elementen der gesellschaftlichen "Versäulung" (Dahrendorf) geworden, die erst durch die als Sammlungsbewegung auftretenden Nationalsozialisten teilweise überspielt werden konnte.

Damit ist auf die zentrale Bedeutung der sozialen Gruppen und ihrer Organsiationen für die politische Orientierung verwiesen[13]. Hierbei zeigte sich in der Weimarer Republik im Grunde genommen eine paradoxe Situation. Die Arbeiter, deren sozialistisch ausgerichteter Teil der bürgerlichen Gesellschaftsordnung prinzipiell antagonistisch gegenüberstand, hatten insgesamt gesehen von der ökonomischen Entwicklung der Republik vergleichsweise wenig profitiert. Gleichwohl war es ihr sozialdemokratischer Fügel, der zusammen mit einigen wenigen bürgerlichen Demokraten den politischen Überbau dieser Gesellschaftsordnung, das Weimarer System, am nachhaltigsten gestützt und verteidigt hatte. Genau umgekehrt verhielten sich die bürgerlichen Gruppen. Der gewerbliche Mittelstand, große Teile der Angestellten, die Landwirte und die Unternehmer sowie ihre Organisationen kooperierten mit der demokratischen Republik allenfalls zeitweise, um ihre jeweiligen Interessen zu verfolgen, ganz überwiegend

---

11 Allemann, *Bonn* (Anm. 8), S. 434.
12 Vgl. dazu die einzelnen Beiträge in Lehnert/Megerle (Hrsg.), *Identität* (Anm. 10).
13 Dazu ausführlich: Jürgen Bergmann/Klaus Megerle, Gesellschaftliche Mobilisierung und negative Partizipation. Zur Analyse der politischen Orientierung und Aktivitäten von Arbeitern, Bauern und gewerblichem Mittelstand in der Weimarer Republik, in: Peter Steinbach (Hrsg.), *Probleme politischer Partizipation im Modernisierungsprozeß*, Stuttgart 1982; dies., Protest und Aufruhr der Landwirtschaft in der Weimarer Republik (1924-1933). Formen und Typen der politischen Agrarbewegung im regionalen Vergleich, in: Jürgen Bergmann u.a., *Regionen im historischen Vergleich. Studien zu Deutschland im 19. und 20. Jahrhundert*, Opladen 1989.

Die Radikalisierung blieb aus 111

verhielten sie sich jedoch ablehnend und bekämpften das in ihren Augen unzulängliche und verhaßte System. Obwohl weder eine Sozialisierung eingeleitet noch eine Bodenreform durchgeführt wurde, fühlten sie sich ihrer Privilegierung beraubt und in ihrem Besitzstand bedroht. Angesichts der eigenen wirtschaftlichen Lage kam es über die sozialen Errungenschaften der Arbeiter und den weit überschätzten politischen Einfluß der Arbeiterbewegung zur Konfrontation in den industriellen Beziehungen, zur "Panik im Mittelstand" (Th. Geiger), zu militanten Protestaktionen der Landwirte gegen das Weimarer System und schließlich zur Flucht in den Nationalsozialismus.

Während des nationalsozialistischen Regimes dürften sich diese Verhaltensdispositionen sicherlich nicht in demokratischer Richtung verändert haben. Die Angst der Alliierten vor einer Werwolftätigkeit in den besetzten deutschen Gebieten erwies sich zwar als unbegründet, aber schließlich hielt das durch Zustimmung, Treue und Terror geschmiedete Band zwischen der Bevölkerung und der nationalsozialistischen Führung bis zum letzten Quadratmeter; zu einer Selbstbefreiung ist es selbst angesichts der Niederlage nicht gekommen. Auch wenn der Nationalsozialismus bei vielen Deutschen diskreditiert war - nicht zuletzt aus Enttäuschung und Verärgerung -, so mag sich dies auf die insgesamt doch recht geringe Resonanz rechtsradikaler Parteien ausgewirkt haben[14]. Für die Beurteilung der politischen Grundorientierung in der unmittelbaren Nachkriegszeit gilt es jedoch zu beachten, daß bei Meinungsumfragen 1950 auf die Frage, "wann in diesem Jahrhundert ist es nach Ihrem Gefühl Deutschland am besten gegangen?" 45 Prozent das Kaiserreich, 42 Prozent die Friedenszeit des "Dritten Reiches", aber lediglich sieben Prozent die Weimarer Republik und sogar nur zwei Prozent die Bundesrepublik nannten und noch 1952 32 Prozent der Bevölkerung Hitler für einen großen Staatsmann, zehn Prozent ihn sogar für den größten des Jahrhunderts hielten[15]. Die Situation vor dem Wirtschaftsboom der fünfziger und sechziger Jahre dürfte deshalb von Hans Braun richtig erfaßt worden sein[16], wenn er als ein Unsicherheitspotential "die Verstörtheit weiter Teile der Bevölkerung (anführt) angesichts des Untergangs einer vielleicht gehaßten, vielleicht passiv hingenommenen, vielleicht auch akzeptierten, in jedem Fall aber das öffentliche und private Leben konturierenden Ideologie, in die vor allem die jüngeren Jahrgänge der 16- bis 23jährigen mit einer gewissen Systematik hineinsozialisiert wurden".

Weitere, die aktuelle Stimmung und Verhaltensweisen der Bevölkerung beeinflussende Belastungsfaktoren kamen vor Beginn des wirtschaftlichen Auf-

---

14 So u.a. Eckhard Jesse, Die fünfziger Jahre: zwischen nostalgischer Verklärung und heftiger Abrechnung, in: *Sozialwissenschaftliche Informationen*, 15/1986, H. 2, S. 7.
15 Vgl. Elisabeth Noelle/Erich Peter Neumann (Hrsg.), *Jahrbuch der öffentlichen Meinung*, Bd. 5: 1968-1973, Allensbach 1974, S. 209, und Bd. 1: 1947-1955, Allensbach ²1956, S. 136.
16 Hans Braun, Das Streben nach "Sicherheit" in den fünfziger Jahren. Soziale und politische Ursachen und Erscheinungsweisen, in: *Archiv für Sozialgeschichte*, 18/1978, S. 287.

schwungs noch hinzu. Hier sind vor allem die knapp acht Millionen Flüchtlinge und Vertriebenen aus den früheren deutschen Siedlungsgebieten im Osten und die über 1,6 Millionen Flüchtlinge aus der sowjetisch besetzten Zone bzw. der DDR zu nennen, die bis 1950 ins Bundesgebiet hineingeströmt waren[17]. "Die Pauperisierung dieser Menschen, ihre Entwurzelung, der meist totale Verlust ihrer Existenzgrundlagen, das gehörte" - nicht nur nach Auffassung von Hockerts[18]- "zu den massivsten Belastungen des westdeutschen Gesellschaftsgefüges". Die große Zahl der Flüchtlinge, immerhin ca. ein Fünftel der westdeutschen Bevölkerung, ihre Not, ihre berufliche und gesellschaftliche Deprivation, ihre Zusammenballung in agrarischen Regionen mit geringen Beschäftigungsmöglichkeiten sowie die Konkurrenzsituation und Konfrontation mit der einheimischen Bevölkerung ließen eine Radikalisierung erwarten, die unter wirtschaftlich restriktiven Bedingungen zu einem "kaum zu entschärfenden sozialen und politischen Sprengsatz" für den westdeutschen Staat geworden wäre[19].

Auch unter der einheimischen Bevölkerung gab es besonders notleidende und gesellschaftlich desintegrierte Teile: Verfolgte des nationalsozialistischen Regimes, Kriegsopfer, zurückkehrende Kriegsgefangene, Währungsgeschädigte und Arbeitslose. Aber nicht nur sie und die Flüchtlinge litten unter der katastrophalen Wohnungsnot; schließlich fehlte 1950 etwa ein Drittel des notwendigen Wohnungsbestandes. Deshalb war es für den sozialen Frieden in der Bundesrepublik belastend, daß die Menschen in Barackenlagern, Kellern und Untermietzimmern unter den schäbigsten Bedingungen zusammengepfercht waren[20]. Angesichts dieser Situation war es nicht verwunderlich, daß 1950 64 Prozent der Bevölkerung die ökonomische Situation im Vergleich zur Zeit vor dem Krieg als schlechter und nur sieben Prozent sie als besser beurteilten[21]. Es bestand die Gefahr, daß große Teile der Gesellschaft die rücksichtslose Durchsetzung der eigenen sozialen Interessen wie in der Weimarer Republik in den Mittelpunkt ihrer politischen Aktivitäten rücken, aus dem pluralistischen Konzept der parlamentari-

---

17 Daten bei Morsey, *Bundesrepublik* (Anm.2), S. 255. Ausführlicher: Gerhard Reichling, *Die deutschen Vertriebenen in Zahlen*, Teil 1, Bonn 1986.
18 Hockerts, Integration (Anm. 1), S. 25. Vgl. auch Franz J. Bauer, Zwischen "Wunder" und Strukturzwang. Zur Integration der Flüchtlinge und Vertriebenen in der Bundesrepublik Deutschland, in: *Aus Politik und Zeitgeschichte*, B 32/87, S. 21ff., sowie die Beiträge in: Rainer Schulze/Doris von der Brelie-Lewien/Helga Grebing (Hrsg.), *Flüchtlinge und Vertriebene in der westdeutschen Nachkriegsgeschichte. Bilanzierung der Forschung und Perspektiven für die künftige Forschungsarbeit*, Hildesheim 1987.
19 Werner Abelshauser, Der Lastenausgleich und die Eingliederung der Vertriebenen und Flüchtlinge - Eine Skizze, in: Schulze/von der Brelie-Lewien/Grebing (Hrsg.), *Flüchtlinge* (Anm.18), S. 234. Ähnlich ("Zeitbombe") Hans-Peter Schwarz, Modernisierung oder Restauration? Einige Vorfragen zur künftigen Sozialgeschichtsforschung über die Ära Adenauer, in: Kurt Düwell/Wolfgang Köllmann, *Rheinland-Westfalen im Industriezeitalter*, Bd. 3, Wuppertal 1984, S. 286.
20 Vgl. Hockerts, Integration (Anm. 1) S. 35, 27.
21 Emnid-Umfrage, wiedergegeben bei Kaltefleiter, *Wirtschaft* (Anm.3), S. 109.

Die Radikalisierung blieb aus 113

schen Demokratie ausbrechen und das noch ungefestigte System der Bundesrepublik infrage stellen könnten.

Erste Anzeichen einer drohenden Desintegration der Gesellschaft in der Frühphase der Bundesrepublik spiegelten die Wahlergebnisse wider. Nachdem die vier Lizenzparteien CDU/CSU, SPD, FDP und KPD bei den Landtagswahlen in den drei Westzonen 1946/47 91,3 Prozent der gültigen Stimmen erzielt hatten, kamen sie bei der Wahl zum ersten Bundestag am 14. August 1949 auf nur noch 77,8 Prozent[22]. Auch bei den folgenden Landtagswahlen setzte sich die Aufsplitterung des Parteiensystems fort. Werner Kaltefleiter konnte in seiner Analyse der Bestimmungsfaktoren nachweisen[23], daß diese Tendenz auf spezifisch ökonomische Ursachen und deren Rezeption in der Bevölkerung zurückzuführen ist. Dies galt zunächst für den Block der Heimatvertriebenen und Entrechteten (BHE), der zwischen 1950 und 1952 ein Drittel der Vertriebenen - vornehmlich aus den ärmeren Schichten - als Wähler mobilisieren und in Niedersachsen, Baden-Württemberg und Bayern 14,9, 14,7 und 12,3 und in Schleswig-Holstein sogar 23,4 Prozent der Stimmen erzielen konnte. Dies galt aber auch für Regionalparteien und für die Deutsche Partei, in deren Ergebnissen sich in starkem Maße die Ressentiments und Ängste der einheimischen Bevölkerung niederschlugen, und nicht zuletzt auch für die ersten rechtsradikalen Gruppierungen[24].

Da die Erfolge dieser Parteien in erster Linie auf Kosten der als Sammlungsbewegung angetretenen Union gingen, konnte die Aufsplitterung des Parteiensystems teilweise auf das zunehmende Protestverhalten bei den bürgerlichen Gruppen zurückgeführt werden. Ein Blick auf einige Symptome zeigt, daß derartige Überlegungen, die allerdings noch eingehender erforscht werden müßten, nicht abwegig sind. Generell war zu dieser Zeit die Orientierung an traditionellen politischen Normen und Verhaltensweisen unverkennbar. Beim gewerblichen

---

22 Die beiden großen Parteien CDU/CSU und SPD errangen 1949 bei der Bundestagswahl lediglich noch 60,2 % der gültigen Stimmen gegenüber 72,6 % bei den vorhergehenden Landtagswahlen.
23 Kaltefleiter, *Wirtschaft* (Anm.3), S. 124ff. Vgl. auch Hans-Peter Schwarz, *Die Ära Adenauer. Gründerjahre der Republik 1949-1957*, Stuttgart/Wiesbaden 1981, S. 119ff.
24 Vgl. Kaltefleiter, *Wirtschaft* (Anm.3), S. 130ff. - Die DP erzielte bei der Bundestagswahl 1949 4,0 % der gültigen Stimmen, bei den Bürgschafts- bzw. Landtagswahlen 1949-51 in Hamburg 13,3%, Schleswig-Holstein 9,6%, Bremen 14,7%, und in Niedersachsen erreichte die Niederdeutsche Union (CDU und DP) 1951 23,8%. Die Bayernpartei kam bei der Bundestagswahl auf 4,2% und bei der bayerischen Landtagswahl 1950 auf 17,9%. Das Zentrum, das bei der Bundestagswahl 3,1 % erzielt hatte, gewann bei den Landtagswahlen in Nordrhein-Westfalen (1950) 7,5% und in Niedersachsen (1951) 3,3% der Stimmen. In Schleswig-Holstein kam der Südschleswigsche Wählerverband auf 5,5%. Die rechtsradikale Sozialistische Reichspartei erreichte 1951 in Niedersachsen 11,0% und in Bremen 7,7%, die Deutsche Reichspartei in Niedersachsen 2,2% und die Wählergemeinschaft der Fliegergeschädigten, Vertriebenen und Währungsgeschädigten in Bremen 4,3%.

Mittelstand[25] drückte sich dies in der nach 1945 weiterbestehenden Existenzangst aus, die sich zum Proteststurm steigerte, als die amerikanische Militärregierung versuchte, die unbeschränkte Gewerbefreiheit einzuführen. "In aller Deutlichkeit offenbarte er (der Proteststurm; K.M.), daß im Handwerk zünftlerisch-sozialprotektionistische Einstellungen über das Jahr 1945 hinaus kräftig fortlebten, antidemokratische Ressentiments und nationalistische Orientierungen mit dem Untergang des Dritten Reiches beileibe nicht versunken waren."[26] Auch bei den Landwirten war trotz der Ausschaltung des ostelbischen Großgrundbesitzes eine gewisse ideologische Kontinuität zur Weimarer Republik festzustellen; die Abwehrhaltung gegen vermeintliche Sozialisierungsexperimente und das Gefühl der Überfremdung durch die große Zahl der Vertriebenen in den ländlichen Gebieten bestärkte die "einem agrarischen Fundamentalismus verhaftete Bauerntumsideologie"[27]. Pessimismus gegenüber den Entflechtungs- und Demontagemaßnahmen der Alliierten und der wirtschaftspolitischen Entwicklung in Deutschland herrschte im Lager der Unternehmer[28]. Da die Verunsicherung allerdings temporär blieb und die Industriellen auch an Rhein und Ruhr die Umbruchsphase moralisch und personell erstaunlich ungebrochen überstanden, war von dieser Seite ebenfalls kein demokratischer Bewußtseinswandel zu erwarten. Wie die heftige Opposition gegen die Kartellgesetzgebung und das im Bundesverband der deutschen Industrie gepflegte Nicht-Verhältnis zu den Gewerkschaften und deren Forderungen belegen, waren die alten Denkhaltungen noch tief verwurzelt[29].

Auf weitere Details soll an dieser Stelle verzichtet werden; sie müßten zudem erst noch eingehender erforscht werden. Deutlich geworden ist die Fortdauer vormoderner und antidemokratischer Verhaltensdispositionen in weiten, für die Stabilisierung einer bürgerlichen Republik wichtigen Teilen der Gesellschaft. Im Zeichen der "Gründungskrise" von 1949/50 und angesichts der schweren sozialen Problemlagen, die sich bis zu diesem Zeitpunkt angehäuft hatten, war eine Radikalisierung in den Einstellungen der Bevölkerung durchaus zu erwarten - eine Radikalisierung, die dann ganz ähnlich wie in der Weimarer Republik zu Pro-

---

25 Dazu Heinrich August Winkler, Stabilisierung durch Schrumpfung: Der gewerbliche Mittelstand in der Bundesrepublik Deutschland, in: Conze/Lepsius (Hrsg.), *Sozialgeschichte* (Anm.5), S. 188ff.
26 Martin Broszat/Klaus-Dietmar Henke/Hans Woller, Einleitung, in: dies. (Hrsg.), *Stalingrad* (Anm.5), S. XL.
27 Herbert Kötter, Die Landwirtschaft, in: Conze/Lepsius (Hrsg.), *Sozialgeschichte* (Anm.5), S.116; vgl. auch Paul Erker, Revolution des Dorfes? Ländliche Bevölkerung zwischen Flüchtlingszustrom und landwirtschaftlichem Strukturwandel, in: Broszat/Henke/Woller (Hrsg.), *Stalingrad* (Anm. 5), S. 425.
28 Vgl. Volker Berghahn, *Unternehmer und Politik in der Bundesrepublik*, Frankfurt a.M. 1985, S. 78.
29 Vgl. ebd., S. 17ff., sowie Volker Berghahn, Westdeutsche Unternehmer, Weltmarkt und Wirtschaftsordnung. Zur Bedeutung des Kartellgesetzes, in: Albertin/Link (Hrsg.), *Parteien* (Anm.3), S. 301ff., und Broszat/Henke/Woller, Einleitung (Anm. 26), S. XLII.

Die Radikalisierung blieb aus 115

testaktionen führen und die Festigung der ohnehin als Provisorium gegründeten Bundesrepublik gefährden konnte.

III.

Wir alle wissen - und eingangs wurde darauf auch verwiesen -, daß die Radikalisierung ausblieb. Dazu haben mehrere Faktoren beigetragen[30], erinnert sei hier nur an die Außenpolitik mit der zunehmenden Anerkennung und Einbindung im Westen einerseits und der antikommunistisch akzentuierten Abgrenzung gegen den Osten andererseits, an die Konstruktionsprinzipien der Verfassungsordnung und die Instrumente staatlicher Machtausübung sowie an die politische Führung der Nachkriegszeit. Gleichwohl gilt die Feststellung von Alfred Grosser [31], daß sich die Bonner Demokratie ohne die ökonomische Entwicklung nicht begreifen läßt. In der Tat war die wirtschaftliche Entwicklung in der Boomphase beeindruckend. Insgesamt stieg das reale Sozialprodukt pro Kopf der Bevölkerung zu konstanten Preisen in der Bundesrepublik von 1950 bis 1970 um das 2,8fache. Ein Vergleich der Wachtumsraten des Sozialprodukts zwischen 1870 und 1980 zeigt, daß der Zeitraum von 1950 bis 1965 deutlich über dem Durchschnitt der übrigen Abschnitte und die Rate von 5,6 Prozent zudem weit über denen anderer wichtiger Industriestaaten lag[32]. In keiner Phase und in keinem der Vergleichsländer hatte das Sozialprodukt über einen so langen Zeitraum mit so hohen Raten zugenommen.

Der Wirtschaftsboom wurde aber nicht nur zum Markenzeichen des westdeutschen Staates und zum Motor des gesellschaftlichen Wandels, sondern auch zum Katalysator für den sozialen Integrationsprozeß: Die einzelnen sozialen Gruppen konnten nahezu vollständig in das politische und gesellschaftliche System der

---

30 Vgl. dazu Schwarz, *Ära Adenauer - Epochenwechsel* (Anm.2), S. 335ff.
31 Alfred Grosser, *Deutschlandbilanz. Geschichte Deutschlands seit 1945*, München 1970, S. 264.
32 Durchschnittliche jährliche Wachstumsraten des realen Pro-Kopf-Sozialprodukts in Prozent:

	1870-1913	*1913-1950*	*1950-1965*	*1965-1980*
Deutschland	1,8	0,4	5,6	3,9
USA	2,2	1,7	2,0	2,3
Großbritannien	1,3	1,3	2,3	2,0
Frankreich	1,4	0,7	3,7	4,1
Schweden	2,3	1,6	2,6	2,2

Quelle: Abelshauser, *Wirtschaftsgeschichte* (Anm. 7), S. 101.

Bundesrepublik eingebunden werden. Dabei gelang es zunächst, die bestehenden sozialen "Unsicherheitspotentiale" (H. Braun) abzubauen. Durch die industrielle Expansion mit ungewöhnlich hohen Zuwachsraten nahm einmal die Arbeitslosigkeit, die 1950 bei knapp 1,9 Mio. Arbeitslosen noch 11,0 Prozent der abhängigen Erwerbspersonen umfaßt hatte, rasch ab. Bereits Mitte der fünfziger Jahre war die Vollbeschäftigung erreicht, die bis auf den kurzen konjunkturellen Einbruch von 1966/67 bis zum Ende des Booms anhielt[33]. Zum anderen ermöglichte das wirtschaftliche Wachstum Einkommenssteigerungen bei den Selbständigen und eine Erhöhung des Lohnniveaus der Arbeitnehmer auf tarifvertraglichem Wege[34]. Schließlich schuf es auch die Voraussetzungen für sozialpolitische Handlungsspielräume und verhinderte auf diese Weise die "Verfestigung kompakter Gruppen von ausgesprochen Notleidenden" in der bundesrepublikanischen Gesellschaft[35]: "Die Sozialpolitik bot...Integrationshilfen für die verschiedenen Gruppen der durch Krieg und Kriegsfolgen Benachteiligten. Sie verminderte Spannungen zwischen Vertriebenenminoritäten und eingesessener Majorität. Sie lenkte die Erreichbarkeit von Wohnraum einigermaßen nach den Bedarfsströmen. Sie entlastete die Nachkriegsgesellschaft von der herkömmlichen krassen Verteilungsdisparität zwischen den Generationen. Sie schwächte traditionelle Merkmale der Proletarität ab, insbesondere die Einkommensunsicherheit bei Krankheit und im Alter."[36]

Das wirtschaftliche Wachstum und die sozialen Verbesserungen schlugen sich aber nicht nur in den Statistiken nieder, sondern wurden auch von der Bevölkerung rezipiert. Bei einer repräsentativen Meinungsumfrage im November 1952 gaben 88 Prozent des Samples an, sie stellten seit der Währungsreform einen ökonomischen Aufschwung fest; nur vier Prozent verneinten die entsprechende Frage. Verglichen mit der Vorkriegszeit, wurde die Gegenwart zwar noch nicht so positiv eingeschätzt: Den 15 Prozent der Befragten, die die aktuelle Situation als besser empfanden, standen immerhin noch 53 Prozent entgegen, die die Lage als schlechter beurteilten. Allerdings verbesserte sich dieses Bild bei späteren Befragungen kontinuierlich, bis sich das Votum Anfang der sechziger Jahre umgekehrt hatte und 1964 64 Prozent zu 9 Prozent lautete[37].

Diese Erfahrung wirtschaftlicher Erholung, die das Leben von der Sorge um die elementare Daseinssicherung befreite und zu einer allmählichen Wohlstandssteigerung führte, kam Stimmungen entgegen, wie sie sich mit Kriegende heraus-

---

33 Arbeitslosenquote: 1956=4,4%, 1960=1,3%, 1962=0,7%, 1965=2,1%, 1970=0,7%, 1973=1,2%. Daten u.a. bei Ralf Rytlewski/Manfred Opp de Hipt, *Die Bundesrepublik Deutschland in Zahlen 1945/49-1980*, München 1987, S. 141.
34 Details s. ebd., S. 117ff., und bei Abelshauser, *Wirtschaftsgeschichte* (Anm. 7), S. 132 ff.
35 Richard Löwenthal, Dauer und Verwandlung, in: Ders./Hans-Peter Schwarz (Hrsg.), *Die zweite Republik. 25 Jahre Bundesrepublik Deutschland - eine Bilanz*, Stuttgart 1984, S. 12f.
36 Hockerts, Integration (Anm.1), S. 41.
37 Emnid-Umfrage, wiedergegeben bei Kaltefleiter, *Wirtschaft* (Anm. 3), S. S.109.

Die Radikalisierung blieb aus 117

gebildet hatten. Verstört, aber gleichzeitig "unfähig zu trauern", entging die Bevölkerung kollektiver Melancholie, indem sie alle "affektiven Brücken" zur Vergangenheit abbrach[38]. Der dadurch letztenendes bewirkte "psychische Immobilismus" führte zu politischer Apathie ("ohne-mich"-Haltung), zumindest vorübergehend zum Rückzug auf die kleinräumlichen Strukturen der Familie und des Freundeskreises und lenkte die Aktivitäten in den Bereich materieller Bedürfnisse. Mit dem Wohlstand verschoben sich die Werthaltungen, und persönlicher Erfolg, ein hohes Einkommen, die Ferienreise und das neue Auto spielten nun eine sehr viel größere Rolle als vergangene Tugenden. Neu gefestigt im privaten Lebensglück voller Harmonie und Biedersinn drückten sich Stolz auf die vollbrachte Leistung ("wir sind wieder wer") und neuer Optimismus aus, der sich in Technikbegeisterung und Fortschrittsgläubigkeit niederschlug. Auf diese Weise löste der durch den Boom stark beschleunigte technische Wandel, der in der Gesellschaft gravierende Strukturveränderungen bewirkte, keine schwerwiegenden sozialen Spannungen aus. Der Wohlstand, die wenn auch sehr ungleich verteilte individuelle Teilhabe am Wohlstand und das weitgehend gemeinsame Konsumverhalten wurden zur "Klammer der Nation" (Brawand)[39].

Die materielle Behaglichkeit konnte auf die politischen Einstellungen und gesellschaftlichen Verhaltensmuster nicht ohne Einfluß bleiben. Zunächst eher situationsbedingt stellte sich Akzeptanz aus Zufriedenheit ein. Dies galt vor allem für die Wirtschaftsordnung. Die Marktwirtschaft, in der die individuellen Bedürfnisse großer Bevölkerungsteile ihre Befriedigung fanden, hatte ihr Leistungsvermögen scheinbar bewiesen. Mit der "glücklichen Wortfügung" (W.Röpke) soziale Marktwirtschaft wurde zudem "ein erfolgverheißendes Konzept angeboten, dessen politische Wirksamkeit trotz aller berechtigter Kritik aus den eigenen Reihen und von links letztlich durchschlagend war"[40]. Die in ihrem Rahmen möglich gewordene Sozialreform vervollständigte noch das Desinteresse an ökonomischen Strukturfragen; der Slogan "keine Experimente", mit dem die Union bei den Bundestagswahlen 1957 die absolute Mehrheit eroberte, kennzeichnete eine Grundstimmung, der sich dann auch die Sozialdemokratie nicht länger entziehen

---

38 Alexander und Margarete Mitscherlich, *Die Unfähigkeit zu trauern. Grundlagen kollektiven Verhaltens*, München 1967, S. 30.
39 Zu diesen knappen Ausführungen vgl. u.a.: Ralf Dahrendorf, *Gesellschaft und Demokratie in Deutschland*, München 1966, S. 470ff.; Friedrich H. Tenbruck, Alltagsnormen und Lebensgefühl in der Bundesrepublik, in: Löwenthal/Schwarz (Hrsg.), *Republik* (Anm. 35), S. 294ff.; Braun, Streben (Anm.16), S. 288ff.; Leo Brawand, Das ungerechte Wunder, in: Karl Dietrich Bracher (Hrsg.), *Nach 25 Jahren. Eine Deutschland-Bilanz*, München 1970, S. 83ff.; Dieter Franck, Als das Leben wieder anfing, in: ders. (Hrsg.), *Die fünfziger Jahre. Als das Leben wieder anfing*, München/Zürich 1981, S. 9ff.; Axel Schildt/Arnold Sywottek, "Wiederaufbau" und "Modernisierung". Zur westdeutschen Gesellschaftsgeschichte in den fünfziger Jahren, in: *Aus Politik und Zeitgeschichte*, B 6-7/89, S. 25ff.
40 Christoph Kleßmann, *Die doppelte Staatsgründung. Deutsche Geschichte 1945-1955*, Bonn ⁴1986, S.147.

konnte[41].

Diese Akzeptanz übertrug sich auf die politische Ordnung. "Wahrscheinlich", so vermutet Hans-Peter Schwarz[42], "hat sich sogar eine Mehrheit der Deutschen eben deshalb so vergleichsweise rasch und komplikationslos von den Vorzügen des demokratischen Verfassungsstaates überzeugen lassen, weil die Soziale Marktwirtschaft dafür denkbar günstige wirtschaftliche Rahmenbedingungen schuf". Auch wenn diese Legitimitätsreserve für den westdeutschen Teilstaat in den fünfziger Jahren noch weit mehr auf vordergründiger Zustimmung als auf bewußtem Bekenntnis zu den Grundprinzipien einer parlamentarischen Demokratie beruhte[43], war es für die Festigung der Bundesrepublik doch entscheidend, daß sich im Zeichen des Booms keine systembedrohenden Protesthaltungen formiert und so den Stabilisierungsprozeß der demokratischen Verfassungsordnung behindert haben. Dies kam auch in Meinungsumfragen zum Ausdruck[44]. Die positive Beurteilung der Bundesrepublik gegenüber Kaiserreich, Weimarer Republik und der Friedenszeit des Nationalsozialismus stieg kontinuierlich von zwei Prozent im Jahre 1951 über 42 Prozent und 62 Prozent in den Jahren 1953 und 1963 bis 1970 auf 81 Prozent der Befragten. Umgekehrt nahm die Bevorzugung des Kaiserreichs und der Phase von 1933 bis 1939 stark ab; von ursprünglich 45 bzw. 42 Prozent sanken die entsprechenden Angaben auf jeweils fünf Prozent. "Das erstaunliche Anwachsen der positiven Bewertung der Gegenwart ... läßt sich nur zu einem gewissen Teil damit erklären, daß eine Generation herangewachsen ist, für die die beiden großen Bezugszeiträume keine Realität mehr darstellen. Viel eher spiegelt sich hier die Erfahrung einer - relativ gesehen - außergewöhnlichen Erhöhung des persönlichen Lebensstandards, der Stabilisierung einer staatlichen Ordnung und des Wiederaufbaus der Wirtschaft wider."[45]

IV.

Um die hier sichtbar werdende gesellschaftliche Integration in der Bundesrepu-

---

41 Vgl. Schumacher, Staatsgründung (Anm.3), S. 275; Schwarz, Modernisierung (Anm.19), S. 286f.; Wilfried Röhrich, *Die Demokratie der Westdeutschen. Geschichte und politisches Klima einer Republik*, München 1988, S. 42; Gerd Hardach, Die Wirtschaft der fünfziger Jahre: Restauration und Wirtschaftswunder, in: Dieter Bänsch (Hrsg.), *Die fünfziger Jahre. Beiträge zu Politik und Kultur*, Tübingen 1985, S. 58.
42 Schwarz, *Ära Adenauer - Epochenwechsel* (Anm. 2), S. 341.
43 In ähnlicher Weise, aber mit gegenteiliger Wirkung hatte im Kaiserreich die Wohlstandssteigerung im Bürgertum die politische Akzeptanz des Bestehenden erhöht und zur Festigung des monarchischen Obrigkeitsstaates beigetragen.
44 Noelle/Neumann (Hrsg.), *Jahrbuch* (Anm.15), Bd. 5, S. 209. Vgl. auch David P. Conradt, Changing German Political Culture, in: Gabriel A. Almond/Sidney Verba (Hrsg.), *The Civic Culture Revisited*, Boston 1980, S. 212ff.; Oscar W. Gabriel, Demokratiezufriedenheit und demokratische Einstellungen in der Bundesrepublik Deutschland, in: *Aus Politik und Zeitgeschichte* 22/87, S. 32ff.
45 Braun, Streben (Anm.16), S. 292.

Die Radikalisierung blieb aus 119

blik Deutschland während des Nachkriegsbooms präzisieren zu können, gilt es, die Struktur- und Einstellungsänderungen bei den einzelnen sozialen Gruppen zu verfolgen. Da jedoch die Forschungssituation besonders im Hinblick auf die Verhaltensdispositionen teilweise recht unbefriedigend ist, müssen an dieser Stelle erste Hinweise genügen[46]. Zunächst sei ein Blick auf die noch am besten erforschte Eingliederung der Vertriebenen und Flüchtlinge gerichtet[47]. Dieser Vorgang wurde bisweilen als "Vertriebenenwunder" gekennzeichnet[48] und damit ebenso wie bei den anderen erstaunlichen Entwicklungen in der Wirtschaft und bei der Demokratisierung zum Ausdruck gebracht, daß eine derart schnelle Integration nicht unbedingt erwartet worden war. Zwar wird heute betont, daß die Gefahr einer sozialen Radikalisierung unter den Vertriebenen nie wirklich aktuell gewesen sei und darauf verwiesen, daß ihnen ein ausgeprägtes Klassenbewußtsein gefehlt habe und sie aus bitteren Erfahrungen gegen sozialrevolutionäre Vorstellungen immun gewesen seien[49]. Aber ein bedrohliches Protestpotential stellten sie allemal dar. Dies belegen nicht nur die Befürchtungen der Besatzungsmächte und das deshalb von den Briten 1946 ausgesprochene Koalitionsverbot[50], sondern auch die miserablen Lebensbedingungen und die dann eingetretene partielle Desintegration des Parteiensystems durch Interessen- und Protestparteien. Der Wirtschaftsboom hat diese "Zeitbombe" (H.-P.Schwarz) schnell entschärft. Aus Interviews und der Berichterstattung in der Verbandspresse geht hervor[51], daß die Integration der Vertriebenen vor allem über die Eingliederung in den Arbeitsprozeß und den wachsenden Lebensstandard vor sich ging [52]. Die Älteren unter ihnen, die eher integrationsunwillig waren, wurden über den Lastenaus-

---

46 Mit dem von mir bearbeiteten Teilprojekt möchte ich dazu beitragen, diese Forschungslücke auszufüllen.
47 Vgl. die Angaben in Anm.18. Ergänzend dazu: Eugen Lemberg/Friedrich Edding (Hrsg.), *Die Vertriebenen in Westdeutschland. Ihre Eingliederung und ihr Einfluß auf Gesellschaft, Wirtschaft, Politik und Geistesleben*, 3 Bde., Kiel 1959; Marion Frantzioch, *Die Vertriebenen. Hemmnisse, Antriebskräfte und Wege ihrer Integration in der Bundesrepublik Deutschland, mit einer kommentierten Bibliographie*, Berlin 1987 (dort auch Hinweise auf die zahlreichen Regional- und Lokalstudien).
48 So Dietrich Strothmann, Die Vertriebenen, in: Bracher (Hrsg.), *Nach 25 Jahren* (Anm.39), S. 305.
49 Vgl. Kleßmann, *Staatsgründung* (Anm.40), S. 243.
50 Dazu Martina Krug, *Das Flüchtlingsproblem im Raum Hannover (Die Altkreise Burgdorf, Hannover, Neustadt a. Rbge. und Springe) 1945-1950*, Hildesheim 1988, S. 63.
51 Dazu Alexander von Plato, Skizze aus dem Revier - Thesen zur Integration von Flüchtlingen und Einheimischen in die neue Zeit, in: Schulze/von der Brelie-Lewien/Grebing (Hrsg.), *Flüchtlinge* (Anm.18), S. 267. - Die Verbandspresse wird im Rahmen des Projektes ausgewertet.
52 Nach Angaben von Friedrich Edding/Eugen Lemberg, Eingliederung und Gesellschaftswandel, in: Lemberg/Edding (Hrsg.), *Die Vertriebenen* (Anm. 47), Bd. 1, S. 170f., waren die Vertriebenen in der Gruppe der mittleren Einkommen bereits wieder entsprechend der einheimischen Bevölkerung vertreten (noch nicht hingegen in den oberen Einkommensgruppen). 19,5% (Einheimische 36%) besaßen 1958 ein eigenes Haus, 11% (25%) Grundbesitz/Garten, 12 % (18 %) einen PKW und 14 % (16 %) einen Fernsehapparat.

gleich, aus dem den Vertriebenen allein 2,265 Milliarden DM zuflossen, und durch andere Vergünstigungen an die neue Heimat gebunden. So bestätigten 1965 bei einer Umfrage drei Viertel der Vertriebenen und Flüchtlinge, daß das Leben in der Bundesrepublik ihnen die Wünsche erfülle, die sie mit der Vorstellung eines zufriedenstellenden Lebensstandards verbänden[53]. Entscheidend war dabei der Arbeitseifer der Vertriebenen und ihr bei den schwindenden Rückkehrhoffnungen immer stärker werdende Akkulturationswille[54]. Allerdings handelte es sich nicht um einen simplen Integrationsvorgang[55]. Dieser Prozeß war vielmehr verflochten mit dem ökonomischen und gesellschaftlichen Strukturwandel der Boomphase, der auch die einheimische Bevölkerung zur Anpassung zwang und in dessen Verlauf die Vertriebenen mehr und mehr zu einem Antriebsmoment des Wachstums wurden (gut ausgebildetes Arbeitskräftepotential, erhöhter Konsum und Wohnungsbedarf). Trotz des dafür zu zahlenden Preises, der in einer teilweisen und zumindest vorübergehenden sozialen Deklassierung der Vertriebenen[56] und in einer Verschiebung der gesellschaftlichen Gewichte zugunsten des Produktionsfaktors Kapital bestand[57], trugen die Vertriebenen und die Flüchtlinge bald zur sozio-ökonomischen und politischen Stabilisierung der Bundesrepublik bei. Mit der zunehmenden Verwurzelung in der westdeutschen Gesellschaft verschwanden Unsicherheit und Protestbereitschaft, und die überwiegend konservativen Einstellungen und Verhaltensweisen der Vertriebenen kamen wieder zum Vorschein. Symptomatisch hierfür ist der Niedergang des BHE: Indem er durch seine pragmatische Interessenpolitik zur Integration der Vertriebenen beitrug, machte er sich selbst überflüssig; er verlor seine Wählerbasis, die zwar zu 95 Prozent aus Vertriebenen bestand, aber selbst auf seinem Höhepunkt nur etwa ein Drittel dieses Bevölkerungsteils erreichen konnte, vor allem an die Union - die Partei, die als Garant des wirtschaftlichen Aufschwungs und zugleich als sicherstes Bollwerk gegen den Kommunismus besonders unterstützungswürdig erschien[58]. Trotz des politischen Eskapismus ihrer Verbände blieben die Ver-

---

53 Vgl. Klaus Hinst, *Das Verhältnis zwischen Westdeutschen und Flüchtlingen. Eine empirische Untersuchung*, Bern/Stuttgart 1968, S. 65.
54 U.a. Frantzioch, *Die Vertriebenen* (Anm.47), S. 133ff; Strothmann, Die Vertriebenen (Anm.48), S. 306ff; Edding/Lemberg, Eingliederung (Anm. 52), und Peter Paul Nahm, Der Wille zur Eingliederung und seine Förderung, in: Lemberg/Edding (Hrsg.), *Die Vertriebenen* (Anm. 47), Bd. 1, S. 156ff. bzw. S. 145 ff.
55 Hierzu Helga Grebing, Zum Begriff der Integration, in: Schulze/von der Brelie-Lewien/Grebing (Hrsg.), *Flüchtlinge* (Anm.18), S. 302f.
56 Z.B. waren 1957 im Bundesgebiet von 100 Erwerbspersonen unter den Nichtvertriebenen 14,6 %, unter den Vertriebenen hingegen nur 6,4 % Selbständige. 1974 lauteten die Zahlen allerdings nur noch 16,4:13,4 %. Frantzioch, *Die Vertriebenen* (Anm. 47), S. 209.
57 Vgl. Bauer, "Wunder" (Anm.18),S. 31f.; Falk Wiesemann/Uwe Kleinert, Flüchtlinge und wirtschaftlicher Wiederaufbau in der britischen Besatzungszone, in: Dietmar Petzina/Walter Euchner (Hrsg.), *Wirtschaftspolitik im britischen Besatzungsgebiet 1945-1949*, Düsseldorf 1984, S. 311ff.
58 Feststellung des BHE-Politikers Hans-Adolf Asbach: "Das Unglück unserer Partei ist allein das eine, daß wir zwar ... Tausenden wieder Hoffnung, Beschäftigung und Verdienst geschaffen haben, daß diese aber ... sich nach ihrer Eingliederung den

triebenen und Flüchtlinge angesichts der teilweise unaufrichtigen Deutschlandpolitik bis Ende der sechziger Jahre vornehmlich eine Stütze der Regierung und der von ihr verfolgten Festigung des demokratischen Systems unter konservativem Vorzeichen[59].

In diesem Sinne wirkten auch Orientierung und Verhaltensweisen der verschiedenen sozialen Gruppen des Bürgertums. Aber auch hier war dies nicht selbstverständlich, zumal die Strukturveränderungen der Boomphase gerade die früher bestehenden vormodernen und antidemokratischen Ressentiments dieser Gruppen hätten verstärken müssen. So setzte sich bei den Landwirten und beim gewerblichen Mittelstand zumindest in quantitativer Hinsicht der Bedeutungsverlust verstärkt fort. Der Anteil der selbständigen Gewerbetreibenden an der erwerbstätigen Bevölkerung fiel zwischen 1949 und 1976 von 14,9 auf 9,5 Prozent, die Gesamtzahl der landwirtschaftlichen Betriebe mit über 0,5 Hektar Betriebsfläche war während der Boomphase von 1,94 auf 1,14 Millionen zurückgegangen und der Anteil der Beschäftigten in der Landwirtschaft schrumpfte während dieses Zeitraums sogar auf ein Viertel[60]. Selbst wenn berücksichtigt wird, daß die Ausgangszahlen für beide Bereiche noch einen Anteil verdeckter Arbeitslosigkeit der unmittelbaren Nachkriegszeit enthalten, mußte dieser dramatische Rückgang das Selbstbewußtsein treffen und Existenzängste schüren. Gerade umgekehrt war es bei den Angestellten[61]; diese Gruppe weitete sich während des Booms auf das Doppelte aus und das hieß in diesem Fall, daß die von den Angestellten so sehr betonte "soziale Geltung" (H.Speier) ins Wanken geriet; der Prestigevorteil gegenüber den Arbeitern bröckelte langsam ab[62].

Zunächst wirkten sich der vermeintliche Bedeutungsverlust und die Existenzängste auf die gesellschaftliche Orientierung und Aktivitäten der mittelständischen Gruppen aus[63]. Die Angestellten kämpften mit Erfolg für eine Restauration ihrer Sonderstellung bei der Kodifizierung des Sozial- und Arbeitsrechts und organisierten sich wenigstens teilweise in bewußter Distanzierung von den Einheitsgewerkschaften des Deutschen Gewerkschaftsbundes in der Deutschen Angestellten-Gewerkschaft. Die Selbständigen in Gewerbe und Handel sowie die Landwirte bemühten sich um eine Renaissance des Sozialprotektionismus. Wäh-

---

saturierten Kreisen zuwandten." Zitiert bei Frantzioch, *Die Vertriebenen* (Anm. 47), S. 154.
59 Kaltefleiter, *Wirtschaft* (Anm.3), S. 124ff., 146ff.; Franz Neumann, *Der Block der Heimatvertriebenen und Entrechteten. Ein Beitrag zur Geschichte und Struktur einer politischen Interessenpartei*, Meisenheim a.Gl. 1968; Richard Stöss, Der Gesamtdeutsche Block/BHE, in: ders. (Hrsg.), *Parteien-Handbuch. Die Parteien der Bundesrepublik Deutschland 1945-1980*, Bd. 3, Opladen 1983, S. 1424ff.
60 Vgl. hierzu Winkler, Stabilisierung (Anm. 25), S. 188; Kötter, Landwirtschaft (Anm. 27), S. 121; Heinrich Niehaus, Sorgenkind Landwirtschaft: Verwandlung oder Ende der Bauern?, in: Löwenthal/Schwarz (Hrsg.), *Zweite Republik* (Anm. 35), S. 737.
61 Dazu Jürgen Kocka/Michael Prinz, Vom "neuen Mittelstand" zum angestellten Arbeitnehmer. Kontinuität und Wandel der deutschen Angestellten seit der Weimarer Republik, in: Conze/Lepsius (Hrsg.), *Sozialgeschichte* (Anm. 5), S. 232.
62 Vgl. ebd., S. 238 f.
63 Vgl. die in Anm. 60 und 61 genannte Literatur.

rend dies dem gewerblichen Mittelstand nur in begrenztem Maße gelang, setzte sich die Idee des Agrarschutzes auch in der marktwirtschaftlichen Ordnung der Bundesrepublik erneut durch.

Gleichwohl haben sich die Prestige- und Existenzbedrohungen sowie die daraus resultierenden Aktionen und Maßnahmen im Gegensatz zur Weimarer Republik nicht zu systemkritischen Verhaltensdispositionen verfestigt. Dazu hat sicherlich beigetragen, daß in der Nachkriegszeit einige Bedrohungs- und Protestfaktoren an Wirkungskraft verloren hatten. So waren die subkulturellen Milieus durch Maßnahmen und Erfahrungen des nationalsozialistischen Regimes, durch Krieg und Zusammenbruch abgeschliffen und die Grenzen zwischen den Milieus durchlässiger geworden, lagerspezifische Prägemomente waren ebenso verblaßt wie manche vorindustriellen Traditionen und in der Landwirtschaft war der Einfluß des ostelbischen Großgrundbesitzes ausgeschaltet worden. Am wichtigsten für die gesellschaftliche Integration war jedoch auch hier der Wirtschaftsaufschwung in den fünfziger und sechziger Jahren, an dem die mittelständischen Gruppen partizipierten. Am meisten profitierte der selbständige Mittelstand; die Anzahl der Beschäftigten je Betrieb stieg im Zeitraum von 1949 bis 1977 von 3,7 auf 8 Personen, der Umsatz je Beschäftigten erhöhte sich von 9.440 DM auf 76.407 DM, und die Einkommen ihrer Haushalte wuchsen weit überproportional, so daß der ökonomische Strukturwandel insgesamt gesehen zugleich eine ökonomische Stabilisierung bewirkte[64]. Auch die Tatsache, daß es schlechtergehende Branchen gab, löste ebensowenig Panik, Protest oder Aufruhr aus wie die unverkennbare Disparität in der landwirtschaftlichen Einkommensentwicklung oder die Nivellierung des Angestellten-Arbeiter-Unterschiedes, die sich in dieser Phase verstärkt fortsetzte. Einmal handelte es sich hier um relative Gewinne der Arbeiter und nicht um Verluste der Angestellten oder der Landwirte[65]. Zum anderen ist - dies hat nicht nur Hans-Hermann Hartwich festgestellt[66]- das Sozialstaatsmodell der Bundesrepublik durch eine "ideologische Mittelstandsorientierung" gekennzeichnet. Schließlich hat die mittelständische Proletarisierungsfurcht ihre Schrecken weitgehend verloren: Der Verlust der Selbständigkeit bedeutet für gewerbliche Kümmerexistenzen und für Kleinstbauern nun nicht mehr gleichzeitig soziale Deklassierung durch den Absturz ins Proletariat. Und die Angestellten, die in zunehmendem Maße aus dem Arbeitermilieu stammten und sich in ihrem Selbstverständnis von beruflich-funktionalen statt von berufständischen Denkwei-

---

[64] Angaben bei Winkler, Stabilisierung (Anm. 25), S. 188 ff., 205 f.: Das Einkommen der Haushalte der Selbständigen nahm zwischen 1950 und 1970 durchschnittlich um 2.700 DM zu, das der Arbeitnehmerhaushalte um 1.300 DM, das der Rentnerhaushalte um 700 DM.
[65] Vgl. Kocka/Prinz, Vom "neuen Mittelstand" (Anm. 61), S. 237; Erker, Revolution (Anm. 27), S. 424f.
[66] Hans-Hermann Hartwich, *Sozialstaatspostulat und gesellschaftlicher Status quo*, Köln/Opladen 1970, S. 260ff. sowie stellvertretend Schwarz, *Ära Adenauer - Gründerjahre* (Anm. 23), S. 394ff.

Die Radikalisierung blieb aus 123

sen bestimmen ließen, bedurften der Abgrenzung zu den Arbeitern kaum noch[67].

Ähnlich verhielt es sich bei den bürgerlichen Elitegruppen, die in der Vergangenheit demokratische Wertvorstellungen nur unzulänglich verinnerlicht hatten und deshalb in hohem Maße für die "Malaise der deutschen Demokratie" (O.Gabriel) verantwortlich waren. Von den Unternehmern, auf die der Ausblick beschränkt werden soll, erforderte "die (Re-) integration des deutschen Kapitalismus in eine von den Amerikanern dominierte Weltwirtschaft... nach 1945 sowohl strukturell-institutionelle als auch mentale Adaptionen"[68]. Erste Detailstudien haben gezeigt[69], "daß dieser Anpassungsprozeß erhebliche Schwierigkeiten bereitete und entsprechend lange dauerte". Doch allem Anschein nach vollzog sich auch hier während des Booms ein Wandlungsprozeß, nachdem sich die Industriellen gegenüber den alliierten Demokratiekonzeptionen zunächst eher aus taktischen Gründen kooperationsbereit verhalten hatten. Ökonomische Rationalität zwang zur Änderung der Industriekultur, die Abkehr von Sozialisierungsplänen, die Begrenzung der gewerkschaftlichen Mitsprache durch das Betriebsverfassungsgesetz, die beachtliche Steigerung der Unternehmergewinne und die ökonomischen Gestaltungsmöglichkeiten, die insbesondere der Großindustie durch den wirtschaftlichen Aufschwung und die Eingliederung in den Weltmarkt eröffnet wurden, förderten die oft schmerzvolle Aussöhnung mit den Prinzipien einer parlamentarischen Demokratie[70]. Erleichtert wurde dieser Prozeß durch die schnelle Wiederaufrichtung mächtiger Interessenverbände[71]. Damit waren die deutschen Unternehmer nicht nur weit effektiver organisiert als beispielsweise die amerikanischen oder britischen Industriellen; sie besaßen auch ein wirksames Instrumentarium, um auf die bürgerlichen Parteien und die Bundesregierung gezielt Einfluß nehmen zu können, zumal insbesondere Adenauer dazu neigte, "dem Druck von 'organisierten Interessen' nachzugeben und Ressortentscheidungen durch vorab befriedigte Gruppenforderungen zu präjudizieren..."[72]. Unter diesen Bedingungen konnte sich selbst das Verhältnis zu den Gewerkschaften allmählich entwickeln. Während die konservative Mehrheit des Bundesverbandes der Deutschen Industrie in den fünfziger Jahren noch nicht bereit war, "die Industrie in bilateral-partnerschaftlicher oder gar liberal-korporatistischer Manier in die

---

67 Vgl. Kocka/Prinz, Vom "neuen Mittelstand" (Anm. 61), S. 250f.
68 Dieser und der folgende Zitatteil aus Berghahn, *Westdeutsche Unternehmer* (Anm. 29), S. 323.
69 Neben den Beiträgen von Volker Berghahn (Anm. 28 und 29) seien genannt: Peter Hüttenberger, Wirtschaftsordnung und Interessenpolitik in der Kartellgesetzgebung der Bundesrepublik, 1949-1957, in: *Vierteljahrshefte für Zeitgeschichte*, 24 /1976; Rüdiger Robert, *Konzentrationspolitik in der Bundesrepublik. Das Beispiel der Entstehung des Gesetzes gegen Wettbewerbsbeschränkungen*, Berlin 1976.
70 Dazu Heidrun Homberg/Jakob Schissler, Zum Kontinuitätsproblem von Interessenorganisationen und Funktionseliten der westdeutschen Industrie im Umbruch 1945/49, in: *Sozialwissenschaftliche Information*, 6 /1977, S. 120.
71 Vgl. Berghahn, *Unternehmer* (Anm. 28), S. 13.
72 Morsey, *Bundesrepublik* (Anm. 2), S. 73.

Verantwortung nehmen zu lassen"[73], gelang es den verständigungsbereiten Kräften, die bezeichnenderweise von den BdA-Präsidenten Walther Rymond und Hans Constantin Paulssen angeführt wurden, angesichts der strukturellen und generationsbedingten Veränderungen der sechziger Jahre dann doch, die Anerkennung der Gewerkschaften auch für den wirtschaftspolitischen Bereich durchzusetzen; die Einrichtung der "Konzertierten Aktion" im Februar 1967 durch Karl Schiller, den sozialdemokratischen Wirtschaftsminister der Großen Koalition, ließ diesen Einstellungswandel offenkundig werden.

Ein Indiz, zugleich aber auch die Voraussetzung für die gesellschaftliche und politische Integration der bürgerlichen Gruppen, bot die Entwicklung des Parteiensystems. Nach der kurzen Phase der Aufsplitterung hatte sich die Parteienlandschaft innerhalb weniger Jahre konsolidiert; bereits bei den Bundestagswahlen von 1957 entfielen 89,7 Prozent der gültigen Stimmen auf nur noch drei Parteigruppierungen[74]. In dieser Entwicklung spiegelten sich Wandel und Auflösungsprozeß parteispezifischer subkultureller Milieus sowie die allmähliche Etablierung des Typus der Vokspartei. Prägende Merkmale waren die Akzeptanz des bestehenden politischen und sozialen Systems und die Orientierung am "größtmöglichen Konsens in der Gesellschaft"[75]. Umgesetzt wurde dieses Konzept zunächst vor allem von den Unionsparteien und ihren führenden Repräsentanten. Nachdem die Union den Versuch einer gesellschaftlichen Fundamentalreform rasch aufgegeben und sich auf die soziale Marktwirtschaft festgelegt hatte, gelang ihr während der wirtschaftlichen Aufschwungsphase die Einbindung einer breiten, sozial-strukturell heterogenen Wählerbasis nicht zuletzt deshalb, weil die vielfältigen Interessen der sozialen Gruppen innerhalb des vornehmlich mit ihr identifizierten parlamentarischen Regierungssystems befriedigt werden konnten. Mit zunehmendem Wahlerfolg wuchs die Union in die verschiedenen bürgerlichen Milieus, aber auch in Teilbereiche der Arbeiterschaft hinein und transformierte deren regional-konservative Bindekraft "zugunsten eines auf Marktdynamik und technische Innovation hin modernisierten Konservatismus, der den konfessionellen Brückenschlag nur als Geburtshelfer" gebraucht hatte[76]. Über dieses "Modernisierungkartell" (H.-P. Schwarz) erfolgte die Integration der bürgerlichen Gruppen in das gesellschaftliche und politische System

---

73 Berghahn, *Unternehmer* (Anm. 28) S. 230ff., Zitatteil S. 242.
74 Damals entfielen bei einer Wahlbeteiligung von 87,8 % auf CDU/CSU 50,2 %, SPD 31,8 % und FDP 7,7 % der gültigen Stimmen.
75 Helga Grebing, Die Parteien, in: Wolfgang Benz (Hrsg.), *Die Bundesrepublik Deutschland. Geschichte in drei Bänden*, Frankfurt a.M. 1983, Bd. 1, S. 128. Vgl. auch Hermann Kaste/Joachim Raschke, Zur Politik der Volkspartei, in: Wolf-Dieter Narr/Dietrich Thränhardt (Hrsg.), *Die Bundesrepublik Deutschland. Entstehung, Entwicklung, Struktur*, Königstein 1979, S. 172ff.
76 Theo Schiller, Parteienentwicklung. Die Einebnung der politischen Milieus, in: Bänsch (Hrsg.), *Fünfziger Jahre* (Anm. 41), S. 43f. Vgl. auch Dietrich Thränhardt, *Geschichte der Bundesrepublik Deutschland*, Frankfurt a.M. 1986, S. 29; Ute Schmidt, Die Christlich-Demokratische Union Deutschlands, in: Stöss (Hrsg.), *Parteien-Handbuch* (Anm. 59), Bd. 1, S. 490ff.

Die Radikalisierung blieb aus

der Bundesrepublik trotz teilweise noch bestehender traditioneller Wertorientierungen und Verhaltensweisen.

Die Skizze des Eingliederungsprozesses wäre allerdings unvollständig, wenn zum Abschluß nicht wenigstens kurz die Arbeiter angesprochen würden. Die Arbeiter hatten bis 1933 politische Einstellungen und Aktivitäten gezeigt, die den Positionen der meisten bürgerlichen Gruppen grundsätzlich entgegenstanden. Obwohl auch bei ihnen autoritäre Verhaltensweisen festgestellt werden konnten[77], waren zumindest ihre sozialdemokratisch und christlich orientierten Teile durch ihre jeweiligen Organisationen auf demokratische Prinzipien ausgerichtet; ihre Kritik richtete sich gegen die soziale Basis der durchaus akzeptierten politischen Ordnung. Trotz aller Verwerfungen während der nationalsozialistischen Herrschaft blieb diese Grunddisposition auch nach 1945 erhalten. Beeinflußt und verändert wurde sie im weiteren Verlauf dann durch die Nivellierung der subkulturellen Milieus auch der Arbeiterbewegung, durch den vehementen Antikommunismus, der auf die Arbeiter übergriff und zugleich den Wirkungskreis ihrer Organisationen einschränkte, durch die Eingliederung der insgesamt konservativer ausgerichteten Vertriebenen und durch den langanhaltenden Wirtschaftsboom[78]. Wirkung zeigten dabei vor allem die seit 1950 spektakuläre Steigerung der Reallöhne, die während der Boomphase um fast das 3,5 fache stiegen, die psychologisch kaum zu überschätzende Vollbeschäftigung seit Mitte der fünfziger Jahre, die dauerhafte Reduzierung der Arbeitszeit von durchschnittlich 48,1 auf 42,8 Stunden pro Woche sowie die institutionelle und materielle Erweiterung der Sozialpolitik[79]. Der dadurch eingeleitete Wandel, von Josef Moser als "Abschied von der Proletarität" bezeichnet, führte zwar nicht zur Umverteilung von Besitz und Vermögen - ganz im Gegenteil -, aber die spürbare Beteiligung am wirtschaftlichen Wachstum deckte "die auf den Mittelstand und die Besitzer von Kapital und hohem Einkommen gerichtete (Wirtschafts- und Finanz-)Politik"[80]. Auf diese Weise gelang es während des Booms, die Loyalität der Arbeiter zum demokratischen System zu festigen und auf die bürgerliche Gesellschaftsordnung auszudehnen. Diesem Umstand mußten die Gewerkschaften und auch die

---

77 Dazu Erich Fromm, *Arbeiter und Angestellte am Vorabend des Dritten Reiches. Eine sozialpsychologische Untersuchung*, bearb. und hrsg. von Wolfgang Bonß, Stuttgart 1980.
78 Vgl. Josef Moser, Abschied von der "Proletarität". Sozialstruktur und Lage der Arbeiterschaft in der Bundesrepublik in historischer Perspektive, in: Conze/Lepsius, *Sozialgeschichte* (Anm. 5); Schildt/Sywottek, "Wiederaufbau" (Anm. 39), S. 25ff.; Hans Karl Rupp, *Politische Geschichte der Bundesrepublik Deutschland. Entstehung und Entwicklung. Eine Einführung*, Stuttgart 1978, S. 87ff.
79 Zusätzlich zu der in Anm. 78 genannten Literatur: Rytlewski/Opp de Hipt, *Bundesrepublik* (Anm. 33), S. 118ff.; Thränhardt, *Geschichte* (Anm. 76), S. 120ff.; Uwe Uffelmann: Gesellschaftspolitik zwischen Tradition und Innovation in der Gründungsphase der Bundesrepublik Deutschland, in: *Aus Politik und Zeitgeschichte*, B 6-7/89, S. 3ff.; Morsey, *Bundesrepublik* (Anm. 2), S. 44ff., 68f.; Otto Brenner, Sozial- und Gesellschaftspolitik in einem kapitalistischen Staat, in: Bracher (Hrsg.), *Nach 25 Jahren* (Anm. 39), S. 118ff.
80 Hartwich, *Sozialstaatspostulat* (Anm. 66), S. 270.

Sozialdemokratische Partei Rechnung tragen, indem sie von ihren wirtschaftsdemokratischen Forderungen allmählich auf eine passive Partizipation am kapitalistischen Wirtschaftswachstum umschwenkten[81]. Die Montanmitbestimmung und selbst das zunächst heftig bekämpfte Betriebsverfassungsgesetz förderten diesen Umorientierungsprozeß; die Arbeiter und ihre politischen Organisationen hatten durch ihre partielle Einbindung in die Unternehmenstrukturen die Rolle eines "Ordnungsfaktors" übernommen und waren dadurch endgültig und umfassend in die bürgerlich dominierte Gesellschaft der Bundesrepublik integriert worden[82]. Die Bildung der Regierung der Großen Koalition aus CDU/CSU und SPD im Dezember 1966 hat diesen demokratischen und sozialen Grundkonsens nachdrücklich besiegelt.

V.

Wenig später schien die erreichte Stabilität schon wieder gefährdet zu sein. Die Rebellion der Studenten und von Teilen der bürgerlichen Intelligenz ließ die Defizite der während des Booms verfolgten Politik offenkundig werden. Doch gerade dabei zeigte sich, daß die erreichte gesellschaftliche Integration nicht ernsthaft bedroht war. Nur ein kleiner Teil der Bewegung zielte auf die Überwindung des pluralistischen Systems. Der Hauptstoß richtete sich gegen die "konservativen Auspizien" (Kleßmann) des Integrationsprozesses und die damit verbundene Selbstgefälligkeit im Wirtschaftswunderland. Insofern gab der Protest auch den Anstoß für eine zweite Phase der Demokratisierung, die dann von der sozial-liberalen Koalition in Angriff genommen wurde. Plattform aber war und blieb die in der Phase des Booms erreichte Integration der verschiedenen sozialen Gruppen in eine demokratische Gesellschaft westlicher Prägung. Während des Booms war es also nicht nur strukturell zu einer wechselseitigen Annäherung zwischen der Bundesrepublik und ihren Nachbarn im Westen gekommen [83], in dieser Phase wurde - zugespitzt formuliert - auch die antidemokratische Sonderentwicklung der politischen Kultur einer bürgerlichen Industriegesellschaft beendet.

---

81 Vgl. Hardach, Wirtschaft (Anm. 41), S. 58.
82 Hartwich, *Sozialstaatspostulat* (Anm. 66), S. 264; Thränhardt, *Geschichte* (Anm. 76), S. 129; Morsey, *Bundesrepublik* (Anm. 2), S. 47/48; Schwarz, *Ära Adenauer - Gründerjahre* (Anm. 23), S. 127ff.; Brawand, Wunder (Anm. 39), S. 98ff.
83 Vgl. dazu den Beitrag von Hartmut Kaelble in diesem Band.

III. Wirtschaftliche und gesellschaftliche Folgen in Westeuropa

Gerold Ambrosius

Wirtschaftswachstum und Konvergenz der Industriestrukturen in Westeuropa

I. Vorbemerkung

Nach dem Zweiten Weltkrieg, um die Mitte des Jahrhunderts besaßen die Länder Westeuropas sehr unterschiedliche Wirtschaftsstrukturen. Die Skala reichte von höchstindustrialisierten Ländern wie Großbritannien bis zu agrarisch geprägten wie Portugal. Im folgenden Vierteljahrhundert glichen sich diese Strukturen relativ stark einander an. Am Ende des Booms hatte sich ein sogenanntes OECD-Profil herausgebildet. Damit soll zum Ausdruck gebracht werden, daß seither eine erhebliche Übereinstimmung der Wirtschafts-, insbesondere der Industriestrukturen zwischen den OECD-Ländern besteht. Diese Konvergenz der Industriestrukturen soll im folgenden näher untersucht werden. Die zentrale Frage lautet: Welches sind die Gründe dafür, daß sich die Strukturen der verschiedenen Länder einander angeglichen haben, und welche Rolle spielte der Boom dabei?

Um diese Frage zu beantworten, wurden drei Arbeitsschritte unternommen, deren Ergebnisse vorgetragen werden. Erstens wurde anhand der international vergleichenden Industriestatistiken die These von der Konvergenz auf der Basis einer branchenmäßigen Feingliederung getestet. Zweitens wurde die Sekundärliteratur zur wirtschaftlichen Entwicklung der fünfziger und sechziger Jahre nach Modellen, Ansätzen und Argumenten durchgesehen, die Antworten auf die oben gestellte Frage liefern. Drittens wurden die Berichte der United Nations Economic Commission for Europe (UNECE) und der Organization for Economic Cooperation and Development (OECD), die sich mit der Entwicklung der Industriestrukturen ihrer Mitgliedsländer beschäftigen, dahingehend überprüft, ob und in welcher Form sie sich zu dieser Frage äußern.

Unter intersektoraler Struktur wird hier die Dreigliederung der gesamten Wirtschaft in einen primären, sekundären und tertiären Sektor verstanden. Auf die Abgrenzungsprobleme sei lediglich hingewiesen[1]. Interindustrielle Struktur meint die Gliederung des sekundären Sektors nach Branchen entsprechend dem interna-

---

[1] Vgl. Thomas Rasmussen, *Sektorale Strukturpolitik in der Bundesrepublik Deutschland. Theoretische Vorgaben, Maßnahmen und Ergebnisse*, Göttingen 1983.

tional üblichen Klassifikationsschema (s. Tabelle 1). Meist geht es dabei nur um die verarbeitende Industrie. Intraindustrielle Struktur meint die Differenzierung innerhalb der Branchen. Die industrielle Produktionsstruktur wird in Produktionsanteilen der einzelnen Branchen an der Gesamtproduktion bzw. Wertschöpfung oder in Beschäftigungsanteilen an der industriellen Gesamtbeschäftigung ausgedrückt.

Die wirtschaftlichen und industriellen Strukturen werden auf nationalstaatlicher Ebene erfaßt. Der regionale Aspekt bleibt unberücksichtigt[2].

"Es gibt keine einheitliche positive Theorie der Erklärung wirtschaftsstruktureller Phänomene."[3] Es gibt allgemeine strukturtheoretische Ansätze, die sich gewöhnlich auf Veränderungen des rechtlich-institutionellen Rahmens, der Güternachfrage, des Güterangebots und der Faktormärkte beziehen. Es gibt besondere Theorien des sektoralen Strukturwandels bzw. entwicklungsökonomische Ansätze: Stadientheorien, Normalmusterhypothesen, Drei-Sektoren-Hypothese, Input-Output-Analyse, Modell der Marktentwicklungsphasen u.a.[4]. Keiner dieser Ansätze ist in der Lage, den Wandel der Produktionsstrukturen befriedigend zu erklären. Eklektisch und pragmatisch wird daher auf verschiedene Ansätze zurückgegriffen. Es werden die in ihnen genannten Hauptursachen des Strukturwandels übernommen und ihr Erklärungsgehalt hinsichtlich des Konvergenzphänomens geprüft.

Die Wirtschaftswissenschaft unterscheidet zwischen endogenen und exogenen Ursachen. Zu den exogenen gehören wirtschaftspolitisch-, ideen- und naturbedingte[5]. Auf sie wird im folgenden nicht eingegangen. Zum einen dürften in liberalen Marktwirtschaften - mit Ausnahme einiger Branchen - die endogenen Ursachen eine wesentlich größere Rolle spielen. Zum anderen sind die Zusammenhänge zwischen wirtschaftspolitischem Interventionismus und Strukturwandel auf international vergleichender Ebene noch nicht untersucht worden. Bei den endogenen Ursachen wird nach den verschiedenen Komponenten der Nachfrage- und Angebotsseite und ihrer Bedeutung für den Strukturwandel gefragt. Die Nachfrage läßt sich in die der privaten Haushalte, der Unternehmen, des Staates und des Auslandes aufteilen. Auf der Angebotsseite geht es um die Produktionsfaktoren Arbeit, Kapital und technischer Fortschritt.

Entsprechend der Intention des Textes, nur unmittelbar greifbare Ergebnisse der Literatur zu präsentieren, wird auf den Zusammenhang von Staatsnachfrage

---

2 Vgl. Horst Dieter Hoppen, *Industrieller Strukturwandel. Eine empirische Untersuchung der sektoralen und regionalen Veränderungen im Sekundärbereich der Bundesrepublik Deutschland*, Berlin 1979.
3 Erich Streißler, Theorie der Wirtschaftsstruktur, in: *Strukturberichterstattung der Wirtschaftsforschungsinstitute. Analysen und Diskussion*, hrsg. v. B. Gahlen, Tübingen 1982, S.3.
4 Vgl. Christoph Juen, *Die Theorie des sektoralen Strukturwandels. Konzeptionelle Grundlagen, Probleme und neuere theoretische Ansätze zur Erklärung des sektoralen Strukturwandels*, Bern u.a. 1983, S.360ff.
5 Vgl. Hans-Rudolf Peters, *Sektorale Strukturpolitik*, München/Wien 1988, S.32ff.

und Industriestruktur nicht eingegangen. International vergleichende Darstellungen hierzu gibt es nicht. Die Investitionsnachfrage wird unter dem Produktionsfaktor Kapital auf der Angebotsseite mitbehandelt, weil ihre Berücksichtigung auf der Angebots- und der Nachfrageseite eine Doppelbehandlung der die Industriestruktur prägenden Elemente bedeuten würde.

Mit diesen ökonomischen Einflußfaktoren werden nur wenige die industriellen Strukturen bestimmende Determinanten erfaßt. Soziale und politische bleiben vollkommen unberücksichtigt. Diese eingeschränkte Perspektive darf aber nicht darüber hinwegtäuschen, daß die ökonomischen Faktoren erst im Kontext der sozio-ökonomischen und politischen, letztlich der gesellschaftlichen Konstellationen zu einer befriedigenden Erklärung des Strukturwandels führen.

Probleme ergeben sich aus dem besonderen Verhältnis von Wirtschaftswachstum und Strukturwandel. Die Wirtschaftswissenschaft ist sich heute darüber einig, daß eine positive Beziehung zwischen beiden besteht: Je schneller eine Wirtschaft wächst, um so schneller vollzieht sich der Strukturwandel[6]. Im Gegensatz zur neoklassischen Wachstumstheorie wird der Strukturwandel als notwendige Voraussetzung einer expandierenden Wirtschaft angesehen. Damit droht ein einfacher Zirkelschluß: Die Strukturen veränderten sich während der fünfziger und sechziger Jahre in einigen Volkswirtschaften deshalb besonders rasch, weil die Produktion überdurchschnittlich zunahm, was wiederum den Strukturwandel förderte. Es besteht die Gefahr, daß die Analyse des Strukurwandels zu einer des Wirtschaftswachstums allgemein wird. Obwohl natürlich die Frage, warum bestimmte Volkswirtschaften und Branchen schneller wuchsen als andere, immer auch Wachstumsprobleme berührt, geht es im folgenden nicht um die spezifischen Gründe unterschiedlicher Wachstumsraten.

International vergleichende Untersuchungen zur Entwicklung der westeuropäischen Industriestrukturen während des Booms gibt es nur wenige. Die klassischen Arbeiten zum Wachstum der westlichen Industrienationen erörtern zwar in einigen Kapiteln die sich ändernden Wirtschaftsstrukturen[7]. Sie sind aber in den sechziger Jahren entstanden, erfassen gerade bei den strukturellen Veränderungen die gesamte Entwicklung seit dem 19. Jahrhundert und beschränken sich auf die hochindustrialisierten Staaten Westeuropas. Die Untersuchungen, die sich speziell mit der Entwicklung der Wirtschafts- bzw. Industriestrukturen beschäftigen, behandeln ebenfalls das gesamte 20. Jahrhundert und sind zudem weltweit

---

6 Vgl. Egon Görgens, *Wandlungen der industriellen Produktionsstrukturen im wirtschaftlichen Wachstum*, Bern/Stuttgart 1975, S.23ff.; Hans Enke u.a., *Struktur, Konjunktur und Wirtschaftswachstum. Eine Bestandsaufnahme übergreifender Ansätze*, Tübingen 1984; Sigvard Clasen, *Die Flexibilität der volkswirtschaftlichen Produktionsstruktur*, Göttingen 1966.
7 Vgl. Nicholas Kaldor, *Strategic Factors in Economic Development*, New York 1967; Charles P. Kindleberger, *Europe's Postwar Growth*, Cambridge 1967; Simon Kuznets, *Modern Economic Growth. Rate, Structure and Spread*, New Haven/London 1966; Angus Maddison, *Economic Growth in the West. Comparative Experience in Europe and North America*, New York 1964.

angelegt. Auch sie stammen aus den fünfziger und sechziger Jahren[8]. Studien aus den siebziger Jahren beschränken sich zwar auf die Nachkriegszeit, legen das Schwergewicht aber auf die unterentwickelten Länder, selbst wenn einige westeuropäische Staaten mitbehandelt werden[9]. Zahlreich sind die Monographien über die strukturelle Entwicklung einzelner Länder. Die westeuropäische Perspektive hat erst im Zuge der wirtschaftlichen Integration im Rahmen der EG und vor allem als Folge der Strukturkrise fast aller westeuropäischen Länder seit den siebziger Jahren an Bedeutung gewonnen. Eine Vielzahl von Arbeiten beschäftigt sich seither mit den Problemen der westeuropäischen Industrie. "Entindustrialisierung" und "Neue Industriepolitik" sind nur einige Stichworte[10].

Von zentraler Bedeutung für den hier behandelten Zusammenhang sind verschiedene Berichte der UN und der OECD. Auf sie wird im folgenden häufig eingegangen werden.

Aus der Perspektive eines Historikers ist das statistische Material hervorragend[11]. Die UN und die OECD haben sich nach dem Zweiten Weltkrieg erfolgreich um eine internationale Standardisierung wichtiger Bereiche der volkswirtschaftlichen Gesamtrechnung, der Industrie-, Handels- und anderer Statistiken bemüht. Dennoch gibt es längst nicht für alle Bereiche durchlaufende international vergleichbare Zeitreihen. Die folgenden Aussagen stützen sich daher auf recht unterschiedliche Zeitabschnitte. Da keine eigenen Berechnungen vorgenommen wurden, ist mit wenigen Ausnahmen auf die Wiedergabe von Statistiken verzichtet worden. Auf die methodischen Probleme eines internationalen Vergleichs von Wirtschaftsstrukturen sei lediglich hingewiesen[12].

Wenn im folgenden von Westeuropa die Rede ist, so sind damit 16 Länder gemeint. Nicht erfaßt wurden Island, Luxemburg und die Türkei. Die "großen Länder" stellen Großbritannien, Frankreich, Italien und die Bundesrepublik dar. Die "sieben kleineren Industrieländer" bilden Norwegen, Schweden, Dänemark, Belgien, die Niederlande, Österreich und die Schweiz. Als "weniger entwickelte"

---

8 Simon Kuznets, *Economic Growth of Nations: Total Output and Production Structure*, Cambridge/Mass. 1971; ders., Quantitative Aspects of Economic Growth of Nations, in: *Economic Development and Cultural Change*, Bd.5 (1957), Bd.6, III (1958), Bd.10, II (1962); Hollis B.Chenery, Patterns of Industrial Growth, in: *American Economic Review*, 50/1960, S.624-654; ders., L. Taylor, Development Patterns: Among Countries and over Times, in: *Review of Economics and Statistics*, 50/1968, S.391-416; United Nations, *World Economic Survey*, Part I: Industrialization and Economic Development, New York 1962; Joe S. Bain, *International Differences in Industrial Structure*, New Haven 1966.
9 Hollis B. Chenery u.a., *Patterns of Development, 1950-1970*, Oxford 1975; Egon Görgens, *Wandlungen der industriellen Produktionsstrukturen im wirtschaftlichen Wachstum*, Bern/Stuttgart 1975.
10 Helmut Lindner, *Die De-Industrialisierungsthese. Eine Analyse ihrer empirisch-statistischen Grundlagen*, Tübingen 1987.
11 Zum statistischen Material für das 19. und 20. Jahrhundert vgl. Hartmut Kaelble, Was Prometheus most Unbound in Europe? The Labour Force in Europe During the late XIXth and XXth Centuries, in: *The Journal of European Economic History*, 18/1989, S.65-104.
12 Vgl. hierzu Hoppen, *Strukturwandel* (Anm.2), S.7ff.

oder "sich später entwickelnde" Länder werden Irland, Finnland, Griechenland, Spanien und Portugal bezeichnet. Entsprechend dem OECD-Konzept wird teilweise auch Jugoslawien mit berücksichtigt.

II. Entwicklung der Industriestrukturen

II.1. Intersektorale Konvergenz

Westeuropa war nach dem Zweiten Weltkrieg einer der höchstindustrialisierten Wirtschaftsräume der Welt. Der Anteil der Industrie an der Gesamtbeschäftigung aller westeuropäischen Staaten machte im arithmetischen Durchschnitt 1950 etwa 35 Prozent aus; er stieg bis 1960 auf etwa 37 Prozent, bis 1970 auf gut 38 Prozent und ging bis 1976 geringfügig zurück.

Die gewichteten Werte sind natürlich stark durch die bevölkerungsreichen und hochindustrialisierten Länder geprägt. Legt man sie zugrunde, so stieg der industrielle Anteil von 1950 bis 1960 von 35 Prozent auf 37,6 Prozent und bis 1970 auf 39,3 Prozent; bis 1976 sank er wieder auf 37,4 Prozent.

In den meisten Ländern vergrößerte sich nach dem Zweiten Weltkrieg der Anteil der industriellen an der gesamten Beschäftigung. Die Zunahme vollzog sich mit sinkenden Zuwachsraten bis Ende der sechziger/Anfang der siebziger Jahre. Danach ging der Anteil zurück. Von diesem Entwicklungsmuster gab es zwei Ausnahmen. In Belgien, den Niederlanden und Großbritannien veränderten sich die industriellen Anteile in den fünfziger Jahren nur noch geringfügig und sanken bereits seit der ersten Hälfte der sechziger Jahre. In Griechenland, Spanien, Portugal und Irland stiegen sie auch in den siebziger Jahren noch leicht an und nahmen erst in den achtziger Jahren ab. Zur Konvergenz kam es insofern, als in den Ländern, die bereits 1950 hohe Industrieanteile besaßen, diese im Laufe des Booms abnahmen, stagnierten oder nur noch geringfügig stiegen; eine Ausnahme bildete die Bundesrepublik. In Ländern mit niedrigem Industrieanteil nahm die Bedeutung der industriellen Beschäftigung dagegen auch anteilsmäßig deutlich zu. Vergleicht man die Länder mit dem jeweils höchsten und dem niedrigsten Industrieanteil, so machte der Unterschied 1950 fast 30 Prozentpunkte und 1975 16 Prozentpunkte aus. 1950 hatte z.B. Belgien einen industriellen Beschäftigungsanteil von 47 Prozent und Griechenland von 20 Prozent. 1975 betrug der Belgiens 39 Prozent und der Griechenlands 28 Prozent.

Eine ähnliche Entwicklung vollzog sich in der Wertschöpfung. In allen europäischen Ländern stieg der industrielle Anteil am Bruttosozialprodukt zu konstanten Preisen während der fünfziger und sechziger Jahre an, allerdings mit abnehmenden Raten. Überall war das Wachstum des industriellen Outputs größer als das des gesamtwirtschaftlichen, besonders aber in den weniger entwickelten

Staaten. In laufenden Preisen stieg der industrielle Anteil in den fünfziger Jahren ebenfalls an. In den sechziger Jahren nahm er dann deutlich langsamer zu, stagnierte in Spanien und verringerte sich in Österreich, der Bundesrepublik, den Niederlanden und Großbritannien. Allein in Großbritannien ging er bereits seit den fünfziger Jahren zurück.

Bei einem Vergleich mit den USA und Japan werden die gewichteten Werte zugrundegelegt, d.h. nicht Nationalstaaten, sondern Wirtschaftsräume werden miteinander verglichen. 1950 lag der industrielle Anteil in den USA mit 33,3 Prozent nur unwesentlich unter dem westeuropäischen. Während er in den USA aber in den fünfziger und sechziger Jahren um jeweils einen Prozentpunkt auf 31,1 Prozent sank, stieg er in Westeuropa auf 39,3 Prozent an. Es kam also zur Divergenz. Anders sieht es beim Vergleich mit Japan aus. Die industrielle Expansion Japans ließ den industriellen Anteil von 22,6 Prozent im Jahre 1950 auf 35,7 Prozent im Jahre 1970 ansteigen. Während er damit 1950 um gut 12 Prozentpunkte unter dem westeuropäischen lag, machte die Differenz 1970 nur noch 3,5 Prozentpunkte aus, d.h., es kam zur Konvergenz.

Zwischen der Entwicklung der Anteile der Industrie und denen der Landwirtschaft bzw. der der Dienstleistungen innerhalb Westeuropas gab es Unterschiede. Die Unterschiede bei den landwirtschaftlichen Beschäftigungsanteilen blieben in den fünfziger Jahren gleich und nahmen in den sechziger Jahren sogar wieder zu. Es kam erneut zur Divergenz. Bei den Dienstleistungen gingen die Unterschiede in den fünfziger Jahren etwas zurück und veränderten sich in den sechziger Jahren kaum noch. Dem steht die kontinuierliche Abnahme der Unterschiede bei den industriellen Anteilen gegenüber.

II.2. Interindustrielle Konvergenz

Bevor auf die nationalen Entwicklungen des interindustriellen Strukturwandels eingegangen wird, sollen die grundlegenden Veränderungen der westeuropäischen Industrie in den fünfziger und sechziger Jahren aufgezeigt werden. Dazu werden die verschiedenen Zweige der verarbeitenden Industrie entsprechend ihren Produktionselastizitäten - den Wachstumsraten der einzelnen Branchen im Verhältnis zu denen der gesamten verarbeitenden Industrie - in drei Gruppen zusammengefaßt[13]. Zur Gruppe mit hohen Output-Elastizitäten über 1,4 gehörten die Erzeugnisse der chemischen Industrie, Öl und Kohleprodukte, elektrische Maschinen. Die Gruppe mit mittleren Elastizitäten zwischen 0,9 und 1,1 umfaßte Gummi, nichtelektrische Maschinen, Transportausrüstungen, Papier, nichtmetallische Mineralien, Metallprodukte, Holz und Möbel. In der Gruppe mit Elastizi-

---

13 UNECE, *Structure and Change in European Industry*, New York 1977.

täten unter 0,9 befanden sich Basismetalle, Druckerzeugnisse, Nahrungsmittel und Getränke, Bekleidung und Schuhe, Textilien und Leder, Tabak und verschiedene andere Produkte. Die Industriezweige der ersten Gruppe vergrößerten somit ihre Anteile an der Gesamtproduktion der westeuropäischen Industrie während des Booms, die der zweiten konnten ihre Anteile in etwa halten, und die der dritten mußten ein Sinken ihrer Anteile hinnehmen.

Die Verschiebung der Beschäftigtenanteile verlief ähnlich, wegen der unterschiedlichen Arbeitsproduktivitäten aber nicht genauso. Außerdem gab es Ausnahmen, bei denen sich Produktions- und Beschäftigtenanteile entgegengesetzt entwickelten. In Tabelle 1 sind einige Daten für die von der UNECE benutzten 18-Branchen-Standardstruktur wiedergegeben.

Tabelle 1: Branchenanteile an der Wertschöpfung und Beschäftigung der Verarbeitenden Industrien Westeuropas[a] 1958/60 und 1968/70
(gewichtete Durchschnitte in %)

	Wertschöpfung[b]		Beschäftigung	
	1958/60	1968/70	1958/60	1968/70
Nahrungsmittel und Getränke	12,5	10,7	10,9	10,1
Tabak	0,9	0,7	0,7	0,4
Textilien	7,5	5,6	10,0	7,8
Kleidung und Schuhe	4,7	3,8	8,8	7,7
Leder	0,9	0,6	1,1	0,8
Holz	4,4	4,3	6,5	6,0
Papier	3,0	3,1	2,4	2,5
Druckerzeugnisse	4,5	3,9	3,7	4,2
Chemikalien und chem. Produkte	8,4	13,0	6,1	7,2
Erdöl- und Kohlederivate	1,1	1,6	0,6	0,6
Gummi	1,5	1,6	1,2	1,5
Nicht-metallische Mineralien	4,6	4,6	5,0	4,8
Basismetalle	8,3	7,3	6,6	6,3
Metallprodukte	9,4	9,0	9,1	9,6
Nicht-elektrische Maschinen	10,3	10,7	9,9	11,2
Elektrische Maschinen	7,4	9,0	7,3	8,9
Transportausrüstung	9,2	9,5	8,5	8,8
Verschiedene Industrien	1,4	1,2	1,5	1,5

a Belgien, Finnland, Frankreich, Bundesrepublik Deutschland, Italien, Niederlande, Norwegen, Schweden, Vereinigtes Königreich, Jugoslawien.
b Zu Faktorkosten und konstanten Preisen.
Quelle: UN (ECE), *Structure and Change in European Industry*, New York 1977, S. 103ff.

Auch die folgenden Aussagen stützen sich im wesentlichen auf die Untersuchungen der UNECE. Folgende zehn Länder liegen ihnen zugrunde: Belgien, die Bundesrepublik, Finnland, Frankreich, Italien, Jugoslawien, Niederlande, Norwegen, Schweden, Vereinigtes Königreich.

Wie ähnlich waren sich die Branchenstrukturen hinsichtlich Produktion und Beschäftigung in den verschiedenen westeuropäischen Ländern? Einen ersten Eindruck vermittelt der Konkordanz-Koeffizient von Kendall[14]. Er umfaßt Werte zwischen 0 und +1, wobei +1 völlige Identität bedeutet. Die Koeffizienten bewegen sich zwischen 0,74 und 0,83 und signalisieren damit ein erhebliches Maß an Homogenität. Nach den Berechnungen der UNECE, die sich auf den Zeitraum 1958/60 bis 1968/70 beziehen, steigen die Koeffizienten leicht an, auch wenn man die 18-Branchen-Struktur stärker untergliedert und weitere Länder berücksichtigt.

Die Konvergenz oder Divergenz der nationalen Branchenstrukturen soll näher betrachtet werden. Sie ergibt sich aus dem Zusammenspiel der nationalen Branchenstrukturen am Anfang des Betrachtungszeitraums und der Wachstumselastizitäten der verschiedenen Branchen. Im folgenden geht es um Produktionsanteile.

a) Dynamische Branchen mit hoher Wachstumselastizität:
Bei der chemischen Industrie wurden die zwischenstaatlichen Unterschiede - entgegen dem allgemeinen Trend - größer. In Ländern, in denen die chemische Industrie schon in den fünfziger Jahren einen relativ hohen Produktionsanteil besaß - in Frankreich, der Bundesrepublik, den Niederlanden und Großbritannien-, hatte sie auch die höchsten Wachstumselastizitäten. Andererseits glichen sich die Unterschiede bei Öl- und Kohleprodukten deutlich an. Besonders hoch waren die Wachstumsraten dieser Industriezweige in Finnland und Norwegen, wo sie in den fünfziger Jahren nur über einen sehr kleinen Produktionsanteil verfügten. Bei dem dritten Industriezweig dem besonders dynamischen elektrischen Maschinenbau, ergab sich ebenfalls eine Konvergenz, die indes nicht sehr ausgeprägt war. Es sei daran erinnert, daß es sich um einen extrem heterogenen Industriezweig handelt.

b) Langsam wachsende Branchen mit niedriger Wachstumselastizität:
Die durchschnittliche Wachstumselastizität der Basismetalle lag zwar nur wenig unter eins, aber es bestanden erhebliche Unterschiede zwischen den Ländern, was zu einer Angleichung der Produktionsanteile führte. Besonders schnell wuchs dieser Industriezweig in den kleinen Ländern mit Ausnahme Belgiens. Auch bei den Nahrungsmitteln kam es zur Konvergenz. Bei der Textil-, Bekleidungs- und Lederindustrie wurden die Unterschiede dagegen größer.

c) Durchschnittlich wachsende Branchen:
In sieben Branchen entsprachen die Wachstumselastizitäten in etwa dem Durchschnitt. Die Unterschiede zwischen den Ländern nahmen beim Gummi

---

14 Vgl. ebd., S.17ff.

und beim nicht-elektrischen Maschinenbau zu. Im Gegensatz zu den größeren Ländern stagnierten deren Anteile in den kleineren Ländern wie den Niederlanden und Norwegen. Bei der Transportausrüstung, bei Metallprodukten, nicht-metallischen Mineralien, Papier, Holz und Möbeln glichen sich dagegen die Industriestrukturen an.

Trotz zahlreicher Konvergenzen und weniger Divergenzen blieben die branchenmäßigen Unterschiede bestehen. Die Branchen, die am Anfang des Booms die größten bzw. kleinsten Unterschiede in ihren Anteilen aufwiesen, taten dies auch noch am Ende. Die größten Unterschiede ergaben sich bei der Produktion solcher Güter, die besonders ressourcenabhängig waren, z.B. in der Holz- und holzverarbeitenden Industrie. Bei den wichtigen Industriezweigen waren die Unterschiede dagegen bereits zu Beginn der sechziger Jahre recht gering und nahmen weiter ab (s. Übersicht 1).

Übersicht 1: Veränderung der nationalen Branchenstrukturen im Verhältnis zum westeuropäischen Durchschnitt 1958/60 bis 1968/70

	Konvergenz	*Divergenz*
Schnelles Wachstum	Öl und Kohle	Chemische
	Elektrische Maschinen	Produkte
Langsames Wachstum	Basismetalle	Kleidung
	Druckereierzeugnisse	Textilien
	Verschiedenes Nahrungsmittel	Leder
	Getränke, Tabak	
Durchschnittliches Wachstum	Transportausrüstung	Gummi
	Papierwaren	Nicht-
	Nicht-metallische	elektrische
	Mineralien	Maschinen
	Holz, Möbel	
	Metallprodukte	

Quelle: UN (ECE), *Structure and Change in European Industry*, New York 1977, S. 33.

Bei einer 61-Branchen-Struktur, die für die Stichjahre 1956/60 und 1968/70 berechnet wurde, blieben die Unterschiede etwa gleich[15]. Die Standardabweichungen waren sowohl Ende der fünfziger als auch Ende der sechziger Jahre nicht we-

---

15 Vgl. ebd., S.106. Für Finnland, Norwegen, die Bundesrepublik, Italien, die Niederlande, Schweden, Vereinigtes Königreich und Belgien wurden die nationalen Statistiken ausgewertet.

sentlich größer als bei der 18-Branchen-Struktur. So war z.B. schon bei der 18-Branchen-Struktur die Transportausrüstung ein Industriezweig mit relativ großen Unterschieden zwischen den Ländern. In den verschiedenen Unterbranchen waren sie noch größer. In den vier großen Ländern und in Schweden machten Motorfahrzeuge die Hälfte bis drei Viertel am Output bzw. an der Beschäftigung dieses Industriezweiges aus. In Finnland, Norwegen und den Niederlanden dominierten der Schiffbau und die Reparaturdienste. Der Flugzeugbau war dagegen nur in Frankreich und Großbritannien von Bedeutung.

Die allgemeine Konvergenz der Industriestrukturen bedeutet nicht, daß es keine Unterschiede mehr im Entwicklungsmuster der einzelnen Länder gegeben hätte. Um diese nationalen Eigenarten zu erfassen, berechnet die UNECE sogenannte Spezialisierungsindizes: Der Produktions- oder Beschäftigungsanteil der Branche A des Landes X wird ins Verhältnis zum ungewichteten durchschnittlichen Anteil der Branche A aller zehn Standardländer gesetzt. Wenn die so gewonnene Rate deutlich über 100 liegt, wird von einer "Spezialisierung" gesprochen. Liegt sie deutlich unter 100, so bezeichnet man die Branche als "unterrepräsentiert"[16].

Die UNECE unterscheidet zwischen folgenden Ländergruppen (wobei auf Jugoslawien hier nicht weiter eingegangen wird):

a) Finnland, Norwegen und Schweden waren Länder mit ähnlichen Industriestrukturen. Die Holz- bzw. holzverarbeitende Industrie war über-, die Textilbranche unterrepräsentiert. Unterdurchschnittliche Anteile besaßen - außer in Norwegen - auch die Basismetalle und - außer in Schweden - der Maschinenbau. In allen drei Ländern war die chemische Industrie ebenfalls unterrepräsentiert. Während sich die finnische Industriestruktur im Laufe der sechziger Jahre dem westeuropäischen Durchschnittsmuster näherte, verstärkten sich die Besonderheiten der schwedischen und norwegischen.

b) Im Gegensatz dazu fielen in Belgien und den Niederlanden eher die Unterschiede in der Industriestruktur auf. Die Tatsache, daß bestimmte Branchen in einem Land unter-, im anderen überrepräsentiert waren, spricht für eine gewisse komplementäre Entwicklung. Es gab allerdings auch Gemeinsamkeiten: Spezialisierung bei Nahrungs- und Genußmitteln, Unterrepräsentation bei einer ganzen Reihe anderer Industriezweige.

c) Frankreich, Bundesrepublik und Vereinigtes Königreich: Diese Länder wiesen die größten Ähnlichkeiten auf. Alle drei waren in den chemischen und den speziellen Branchen der metallverarbeitenden Industrie überrepräsentiert. Die Bundesrepublik war auf chemische, elektrische/elektrotechnische und Metallerzeugnisse spezialisiert, Frankreich auf nicht-elektrische Maschinen

---

16 UNECE, *Structure* (Anm.13), S.33ff.

und Großbritannien auf den Fahrzeugbau. Der eigentliche Unterschied zwischen Frankreich auf der einen und Westdeutschland bzw. Großbritannien auf der anderen Seite lag nicht in der Branchenstruktur, sondern im Umfang der verarbeitenden Industrie insgesamt. Nennenswerte strukturelle Unterschiede ergaben sich allerdings bei der Textilindustrie, die in der Bundesrepublik noch stärker unterrepräsentiert war als in den beiden anderen Ländern. Seit dem Ende der fünfziger Jahre näherten sich die Strukturen weiter an.

d) Italien blieb während des Beobachtungszeitraums auf die traditionellen arbeitsintensiven Branchen mit geringen Qualifikationsanforderungen spezialisiert: Textilien, Kleidung, Leder und nicht-metallhaltige mineralische Erzeugnisse. Allerdings war die Unterrepräsentation der anderen Industriezweige - außer beim Fahrzeugbau, der Papier- und Druckindustrie - nicht sehr ausgeprägt. Der Anteil der Automobilindustrie im besonderen lag am Ende der sechziger Jahre etwa im westeuropäischen Durchschnitt. Im Vergleich zu den anderen drei großen Ländern ähnelte Italiens Industriestruktur eher der Belgiens.

Bei einem Vergleich mit der Übersicht 2 muß beachtet werden, daß dort nur die Industriezweige mit relativ hohen Spezialisierungs- und relativ niedrigem Unterpräsentations-Koeffizienten erfaßt worden sind.

Die Produktionsstrukturen der kleinen Länder wiesen zwar generell keinen höheren Konzentrationsgrad als die der großen auf. Allerdings ergeben sich gewisse Unterschiede zwischen beiden Gruppen, wenn man nur die fünf zentralen Branchen einer modernen Volkswirtschaft vergleicht: Chemie, Metallprodukte, nicht-elektrische und elektrische Maschinen und Transportausrüstung. Außer Belgien, das eine bemerkenswerte Durchschnittsstruktur besaß, waren die Industrien der kleinen Volkswirtschaften stärker auf diese Branchen konzentriert als die der großen[17].

Um das Ausmaß des Strukturwandels insgesamt zu messen, werden für jedes Land die 18 Branchen in wachsende und schrumpfende aufgeteilt. Die insgesamt gewonnenen oder verlorenen Prozentpunkte an der Wertschöpfung und/oder der Beschäftigung stellen den Indikator für den Strukturwandel dar[18]. Unter den zehn von der UNECE untersuchten Ländern veränderten sich die Industriestrukturen in den Niederlanden und Jugoslawien besonders schnell, etwas schneller als der Durchschnitt in Finnland und der Bundesrepublik und unterdurchschnittlich in Großbritannien. Italien und Frankreich lagen knapp unter dem bzw. im Durchschnitt. Erweitert man den Kreis der Länder um die Südeuropas, so veränderten sich deren Strukturen besonders schnell[19]. Eine ganz eindeutige Aussage ist bis

---

17 Vgl. ebd., S.27.
18 Vgl. ebd., S.37ff.
19 Vgl. UNECE, *Structural Trends and Prospects in the European Economy*, Part I of the ESE in 1969, Genf 1970, S.117ff.

Übersicht 2: Über- und unterrepräsentierte Branchen in den verschiedenen Ländern 1968/70

Land	Spezialisierung[a]	Unterrepräsentation[b]
Belgien	Nahrungsmittel, Tabak, Textilien, Basismetalle	Leder, Papier, Druckerzeugnisse, Gummi
Finnland	Kleidung, Holz, Papier, Druckerzeugnisse, Erdöl	Tabak, Chemie, Basismetalle, Metallprodukte, elektrische Maschinen, Transportausrüstung
Frankreich	Gummi, nicht-elektrische Maschinen	Tabak, Holz, Papier
Bundesrepublik	Metallprodukte, elektrische Maschinen	Tabak, Papier
Italien	Textilien, Kleidung, Leder, nicht-metallische Mineralien	Papier, Druckerzeugnisse
Niederlande	Tabak, Chemie, elektrische Maschinen	Gummi, Basismetalle, nicht-elektrische Maschinen, Transportausrüstung
Norwegen	Nahrungsmittel, Holz, Papier, Druckerzeugnisse, Basismetalle	Textilien, Leder, nicht-elektrische Maschinen
Schweden	Papier, nicht-elektrische Maschinen	Tabak, Textilien, Chemie
Vereinigtes Königreich	Nicht-elektrische Maschinen, elektrische Maschinen, Transportausrüstung	Kleidung, Leder, Holz, Papier
Jugoslawien	Tabak, Textilien, Leder, Holz, Gummi, nicht-metallische Mineralien	Nahrungsmittel, Papier nicht-elektrische Maschinen

a Spezialisierungskoeffizient 125 und darüber.
b Unterrepräsentationskoeffizient 75 und darunter.
Quelle: UN(ECE), *Structure and Change in European Industry*, New York 1977, S.37

auf einige Länder nicht möglich; sie hängt vom jeweiligen Indikator ab: der Wertschöpfung zu laufenden oder konstanten Preisen oder der Beschäftigung. Dennoch kann man sagen, daß hohe gesamtwirtschaftliche Wachstumsraten den Strukturwandel offensichtlich erleichterten, während niedrige ihn behinderten.

III. Integrierte nachfrage- und angebotsseitige Erklärungen

In marktwirtschaftlichen Systemen mit freier Konsumwahl entscheiden letztlich die Verbraucher darüber, welche Güter in welchen Mengen produziert werden. Veränderungen in der Zusammensetzung der Nachfrage sind somit eine der wichtigsten Ursachen für den Wandel der Produktionsstruktur. Selbstverständlich vollziehen sich solche Veränderungen auf der Nachfrageseite nicht autonom, d.h. nicht unabhängig von Veränderungen auf der Angebotsseite. Die Verbraucher kaufen im allgemeinen solche Güter, die ihnen preiswert erscheinen. Grundsätzlich kommen daher nur diejenigen Anbieter zum Zuge, die ihre Produkte billiger als andere anbieten. Veränderungen in den Angebotsbedingungen sind somit eine wichtige Ursache für den Wandel der Nachfragestruktur. Nachfrageorientierte Strukturanalysen müssen stets auch die Veränderungen beachten, die sich auf der Angebotsseite vollziehen. Für die Trennung von Nachfrage- und Angebotsfaktoren sprechen lediglich analytische Gründe. Da aber die Analyse simultaner nachfrage- und angebotsseitiger Einwirkungen auf die industrielle Produktionsstruktur sehr komplex ist, arbeiten entsprechende Ansätze mit extremen Vereinfachungen.

Der bekannteste dieser Ansätze ist sicherlich der von H.B. Chenery, der im Anschluß an die Drei-Sektoren-Theoretiker A.G.B. Fisher, C. Clark und J. Fourastié versucht, den Wachstumsverlauf der einzelnen Sektoren, insbesondere der Industrie und ihrer wesentlichen Branchen, zu erklären. Seine zentrale These ist die, daß sich die sektoralen Strukturen in allen Ländern nach einem ziemlich einheitlichen Schema verändern[20]. Er stützt sich dabei auf folgende, von ihm als "universal" bezeichnete Faktoren: gemeinsames technisches Wissen, ähnliche Bedürfnisse der Menschen, Zugang zu denselben internationalen Märkten, Kapitalakkumulation und Erhöhung des Ausbildungsniveaus bei steigendem Einkommen.

Chenery konstruiert sein Modell so, daß alle Determinanten, die seiner Meinung nach die Industriestrukturen beeinflussen, letztlich eine Funktion des Einkommens sind. Dabei berücksichtigt er neben den Nachfrage- auch Angebotsfaktoren: Kapitalbestand, Ressourcen, Quantität und Qualität der Arbeit. Allein die Bevölkerungszahl wird als weitere unabhängige Variable in die Analyse aufgenommen. Damit werden Produktion und Wachstum eines Sektors lediglich durch die Bevölkerungszahl und das Pro-Kopf-Einkommen bzw. deren Veränderungen bestimmt. Hinter diesem Ansatz steht letztlich die Vorstellung vom intersektoralen Normalmuster, wonach alle Volkswirtschaften in einem bestimmten Entwicklungsstadium - gemessen am Pro-Kopf-Einkommen - einen etwa gleich hohen Anteil der Industrie an der Produktion und der Beschäftigung besitzen. Untersuchungsmethode und Untersuchungsziel wurden später von anderen Auto-

---

20 Vgl. Chenery, Patterns (Anm.8); s. auch Kuznets, *Nations* (Anm.8).

ren aufgegriffen[21].

Der Economic Survey of Europe widmete zum ersten Mal 1969 dem Zusammenhang zwischen der Entwicklung des industriellen Anteils und der des Pro-Kopf-Einkommens einen eigenen Abschnitt[22]. Sowohl die Ergebnisse Chenerys als auch die des Survey passen in das Bild vom Normalmuster. Die Beziehungen zwischen dem Pro-Kopf-Einkommen und dem industriellen Beschäftigungsanteil waren in den Jahrzehnten nach dem Zweiten Weltkrieg eng. Der Anteil stieg mit zunehmendem Pro-Kopf-Einkommen an, allerdings mit abnehmenden Raten, stagnierte und ging dann zurück. Es handelte sich also um eine reversible Beziehung. Besonders eng ist die Korrelation, wenn die Extreme nicht berücksichtigt werden: Griechenland und Irland einerseits und Westdeutschland und Großbritannien andererseits. Die Querschnittsanalyse zwischen den Ländern zu einem bestimmten Zeitpunkt - im Economic Survey z.B. 1965 - wird bestätigt durch die Längsschnittanalyse länderspezifischer Entwicklungen in der Nachkriegszeit. Hierzu werden die Pro-Kopf-Einkommen in den Jahren 1950, 1960, 1970 und 1973 in Beziehung zum industriellen Anteil in diesen Jahren gesetzt. Für die 16 westeuropäischen Länder ergeben sich dann 64 Punkte in einem Streudiagramm, das wiederum die Kontur eines Hügels aufweist, das auf der rechten Seite allerdings knapp unter dem Gipfel bei sehr hohen Pro-Kopf-Einkommen abbricht[23]. Um ein konkretes Beispiel zu nennen: Frankreich hatte Anfang der fünfziger Jahre ein Pro-Kopf-Einkommen von gut 1.000 Dollar (US-Dollar von 1960) und einen industriellen Anteil von 35 Prozent. Spanien besaß diese Kombination ebenfalls, allerdings 20 Jahre später, Anfang der siebziger Jahre.

Die Wachstumsraten der Industrieproduktion und die Pro-Kopf-Einkommen weisen ebenfalls einen engen Zusammenhang auf. Die Produktion stieg in den Ländern, die über den gesamten Zeitraum der fünfziger und sechziger Jahre das niedrigste Pro-Kopf-Einkommen aufwiesen, am schnellsten und umgekehrt.

H.B. Chenery versucht auch die intraindustriellen Strukturen mit Hilfe der Höhe des Pro-Kopf-Einkommens zu bestimmen[24]. Er unterscheidet innerhalb der verarbeitenden Industrie frühe, mittlere und späte Branchen. Zu den frühen rechnet er Nahrungsmittel, Leder und Textilien, zu den mittleren nicht-metallische Mineralien, Gummi, Holzprodukte, chemische Erzeugnisse und Ölprodukte, zu den späten Kleidung, Druckerzeugnisse, Basismetalle, Papier und Metallprodukte. Diese aus wirtschaftshistorischer Perspektive etwas verwirrende Einteilung kommt dadurch zustande, daß für Chenery das zentrale Kriterium der Gliederung die sich verändernden Anteile der verschiedenen Industriezweige am steigenden

---

21 Vgl. Gerhard Fels u.a., Sektoraler Strukturwandel im weltwirtschaftlichen Wachstumsprozeß, in: *Die Weltwirtschaft*, 1/1970, S.49-66.
22 Vgl. UNECE, *Economic Survey of Europe in 1964*, Part I, New York 1970, S.55ff.
23 Vgl. A. Maddison, Economic Growth and Structural Change in the Advanced Countries, in: *Western Economics in Transition: Structural Change and Adjustment Policies in Industrial Countries*, hrsg. v. J. Leveson/J.W. Wheeler, Boulder 1980, S.41-60.
24 Chenery/Taylor, Development Patterns (Anm.8), S.405ff.

Sozialprodukt bzw. ihre Einkommenselastizität ist. Die Produkte früher Industriezweige besitzen eine niedrige Elastizität, d.h. ihr Anteil am Sozialprodukt beginnt schon bei niedrigen Einkommen zu sinken. Die Produkte später Industriezweige besitzen dagegen eine hohe Elastizität, d.h. ihr Anteil steigt auch bei hohen Einkommen noch an. Chenerys Stichjahr ist 1965. Entsprechend den drei Gruppen, nach denen er die Länder gliedert - große, kleine industrieorientierte und kleine primärgüterorientierte Länder -, werden drei Entwicklungsmuster vorgestellt. Für Europa sind nur die beiden ersten Ländergruppen relevant.

Die wichtigsten Ergebnisse sind folgende: In den großen Ländern stagnierte ab einem bestimmten Pro-Kopf-Einkommen der Anteil der verarbeitenden Industrie. Das ist auf den rückläufigen Anteil der frühen und den stagnierenden Anteil der mittleren Industriezweige zurückzuführen. Der Anteil der späten Industriezweige stieg auch bei hohen Pro-Kopf-Einkommen noch an. Im Gegensatz dazu nahm in den kleinen industrialisierten Ländern bei gleichen Einkommen der Anteil der verarbeitenden Industrie insgesamt weiter zu. Dies ist durch den starken Anstieg des Anteils der späten Industrie und den mäßigen der mittleren bedingt, denn auch hier war ab einem bestimmten Pro-Kopf-Einkommen der Anteil der frühen Industriezweige rückläufig.

Diese Ergebnisse werden von der UNECE nur bedingt bestätigt[25]. Für das Stichjahr 1965 lassen sich nach ihren Berechnungen für chemische Produkte, Basismetalle, Metallprodukte, nichtmetallische Mineralien und Tabak keine Korrelationen zwischen dem Produktionsanteil und dem Pro-Kopf-Einkommen feststellen. Bei den Chemie- und Metallprodukten wird das auf die Heterogenität der Erzeugnisse dieser Branchen zurückgeführt; es können sehr einfache, aber auch sehr komplexe sein. Die Unterschiede zwischen den Ländern mit verschiedenen Einkommens- oder Industrialisierungsniveaus schlugen sich daher nach ihrer Meinung eher in der internen Produktpalette als im Anteil der gesamten Branche an der Produktion nieder[26]. Negativ korreliert waren Nahrungsmittel und Getränke, Textilien, Kleidung und Leder, Holz und Möbel. Eine positive, allerdings schwache Beziehung gab es bei elektrischen und nicht-elektrischen Maschinen, Ausrüstungsgegenständen und Flugzeugen. Sie konnte zwar durch die Berücksichtigung der Bevölkerungszahl als zusätzliche Variable für den Umfang der Binnennachfrage verbessert werden, aber nicht wesentlich. Der Einfluß der Bevölkerungsgröße war generell gering. Transportausrüstung war die einzige Branche, bei der die Bevölkerung und damit die interne Marktgröße die dominierende Determinante war. Für die UNECE war die Höhe des Pro-Kopf-Einkommens insgesamt ein wichtiger, aber kein entscheidender Faktor bei der Bestimmung der branchenmäßigen Produktionsanteile.

---

25 UNECE, *Structure* (Anm.13), S.22ff.
26 UNECE, *Market Trends and Prospects for Chemical Products*, New York 1973; UNECE, *The Role and Place of Engineering in National and World Economies*, New York 1974.

"Zu den Regelmäßigkeiten, die im Prozeß des strukturellen Wandels hervorgetreten sind, gehört vor allem der Zusammenhang zwischen der Höhe des Pro-Kopf-Einkommens eines Landes und der relativen Bedeutung der einzelnen Produktionsbereiche innerhalb dieses Landes. Ebenso wie für den Ablauf eines Konjunkturzyklus ein bestimmtes 'cyclical pattern' typisch ist, ist für den Entwicklungs- und Wachstumsprozeß ein 'development pattern' oder 'structural pattern' kennzeichnend."[27] Dies mag so sein. Durch die Normalmuster-Hypothese wird es allerdings nicht ausreichend erklärt. Ihr Aussagewert ist begrenzt. Der Zusammenhang von Pro-Kopf-Einkommen und Industriestruktur sollte nicht unterbewertet werden, dennoch mangelt es ihm an Kausalität. Letztlich werden nur regressionsanalytisch fundierte Tendenzaussagen formuliert[28]. Nationale Besonderheiten finden bis auf die Marktgröße und die Differenzierung in Industrie-/Agrarländer kaum Beachtung. Alle anderen Spezifika, die die Industriestruktur eines Landes miterklären, müßten in Einzelanalysen nachgetragen werden.

E. Görgens weist außerdem zu Recht darauf hin, daß solche regressionsanalytischen Untersuchungen mit dem Pro-Kopf-Einkommen als wichtigster unabhängiger Variable der branchenmäßigen Produktionsentwicklung zwar zugleich angebots- und nachfrageseitige Einflüsse erfassen, daß die jeweiligen Einkommensniveaus durch spezifische Konstellationen der Nachfragestruktur und der Faktorausstattung charakterisiert sind, die bestimmte branchenmäßige Faktorallokationen bedingen. Die Relevanz nachfrage- und/oder angebotsseitiger Einflüsse für die konkrete Produktionsstruktur wird damit aber nicht geklärt[29].

Geht man davon aus, daß das Pro-Kopf-Einkommen eine sehr wichtige - wenn auch keine alles erklärende - Determinante der Industriestruktur war, so kann man folgendes festhalten: Der Boom führte in fast allen Ländern zu schnell steigenden Einkommen, was generell einen raschen Strukturwandel begünstigte. Er bewirkte aber auch eine Konvergenz der Pro-Kopf-Einkommen, was eine Angleichung der Wirtschaftsstrukturen zur Folge hatte. Hierin liegt zugleich ein zentraler Grund für die Unterschiede zwischen dem Boom vor dem Ersten und dem nach dem Zweiten Weltkrieg: Der Boom vor dem Ersten Weltkrieg war durch Divergenz der Pro-Kopf-Einkommen (und der Industriestrukturen) gekennzeichnet.

---

27 Fels u.a., Strukturwandel (Anm.21), S.241.
28 Vgl. Thomas Rasmussen, Sektoraler Wandel und staatlicher Interventionismus. Zur theoretischen Fundierung der Strukturpolitik, in: *Jahrbuch für Sozialwissenschaften*, 33/1982, S.123-138.
29 Vgl. Görgens, *Wandlungen* (Anm. 6), S.209.

IV. Nachfrageseitige Erklärungen

IV.1. Gesamtnachfrage

Die Faktoren, die die Nachfragestruktur beeinflussen, sind letztlich nicht überschaubar[30]. In den einschlägigen Untersuchungen werden aber meist vier besonders hervorgehoben:
1. Höhe des Realeinkommens: Die Änderung der Konsumstruktur bei steigenden Einkommen hängt von der Höhe und der Änderung der Einkommenselastizitäten der Güterarten ab. Die Frage nach einer bestimmten Rangfolge von verschiedenen Bedürfnissen kann daher auch als Frage nach einer typischen Rangfolge der Einkommenselastizitäten der betreffenden Güter gestellt werden. Das Elastizitätsargument wird ergänzt durch das Verbrauchsstrukturargument[31]. Es bezieht sich auf die "natürliche Struktur des wachsenden Verbrauchs" als entscheidende Determinante[32]. Dahinter steht die Vorstellung, daß sich mit gleichem Einkommen auch gleiche Bedürfnisse herausbilden. Grundsätzlich wird damit nichts über a priori gegebene Einkommenselastizitäten ausgesagt. Allenfalls implizit werden veränderliche Elastizitätswerte vorausgesetzt. Dabei können Produkte nach Phasen mit hohen Elastizitäten auch Phasen mit Sättigungserscheinungen erleben.
2. Veränderungen der relativen Preise: Sie sind nicht gänzlich unabhängig von den Präferenzen der Verbraucher, allerdings werden sie auch durch unterschiedliche Produktivitätsfortschritte, also durch Veränderungen auf der Angebotsseite, bestimmt. Veränderungen in den relativen Preisen sind ein wichtiger Grund dafür, daß es in expandierenden Bereichen zu Schrumpfungsvorgängen und in schrumpfenden zu Expansionsvorgängen kommen kann.
3. Änderungen in der durchschnittlichen Haushaltsgröße: Es ist selbstverständlich, daß die Bedürfnisstruktur stark durch die Haushaltsgröße geprägt wird.
4. Änderungen der Bevölkerungsstruktur: Hierbei geht es vor allem um die altersmäßige, berufliche und soziale Struktur, um die Bevölkerungsdichte oder regionale Verteilung.

Wie die empirischen Untersuchungen zur international vergleichenden Konsumforschung zeigen, verändert sich die Nachfragestruktur längerfristig nach einem

---

30 Vgl. hierzu Manfred Metzger, *Strukturwandel und Wirtschaftswachstum. Auswirkungen von Veränderungen der Nachfragestruktur auf das Wirtschaftswachstum*, Frankfurt a.M. 1977, S.35ff.; J.A. Brown/A.S. Deaton, Models of Consumer Behaviour: A Survey, in: *Economic Journal*, 82/1972, S.1145-1236; Franz Redl, Die Zusammenhänge zwischen den Veränderungen der Nachfragestruktur und dem wirtschaftlichen Wachstum, in: *Zeitschrift für Nationalökonomie*, 23/1964, S.330-367; 24/1964, S.61-89.
31 Vgl. Rasmussen, *Strukturpolitik* (Anm.1), S.47ff.
32 Jean Fourastié, *Die große Hoffnung des zwanzigsten Jahrhunderts*, Köln-Deutz 1954, S.78ff.

ähnlichen Muster[33]. Wiederum bildet die Höhe des Pro-Kopf-Einkommens die entscheidende Variable. Mit steigendem Pro-Kopf-Einkommen nimmt zunächst der Anteil des sogenannten Grundbedarfs ab: Ernährung, Bekleidung und bestimmte Haushaltswaren. Entsprechend steigt der Anteil des "gehobenen" Bedarfs: dauerhafte Konsumgüter, Möbel und andere Ausstattungsgegenstände. Gleichzeitig nehmen die Ausgaben für Verkehr und Kommunikation sowie für andere Dienstleistungen - wie z.B. die der Kreditinstitute, Versicherungen, des Gesundheitswesens - überproportional zu. Während der Anteil der letzteren auch bei hohen Einkommen weiter steigt, stagniert der Anteil bestimmter langlebiger Konsumgüter oder nimmt sogar ab. Anders ausgedrückt: Ab einem bestimmten Einkommen liegen die Elastizitäten der Industriegüter über eins, bei weiter zunehmendem Einkommen sinken sie auf eins oder sogar darunter. Aufgrund hoher Einkommenselastizitäten wächst der sekundäre Sektor mit steigendem Einkommen eine Zeitlang überproportional, nimmt dann mit sinkenden Elastizitäten unterproportional zu, stagniert oder nimmt sogar absolut ab[34]. Im Vordergrund dieses Entwicklungsmusters der Nachfrage steht der private Konsum. Im Grunde gilt es aber für die gesamte inländische Nachfrage, denn die staatliche und die investive Nachfrage sind aus der Konsumnachfrage letztlich nur abgeleitet.

Die Gründe für den Zusammenhang zwischen Boom und Konvergenz der Wirtschafts- bzw. Industriestrukturen sind somit die gleichen wie beim integrierten nachfrage- und angebotsseitigen Ansatz. Aus der durch den Boom bedingten Nivellierung der Pro-Kopf-Einkommen in den fünfziger und sechziger Jahren ergaben sich somit auf zweifache Weise Konvergenzen. Zum einen erreichten einige Länder ein Pro-Kopf-Einkommen, bei dem der industrielle Anteil an Beschäftigung und Produktion stagnierte oder bereits wieder zurückging. Zum zweiten holten die weniger entwickelten Staaten hinsichtlich der Einkommenshöhe auf. Das Pro-Kopf-Einkommen wuchs hier aber in dem Bereich besonders schnell, in dem der sekundäre Sektor relativ zunahm.

Konvergenzen ergaben sich aber nicht nur aus der Nivellierung der Pro-Kopf-Einkommen, sondern auch durch die Angleichung ihrer Zusammensetzung nach den großen Verwendungsbereichen: Privatkonsum, Staatskonsum, Investitionen

---

33 Vgl. hierzu F. Knox, Some International Comparisons of Consumers' Durable Goods, in: *Bulletin of the Oxford Institute of Statistics*, 21/1959, S.256ff.; Kuznets, Aspects (Anm.8);A.S. Goldberger/T. Gamaletsos, A Cross-Country Comparison of Consumer Expenditure Patterns, in: *European Economic Review*, 1/1970, S.357-400; UNECE, *Incomes in Post-War Europe: A Study of Policies, Growth and Distribution* (ESE in 1965, Part 2), Genf 1967; H.S. Houthakker, An International Comparison of Household Expenditure Patterns Commemorating the Centenery of Engel's Law, in: *Econometrica*, 25/1957, S.532-551; Alfred Maizels, *Growth and Trade*, Cambridge 1970, S.41ff.; E. Ehrlich, Economic Development and Personal Consumption Levels: An International Comparison, in: *Acta Oeconomica*, 6/1971, S.167-184.
34 Vgl. D. Ironmonger, *New Commodities and Consumer Behaviour*, Cambridge 1972; G. Pyatt, *Priority Patterns and the Demand for Household Durable Goods*, Cambridge 1964.

und Außenbeitrag[35]. Während Mitte der fünfziger Jahre in den südeuropäischen Ländern noch ca. 85 Prozent des Sozialprodukts für den privaten Konsum verwendet wurden, waren es in den nord- und westeuropäischen nur noch ca. 65 Prozent. Anfang der siebziger Jahre lagen die Anteilswerte dann bei 69 bzw. 60 Prozent. Auch die Anteile der übrigen Verbrauchsbereiche glichen sich an. Dennoch können aus den weiterbestehenden Unterschieden vor allem für die Industrien der weniger entwickelten Länder zusätzliche Impulse abgeleitet werden. Bei ihnen lag der Anteil des privaten Verbrauchs am Anfang der siebziger Jahre noch deutlich über und der des öffentlichen Verbrauchs deutlich unter dem der hoch entwickelten nord-/westeuropäischen Länder. Es ist aber gerade die private Nachfrage nach Konsumgütern, die die Industriestrukturen prägt.

Die UNECE geht zwar, wie gesagt, für ihren Untersuchungszeitraum nur bei der Transportausrüstung davon aus, daß die Marktgröße, d.h. die Bevölkerungszahl multipliziert mit dem Pro-Kopf-Einkommen, die entscheidende Bestimmungsgröße war. Dennoch ist auch sie der Meinung, daß bei gleich hohem Pro-Kopf-Einkommen das Land mit der größeren Bevölkerung die diversifiziertere Industriestruktur besaß[36]. Bei der 18-Branchen-Struktur kommt das zwar nur bedingt zum Ausdruck. Immerhin zeigt sich, daß die kleineren Länder stärker als die großen auf die fünf modernen Industriezweige spezialisiert waren. Bei der 61-Branchen-Struktur zeigt sich dagegen der Zusammenhang zwischen der Marktgröße und dem Grad der Diversifizierung deutlicher.

IV.2. Privatkonsum

Der Strukturwandel auf der Nachfrageseite vollzieht sich nicht nur zwischen, sondern vor allem innerhalb der großen Verwendungsbereiche. Die privaten Haushalte fragen als Reaktion auf Veränderungen der verfügbaren Einkommen oder der relativen Preise andere Güter als bisher nach. Dies hat unmittelbare Folgen für die konsumnahen Produktionsbereiche, die sich aber über Veränderungen der Zwischennachfrage oder der Nachfrage nach Investitionsgütern auch auf andere Wirtschaftszweige übertragen.

Ende der sechziger Jahre wurden etwa 30 Prozent des gesamten Privatverbrauchs für Nahrungsmittel ausgegeben, jeweils 10 Prozent für Kleidung, Wohnung und langlebige Konsumgüter, die restlichen 40 Prozent für andere Gü-

---

35 Vgl. hierzu E.F. Denison, *Why Growth Rates Differ. Postwar Experience in Nine Western Countries*, Washington, D.C. 1967, S.93f.; G. Ambrosius/ W.H. Hubbard, *Sozial- und Wirtschaftsgeschichte Europas im 20. Jahrhundert*, München 1986, S.223ff.
36 UNECE, *Structure* (Anm.13), S.106ff.

ter - Öl, Licht, Haushaltswaren etc. - und für Dienstleistungen[37]. Von diesem westeuropäischen Durchschnitt gab es allerdings erhebliche länderspezifische Abweichungen. Sie spiegeln in letzter Konsequenz zwar die ganze Breite unterschiedlicher kultureller, sozioökonomischer und demographischer Einflußfaktoren wider, in den meisten Studien werden sie aber auf die unterschiedliche Höhe des Pro-Kopf-Einkommens zurückgeführt. So machte der Anteil der Nahrungsmittel in den südeuropäischen Ländern um 40 Prozent, in den reichsten Ländern West-/Nordeuropas nur 23-26 Prozent aus. Die Anteile für Kleidung und Wohnung unterschieden sich dagegen kaum und waren somit weitgehend unabhängig von unterschiedlichen Einkommensniveaus[38]. Im Gegensatz dazu waren wiederum die Ausgabenanteile für langlebige Konsumgüter und "andere Ausgaben" - vornehmlich für Dienstleistungen - in Ländern mit relativ hohem Pro-Kopf-Einkommen höher als in solchen mit relativ niedrigem. Diese Ergebnisse beim zwischenstaatlichen Vergleich werden grundsätzlich durch den Zeitvergleich in einzelnen Ländern bestätigt. Allerdings kam es auch hier zu einer deutlichen Konvergenz der Ausgabenstruktur, d.h., die Unterschiede waren Anfang der fünfziger Jahre größer als Anfang der siebziger Jahre. Die privaten Einkommen glichen sich nicht nur in ihrer Höhe, sondern auch in ihrer Ausgabenstruktur an. Auf die besonderen Probleme bei einem internationalen Vergleich der Konsummuster sei lediglich hingewiesen[39].

Unabhängig von der Einkommenshöhe gab es natürlich länderspezifische Besonderheiten. Länder mit einem relativ hohen Ausgabenanteil für Nahrungsmittel waren z.B. Spanien, Italien, Frankreich und Schweden, Länder mit einem relativ niedrigen Griechenland, die Niederlande, Belgien und Dänemark. Aber auch in diesen Fällen ergaben sich recht kontinuierlich abfallende Anteilswerte und zwar sowohl innerhalb der Länder im Zeitverlauf als auch zwischen armen und reichen Ländern.

Die Unterschiede im Konsumverhalten hingen vornehmlich mit schwer faßbaren kulturellen Faktoren zusammen. Das gilt auch für andere Ausgabenkategorien[40]. Daß Norweger und Schweden anteilsmäßig mehr für Kleidung ausgaben als Griechen, Spanier oder Italiener, leuchtet angesichts der unterschiedlichen klimatischen Bedingungen noch ein. Warum aber die Dänen relativ wenig für Kleidung ausgaben, obwohl sie relativ teuer war, wird man nur bedingt mit ökonomischen Kategorien erklären können. Ähnliches gilt für die Ausgabenkategorie "Wohnung". Der Umfang des Angebots hing u.a. von historischen und politischen Faktoren ab.

Der aufgezeigte Zusammenhang zwischen der Einkommenshöhe und den Ela-

---

37 Vgl. UNECE, *The European Economy from the 1950s to the 1970s*, Part I of the ESE in 1971, Genf 1972, S.17ff.
38 Vgl. A.S. Deaton, The Structure of Demand 1920-1970, in: C.M. Cipolla (Hrsg.), *The Fontana Economic History of Europe*, Bd.5, Glasgow 1976, S.89-131.
39 Vgl. ebd., S.100ff.
40 Vgl. Goldberger/Gamaletsos, Comparison (Anm.33).

stizitäten der verschiedenen Konsumgüter war zwar offensichtlich. Allerdings war diese Beziehung flexibel und im Zeitablauf innerhalb eines Landes enger als im zwischenstaatlichen Vergleich. Es existierte also keine einfache Beziehung zwischen der Einkommenshöhe und den Ausgabenanteilen. Von besonderer Bedeutung für den hier behandelten Zusammenhang ist, daß die weniger entwickelten Länder im Vergleich zu den weiter entwickelten bei einem relativ niedrigeren Pro-Kopf-Einkommen eine ähnliche Struktur des Privatkonsums besaßen. Hinsichtlich der Angleichung der Nachfragestruktur wurde der Aufholprozeß dadurch noch beschleunigt.

Selbst wenn die einfache Kausalität: Boom - schnell steigende Einkommen - Konvergenz der Pro-Kopf-Einkommen - Konvergenz der Nachfragestrukturen - Konvergenz der Industriestrukturen nur bedingt galt, so muß doch die Angleichung der privaten Konsumstrukturen als der wichtigste Grund für die Angleichung der Industriestrukturen angesehen werden. Die höchstentwickelten oder reichsten Länder Westeuropas erlebten in den sechziger Jahren den Höhepunkt der modernen Massenkonsumgesellschaft mit ihrem spezifischen Bedarf an industriell gefertigten Gütern. Bei ihnen zeichnete sich bereits ab, daß die private Nachfrage nach Dienstleistungen sich verstärken würde. Die weniger entwickelten Staaten vor allem Südeuropas traten Ende der fünfziger/Anfang der sechziger Jahre erst in diese Phase ein, glichen aber in den folgenden Jahren relativ schnell ihre Konsumstrukturen denen der weiterentwickelten Länder an.

IV.3. Auslandsnachfrage

Für die UNECE war die internationale Wettbewerbsfähigkeit - ausgedrückt in den Export/Import-Raten der entsprechenden Branchen - die allgemeinste Determinante der interindustriellen Struktur[41]. Eine Angleichung der Außenhandelsstrukturen kann daher als eine weitere Erklärung für die Konvergenz der Industriestrukturen angesehen werden.

Im Gegensatz zur Zwischenkriegszeit wuchs nach dem Zweiten Weltkrieg die Exportnachfrage schneller als die Inlands- oder die Gesamtnachfrage. Für Westeuropa insgesamt stieg ihr Anteil an der Gesamtnachfrage von 1955 bis 1969 von 10 auf 21 Prozent an. Das Verhältnis von Außenhandels- und Outputwachstum wird üblicherweise mit Hilfe von Elastizitäten ausgedrückt: z.B. dem Verhältnis des Wachstums der Importe zu dem des Sozialprodukts. Die Elastizität der Einfuhren aus allen anderen Gebieten der Welt nach Europa im Zeitraum 1955 - 1969 betrug 1,5, die der intraeuropäischen Importe 1,7, die der EFTA-internen 2,1 und die der EWG-internen 2,5. Die entsprechenden Elastizitäten der industri-

---

41 Vgl. UNECE, *Structure* (Anm. 13), S.25f.

ellen Fertigwaren lagen noch höher[42].

Die Import- oder Exportelastizitäten der einzelnen Länder waren recht ausgeglichen. Berechnet man für die fünfziger und sechziger Jahre einen arithmetischen Durchschnitt, so lagen sie lediglich in Belgien und Spanien deutlich über und in Griechenland deutlich unter dem Durchschnitt von 1,8.

Die Export- und Importquoten glichen sich im Laufe der beiden Jahrzehnte ebenfalls an. Am Ende des Booms bestanden zwar noch starke Unterschiede, aber längst nicht mehr so große wie 1950. Grundsätzlich galt, daß unter den hochindustrialisierten Ländern die großen relativ kleine und die kleinen relativ große Außenhandelsquoten besaßen. Kleine Außenhandelsquoten hatten auch die weniger entwickelten Staaten Südeuropas[43]. Die sieben kleineren Industrieländer waren somit besonders außenhandelsabhängig.

Grundsätzlich entwickelten sich die Handelsstrukturen in die gleiche Richtung wie die Produktionsstrukturen. Tendenziell glichen sie sich dabei zwischen den Ländern ebenso an wie die Ex- und Importe der einzelnen Länder. Selbst wenn vor allem die intrabranchenmäßige Spezialisierung an Bedeutung gewann, so blieb die interbranchenmäßige doch wichtig[44]. Die Unterschiede der Handelsstrukturen waren auch am Ende des Booms noch größer als die der Produktionsstrukturen.

Die Exportstruktur der vier großen Industrieländer veränderte sich relativ wenig; ihre Exporte konzentrierten sich schon in der zweiten Hälfte der fünfziger Jahre auf die dynamischsten Branchen der verarbeitenden Industrie. Die Exportstrukturen der sieben kleineren Industrieländer wandelten sich dagegen stärker. Der Anteil der Branchen, auf die diese Länder ursprünglich spezialisiert waren, nahm ab (Nahrungsmittel, Holzprodukte, Papier und Pappe, Stahlerzeugung). In den übrigen fünf Ländern veränderten sich die Exportstrukturen noch stärker. Nahrungsmittel, Getränke, Holz und Basismetalle verloren an Bedeutung, während Textilien, Kleidung, chemische Produkte und Maschinen an Bedeutung gewannen.

Bei den Importen wandelten sich dagegen die Strukturen der vier großen Staaten am stärksten, weil der Anteil der Nahrungsmittel, Getränke, Papier und Basismetalle zurückging. Demgegenüber erhöhte sich der Anteil der Textilien und Kleidung, der chemischen Produkte und der Maschinen. Die Importstruktur der anderen beiden Ländergruppen veränderte sich nur wenig[45].

Insgesamt resultierte daraus, wie gesagt, eine Nivellierung der Unterschiede. Die weniger entwickelten Länder waren beim Export immer weniger auf Rohstoffe und Halbfabrikate angewiesen, die industrialisierten immer weniger auf de-

---

42 Vgl. UNECE, *Economy* (Anm.37), S.32.
43 Vgl. Carlo Zacchia, International Trade and Capital Movements 1920-1970, in: C.H. Cipolla (Hrsg.), *The Fontana Economic History of Europe*, Bd.5, 2, Glasgow 1976, S.509-602.
44 Vgl. H.G. Grubel/P. J. Lloyd, *Intra-Industry Trade*, London 1975.
45 Vgl. UNECE, *Economy* (Anm.37), S.53ff.

ren Import. Industrielle Fertigwaren dominierten mehr und mehr den Handel zwischen den europäischen Staaten mit entsprechenden Folgen für die Industriestrukturen.

Sogenannte Ricardo-Güter sind dadurch gekennzeichnet, daß ihre Produktion durch das Vorhandensein bestimmter Ressourcen, einschließlich Klima, geprägt wird. Heckscher-Ohlin-Güter werden dort produziert, wo die Faktorausstattung mit Arbeit oder Kapital für sie günstig ist. Dies gilt auch für Produktionszyklus-Güter, allerdings mit folgender Einschränkung: Weniger entwickelte Länder sind nur dann konkurrenzfähig, wenn diese Güter technisch ausgereift sind und ihre Produktion bei niedrigem Ausbildungsstand arbeitsintensiv ist, d.h. wenn sie in ihrem "Produktzyklus" weiter fortgeschritten sind. Weiterbestehende Spezialisierungen gab es im intraeuropäischen Handel - wie beim gesamten Welthandel - vor allem bei den Ricardo- und bei den Produktzyklus-Gütern und weniger bei den Heckscher-Ohlin-Gütern[46]. Im Vergleich zum gesamten Welthandel war diese Spezialisierung aber eher schwach. Außerdem war der Unterschied im Spezialisierungsgrad zwischen Heckscher-Ohlin-Gütern einerseits und Ricardo- und Produktzyklus-Gütern andererseits nicht so groß, was ebenfalls für eine Angleichung der Industriestrukturen spricht.

Zwar waren Produktion und Beschäftigung in den kleinen Ländern nur bedingt höher konzentriert und damit stärker spezialisiert als in den großen. Beim Export sah dies allerdings anders aus: Sowohl bei der 18- als auch bei der 29-Branchen-Klassifikation ergab sich bei den kleinen eine höhere Konzentration als bei den großen. Eine Ausnahme machten Belgien und die Niederlande[47]. Dies kann dahingehend interpretiert werden, daß fast alle kleinen wie auch die beiden weniger industrialisierten großen Länder Jugoslawien und Spanien ihre Wettbewerbsfähigkeit im internationalen Handel durch stärkere und zunehmende Konzentration im Außenhandel zu sichern versuchten.

Vergleicht man außerdem die absoluten Exportvolumen mit den Konzentrationsgraden, so wird deutlich, daß der Konzentrationsgrad bei einer kleinen Exportmenge relativ hoch lag. Dies trägt zur Klärung bei, warum der Außenhandel Belgiens und der Niederlande weniger spezialisiert war: Ihr Exportvolumen an verarbeiteten Produkten war wesentlich größer als das der anderen kleinen Staaten. Andererseits besaßen Spanien und Jugoslawien im Vergleich zu ihrer Größe sehr kleine Exportvolumen. Hierin liegt ein weiterer Grund dafür, daß die Industriestrukturen Belgiens und der Niederlande denen der großen Industriestaaten noch am ähnlichsten waren.

Spezialisierung fand zu einem großen Teil innerhalb und nicht zwischen den

---

46 Vgl. G.C. Hufbauer/John G. Chilas, Specialization by Industrial Countries: Extent and Consequences, in: H. Giersch (Hrsg.), *The International Division of Labour. Problems and Perspectives*, Tübingen 1974, S.3-38.
47 Vgl. UNECE, *Structure* (Anm.13), S.25f.

Branchen statt[48]. Dies galt vornehmlich für den Handel zwischen den hochindustrialisierten Ländern, in zunehmendem Maße aber auch für den zwischen diesen und den weniger entwickelten Staaten[49]. Gerade diese Art der Spezialisierung durch Produktdifferenzierung kommt in den Branchengliederungen der vorhandenen Statistiken aber nur bedingt zum Ausdruck.

Wiederum liegen die Erklärungen für die aus dem internationalen Handel abgeleitete Konvergenz der Industriestrukturen und die Ursachen für das Wachstum des Außenhandels an sich nahe beieinander. Man kann zwischen endogenen und exogenen Erklärungen unterscheiden. Zu den endogenen Erklärungen gehören u.a. die von S. B. Linder und A. Maizels[50]. Beide gehen davon aus, daß die Nachfrage nach Industriegütern neben kulturellen und sonstigen Besonderheiten durch das Niveau und die Struktur der Einkommen der inländischen Konsumenten bestimmt werden. Um die Produktion zu optimieren, d.h. um zusätzliche Skalenerträge zu gewinnen, versuchen Unternehmer ausländische Absatzmärkte zu erobern. Bei Ländern mit einer ähnlichen Einkommensstruktur erscheint dies am ehesten möglich. Die inländische Nachfragestruktur ist also ausschlaggebend dafür, daß Exporte überhaupt entstehen und wachsen. Je mehr sich die Einkommens- und Nachfragestrukturen verschiedener Länder einander angleichen, um so intensiver wird der gegenseitige Güteraustausch, wobei zunehmend ähnliche Produkte gehandelt werden[51]. Bei dieser Erklärung findet somit die Konvergenz der Industriestrukturen durch den Außenhandel ihre letzte Begründung wieder in der der binnenländischen Nachfragestrukturen.

Nach dem Produktzyklusmodell - Theorie des Lebenszyklus von Produkten - vollziehen viele industrielle Güter im Laufe ihres "Lebens" einen charakteristischen Wechsel ihrer Produktionsstandorte[52]. In der Einführungsphase sind innovative Fähigkeiten, besonders qualifizierte Arbeitskräfte und Marktnähe gefordert. Diese Bedingungen sind nur in den am weitesten entwickelten Staaten gegeben. In der Wachstumsphase ist das neue Produkt soweit entwickelt, daß es in Länder mit ähnlicher Nachfragestruktur exportiert werden kann. Rationalisierung und Standardisierung des Produktionsprozesses sind die Folge. In der Reifephase ist einerseits das Produkt so billig geworden, daß es auch in weniger entwickelten Ländern nachgefragt wird. Andererseits hat man die Fertigungstechnik so sehr vereinfacht, daß die Arbeitskosten den günstigsten Produktionsort bestimmen, d.h. die Fertigung in die weniger entwickelten Länder mit relativ niedrigem

---

48 Vgl.Helmut Hesse, Hypothese for the Explanation Trade between Industrial Countries, 1953-1970, in: Giersch (Hrsg.), *Division of Labour* (Anm.46), S.39-59.
49 Vgl. UNECE, Trade Dependency in European Countries, in: *Economic Bulletin for Europe*, 21/1, New York 1970.
50 S.B. Linder, *An Essay on Trade and Transformation*, Stockholm 1961; Maizels, *Trade* (Anm.33).
51 Vgl. John Cornwall, *Modern Capitalism. Its Growth and Transformation*, London 1977, S.193ff.
52 Vgl. hierzu R. Vernon, International Investment and International Trade in the Product Cycle, in: *Quarterly Journal of Economics*, 80/1966, S.190-207; L.T. Wells (Hrsg.), *The Product Life Cycle and International Trade*, Boston 1972.

Lohnniveau verlagert wird. In einer weiteren Phase bekommen die hochentwickelten Industriestaaten dann wieder eine Chance, wenn entweder die Qualitätsstandards an das Produkt erneut so sehr steigen, daß die sich daraus ergebenden Anforderungen an die Arbeitskräfte von den weniger entwickelten Ländern nicht erfüllt werden können oder wenn die Arbeit im Produktionsprozeß mehr oder weniger überflüssig geworden ist. Es gibt Branchenstudien, die diesen Lebenszyklus für Westeuropa nach dem Zweiten Weltkrieg bestätigen[53]. Es spricht außerdem einiges dafür, daß sich die Geschwindigkeit der Produktionszyklen generell während des Booms beschleunigte. Auf den produktionstechnischen Hintergrund wird weiter unten eingegangen.

Die exogenen Erklärungen für das Wachstum des Handels lassen sich letztlich alle dazu benutzen, die Konvergenz der Außenhandelsstrukturen und damit der Industriestrukturen zu begründen[54]. Das Kapital, insbesondere in der Form des multinationalen Konzerns, war zunehmend in der Lage, die geographische Verteilung der Industrieproduktion nach den für seine Verwertung günstigsten Bedingungen im Verhältnis von Arbeit und Kapital zu organisieren. Ausländische Direktinvestitionen gewannen an Bedeutung, nicht nur um direkt auf den ausländischen Märkten Produktionsstätten zu besitzen, sondern um von dort wieder internationalen Handel zu betreiben. Von zentraler Bedeutung war die zunehmende Integration der nationalen Volkswirtschaften in den europäischen Markt und den Weltmarkt durch die liberale Außenwirtschaftspolitik im Rahmen des GATT, der EWG und der EFTA. Dadurch wurden für einen Teil der hochindustrialisierten Staaten fast binnenmarktähnliche Verhältnisse geschaffen. Hinzu kamen die höhere Mobilität der Menschen, der bessere und schnellere Informationsfluß und die damit zusammenhängende intensivere Kommunikation über die Grenzen hinweg. Auf die Ausbreitung des technischen Fortschritts wird weiter unten eingegangen. Wenn zwischen diesen Phänomenen und der Strukturkonvergenz ein Zusammenhang hergestellt wird, so handelt es sich dabei lediglich um plausible Vermutungen. Empirische Arbeiten gibt es bisher nicht[55].

Zusammenfassend kann festgehalten werden, daß der Außenhandel während des Booms eine immer größere Bedeutung für viele Branchen der verarbeitenden Industrie bekam, daß er Umfang und Stellung der verschiedenen Industriezweige wesentlich mitbeeinflußte. Aus der Konvergenz der Außenhandelsstrukturen kann somit auf die der Industriestrukturen geschlossen werden. Der Boom dürfte zur Konvergenz im Außenhandel wesentlich beigetragen haben. Überblickt man die Entwicklung des europäischen Außenhandels im 19. und 20. Jahrhundert, so fällt zum einen auf, daß in Phasen mit schnellem Wirtschaftswachstum der Außenhan-

---

53 So zum Beispiel B. Toyne u.a., *The Global Textile Industry*, London 1984.
54 Vgl. Hermann van der Wee, *Der gebremste Wohlstand. Wiederaufbau, Wachstum, Strukturwandel 1945-1980*, München 1984, S.304ff.
55 Selbstverständlich gibt es zu den Themen multinationale Konzerne, Außenwirtschaftspolitik und Ausbreitung des technischen Fortschritts eine fast unübersehbare Literatur. Es fehlt aber an Untersuchungen, die die Auswirkungen auf die Industriestrukturen im internationalen Vergleich analysieren.

del noch schneller zunahm. Zum anderen glichen sich die Außenhandelsstrukturen gerade in diesen Phasen an - zunehmender intraindustrieller und substitutiver Außenhandel -, während sie in Phasen mit langsamem Wirtschaftswachstum ungleicher wurden - zunehmender interindustrieller und komplementärer Außenhandel[56]. Wiederum muß kritisch angemerkt werden, daß die Gliederung des Außenhandels nach Branchen die Produktdifferenzierung, in der sich die Spezialisierung in zunehmendem Maße ausdrückt, nur bedingt widerspiegelt.

V. Angebotsseitige Erklärungen

Selbst wenn man der Überzeugung ist, daß für die Entwicklung der Industriestrukturen grundsätzlich die der (einheimischen) Nachfragestrukturen entscheidend ist, so bleibt doch zu klären, inwieweit angebotsseitige Bedingungen eine Rolle spielen. Sie können die produktionsmäßige Anpassung an die Binnennachfrage behindern oder durch die internationale Arbeitsteilung die Expansion einzelner Branchen über die der Binnennachfrage hinaus fördern. Vornehmlich geht es um die Frage, inwieweit die Verfügbarkeit über die Produktionsfaktoren in quantitativer und qualitativer Hinsicht die Industriestruktur beeinflußt.

V.1. Arbeit

Der Bedarf der Industrie oder ihrer Branchen an Arbeit hängt von der Entwicklung der Produktion und der Produktivität ab. Manche Forscher sehen in einem flexiblen Arbeitsangebot die entscheidende Ursache für das hohe industrielle Wachstum in der Nachkriegszeit. Zwischen industrieller Produktion und Beschäftigung bestand demnach ein enger positiver Zusammenhang. Dabei wird das ursprüngliche Lewis-Modell von C.P. Kindleberger, N. Kaldor u.a. erweitert und auf fortgeschrittene Volkswirtschaften angewendet[57]. Die Industrie bezieht nicht mehr wie in den unterentwickelten Volkswirtschaften bei Lewis ausschließlich aus der Landwirtschaft die notwendigen Arbeitskräfte, sondern zusätzlich aus anderen Quellen: aus den weniger modernen Bereichen des Handwerks, der Arbeitslosigkeit in den Städten, der zunehmenden Erwerbsquote, dem starken Bevölkerungswachstum und in manchen Ländern der Immigration. Trotz Ausnahmen - Frankreich und Österreich - wird die These vom positiven Zusammenhang

---

56 Vgl. Ambrosius/Hubbard, *Europa* (Anm.35), S.192ff.
57 Kaldor, *Factors* (Anm.7); ders., *Causes of the Slow Rate of Economic Growth of the United Kingdom*, Cambridge 1966; Kindleberger, *Europe* (Anm.7).

zwischen Arbeitsangebot und Wachstum der Produktion der verarbeitenden Industrie während des Booms für die überwiegende Anzahl der westeuropäischen Länder bestätigt[58]. Hiermit könnte u.a. der außergewöhnliche Anstieg des industriellen Anteils in der Bundesrepublik - Zuwanderung aus der DDR und Südeuropa - oder der stagnierende und rückläufige Anteil in Großbritannien - niedrigste Agrarbeschäftigung in ganz Europa - erklärt werden. Folgt man dieser Interpretation, so wäre ein wichtiger Grund dafür gefunden, daß in allen Ländern mit überdurchschnittlich hoher Agrarbeschäftigung nach dem Krieg der industrielle Beschäftigtenanteil überdurchschnittlich schnell stieg.

Internationale Querschnittsanalysen stützen die These von T.F. Cripps und R.J. Tarling, daß sich der positive Zusammenhang zwischen Produktions- und Beschäftigungswachstum in der zweiten Hälfte der sechziger Jahre aufzulösen begann[59]. Allerdings galt dies nur für die fortgeschrittenen Staaten, woraus sich ein zusätzlicher Impuls zur Konvergenz der industriellen Beschäftigungsanteile ergab: Die hochindustrialisierten Staaten konnten aufgrund der hohen Produktivitätsfortschritte ihren industriellen Output mit vergleichsweise wenigen Arbeitskräften steigern.

Der Kindleberger/Kaldor-Ansatz wurde von C. Cornwall umformuliert und erweitert[60]: Der unterentwickelte Sektor, aus dem Arbeit übernommen werden konnte, blieb im Europa der fünfziger und sechziger Jahre nicht auf die Landwirtschaft im eigenen Land und in den südeuropäischen Ländern sowie auf die offene und versteckte Arbeitslosigkeit beschränkt, sondern umfaßte alle Sektoren mit unterdurchschnittlicher Produktivität. Auch für ihn steht der Wachstumsaspekt und damit der Industriesektor im Vordergrund des Interesses, denn die Industrie gilt als "engine of growth". Für Cornwall ist eine duale Wirtschaft dadurch charakterisiert, daß erstens die Wachstumsraten der Produktion und der Beschäftigung des Industriesektors diejenigen der Gesamtwirtschaft übertreffen und zweitens "surplus labour" im Sinne von Kindleberger/Kaldor existiert. Diese zweite Voraussetzung ist wiederum an drei Bedingungen geknüpft: a) Die Erwerbstätigen sind in großem Umfang mobil und flexibel; b) die interindustrielle Lohnstruktur ist relativ starr; c) der Allokationsmechanismus führt nicht zu einer Nivellierung der Nettovorteile der Arbeiter in den leistungsstarken Branchen. Sind diese Bedingungen erfüllt, so wandern die Arbeitskräfte aus den "niedrigproduktiven Niedriglohn-Sektoren" in die "hochproduktiven Hochlohn-Sektoren", sobald sich dort Beschäftigungsmöglichkeiten ergeben, und beschleunigen damit das Produktivitäts- und Produktionswachstum[61].

In einem empirischen Test für zwölf OECD-Länder kommt Cornwall zu einem recht befriedigenden Ergebnis. In Österreich, Dänemark, Frankreich, der Bun-

---

58 Vgl. Wee, *Wohlstand* (Anm. 54), S.196ff.
59 T.F. Cripps/R.J. Tarling, *Growth in Advanced Capitalist Economies 1950-1970*, Cambridge 1973.
60 Cornwall, *Capitalism* (Anm.51), S.45ff.
61 Ebd., S.64f.

desrepublik, Italien und Norwegen nahm zwischen 1950 und 1970 die Beschäftigung in den hochproduktiven Bereichen der Industrie schneller zu als die gesamte Beschäftigung; die Volkswirtschaften wuchsen schnell, der industrielle Anteil stieg. In Belgien, den Niederlanden und Großbritannien nahm die Beschäftigung in den produktivsten Bereichen dagegen nicht so schnell zu wie die Gesamtbeschäftigung; die Volkswirtschaften wuchsen langsamer, der industrielle Anteil nahm weniger stark zu, stagnierte oder ging zurück[62].

Da der Agrarbereich in den betrachteten Volkswirtschaften relativ klein und das Wachstum der Arbeitsproduktivität hoch war, geht Cornwall der Frage nach, ob die Entwicklung durch Arbeitskräftemangel gebremst wurde. Er kommt zu dem Ergebnis, daß eine Knappheit an Arbeitskräften in der Regel nicht zu beobachten war und deshalb angenommen werden kann, daß die Entwicklung nachfragebestimmt war. Dennoch ist auch Cornwall der Meinung, daß der für hohes Wirtschaftswachstum notwendige Strukturwandel bei flexiblem Arbeitsangebot leichter vollzogen werden kann.

Die UNECE untersucht den Arbeitskräftewechsel aus den arbeitsintensiven, niedrigproduktiven Niedriglohn-Sektoren in die kapitalintensiven, hochproduktiven Hochlohn-Sektoren genauer[63]. Bezeichnet man die Branchen, deren Beschäftigung zunahm, als arbeitsaufnehmenden Sektor und die, aus denen Arbeitskräfte abwanderten, als arbeitsabgebenden, so trug vom Ende der fünfziger bis zum Ende der sechziger Jahre der arbeitsabgebende Sektor innerhalb der verarbeitenden Industrie mit 37,7 Prozent zum Arbeitskräftebedarf des arbeitsaufnehmenden bei. Die restlichen 62,3 Prozent kamen von außerhalb der verarbeitenden Industrie, in erster Linie aus der Landwirtschaft. Allerdings gab es große Unterschiede zwischen den Ländern. In Jugoslawien stammten nur 3,2 Prozent aus der Industrie, in Großbritannien 81,2 Prozent. Diese Unterschiede resultierten natürlich daraus, daß hochindustrialisierte Länder - an der Spitze Großbritannien - nur noch einen relativ kleinen agrarischen Reservepool besaßen, während die weniger entwickelten noch über eine relativ umfangreiche agrarische Beschäftigung verfügten, die von der Industrie übernommen werden konnte.

So brauchten die arbeitsaufnehmenden Branchen in Jugoslawien aus der Textil-, Bekleidungs- und Lederindustrie - den wichtigsten arbeitsabgebenden Branchen der verarbeitenden Industrie - gar keine, in Italien nur 4,0 Prozent und in Finnland nur 7,1 Prozent der gesamten zusätzlichen Beschäftigung zu übernehmen. In Großbritannien und Schweden betrug dieser Anteil fast 50 Prozent und in Frankreich und der Bundesrepublik noch über 30 Prozent. Daraus ergab sich grundsätzlich eine Tendenz zur Divergenz: Während die weniger entwickelten Staaten, die nach dem Zweiten Weltkrieg einen überdurchschnittlich hohen Anteil der traditionellen Industriezweige wie Textilien etc. besaßen, den Beschäftigungsbedarf ihrer arbeitsexpansiven Branchen aus dem agrarischen Bereich be-

---

62 Vgl. Lindner, *De-Industrialisierungsthese* (Anm. 10), S.275ff.
63 UNECE, *Structure* (Anm.13), S.89ff.

friedigen konnten, mußten die hochindustrialisierten Länder diese ohnehin schon unterdurchschnittlich entwickelten Sektoren weiter abbauen. Faktoren, die dieser Tendenz zur Divergenz entgegenwirkten, waren folgende:
1. Innerhalb der arbeitsabgebenden Branchen gab es Produktionszweige, in denen die hochindustrialisierten Länder durchaus komparative Vorteile besaßen, z.B. bei besonderen Industriefasern.
2. Die Regierungen waren nicht bereit, diese Branchen einfach untergehen zu lassen. Subventionen und protektionistische Maßnahmen bremsten den Niedergang[64].
3. Dank der Abkopplung vom internationalen Kostenverbund blieben in der Bundesrepublik auch Produktionsbereiche konkurrenzfähig, die wegen ihrer ungünstigen Faktorausstattung anderenfalls unter Anpassungsdruck geraten wären[65]. Es waren dies zumeist Branchen, die sich einer relativ schwachen inländischen Nachfrage gegenübersahen und die den Verlust von einheimischen Absatzmärkten durch den Gewinn von zusätzlichen Auslandsmärkten ausgleichen konnten. Hierzu gehörten vor allem rohstoff- und arbeitsintensiv produzierende Bereiche: neben der Textil- und Bekleidungsindustrie und der Ledererzeugung und -verarbeitung auch die Holzbe- und -verarbeitung, die Papier- und Pappeverarbeitung und das Druckereigewerbe.
4. Der interne Anpassungsdruck wurde dadurch gemildert, daß ausländische Arbeitskräfte zusätzlich zur Verfügung standen. Das traf besonders auf die Bundesrepublik und Frankreich, aber auch auf die anderen hochindustrialisierten Staaten zu.
5. Die strukturschwachen Bereiche gerade in den weiterentwickelten Ländern verstanden es, die Abwanderung von Arbeitskräften durch attraktive Löhne zu bremsen. Dabei kam ihnen entgegen, daß die anderen Bereiche ihren Expansionsspielraum nicht durch entsprechende lohnpolitische Zugeständnisse voll nutzten. Die Unterschiede im Produktivitätswachstum zwischen den Branchen waren fast viermal größer als die der Lohnsteigerungen pro Kopf[66]. Dies führte u.a. dazu, daß Produktivitätswachstum und Lohnstückkosten- und Preissteigerungen in einer inversen Beziehung zueinander standen: Je schneller die Produktivität in einer Branche stieg, um so langsamer nahmen die Lohnstückkosten und Preise zu und umgekehrt. Je näher aber die Produktivitäten beieinander lagen, um so geringer waren die Preissteigerungen der verarbeitenden Industrie insgesamt. Das galt vor allem für die hochentwickelten Länder, die daraus Wettbewerbsvorteile zogen. Diese trugen dazu bei, den Strukturwandel abzufedern.

Um Mißverständnisse zu vermeiden, muß auf folgende Sachverhalte hingewiesen werden. Der positive Zusammenhang zwischen Produktions- und Beschäfti-

---

64 Vgl. Fels, Strukturwandel (Anm.21).
65 Vgl. ebd.
66 Vgl. weiter unten.

gungswachstum einerseits (Kaldor-Gesetz) und Produktions- und Produktivitätswachstum andererseits (Verdoorn-Gesetz) darf nicht dazu verleiten, automatisch auf eine positive Beziehung zwischen Beschäftigungs- und Produktivitätswachstum zu schließen[67]. Die Auswirkungen steigender Produktivität auf die Beschäftigung hängen vom Nettoeffekt zweier gegenläufiger Folgen ab: von der Möglichkeit, einen gegebenen oder sogar steigenden Output mit weniger Arbeit zu erstellen und von den möglichen beschäftigungsexpansiven Effekten aufgrund sinkender Kosten. Im hier behandelten Zeitabschnitt war der erste Effekt nicht unwichtig. In der Bundesrepublik sank die Beschäftigung in 10 von 18 Branchen, in Belgien, Schweden und dem Vereinigten Königreich in 8 von 18. Andererseits stieg in diesen Ländern die Beschäftigung gerade in den Branchen relativ schnell, in denen auch die Produktion und die Produktivität am schnellsten zunahmen. Dies scheint im Widerspruch zum Kaldor-Verdoorn-Gesetz zu stehen, da relativ hohes Produktivitätswachstum an einem Ende der Branchenskala mit relativ hohem Produktions- und Beschäftigungswachstum zusammenfällt, am anderen Ende mit relativ niedrigem Produktionswachstum und einem Rückgang der Beschäftigung. Allerdings stieg die Produktivität in den traditionell arbeitsintensiven Sektoren - wie z.B. in der Textilindustrie - in keinem Fall so schnell wie in den Branchen, in denen die Produktion rasch zunahm[68].

J. Cornwall ist der Auffassung, daß die ständige Beschleunigung der Wachstumsrate der Arbeitsproduktivität im industriellen Sektor in der Nachkriegszeit die simulante Expansion der Beschäftigung dieses Sektors mit der Produktion überflüssig machte. Für ihn erfüllten die fortgeschrittenen Marktwirtschaften am Anfang der siebziger Jahre nicht mehr die Voraussetzungen des Modells dualer Wirtschaften[69]. Grundsätzlich bestand in den fünfziger und sechziger Jahren aber ein enger Zusammenhang zwischen Produktivitäts-, Output- und Beschäftigungswachstum. Es spricht einiges dafür, daß sich in Ländern mit größeren Produktivitätsunterschieden zwischen den Branchen der Strukturwandel schneller vollzog. Hier hatten die hochproduktiven Branchen sowohl von der Kosten- als auch von der Absatzseite her im Vergleich zu den anderen Wirtschaftszweigen mehr Möglichkeiten, die notwendigen Arbeitskräfte abzuwerben. Die Varianz der branchenspezifischen Produktivitäten war in den weniger entwickelten Staaten größer als in den hochindustrialisierten. Es stellt sich allerdings die Frage, ob die hochproduktiven Branchen ihre Vorteile nutzten und wenn ja, ob sie sie in den weniger entwickelten Staaten stärker nutzten als in den hochindustrialisierten.

Hinsichtlich der branchenspezifischen Lohnrelationen auf westeuropäischer Ebene kann zunächst folgendes festgehalten werden[70]. Die hochproduktiven Branchen bezahlten die höchsten, die niedrigproduktiven die niedrigsten Löhne. Allerdings war die Schwankungsbreite relativ eng; das Lohnniveau in der bestbe-

---

67 Vgl. UNECE, *Structure* (Anm.13), S.89f.
68 Vgl. ebd., S.90.
69 Cornwall, *Capitalism* (Anm.51), S.201.
70 Vgl. UNECE, *Structure* (Anm.13), S.56ff.

zahlten Branche war knapp doppelt so hoch wie das in der schlechtestbezahlten. Es kam zwar zu Konvergenzen, insgesamt waren die Lohnrelationen während des Booms aber recht starr. Statistisch drückt sich das in den niedrigen Variationskoeffizienten beim Lohnanstieg zwischen den einzelnen Branchen aus.

Vergleicht man nun das westeuropäische Lohnmuster mit dem in den verschiedenen Ländern, so fällt zunächst die Gleichförmigkeit hinsichtlich der Lohnrelationen zwischen den Branchen auf[71]. Die Branchen, die die höchsten/niedrigsten Löhne zahlten, waren überall die gleichen. Allerdings war die Streuung innerhalb der einzelnen Länder recht unterschiedlich. In den weniger entwickelten Ländern Südeuropas war sie am größten, in den skandinavischen am geringsten. In Jugoslawien lagen zwischen der Branche mit den höchsten und der mit den niedrigsten Löhnen 130 Prozentpunkte, in Schweden nur 50. Hieran änderte sich im Laufe der sechziger Jahre wenig, wenngleich die Streuungen tendenziell abnahmen. Das aber bedeutete, daß in den weniger entwickelten stärker als in den weiter entwickelten Ländern die modernen Branchen in der Lage waren, über relativ hohe Löhne Arbeitskräfte zu rekrutieren und damit ihren Wachstumsspielraum zu nutzen.

Neben der leichten Konvergenz der Lohnstruktur innerhalb der Länder kam es zu einer zweiten innerhalb der Branchen zwischen den Ländern. Dies mag eine Folge des wachsenden internationalen Handels, der zunehmenden internationalen Preiskonkurrenz, der Verbreitung des technischen Fortschritts, vielleicht auch der Angleichung der Qualifikationsniveaus gewesen sein. In jedem Fall näherten sich dadurch die Produktionskosten an. Dies darf allerdings nicht den Gesamteindruck verwischen, daß die Unterschiede in den Lohnstrukturen innerhalb der Länder und zwischen ihnen, die in den fünfziger Jahren bestanden, auch noch Anfang der siebziger Jahre das Bild prägten.

Die Studien, die sich mit dem Zusammenhang von Lohnstruktur und Arbeitsmobilität beschäftigen, kommen zu dem Ergebnis, daß die vorhandenen Lohnunterschiede ausreichten, um den Strukturwandel zu gewährleisten[72]. Zwischen der Veränderung der Löhne und der der Beschäftigung sehen sie grundsätzlich keine signifikanten Zusammenhänge. Allerdings gehen auch sie davon aus, daß in Ländern mit größeren Lohnunterschieden - wie in den weniger entwickelten Staaten Westeuropas - von den Hochlohnbranchen eine stärkere Sogwirkung ausging, so daß der beschäftigungsmäßige Strukturwandel schneller vollzogen werden konnte[73].

Außer der Lohnstruktur innerhalb der verschiedenen Länder spielen die Lohn-

---

71 Vgl. ebd., S.58ff.
72 Vgl. T.A. Papola/V. Bharadwaj, Dynamics of Industrial Wage Structure: An Intercountry Analysis, in: *The Economic Journal*, 80/1970, S.72-90; H.A. Turner/D.A.S. Jackson, On the Stability of Wage Differences and Productivity Based Wage Policies: An International Analysis, in: *British Journal of Industrial Relations*,1/1969.
73 Vgl. OECD, *Wages and Labour Mobility*, Paris 1965; E.M. Hugh-Jones (Hrsg.), *Wage Structure in Theory and Practice*, Amsterdam 1966.

stückkosten im Vergleich der Länder untereinander eine Rolle[74]. Es ist zu vermuten, daß sich Industrien mit niedrigen Lohnstückkosten im internationalen Wettbewerb besser behaupten als solche mit hohen. In Westeuropa war in den sechziger Jahren die steigende Arbeitsproduktivität mit einem noch schnelleren Anstieg der Löhne und Gehälter verbunden, so daß die Lohnstückkosten mit über drei Prozent jährlich stiegen. Die Preise für industrielle Erzeugnisse nahmen dagegen nur um zwei Prozent jahresdurchschnittlich zu. Das Ergebnis war ein deutlicher Anstieg des Lohnanteils an der Wertschöpfung von 63 Prozent Ende der fünfziger Jahre auf 71 Prozent Ende der sechziger Jahre. Die Unterschiede zwischen den Ländern waren erheblich; sie verringerten sich allerdings. Profitierte in den fünfziger Jahren vor allem die deutsche Industrie von einem niedrigen Lohnanteil - er lag zwölf Prozentpunkte unter dem britischen -, so war es am Ende der sechziger Jahre vor allem die französische Industrie (sieben Prozent unter dem britischen). Die internationale Konkurrenzfähigkeit erhöhte sich dadurch jedoch nicht. Die steigenden Lohnstückkosten wurden in Frankreich auf die Preise überwälzt, die entsprechend schnell stiegen. In den südeuropäischen Ländern war der Lohnanteil durchweg am geringsten, die Lohnstückkosten waren deutlich niedriger. Hierdurch eröffneten sich für ihre Industrien zusätzliche Expansionsmöglichkeiten.

Der Boom löste eine hohe Mobilität auf dem westeuropäischen Arbeitsmarkt und auf den Arbeitsmärkten innerhalb der einzelnen Länder aus. Durch die Abwanderung aus der Landwirtschaft wurde die Industrie insgesamt sehr gut mit Arbeitskräften versorgt. Zugleich wanderten Arbeitskräfte aus den weniger in die weiter entwickelten Länder. Zum einen verbesserten diese beiden Migrationsströme die Expansionsmöglichkeiten der Industrien in den sich später entwickelnden Ländern, zum anderen milderten sie den Druck in den hochindustrialisierten Staaten zur Umstrukturierung. Außerdem führte der positive Zusammenhang zwischen Produktions-, Produktivitäts- und Beschäftigungswachstum, der diesen Boom noch kennzeichnete, zur Konvergenz. Die Industriestrukturen glichen sich auch deshalb einander an, weil in den weniger entwickelten Ländern die durch den Boom eröffneten Wachstumsspielräume einzelner, vor allem moderner Branchen aufgrund größerer Produktivitäts- und Lohnunterschiede besser genutzt werden konnten.

V.2. Kapital

Das Produktions-, Produktivitäts- und Beschäftigungswachstum einer Branche und damit ihr Anteil am gesamten Output bzw. an der gesamten Beschäftigung

---

74 Vgl. UNECE, *Economy* (Anm.37), S.45.

hängt entscheidend vom eingesetzten Kapital ab. Über Kapital kann die Produktion nicht nur extensiv erweitert, sondern auch intensiviert werden: Über Investitionen wird der technische Fortschritt in reale Produktionsprozesse umgesetzt und damit die Möglichkeit geschaffen, die Produktivität von Kapital und Arbeit zu steigern. Grundsätzlich gilt, daß das Produktions- und Produktivitätswachstum um so höher ist, je mehr investiert wird. Die zentrale Frage lautet wiederum: Entwickelten sich die Investitionen so, daß sich daraus eine Konvergenz der Industriestrukturen hätte ergeben können?

Unter verschiedenen Aspekten kann diese Frage bejaht werden[75]. Einer betrifft die Verteilung der gesamten volkswirtschaftlichen Investitionen. In Ländern, die um die Mitte des Jahrhunderts einen unterdurchschnittlichen Anteil der Industrie an Produktion und Beschäftigung besaßen, flossen zwischen 1950 und 1969 anteilsmäßig mehr Investitionen in diesen Sektor als in Ländern mit einem durchschnittlichen oder überdurchschnittlichen Anteil. Die bekanntesten Ausnahmen bilden Griechenland und die Bundesrepublik. Ein zweiter Aspekt betrifft die Investitionsquote der verarbeitenden Industrie[76]. Auch sie war in den fünfziger und sechziger Jahren in Ländern mit unterdurchschnittlichem Industrieanteil überdurchschnittlich hoch. Allerdings waren die Unterschiede nicht sehr groß. Auch hier gab es Ausnahmen: Portugal hatte eine niedrige industrielle Investitionsquote und Dänemark die niedrigste in Westeuropa. Das Bild wird ergänzt durch die Unterschiede beim marginalen Kapitalkoeffizienten. Er gibt an, wieviel Investitionseinheiten zur Produktion einer zusätzlichen Guts- bzw. Einkommenseinheit erforderlich sind. Die marginalen Kapitalkoeffizienten lagen in den weniger entwickelten Ländern unter und in den hochindustrialisierten Ländern über dem Durchschnitt.

Auch aus der Streuung der interindustriellen Investitionsquoten können Konvergenzen abgeleitet werden. Trotz der ungenügenden Datenlage kann man davon ausgehen, daß auf der Grundlage der 18-Branchen-Struktur in den südeuropäischen Ländern, in Frankreich, den Niederlanden, Norwegen und Finnland gerade die "modernsten" Branchen höhere Investitionsquoten aufwiesen als die in den hochindustrialisierten Staaten. In diesen Ländern wurde vom gesamtwirtschaftlichen Investitionsvolumen also nicht nur mehr in den industriellen Sektor geleitet, sondern von diesem höheren Industrieanteil auch noch anteilsmäßig mehr in die Branchen, die im Vergleich zu denen der klassischen Industrieländer nach dem Zweiten Weltkrieg in der nationalen Industriestruktur unterrepräsentiert waren. Das grobe Raster der 18-Branchen-Struktur ermöglicht allerdings keine Aussage darüber, inwieweit die Investitionsmittel innerhalb der Wirtschaftszweige unterschiedlich verteilt wurden. Dies dürfte in einem nicht unbeträchtlichen Maß der Fall gewesen sein.

Kehrt man den marginalen Kapitalkoeffizienten um, so erhält man die Investi-

---

75 Vgl. D. Paige/G. Bombach, *A Comparison of National Output and Productivity*, Paris 1959.
76 Vgl. UNECE, *Structure* (Anm.13), S.42ff.

tionsproduktivität. Das Verdoornsche Gesetz galt somit für den hier behandelten Zeitraum[77]. Die Länder mit dem höchsten Outputwachstum verzeichneten die höchste Produktivitätssteigerung. Bei einem Branchenvergleich zwischen den Ländern war es für 16 der 18 Standardbranchen gültig[78]. Bei einem Branchenvergleich innerhalb der Länder war es ebenfalls grundsätzlich gültig; allein in der Bundesrepublik war das positive Verhältnis von Output- und Produktivitätswachstum schwach ausgeprägt und in Jugoslawien nicht vorhanden. Allerdings lagen die Produktivitätszuwächse nahe beieinander. Insgesamt dürfte es damit den weniger industrialisierten Ländern leichter gefallen sein, ihre Strukturen den hochindustrialisierten anzupassen.

Bei der Kapitalintensität stellen sich die Dinge nicht so einfach dar. Statistische Daten zur Entwicklung des Kapitalstockes gibt es nur für wenige Länder. Man muß daher zu Hilfskonstruktionen greifen. Die UNECE berechnet vier verschiedene Verhältniszahlen[79]: Investitionen pro Beschäftigter, Verhältnis von Investitionen und Lohnkosten, Gewinne pro Beschäftigter, Verhältnis von Gewinn und Lohnkosten. Als Gewinn wird der Teil der Wertschöpfung definiert, der nicht den Lohnkosten zuzurechnen ist. Mit dem Mittelwert dieser vier Indikatoren wird die Kapitalintensität bestimmt.

Die UNECE berechnet die Kapitalintensitäten in den einzelnen Ländern, um dann als arithmetisches Mittel ein allgemeines Muster zu bestimmen: In der zweiten Hälfte der sechziger Jahre besaßen folgende Branchen eine überdurchschnittliche Kapitalintensität: Öl und Kohleprodukte, chemische und Plastikerzeugnisse, Basismetalle, Papier, Nahrungs- und Genußmittel und Tabak. Eine durchschnittliche Kapitalintensität hatten nicht-metallische Mineralien, Gummi, elektrische Maschinen und Transportausrüstung, eine unterdurchschnittliche Textilien, Druckerzeugnisse, nicht-elektrische Maschinen, Metallprodukte, Holz und Möbel, Leder, Kleidung und Schuhe.

Dieses Muster galt grundsätzlich für alle von der UNECE untersuchten Länder. Das Gesamtergebnis ihrer Untersuchung lautete denn auch, daß die relativen Kapitalintensitäten - relativ im Verhältnis zur gesamtwirtschaftlichen Kapitalintensität der einzelnen Länder - für die meisten Branchen in den meisten Ländern am Ende des Booms recht ähnlich waren. Sie sieht die Gründe dafür in sehr allgemein formulierten Faktoren: im sich schnell ausbreitenden technischen Fortschritt, im Zusammenwachsen und der immer stärkeren gegenseitigen Abhängigkeit der nationalen Volkswirtschaften. Die Unterschiede, die bestanden, können daher ihrer Meinung nach nicht auf die Anwendung grundsätzlich unterschiedlicher Techniken oder Faktorkombinationen zurückgeführt werden, sondern auf die Fertigung unterschiedlicher Produkte. Es muß allerdings wiederum daran erinnert werden, daß die zugrundeliegende 18-Branchen-Struktur ein sehr grobes Raster

---

77 P.J. Verdoorn, Verdoorn's Law in Retrospect: A Comment, in: *The Economic Journal*, 90/1980, S. 382-385.
78 UNECE, *Structure* (Anm. 13), S.87ff.
79 Ebd., S.42ff.

darstellt, daß bei einer feineren Gliederung durchaus fundamentale Differenzen in der Kapitalintensität und damit in den Produktionsverfahren gleicher oder sehr ähnlicher Güter auftreten können. Außerdem darf nicht vergessen werden, daß es um die relativen Kapitalintensitäten der einzelnen Branchen in den verschiedenen Ländern geht. Die Kapitalintensitäten der gesamten Wirtschaft waren aber von Land zu Land unterschiedlich.

Auf die Bedeutung der verbesserten Kapitalversorgung durch den sich herausbildenden europäischen Kapitalmarkt und die Bedeutung der zunehmenden Direktinvestitionen großer Unternehmen für die Entwicklung der Industriestrukturen einzelner Länder kann hier nur hingewiesen werden.

V.3. Technischer Fortschritt

Kapitalakkumulation, Wachstum und Strukturwandel sind, wie bereits erwähnt, u.a. deswegen positiv miteinander verbunden, weil sich in den Investitionen der neueste technische Fortschritt verkörpert. Einerseits gewinnen Wirtschaftszweige, die vom technischen Fortschritt begünstigt werden, im Strukturwandel. Andererseits beeinflußt der Wandel der Produktionsstrukturen selbst Verlauf und Richtung des technischen Fortschritts. Branchen, die hohe Ausgaben für die Forschung und Entwicklung (F/E) tätigen oder Maschinenausrüstungen von Betrieben kaufen, die ihre eigene Produktion auf intensive Forschung stützen, verzeichnen grundsätzlich die schnellste Zunahme der Arbeits- und Kapitalproduktivität.

Ebenso schwierig wie eine Definition des technischen Fortschritts ist eine eindeutige Beschreibung der Bedingungen, die zu technischem Fortschritt führen. Häufig wird auf so einfache Indikatoren wie die Anzahl der hochqualifizierten Wissenschaftler und Techniker oder die Ausgaben für Forschung und Entwicklung zurückgegriffen. Ihr Anteil an der Gesamtbeschäftigung oder an den Produktionskosten bzw. der Wertschöpfung soll anzeigen, ob ein Wirtschaftszweig oder ein Land eine forschungsintensive Produktion betreibt oder nicht. Auf der Outputseite drückt sich technischer Fortschritt vor allem in neuen Produkten und Produktionsverfahren aus. Sie werden entweder unmittelbar angewandt und/oder als Patente geschützt und/oder als Lizenzen weitergegeben.

Zwischen Input und Output besteht nur eine vage Beziehung. Der Anteil von Forschung und Entwicklung an den gesamten Produktionskosten ist durchweg gering. Die Beziehungen sind oftmals in zeitlicher Hinsicht nicht eindeutig. Die F/E-Leistungen, die in einem Endprodukt stecken, gehen nicht nur auf die F/E-Anstrengungen der eigenen Branchen zurück, sondern auch auf die derjenigen, die Zwischenprodukte liefern. Lizenzen und andere Faktoren spielen eine Rolle. Wirtschaftszweige, in denen eigene F/E-Inputs nur eine geringe Bedeutung besitzen, können somit nicht ohne weiteres als technisch rückständig bezeichnet werden[80].

Die Vorstellung von der technologischen Lücke, die nach dem Zweiten Weltkrieg zwischen Westeuropa und den USA, aber auch innerhalb Westeuropas bestand, wird ebenso akzeptiert wie die, daß der Boom dazu beigetragen hat, sie zu schließen[81]. Die wirtschaftliche Expansion in Westeuropa war begleitet von einer beschleunigten Ausbreitung neuer, zukunftsträchtiger Innovationen. Diese Vorstellung ist deshalb so weit verbreitet, weil praktisch alle Untersuchungen, die sich mit den damit zusammenhängenden Problemen beschäftigen, zu diesem Ergebnis kommen. Ihre Spannbreite umfaßt knappe deskriptive Beschreibungen wie bei A. Maddison[82] oder hochaggregierte Makromodelle wie bei J. Cornwall[83]. Sie enthält Spezialuntersuchungen über die Ausbreitung der Technik innerhalb einer Branche, einer neuen Innovation oder von Patenten und Lizenzen. Dazwischen liegen breit angelegte Untersuchungen über die Ausbreitung des technischen Fortschritts in seinen vielfältigen Ausprägungen[84].

Beim folgenden internationalen Vergleich werden die Aussagen dadurch eingeschränkt, daß die Daten Definitions- und Klassifikationsunterschiede aufweisen und nur für einzelne Jahre erhoben worden sind; fortlaufende Zeitreihen gibt es nicht. Für die beiden wichtigsten Indikatoren der Inputseite, d.h. der F/E-Intensität - Anteil der qualifizierten Ingenieure und Wissenschaftler an der Gesamtbeschäftigung und Anteil der F/E-Ausgaben am Sozialprodukt bzw. an der Wertschöpfung -, brauchen keine getrennten Aussagen getroffen werden. Beide Indikatoren vermitteln den gleichen Eindruck.

Bei der F/E-Intensität kann zwischen drei Ländergruppen unterschieden werden[85]. Die erste "Gruppe" bestand nur aus dem Vereinigten Königreich, in dem auch in den sechziger Jahren anteilsmäßig noch am meisten für Forschung und Entwicklung getan wurde. Es folgte eine Gruppe mit der Bundesrepublik, Frankreich, der Schweiz, Belgien, den Niederlanden. Am geringsten war die F/E-Intensität in den übrigen Staaten. Die eigenen Anstrengungen weisen also

---

80 Vgl. J. Schmookler, *Invention and Economic Growth*, Cambridge, Mass. 1966; E. Mansfield, *The Economies of Technological Change*, New York 1968; C. Freeman, *The Economics of Industrial Innovation*, Harmondsworth 1974.
81 Vgl. OECD, *Gaps in Technology; General Report*, Paris 1968; *Sector Reports*, Paris 1970, S.14ff; Wee, Wohlstand (Anm.54), S.244ff.
82 Maddison, Growth (Anm.7), S.87ff.
83 Cornwall, Capitalism (Anm. 51), S.108ff.
84 Z.B. R. Rothwell, The Role of Technical Change in International Competitiveness. The Case of the Textile Machinery Industry, in: *Management Division*, 15/1975, S.542-549; M.V. Posner, International Trade and Technical Change, in: *Oxford Economic Papers*, 13/1961, 3, S.323-342; C.Freeman u.a., Research and Innovation in Electronic Capital Goods, in: *National Institute Economic Review*, 34/1965, S.40-91; R. Vernon, *The Technology Factor in International Trade*, New York 1970; L. Nabseth/G. Raxy (Hrsg.), *The Diffusion of New Industrial Processes: An International Study*, Cambridge 1974; S. Gomulka, *Inventitive Activity, Diffusion and the Stages of Economic Growth*, Aarhus 1971.
85 Vgl. UNECE, Structure (Anm.13), S.62ff.

nicht auf eine Konvergenz hin. Im Gegenteil, die hochindustrialisierten Länder gaben auch in der Nachkriegszeit weiterhin anteilsmäßig mehr für Forschung und Entwicklung aus als die weniger entwickelten. In den siebziger Jahren glichen sich die Intensitäten dann stärker an. Hinsichtlich der branchenspezifischen F/E-Intensitäten gab es ein relativ einheitliches Muster. Fast überall war sie in folgenden Branchen am höchsten: Elektrische Maschinen, chemische Erzeugnisse, Öl- und Kohlederivate, Transportausrüstung, Basismetalle, nicht-elektrische Maschinen. Die F/E-Intensität war allerdings nicht überall gleich stark auf diese Branchen konzentriert. Auffallend ist, daß der Konzentrationsgrad in den kleinen Staaten - außer in Belgien - höher war als in den großen. Die Industrien der kleinen Volkswirtschaften versuchten offensichtlich ihre begrenzten Mittel ökonomisch einzusetzen, um zumindest ihre Wettbewerbsfähigkeit in den Bereichen zu sichern, in denen sie Exportchancen besaßen.

Was den Output beim technischen Fortschritt anbelangt, so bestand in den fünfziger und sechziger Jahren eine recht stabile Beziehung zwischen der Innovationsstärke und der ökonomischen Größe eines Landes. Eine OECD-Studie aus dem Jahr 1968 vergleicht den Anteil an 140 wichtigen Innovationen mit dem am Sozialprodukt der industriell entwickelten Marktwirtschaften und kommt zu sehr ähnlichen Anteilswerten[86]. So waren das Vereinigte Königreich mit 15 Prozent und die Bundesrepublik mit 10 Prozent an diesen 140 Innovationen beteiligt, und sie erwirtschafteten ebenfalls 15 bzw. 10 Prozent des Sozialprodukts. Für die weniger entwickelten Länder wie Irland, Portugal und Griechenland galt das allerdings nicht.

Aus der Eigenforschung und -entwicklung können somit keine Impulse für eine Konvergenz abgeleitet werden. Länder, die schon vor dem Zweiten Weltkrieg ihre Industriestrukturen zum Teil aus eigener Kraft modernisieren konnten, waren hierzu auch während des Booms in der Lage. Länder, die dies nicht konnten, blieben auch in den fünfziger und sechziger Jahren in dieser Hinsicht von den hochindustrialisierten abhängig. Allerdings beschleunigte sich die Ausbreitung des technischen Wissens in Form von Lizenzen, Patenten etc. während des Booms[87]. Die Industrien der weniger entwickelten Länder konnten schneller als zuvor neue Produkte herstellen und neue Produktionsverfahren anwenden. Dies gab ihnen die Chance zur Angleichung der Strukturen[88].

Neben Patenten, Lizenzen und anderen formalen Indikatoren für die Weitergabe und Ausbreitung von technischem Fortschritt ist der Handel mit F/E-intensiven Produkten ein weiteres Anzeichen für die Richtung, die der technische Fortschritt in den verschiedenen Ländern nahm. Studien der OECD kommen zu dem Ergebnis, daß sich in allen untersuchten Ländern bei forschungsintensiven

---

86 Vgl. OECD, *Gaps* (Anm. 81).
87 Vgl. R. Nelson u.a., *Technology, Economic Growth and Public Policy*, Washington, D.C. 1967; Freeman, Research (Anm.84); Vernon, *Factor* (Anm.84).
88 Vgl. auch OECD, *Trends in Industrial R & D in selected OECD Member Countries, 1967-1975*, Paris 1979.

Exporterzeugnissen die Produktpalette verbreiterte, d.h. der Spezialisierungsgrad abnahm[89]. Das galt ebenso für Großbritannien, das Anfang der fünfziger Jahre den niedrigsten Spezialisierungsgrad besaß, wie für die Niederlande, die sich am stärksten spezialisiert hatten. Die Berichte der OECD nennen eine Reihe von Ursachen für dieses überraschende Ergebnis, u.a. folgende: Länder hätten aus importsubstitutiven Gründen ihre forschungsintensive Produktion erweitert. Außerdem habe der steigende Lebensstandard auch in kleineren Ländern forschungsintensive Produktion profitabel gemacht. Es wird allerdings auch nicht ausgeschlossen, daß die grobe Klassifikation eine Spezialisierung bei einzelnen Produkten oder Komponenten nicht zum Ausdruck bringt. Selbstverständlich gab es weiterhin große Unterschiede. Den forschungsintensiven Bereichen fiel auch am Ende des Booms ein um so größerer Anteil am gesamten Außenhandel zu, je höher die F/E-Intensität des entsprechenden Landes war. In der Bundesrepublik und Großbritannien waren in den sechziger Jahren die forschungsintensiven Branchen mit 40 Prozent am Gesamtexport beteiligt, in den Niederlanden und Schweden war ihr Anteil etwas niedriger, in Belgien lag er jedoch nur bei 20 Prozent. Dennoch spricht einiges dafür, daß sich im Laufe des Booms immer mehr Länder mit forschungsintensiven Produkten am internationalen Handel beteiligen konnten - mit entsprechenden Rückwirkungen für die Industriestrukturen[90].

K. Pavitt teilt die Länder hinsichtlich ihrer Innovationsstärke in drei Klassen ein[91]. Zur ersten zählt er Länder, die Basisinnovationen auf neuestem technologischen Niveau hervorbringen. Nach dem Krieg gehörte neben den USA vor allem Großbritannien dazu, dessen Position am Ende des Booms aber so schwach geworden war, daß es mit Ausnahme der Luftfahrt und der militärischen Technik eher der zweiten Klasse zugerechnet werden muß. Zu dieser gehören Industrieländer, die ihre verarbeitende Industrie zwar auf das technologische und organisatorische Niveau der führenden Länder anheben konnten, denen aber die wirtschaftliche und institutionelle Infrastruktur fehlt, um einen Strukturwandel wie die Länder der Spitzengruppe durchzuführen. Es gab eine Reihe von Ländern, die während des Booms zumindest partiell den Aufstieg aus dieser in die erste Klasse schafften. Die Bundesrepublik führte seit den sechziger Jahren in den Sektoren Chemie, Maschinenbau und Kraftfahrzeugindustrie viele Innovationen durch. Die Schweiz stand ebenfalls mit ihren Innovationen in den Sektoren Chemie und Maschinenbau in der Spitzengruppe, während Schweden in der Metallproduktion und -verarbeitung besonders dynamisch war. Auch die Niederlande und Belgien standen mit Innovationen in der Elektronik und Chemie zumindest an der Grenze zur ersten Gruppe. In Ländern der dritten Gruppe vollzieht sich der Industrialisierungsprozeß zwar auf breiter Grundlage, sie besitzen aber noch nicht das Po-

---

89 OECD, *Gaps* (Anm.81), S.106ff.
90 Vgl. L. Uhlmann/G. Huber, *Technischer und struktureller Wandel in der wachsenden Wirtschaft*, Frankfurt a.M. 1971.
91 K. Pavitt, Technical Innovation and Industrial Development, in: *Future*, Dezember 1979, Februar 1980.

tential, um aus eigener Kraft in zentralen Bereichen innovativ tätig zu sein. Zu dieser Gruppe gehörten in den fünfziger und sechziger Jahren die südeuropäischen Staaten, wobei Italien und Spanien in bestimmten Bereichen an der Schwelle zur zweiten Gruppe standen. Insgesamt rückten die Länder nach Pavitt aber enger zusammen, d.h., der technische Vorsprung der hoch- gegenüber den weniger industrialisierten Staaten nahm ab.

VI. Schluß

Die Frage nach den Gründen für die Konvergenz der Produktionsstrukturen während des Booms kann im Kern auf die nach den Faktoren, die die Strukturen ganz allgemein bestimmen, zurückgeführt werden. Die Antwort konzentriert sich auf zwei zentrale Thesen: Die Nachfrage ist bei einem bestimmten Entwicklungsniveau von Wirtschaft und Gesellschaft - ausgedrückt in der Höhe des Pro-Kopf-Einkommens - überall ähnlich strukturiert. Das Angebot ist dadurch gekennzeichnet, daß im Zuge der Höherentwicklung der Produktionsfaktor Arbeit durch die Produktionsfaktoren Kapital und technischer Fortschritt ersetzt wird. Als Quintessenz ergibt sich ein universelles Strukturmuster, das alle Länder auf einer bestimmten Entwicklungsstufe besitzen. Berücksichtigt man außerdem den positiven Zusammenhang zwischen Strukturveränderung und Wirtschaftswachstum - je höher die Wachstumsraten, um so schneller der Strukturwandel -, so beinhaltet die Frage nach der Strukturkonvergenz im Boom an zentraler Stelle die nach den Gründen der Aufholprozesse der zurückgebliebenen Länder gegenüber den fortgeschrittenen, die nach dem Zweiten Weltkrieg einsetzten.

Im vorliegenden Text blieb der Wachstumsaspekt weitgehend unberücksichtigt. Es wurde versucht, auf die beiden zentralen Thesen unter der Perspektive der Konvergenz etwas differenzierter einzugehen. Dabei wurde folgendes deutlich: Der integrierte nachfrage- und angebotsseitige Erklärungsansatz erfaßt zwar mit dem Pro-Kopf-Einkommen eine zentrale Variable, er bleibt aber bei der Erklärung der Entwicklung von Industriestrukturen auf einer formal-analytischen Ebene stehen. Er arbeitet mit so allgemeinen Annahmen, daß das Konvergenzphänomen mit ihm nicht differenzierter untersucht werden kann.

Bei einer genaueren Betrachtung der Nachfrageseite fällt zunächst auf, daß sich nach dem Zweiten Weltkrieg die Nachfragestrukturen hinsichtlich der großen Verwendungsbereiche einander anglichen. Vor allem aber fand eine beschleunigte Konvergenz der privaten Konsumstrukturen statt. Die Auslandsnachfrage spielte eine immer bedeutendere Rolle, wobei der komplementäre, interindustrielle durch den substitutiven, intraindustriellen Handel in den Hintergrund gedrängt wurde. In dieser Angleichung der Nachfragestrukturen dürfte der zentrale Grund für die Angleichung der Industriestrukturen liegen. Wichtig war dabei auch die

Integration der nationalen Ökonomien in einen westeuropäischen Wirtschaftsraum.

Diese Integration drückte sich nicht nur in einem wachsenden Handel, sondern auch in einer zunehmenden Mobilität der Produktionsfaktoren aus. Die Arbeitskraftreserven in den weniger entwickelten Staaten ermöglichten es diesen, ihre industrielle Expansion extensiv voranzutreiben, zugleich milderte die Arbeitsmigration in den hochindustrialisierten Ländern den Zwang zur Umstrukturierung. Die Entwicklung eines europäischen Kapitalmarktes erleichterte die Industriefinanzierung in den Ländern, in denen die Kapitalversorgung noch nicht ausreichend gesichert war. Außerdem waren Direktinvestitionen von zunehmender Bedeutung. Vor allem aber gelang es den verschiedenen Industriezweigen in den weniger entwickelten Länder, die nationalen Ressourcen in einer Weise in Anspruch zu nehmen, aus der eine Angleichung der Industriestrukturen an die der hochindustrialisierten resultierte: Die modernen Branchen besaßen hier relative Vorteile. Zur zunehmenden Integration gehörte auch die sich beschleunigende Ausbreitung des technischen Fortschritts und der Produktzyklus-Güter.

Alle diese Determinanten konnten die Industriestrukturen in einer Phase der Expansion intensiver beeinflussen als in einer der Stagnation. Erst der Boom ermöglichte die schnelle Steigerung der Einkommen mit den entsprechenden Veränderungen der Nachfragestruktur. Erst der Boom gewährleistete die für einen raschen Wandel der Industriestrukturen notwendige Flexibilität und Mobilität der Produktionsfaktoren. Erst der Boom brachte schließlich den Wohlstand, der notwendig war, um die mit dem enormen Strukturwandel verbundenen sozialen und politischen Belastungen zu mildern und damit letztlich seine Akzeptanz zu sichern.

Daß der Boom keine hinreichende Bedingung für einen raschen Wandel und eine damit verbundene Konvergenz der Industriestrukturen war, macht der Boom vor dem Ersten Weltkrieg deutlich. Er war allerdings auch weniger ausgeprägt und umfassend. Es spricht einiges dafür, daß der Boom auch keine notwendige Bedingung war, daß er lediglich die grundsätzliche Tendenz einer umfassenden Konvergenz der westeuropäischen Gesellschaften verstärkte. Die westeuropäischen Länder hätten sich sicherlich auch ohne das hohe Wirtschaftswachstum einander angenähert. Der Boom erleichterte und verkürzte diesen Prozeß der Angleichung.

Der Text berücksichtigt nur einige der vielen Faktoren, die möglicherweise die Konvergenz bedingten. Soziale, kulturelle und politische bleiben unberücksichtigt. Unbefriedigend ist auch die 18-Branchen-Standardstruktur, die den meisten Aussagen zugrunde lag. Selbst die 61-Branchen-Klassifikation ist noch zu grob, als daß differenziertere Angleichungen hinsichtlich der Produkte und Produktionsverfahren hätten aufgezeigt werden können. Es bleibt die zentrale Frage, inwieweit die "formale" Angleichung der Wertschöpfungs- und Beschäftigtenanteile auch eine "inhaltliche" hinsichtlich der Produktionsverfahren war.

Bo Stråth

Der Nachkriegsboom in Schweden: Zur Frage von Kontinuität und Bruch im Gesellschaftswandel

Der wirtschaftliche Boom in den 1950er und 1960er Jahren in Schweden stellte eine Art Erntezeit des sozialdemokratischen Gesellschaftsmodells dar, auch wenn die sozialdemokratische Führung selber den Begriff "Erntezeit" in dem diskursiven politischen Kampf nach 1945, um einmal Gesellschaftsprobleme zu definieren, einem erheblich fortschrittlicheren Gedankenbau vorbehalten hatte. Eine wirtschaftliche Erntezeit stellte der Nachkriegsschub ohne weiteres dar, aber die Sozialdemokratische Arbeiterpartei (SAP) hatte in ihren Überlegungen vor Kriegsende Erntezeit eher mit politischen Steuerungsmaßnahmen und sozialer Ingenieurkunst als mit dem Marktbegriff verknüpft. Kurzum, eine Erntezeit kam, aber kaum so, wie sie gedacht oder geplant war.

Dieser Ausgangspunkt weist auf die Frage hin, welche Möglichkeiten man der Politik zumessen kann, um wirtschaftliche Prozesse zu steuern oder zu beeinflussen. Was war politische Steuerung, und was war wirtschaftliche Marktentwicklung im Entwicklungsschub der 1950er und 1960er Jahre? (Die zwei Kategorien sind natürlich idealtypisch verstanden. In der Wirklichkeit geht es ja um ein komplexes und wechselwirkendes Mischungsverhältnis.) Diese Frage ist mit einer anderen Frage eng verbunden: Inwieweit waren die fünfziger und sechziger Jahre in Schweden ein wirtschaftlicher und politisch-kultureller Strukturbruch? Wie einmalig war in einer längeren historischen Perspektive der Entwicklungsschub dieser Jahre?

Um diese Frage zu erörtern, werde ich zunächst die langfristigen Voraussetzungen und Entwicklungstendenzen der Wirtschaft und des Arbeitsmarktes seit dem Anfang des Industrialisierungsprozesses behandeln. Danach wende ich mich der grundlegenden gesellschaftlichen Organisierung der dreißiger Jahre zu und komme dann auf die zwei Hauptfragen zurück.

1. Der wirtschaftliche Zuwachs Schwedens: Langfristige Entwicklungsmuster

International hat sich die Auffassung durchgesetzt, daß Schweden bis nach 1850 zu den ärmsten Ländern der Welt gehört und ab den 1870er Jahren dann eine fast rasante Entwicklung eingesetzt habe. Der wirtschaftliche Zuwachs soll schneller als in anderen Ländern gewesen sein. Das wurde auch für die Periode 1913-1950 angenommen. Neue Berechnungen zur historischen Entwicklung des schwedischen Sozialprodukts von Olle Krantz u.a. deuten freilich ein etwas anderes Bild an. Die traditionelle Auffassung muß diesen Berechnungen zufolge revidiert werden[1].

Die Lage um 1850 wich von anderen europäischen Ländern nicht so stark ab wie früher gedacht. Die Größe des Sozialprodukts unmittelbar vor Beginn der eigentlichen Industrialisierung muß nach oben korrigiert werden, d. h., die Entwicklungskurve war weniger steil. Das jährliche Wachstum 1870-1913 war nur um wenige Zehntel größer als für Europa im Durchschnitt. Am auffallendsten ist, daß sich das schwedische Wirtschaftswachstum nach einer zufälligen Beschleunigung in den 1890er Jahren und einer Verlangsamung zu Beginn des 20. Jahrhunderts ab Anfang der 1930er Jahre beschleunigte. Die Entwicklung spiegelt sich in Diagramm 1 und in Tabelle 1 wider.

Wenn es einen Bruch in der Entwicklung gab, so scheint es ihn in Schweden in den 1930er Jahren viel eher als in den 1950er Jahren gegeben zu haben. Auch die Entwicklung der Investitionsquote unterstützt diese Schlußfolgerung. Nach einer langen stagnierenden Periode nahm sie ab Anfang der 1930er Jahre bis in die 1960er Jahre stark und kontinuierlich zu. Die prozentuale Zunahme des Anteils der Industrieinvestitionen am Sozialprodukt war (Fünfjahresdurchschnitt) für 1861/65-1891/95 1,2 v. H., für 1891/95-1906/10 1,7 v. H., für 1906/10-1926/30 0,1 v. H., für 1926/30-1951/55 2,4 v. H. und für 1951/55-1971/75 1,3 v. H. Die Bauinvestitionen nahmen in den 1920er Jahren mit 24 v. H., in den 1930er Jahren mit 43 v. H., die Maschineninvestitionen mit 65 v.H. bzw. 97 v. H. real zu. Allein innerhalb der Industrie stiegen die Bauinvestitionen in den

---

1 Vgl. Olle Krantz, *Utrikeshandel, ekonomisk tillväxt och strukturförändring efter 1850*, Stockholm: Liber 1987. Die Rolle der Exportquote (Exportanteil am Bruttosozialprodukt) in diesem Wachstum ist nicht eindeutig. Die schwedische Entwicklung könnte folgendermaßen zusammengefaßt werden: Von der Mitte des 19. Jahrhunderts bis zu den 1880er Jahren verdoppelte sich die Exportquote. Das Warensortiment war aber schmal und von Rohwaren und Halbfabrikaten dominiert, und das bedeutete eine Exportstruktur, die für ein Industrieland nicht typisch ist. Vom Ende der 1880er Jahre bis 1905/1910 war die Tendenz abnehmend, d.h. ein größerer Teil der Produktion blieb im Inland. Die Zusammensetzung des Exports änderte sich ebenfalls; der Anteil von Industrieprodukten nahm zu. In den 1910er und 1920er Jahren handelte es sich wieder um eine trendmäßige Zunahme der Exportquote und in den 1930er und 1940er Jahren um eine Abnahme. Ab Anfang der 1950er Jahre nahm sie wieder zu und zwar schneller als je zuvor.

Der Nachkriegsboom in Schweden

Diagramm 1: Sozialprodukt pro Kopf in Schweden 1851-1980

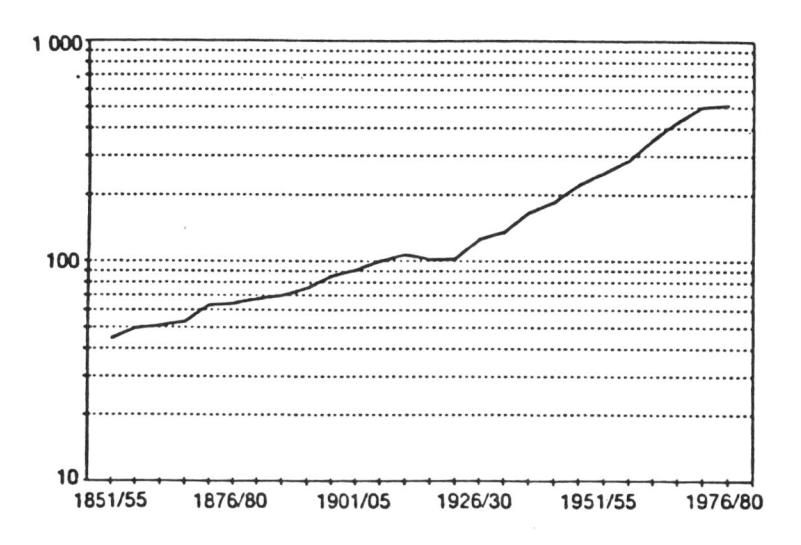

Anm.: Fünfjahresdurchschnitte zu festen Preisen. Index 1906/1910 = 100.
Quelle: Olle Krantz, *Utrikeshandel, ekonomisk tillväxt och strukturförändring efter 1850*, Stockholm: Liber 1987, S. 12.

Tabelle 1: Wirtschaftlicher Zuwachs in Schweden und einigen anderen Ländern 1851-1980

	Schweden	Dänemark	Frankreich	Großbritannien	Deutschland
1851/55-1891/95	1,3	1,1	1,2	1,2	1,4
1891/95-1906/10	1,9	2,0	1,4	0,9	1,6
1906/10-1926/30	1,2	1,6	1,5	0,6	1,1
1926/30-1951/55	2,8	1,5	1,2	1,4	1,8
1951/55-1971/75	3,5	3,6	4,1	2,3	4,4
1971/75-1976/80	1,0	2,0	2,8	1,8	2,9

Quelle: Wie zu Diagramm 1. Betreffs der Länder außerhalb Schwedens stützt sich Krantz auf A. Maddison, *Phases of Capitalist Development*, Oxford University Press 1982, Appendix A und B, und auf die OECD-Statistik von 1983.

1920er Jahren um 8 v. H. und in den 1930er Jahren um 76 v. H. an. Für die Maschineninvestitionen waren die entsprechenden Zahlen 89 v.H. bzw. 82 v. H. Die Entwicklung könnte so gedeutet werden, daß die große Rationalisierungstätigkeit der 1920er Jahre zum größten Teil eine Mechanisierung und Effektivierung der vorhandenen Industriestruktur darstellte. In den 1930er Jahren war eher von einer Veränderung dieser Struktur die Rede, erleichtert durch die Geldpolitik.

Der Beginn der 1930er Jahre war in mehreren Hinsichten von *zunehmenden* wirtschaftlichen Aktivitäten gekennzeichnet, auch wenn die Arbeitslosigkeit stark anstieg. Die zunehmende wirtschaftliche Aktivität und die Expansion der Investitionen waren beide exportabgeleitet und hingen gleichzeitig mit einer inlandsbestimmten Erneuerung der Wirtschaft zusammen.

Die Abwertung der schwedischen Krone war nach Aufgabe der Goldwährung im Jahre 1931, nachdem auch Großbritannien im September die Goldwährung aufgegeben hatte, ein Schlüsselfaktor, der die Exportindustrie erfolgreich förderte und die Binnenindustrie schützte. Probleme im Kielwasser der Weltwirtschaftskrise wurden durch die Abwertung an den Weltmarkt zurückverwiesen. Im Verhältnis zum Gold und zu den Währungen, die an Gold geknüpft waren, war die Abschreibung 45 v. H., im Verhältnis zu den wichtigsten Weltwährungen 25 v. H. Die Wettbewerbssituation Schwedens verbesserte sich auf einmal gegenüber allen anderen Ländern, außer gegenüber Norwegen, Finnland und Dänemark, die noch stärker abwerteten. Besonders das relative Lohnkostenniveau der schwedischen Maschinenbauindustrie verbesserte sich erheblich. Die 1930er Jahre bedeuteten einen zweiten Durchbruch in der Maschinenbauindustrie nach dem ersten Durchbruch nach 1880. Aber auch die Nahrungsmittel- und die Textilindustrie, die vor allem auf dem Inlandsmarkt operierten, machten Fortschritte[2].

Exportzuwachs und Importsubstitution zusammengenommen, brachten Schweden in den 1930er Jahren einen wirtschaftlichen Aufschwung. Statt wie etwa Deutschland Absatzprobleme an kolonialen Märkten zu erleben, handelte es sich hier um eine Expansion des Maschinenbaus dank einer günstigen Kostenlage, die stark an den *take off* der *NICs* Ende der 1970er Jahre erinnert. Dort expandierten Industriezweige wie Stahl und Schiffbau zu einer Zeit, in der die westliche industrialisierte Welt offensichtlich mit Rückgängen zu kämpfen hatte. Diese Entwicklung hing, ebenso wie die schwedische in den 1930er Jahren, in hohem Grade mit wechselseitigen Konkurrenzvorteilen zusammen.

Die schwedische wirtschaftliche Entwicklung läßt sich ebenso wie die entsprechende Entwicklung in den anderen Ländern in Phasen gliedern (die natürlich weder inhaltlich noch chronologisch identisch sind). Dabei scheinen die Jahre um 1930 in Schweden weder eine kurze und unnormale Abweichung von einer gedanklich vorgestellten Normalität geradlinigen Zuwachses zu sein noch das Ende einer Epoche, die mit wohlfahrtspolitischer Beatmung nur eine kurze

---

2 Vgl. ebd., S. 15-20.

Zeit am Leben erhalten werden könnte (wie beispielsweise Deutschland in der Perspektive von Lutz).

Die Phasengrenzen, die man für Schweden unterscheiden kann (1850er, 1890er, 1930er und 1970er Jahre), sind durch einen jeweils umfassenden Strukturwandel gekennzeichnet. In diesen längeren Phasen liegen kleinere Brüche (1870er, 1910er, 1950er/1960er Jahre), die ganz von *Rationalisierungen* (eher als von Wandel) der vorhandenen Strukturen gekennzeichnet sind[3]. Die Phasengrenzen der größeren Strukturver*änderungen* stimmen wohl mit Rolf Torstendahls Periodisierung des Kapitalismus überein: vom klassischen Industriekapitalismus zum organisierten Kapitalismus um 1890, vom organisierten zum partizipatorischen Kapitalismus um 1935 und vom partizipatorischen zum korporativen Kapitalismus um 1970[4]. Eine neue Phase der grundlegenden Gesellschaftsorganisation Schwedens begann um 1935. Der schnelle Wirtschafts- und Gesellschaftswandel nach 1950 war eine Verfeinerung und Rationalisierung dieser Gesellschaftsorganisation, eine Entwicklung und Fortsetzung, aber kein Bruch.

Die Phasengrenzen (1850er, 1890er, 1930er, 1970er Jahre) könnten als ein Aufstauen von Problemen, die eine Herausforderung zur Lösung und Krisenbewältigung dargestellt haben, beschrieben werden. Dabei erscheint es schwierig, die Problemhäufungen und die Problemlösungen auf nur einen Faktor - egal, ob Export oder Wohlfahrtspolitik - zu beziehen. Beides sind Fragen, die sich auf mehrere Faktoren (wirtschaftliche, technologische, politische, ideologisch/kulturelle) beziehen und die deshalb in einer historischen Prozeßanalyse erörtert werden müssen. Hier ist natürlich kein Platz dafür, die schwedische Entwicklung in einem ausführlichen multifaktorellen *systematischen* Prozeßmodell zu beschreiben. Es sei daher auf die Ansätze von Torstendahl verwiesen.

2. Der Arbeitsmarkt

Die Anzahl der Berufstätigen stieg kontinuierlich von 1,3 Millionen 1870 auf 2 Millionen 1910, 2,5 Millionen 1920, 3 Millionen 1950, 3,5 Millionen 1965 und 4,2 Millionen 1990. Dieser stabile Zuwachs der Arbeitskraft spiegelt sich in Diagramm 2 wider. In der Entwicklung vor 1920 können 60 v. H. der Zunahme mit demographischen Faktoren erklärt werden, für die Zeit danach 85 v. H.[5]. 40

---

3 Vgl. ebd.
4 Vgl. Rolf Torstendahl, Technology in the Development of Society 1850-1980. Four Phases of Industrial Capitalism in Western Europe, in: *History and Technology*, 1/1984.
5 Vgl. Per Silenstam, *Arbetskraftsutbudets utveckling i Sverige 1870-1965*, Stockholm: A&W 1970, S. 20.

bzw. 15 v. H. ist auf eine Mobilisierung der Arbeitskraftsreserven, vor allem von Frauen, zurückführbar.

Diagramm 2: Entwicklung der Anzahl der Berufstätigen 1870-1965.
(Männer und Frauen)

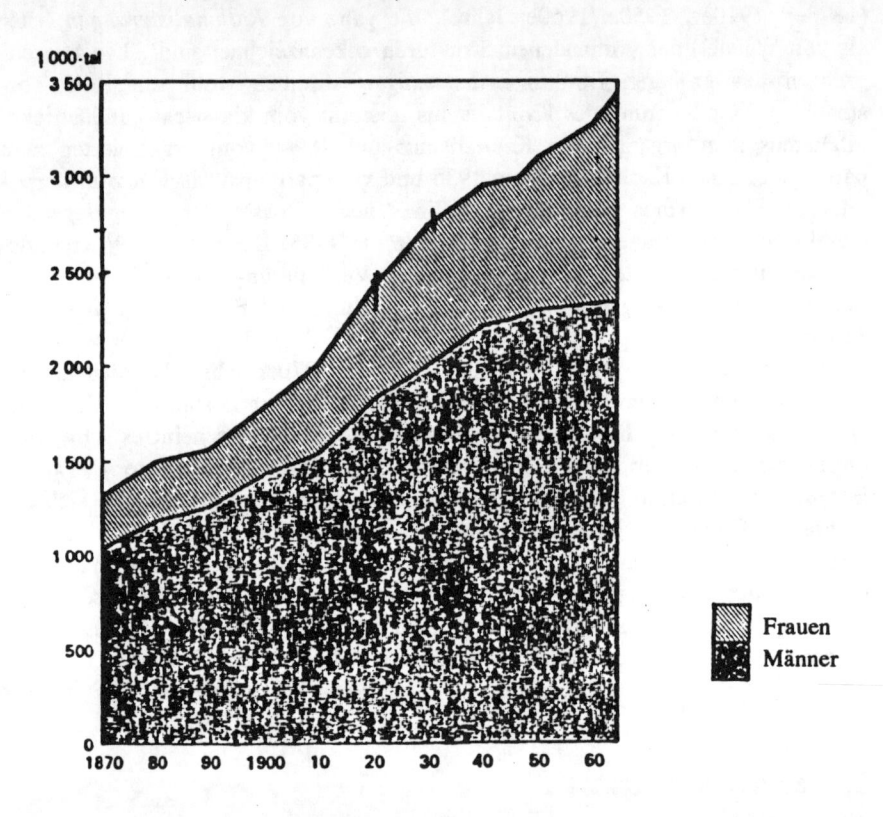

Quelle: Silenstam, *Arbetskraftsutbudets*, S. 22.

Diese Entwicklung verlief gleichzeitig mit der Überführung von Arbeitskraft aus dem traditionellen in den modernen Sektor. Das schwedische Bild scheint aber dem Diagramm gemäß komplexer zu sein, als daß es nur eine Dualität zwischen einem traditionellen Agrar- und Handwerkssektor und einem modernen Industriesektor darstellte. Der Zustrom von Frauen deutet auf eine frühe Bedeutung des Dienstleistungssektors hin.

Die Mobilisierung der Arbeitskraftreserven, vor allem vor 1920, muß im Zusammenhang mit der Massenauswanderung nach Nordamerika gesehen werden.

Zwischen 1850 und 1920 emigrierte allein eine Million Schweden - und das bei einer Bevölkerung von insgesamt fünf Millionen um 1900. Das große Gesellschaftsproblem um die Jahrhundertwende war die Vermeidung eines zukünftigen Mangels an Arbeitskräften. Die große Bedrohung des bürgerlichen Schwedens war nicht ein revoltierender Pöbel, sondern ein langfristiger Arbeitskräftemangel[6] Diese Lage gab natürlich der Arbeitskraft Macht und schuf sehr günstige Bedingungen für gewerkschaftliche Organisierung und Politik, die ihrerseits die Organisierung der Arbeitgeber vorantrieb. Diese Stärkeverhältnisse am Arbeitsmarkt bedeuteten eine frühe Modernisierung des sozialen Konflikts und die Herausbildung einer Arbeitsmarktkultur mit ihren Institutionen, die in ihrer Verlängerung als hierarchisch und zentralistisch zusammengefaßt werden kann. Die frühe und massive Organisierung des Arbeitsmarkts blockierte in vielen Hinsichten die Funktion des "eisernen Lohngesetzes".

Die Frage von der Funktion des Lohngesetzes hängt freilich auch sehr eng mit der Arbeitslosigkeit zusammen. Wie entwickelte sie sich in Schweden?

Tabelle 2: Arbeitslosigkeit 1911-1945 (in v. H. der Gewerkschaftsmitglieder)

1911	5,6	1921	26,6	1931	16,8	1941	11
1912	5,4	1922	22,9	1932	22,4	1942	7
1913	4,4	1923	12,5	1933	23,3	1943	5
1914	7,3	1924	10,1	1934	18,0	1944	4
1915	7,2	1925	11,0	1935	15,0	1945	4
1916	4,0	1926	12,2	1936	12,7		
1917	4,0	1927	12,0	1937	10,8		
1918	4,6	1928	10,6	1938	10,9		
1919	5,5	1929	10,2	1939	9,2		
1920	5,4	1930	11,9	1940	11,8		

Quelle: Wie Diagramm 2 (Silenstam, S. 108).

Die für Tabelle 2 benutzten Quellen sind die einzigen, die ein Aggregat über die Arbeitslosigkeit zusammenzustellen erlaubten, d. h., die Zahlen müssen unter Vorbehalt gelesen werden. Die Tendenz könnte in der Tat in gegensätzliche Richtungen verlaufen. Die Berechnungsbasis (Gewerkschaftsmitglieder) ist zu schmal, und die tatsächlichen Werte dürften niedriger liegen. Auf der anderen Seite haben sich aber wahrscheinlich viele Arbeitslose, die nicht Gewerkschaftsmitglieder waren, nicht bei den von den Gewerkschaften eingerichteten Kassen

---

[6] Thomas Magnusson, Poor, Unemployed, Worker. A Study of Key Concepts in the Debate on the Social Problem in Sweden 1839-1913, in: Bo Stråth (Hrsg.), *Language and the Construction of Class Identities. The Struggle for Discursive Power in Social Organisation: Scandinavia and Germany after 1800*, Gothenburg University 1990.

gemeldet. Um 1930 waren etwa 45 v. H. der Industriearbeiter gewerkschaftlich organisiert. Für die Zeit nach 1930 sind die Angaben zuverlässiger.

Für die Zeit zwischen 1945 und 1990 ist die Arbeitslosigkeit niemals über 3,5 v. H. gestiegen. In der Zwischenkriegszeit sind dagegen, wie aus Tabelle 2 deutlich wird, große Scharen an Arbeitskräften vom Arbeitsmarkt verdrängt worden. Trotzdem ging, wie im vorigen Abschnitt gezeigt wurde, die positive Prosperitätsspirale nicht in eine negative über. Der Anfang der 1930er Jahre war ja eine Phase von zunehmender wirtschaftlicher Aktivität. Wie soll dieses Paradoxon erklärt und verstanden werden?

Um diese Frage zu beantworten, muß das politische Feld und das Feld der gewerkschaftlichen Strategien beleuchtet werden. Im politischen Feld gab es hier nicht nur eine gelungene Abwertung der Währung, sondern auch und vor allem das Entstehen einer Politik zur Senkung der Arbeitslosigkeit. Außerdem muß hervorgehoben werden, daß die Zunahme der Arbeitslosigkeit nach 1920 auch die Folge sehr umfassender Rationalisierungen und Mechanisierungen in der Industrie war. Von einem Rückgang des Exports scheint indes weniger die Rede zu sein[7].

Die Gewerkschaften teilten schon früh mit den Arbeitgebern das Interesse an Rationalisierungsmaßnahmen in der Industrie, auch wenn der Inhalt des Begriffs lange Zeit umstritten war[8]. (Die Gewerkschaften waren z. B. gegen den Taylorismus, der ihrer Meinung nach nur eine Überorganisation und ein Anwachsen von Aufsehern und Obleuten zur Folge hatte, und meinten, daß das Problem eher eine Frage von veralteten Produktionsmethoden und -maschinen war.)

Ein wichtiger Grund dieses gemeinsamen Interesses an der Rationalisierung lag in den öffentlichen Diskursen um die Jahrhundertwende über die Emigrationsfrage. Ein anderer Faktor, der in dieselbe Richtung wirkte, war die Arbeitszeitverkürzung in der Maschinenbauindustrie von 62 Stunden pro Woche 1891 auf 48 Stunden 1920, d. h. um 22,5 v. H. Die Arbeiter forderten Lohnkompensation. Die Arbeitgeberantwort darauf war Intensivierung der Arbeit. Diese Problemlösung muß im Zusammenhang mit dem historisch gewachsenen Bild eines Mangels an Arbeitskraft gesehen werden.

Die Nachkriegskrise und die Massenarbeitslosigkeit Anfang der 1920er Jahre hatten eine vertiefte Auffassung des Rationalisierungsbegriffs vor allem in den einflußreichen Metallarbeitergewerkschaften zur Folge. Als die Arbeitgeber nominelle Lohnkürzungen als Krisenheilmittel forderten, war die Antwort der Gewerkschaften Intensivierung der Arbeit und die Ausstattung mit modernen Produktionsmitteln.

Die Gewerkschaftsstrategie war angebotsorientiert, mit niedrigeren Produktionskosten als Hauptmittel, ohne daß niedrigere Produktionskosten Lohnkürzung bedeuteten. Das heißt, daß die der Krise ausgesetzten Gewerk-

---

7 Vgl. Silenstam, *Arbetskraftsutbudets* (Anm. 5), S. 25
8 Zu den Gewerkschaften und zur Rationalisierungsfrage s. Anders Johansson, *Tillväxt och klass-samarbete*, Stockholm: Tiden 1989.

schaften jetzt dieselben Gründe anführten, mit denen früher die Arbeitgeber argumentiert hatten. Als die Arbeitgeber auf die Krise als erstes mit Lohnkürzungen reagierten, empfahlen die Gewerkschaften, es zunächst mit Rationalisierungen zu versuchen. 1921 schlug der Gewerkschaftsbund LO vor, ein Dreiergremium für Rationalisierungsfragen einzurichten. Das Problem des Achtstundentages wurde - ganz anders als in Deutschland, wo die Meinungen der Gewerkschaften und der Arbeitgeber in dieser Frage noch einige Jahre nach dessen Einführung aufeinanderprallten - aufgegriffen und gelöst.

Im damals entstehenden Interpretationsrahmen des Verständnisses vom schwedischen Arbeitsmarkt bezog sich die Konnotation des Rationalisierungsbegriffs immer weniger auf Verelendung und Ausbeutung und immer mehr auf Möglichkeiten einer Verteilung vermehrter Produktion. Der Fokus im Begriff bewegte sich von der Organisation des Arbeitsprozesses zum wirtschaftlichen Ertrag als Grund verbesserten Lebensstandards, zu Reformen und Lohnerhöhungen. Statt als ein Nullsummenspiel konzipiert zu werden, wo der Gewinn des einen der Verlust des anderen ist, bot sich als Perspektive erhöhte Produktivität an, die einen größeren Kuchen zwischen Arbeit und Kapital zu verteilen versprach. Diese Perspektive wurde vor allem auf der Führungsebene der Gewerkschaften entwickelt. An der Basis setzte sie sich nicht so schnell durch. Die neue Sicht wurde vor allem während der neuen Krise Anfang der 1930er Jahre, als die Arbeitslosigkeit wieder zunahm, von der Basis bestritten.

Um 1930 erfolgte dieses Basisdrucks wegen eine Neuorientierung der Politik der sozialdemokratischen Parteien gegenüber der Arbeitslosigkeit . Sie wurde nicht, wie oft behauptet, von keynesianischen Theorien, sondern von kulturellen und institutionellen Verhältnissen hervorgerufen[9] . Die parlamentarische Mehrheit für die Hauptzüge der neuen Politik wurde durch die rot-grüne Krisenvereinbarung mit der Bauernpartei 1933 geschaffen. Ein umfassendes Arbeitsbeschaffungsprogramm wurde beschlossen. Die sozialdemokratische Regierung wurde in dieser Situation der Wirtschaftskrise und Massenarbeitslosigkeit von den Gewerkschaften und der Basis gedrängt, etwas gegen die Arbeitslosigkeit zu tun. Dafür mußte sie eine Koalition im Reichstag bilden. Der Preis, den die Bauern zahlen mußten, um beim Arbeitsbeschaffungsprogramm und der Arbeitslosigkeitsentschädigung mitzuwirken, waren höhere Preise und Zollschutz für Landwirtschaftsprodukte. Dieses Beispiel weist in einer vergleichenden Perspektive auf die institutionellen und politisch-kulturellen Unterschiede zwischen Schweden und Deutschland zu dieser Zeit hin. In der Weimarer Republik stürzte die letzte Regierung mit sozialdemokratischer Beteiligung gerade über der Frage der Finanzierung der Arbeitslosenversicherung, und die Zeit der Präsidialregierungen fing an.

Eine Reihe von Projekten am "freien" Markt wurde über das Staatsbudget leihfinanziert. Staatliche und kommunale Aufträge wurden vorzeitig begonnen. Dar-

---

9 Vgl.Bo Stråth, *Industrial Change and State Power*, Manuskript 1990,S. 2.

lehen für den Wohnungsbau sowie Staatsbeteiligungen und Subventionen für einzelne Unternehmen wurden genehmigt. Ein Sonderprogramm für arbeitslose Jugendliche wurde beschlossen. Außerdem wurden staatliche Zuschüsse an anerkannte Arbeitslosenkassen gegeben.

Burkart Lutz legt auf die Perzeption der Weltwirtschaftskrise der 1930er Jahre in den USA, als bewältigbare Herausforderung, großen Wert:"...die völlig andere Stimmungslage..., die in den USA im Vergleich zu Europa beim Ausbruch der Wirtschaftskrise herrschte; und nur diese Stimmungslage kann die Art und Weise erklären, in der das politische Amerika, nachdem die Hoaversche Deflationspolitik offenbar gescheitert war, auf die Krise reagierte, indem es diese weder als eine Naturkatastrophe noch als Zeitwende, sondern als eine Herausforderung definierte, die aus steuerungs- und entscheidungstechnischen Defiziten resultierte und auf der gleichen Ebene gelöst werden konnte."[10]

Die schwedische Situation erinnert sehr an die der USA in dieser Schilderung. Der Unterschied war lediglich der, daß in Schweden der innenpolitische Widerstand gegen die Reformpolitik weniger stark war. Es gab dort keinen Hoover. Die bürgerliche Regierung hatte schon vor dem Regierungswechsel 1932 Versuche mit sogenannten Bereitschaftsarbeiten betrieben. Der Reichstag ließ die Regierung über Sondermittel verfügen, die an die staatlichen Behörden für die Finanzierung vorzeitig begonnener Arbeiten verteilt werden konnten. Sie sollten dieselben Bedingungen wie am "freien" Markt (betr. Lohn und Rekrutierung) haben[11].

Es muß betont werden, daß diese Programme vor der sozialdemokratischen Regierungsübernahme und der Abmachung mit den Bauern nur einen sehr kleinen Umfang besaßen. Aber das Wichtige ist, daß das Prinzip der Intervention in den freien Markt anerkannt und angewandt wurde.

Die politisch-kulturelle Voraussetzung des rot-grünen Kompromisses war die Tatsache, daß sich die SAP nach 1928 eindeutig in die Richtung von der Klassen- zur Volkspartei entwickelte. (Schon seit der Jahrhundertwende und zuvor gab es diese Strömung innerhalb der Partei. Die Bauern, vor allem die Kleinbauern, wurden z. B. - anders als innerhalb der deutschen SPD - sehr früh als ein potentieller Koalitionspartner betrachtet.)

Die schwedische sozialdemokratische Regierung traf ihre Krisenmaßnahmen nicht kapitalismuskritisch, sondern auf einer überwiegend technischen Ebene. Das kapitalistische System anzuerkennen, aber dessen Rahmen mit politischen Maßnahmen zu setzen, sollte übrigens der Stempel sein, den die sozialdemokratische Partei ihm während der über 40 Jahre langen Regierungszeit aufdrückte. In der Verlängerung der Abmachung mit den Bauern 1933 fand das viel wichtigere (langfristig gesehen) Übereinkommen zwischen den Arbeitgebern und

---

10 Burkart Lutz, *Der kurze Traum immerwährender Prosperität*, Frankfurt a.M.: Campus 1984, S. 84.
11 Vgl. Göran Therborn, The Coming of Swedish Social Democracy, in: *Annali de la Fondazione Giangiacomo*, Mailand: Feltrinelli Editore 1983/1984.

den Gewerkschaften in Saltsjöbaden 1938 statt, historischer Kompromiß genannt, in dem die Rollen für die kapitalistische Wirtschaft, das gegenseitige Interesse an Rationalisierung und Produktivität und die Institutionalisierung des Verteilungskonflikts vereinbart wurden. Hier gibt es ganz bestimmt eine Kontinuitätslinie ab 1933 über 1938 bis in die Nachkriegszeit hinein, als die Erfahrungen der Kriegswirtschaft und des Staatshaushalts sowie des Burgfriedens während des Krieges den Sozialdemokraten die Einsicht vermittelten, daß mehr Steuerungsmaßnahmen möglich waren, als man wahrscheinlich zuerst gedacht hatte.

Das Fundament dieser grundlegenden gesellschaftlichen Organisierung der 1930er Jahre war die Herausbildung eines institutionellen Dreiecks von Produktion (Saltsjöbaden 1938), Politik (wirtschaftliche Verteilung durch die SAP) und einem reorganisierten, von den Sozialdemokraten kontrollierten Staat[12]. Die Triebkraft dieser Konstruktion wurde der aktive, interventionistische sozialdemokratische Staat. Die Reorganisation der 1930er Jahre bedeutete die endgültige Vergesellschaftung des schwedischen Staates. Von jetzt ab wurden Staat und Gesellschaft synonyme Begriffe. Die Formel der Konstruktion ermöglichte es, eine Expansion des Kapitalismus gedanklich eher mit *fair-share* sozialer Reformpolitik als mit sozialer Turbulenz zu verbinden. Die zentrale Dimension der sich herausbildenden Politik war nicht primär die keynesianische Wirtschaftstheorie, sondern der ausgesprochene Wille und das Vermögen, eine Reihe von grundlegenden Kompromissen über die zusammenprallenden Arbeit-Kapital-Interessen zu institutionalisieren. Erst danach wurde Keynes' Theorie benutzt, um zu legitimieren, was schon begonnen war. 1932-33 hieß die Frage noch nicht: neue oder alte Wirtschaftstheorie, Keynes oder Budgetbilanz, sondern ob die Arbeiten, die den Arbeitslosen zugewiesen wurden, niedriger entlohnt werden sollten als am "freien" Arbeitsmarkt. Die Gewerkschaften fühlten sich von einem Lohn-Dumping durch die unterbezahlten öffentlichen Nothilfearbeiten bedroht. Der politische Kampf 1932-33 war eine reine Machtfrage. Es gab noch keine theoretische Alternative, die zur ideologischen Unterstützung gegen das vorherrschende neoklassische Konzept (Lohnkürzung als Heilmittel gegen Arbeitslosigkeit) politisch benutzt werden konnte.

Soweit die arbeitsmarktpolitische Antwort auf die Weltkrise. Die wirtschaftspolitische Antwort auf den Zusammenbruch des Welthandels und des Goldwährungssystems war eine geldpolitische. Die Goldwährung wurde, wie erwähnt, 1931 aufgegeben - eine Woche, nachdem Großbritannien seine Währung umgestellt hatte. Nach der Ablösung vom Gold wurde eine expansive Geldpolitik betrieben.

Dagegen nahmen sich die finanzpolitischen Maßnahmen eher bescheiden aus. Das Budgetdefizit war während der Krise der 1920er Jahre größer als Anfang der

---

12 Vgl. Thorsten Nybom, The Making and Defence of the Social Democratic State. Swedish Labour Movement 1935-1950, Paper for the Symposium on the Development of West European Social Democracy after the Second World War, Amsterdam 2.-4. Okt. 1986.

1930er Jahre. In der Weltwirtschaftskrise hatten die Defizite übrigens schon vor der sozialdemokratischen Regierungsübernahme 1932 eingesetzt. Wirkliche finanzpolitische Maßnahmen wurden nicht vor der Wende der Konjunkturen eingeleitet.

Trotz der expansionistischen Geldpolitik und der neuen Arbeitsmarktpolitik verringerte sich die Arbeitslosenzahl erst mehrere Jahre später. Die langfristige Bedeutung der neuen Organisation der Gesellschaft der 1930er Jahre war die, daß die an sich gegensätzlichen Interessen der Industrie und der Gewerkschaften auf eine Formel gebracht werden konnten und ein Kompromiß erreicht wurde. Die Formel konnte später in einen keynesianischen Interpretationsrahmen übergeführt werden. Die expansionistische Geldpolitik veränderte die Einstellungen zur Wirtschafts- und Sozialpolitik. Die sozialdemokratische Reformpolitik sah soziale Sicherheit als ein staatsbürgerliches Recht für alle an. Ihr Ehrgeiz ging *allmählich* dahin, nicht nur Hilfe in der Not sein zu wollen. *Folkhemmet* wurde ein sozialdemokratisches Schlagwort. Im "Heim des Volkes" waren alle gleich. Der Begriff, um die Jahrhundertwende von sozialkonservativen Ideologen entwickelt, um die Massenauswanderung nach Amerika zu stoppen, wurde in den 1930er Jahren von den Sozialdemokraten endgültig vereinnahmt. Auf diesem Mentalitätsfeld und nicht so sehr auf dem wirtschaftstheoretischen lag die Bedeutung des Machtwechsels. Es war entstanden durch das günstige historische Zusammentreffen einer wirtschaftlichen Situation, die kaum als hemmend betrachtet werden kann, sondern die ein dynamisches Potential enthielt, und einer auf reformistischen Gesellschaftswandel zielenden politischen Bewegung.Ich habe schon oben die Behauptung begründet, daß die 1930er Jahre in Schweden wirtschaftlich einen Bruch darstellen, aber nicht wie üblich zum schlechteren. Die zunehmende wirtschaftliche Aktivität wurde durch die politische Entwicklung ergänzt, in Prozessen, die miteinander verflochten waren, so daß der Bruch in der Gesellschaftsorganisation noch stärker wurde.

Die Wurzeln des Booms der 1950er und 1960er Jahre sind daher für Schweden anderswo zu suchen als in den Ruinen des Zweiten Weltkriegs. Der Krieg verstärkte die interventionistischen Tendenzen und die Legitimität des Gesellschaftsmodells noch und wirkte dadurch eher als Brücke denn als Bruch. Die Kontinuitätslinie verlief unvermindert von den 1930er Jahren in die Nachkriegszeit.

3. Die solidarische Lohnpolitik und die aktive Arbeitsmarktpolitik der Nachkriegszeit

Die politische Formel des Gesellschaftswandels und die Basis der Kompromisse zwischen der sozialdemokratischen Regierung, den Gewerkschaften und der Industrie in den 1930er Jahren war die kapitalistische Freiheit, um die Produktivität zu steigern und den Zuwachs zu fördern, und die politische (d. h. sozialdemokratische) Verteilung des immer größer werdenden Kuchens. Die Gewerkschaften waren an Produktivitätsgewinnen genauso interessiert wie die Industrie.

Nach dem Kriege wurde die Formel den neuen Verhältnissen und den neuen Herausforderungen angepaßt. Die *solidarische Lohnpolitik* und die *aktive Arbeitsmarktpolitik* wurden zu einem Eckstein der Zuwachsstrategie in den 1950er Jahren. Die Strategie wurde von dem Gewerkschaftsbund LO entwickelt und gewann *allmählich*, auf keinen Fall sofort, allgemeine Anerkennung durch die Regierung und die Industrie. Genau wie in den 1930er Jahren war von einer *growth sum game*-Formel die Rede, die die widerstreitenden Interessen in eine Richtung kanalisierte.

Das Konzept der gewerkschaftsnahen Wirtschaftswissenschaftler Gösta Rehn und Rudolf Meidner war ein stabilisierungspolitisches Programm als Folge der Inflation im Kielwasser der Abwertung der schwedischen Krone 1949 und des Koreakrieges. Eine Schlüsselrolle spielte die Arbeitsmarktpolitik. Inflation sollte vermieden werden, ohne das ehrgeizige Ziel, Vollbeschäftigung zu erreichen, aufzugeben.

Die Voraussetzung der Gewerkschaftsstrategie war die anti-inflationistische Stabilisierungspolitik der sozialdemokratischen Regierung nach der Abwertung der Währung 1949 und in der Folge des Koreakrieges. Die sozialdemokratische Parteiführung hatte sich gegen Ende des Krieges auf eine neue Weltwirtschaftskrise mit Massenarbeitslosigkeit wie nach dem Ersten Weltkrieg vorbereitet. In diesem Zusammenhang und mit den Erfahrungen erfolgreicher staatlicher Regulierungsmaßnahmen während des Zweiten Weltkrieges entstand in der SAP der Begriff "Erntezeit" als Ausdruck der endgültigen sozialdemokratischen Eindämmung der kapitalistischen Wirtschaft mit ihren Krisensymptomen. Ein Schlüsselelement des Nachkriegsprogramms war die Einrichtung von Dreiergremien für verschiedene Industriezweige. Sie sollten u.a. die Investitionstätigkeit beaufsichtigen und beeinflussen.

Ziemlich schnell nach dem Kriege stellte sich aber heraus, daß die wirtschaftspolitischen Probleme der Regierung nichts mit einer Krise der kapitalistischen Ordnung zu tun hatten, sondern - ganz im Gegenteil - vom Erfolg der Wirtschaftsordnung abgeleitet wurden. Ganz andere Steuerungsmaßnahmen als im Erntezeitprogramm waren erforderlich. Die LO-Ökonomen Rehn und Meidner sahen die veränderten Voraussetzungen schon früh. Ihr Vorschlag sollte im Zusammenhang mit steigenden Gewinnen vor allem in der Maschinenbauindustrie gesehen werden, mit politischen Versuchen, Inflation durch Kaufkraftverringerung zu verhindern, und mit einem dadurch entstehenden Basisdruck in den Gewerkschaften, der die Gewerkschaftsführung zum Handeln zwang.

Nach dem Modell sollte eine restriktive generelle Wirtschaftspolitik selektive expansive Einsätze dort ins Spiel bringen, wo Arbeitslosigkeit drohte. Die restriktive generelle Nachfragepolitik sollte Ressourcen-Allokation unter Vermeidung von Lohn- und Preisinflation fördern. Das Mittel hierfür war die gewerkschaftliche solidarische Lohnpolitik, deren leitendes Prinzip gleicher Lohn für gleiche Arbeit war. Dies bedeutete einen Druck auf Unternehmen mit niedrigeren Löhnen und niedrigerer Produktivität. Drohender Arbeitslosigkeit sollte mit Umschulung, Weiterbildung und Arbeitsvermittlung begegnet werden. Tendenzen einer zunehmenden Arbeitslosigkeit, die auf eine restriktive Finanzpolitik und auf Unternehmensschließungen wegen des beschleunigten Strukturwandels im Kielwasser der solidarischen Lohnpolitik zurückgingen, sollten - mit anderen Worten - mit politischen Maßnahmen entgegengewirkt werden[13].

Die Regierung zögerte mehrere Jahre, bevor sie den radikalen Gewerkschaftsvorschlag endgültig annahm. Als die Regierung 1957 das Modell übernahm und als die Arbeitgeber 1956 aus ganz anderen Gründen zentralisierte Tarifverhandlungen vorschlugen (schon 1952 wurde versuchsweise damit begonnen), fielen die Interessen der drei Seiten ebenso wie in den 1930er Jahren wieder zusammen. Die Kompromißtradition wurde verstärkt. Zentralisierte Tarifverhandlungen an einem Arbeitsmarkt, der von starken und hierarchischen Arbeiter- und Arbeitgeberorganisationen beherrscht wurde, war eine Voraussetzung der solidarischen Lohnpolitik mit ihrem in den Tarifverhandlungen von oben initiierten Druck nach unten auf Unternehmen und Branchen mit niedriger Produktivität. Der Staat des *folkhemmet*, der jetzt einer Blütezeit im Rahmen der Reorganisation des Modelles entgegenging, war mehr als ein *managing*-Staat im Sinne von Keynes. Es war eher von einem "einkreisenden" und stets und überall anwesenden Staat (mit dem Arbeitsmarkt in der Mitte) die Rede.

Das Arbeitsamt wurde zentral für eine schnelle Entwicklung, die auf einem schnellen Transfer von Arbeitskräften in hochproduktive Industriezweige und Lohnsteigerungen für die am schlechtesten bezahlten Arbeiter beruhte. Das Problem war nicht, Arbeitslosigkeit in Unternehmen mit niedriger Produktivität zu vermeiden, sondern neue Arbeitsmöglichkeiten in profitableren Industrien zu schaffen.

Nun kann natürlich behauptet werden, daß das, was das politische Modell hier leistete, sich in nichts von dem unterschied, was die Marktkräfte überall in Westeuropa während des Nachkriegsaufschwungs schafften. Es ist auch fraglich, inwieweit die solidarische Lohnpolitik in der Tat die Lohnunterschiede ausglich. In gewisser Hinsicht könnte behauptet werden, daß sie etwa wie die Mohrrübe vor dem Pferd funkionierte, d. h. die Löhne, die Arbeitskräfte in die hochproduktiven Unternehmen und Industrien abzogen, waren höher als die zentralen Lohnfestsetzungen und sie stellten wenigstens teilweise die Unterschiede wieder her, die man in den zentralen Tarifverhandlungen auszugleichen versuchte. Die Bedeutung des politischen Modells lag aber wahrscheinlich nicht in der Förderung des Wachstums, der ja auch anderswo zustandekam und sogar höhere Raten als in

---

[13] Zur aktiven Arbeitsmarktpolitik s. Bo Stråth, Social Change and Active Labour Market Policy: the Case of Sweden, Paper for the Xth Annual Conference of the International Working Party on Labour Market Segmentation, Turin 16.-21. Juli 1987.

Schweden aufwies, sondern in der Vereinigung von Solidarität und wirtschaftlicher Dynamik in eine gedankliche Konstruktion, die später eine kulturelle Sperre gegen Arbeitslosigkeit werden sollte und die Politik in den 1970er Jahren auf Vollbeschäftigung lenkte. Langfristig von Bedeutung war auch die Vertiefung und Institutionalisierung der Dreierverhandlungen, in denen Produktivitätssteigerung und schneller Wandel eine hohe, auch von den Gewerkschaften bejahte Priorität erhielten. Die gewerkschaftliche Strategie war durch schnelle Reallohnsteigerungen und dadurch, daß die Regierung Vollbeschäftigung garantierte, möglich geworden.

Auch für die Bildungsstruktur und die kulturelle Struktur waren die 1960er Jahre ein Jahrzehnt des Wandels. Die Ausbildungsexplosion bedeutete, daß das Abitur eine Massenerscheinung wurde und sogar Prüfungen abgeschafft wurden. Die Basis der Rekrutierung der Universitäten wurde ebenfalls erheblich erweitert. Autos, Fernsehen und Urlaubsreisen ins Ausland, vor allem in das Mittelmeergebiet, waren für die breiten Schichten des Volkes alltäglich geworden. Der Reallohn stieg stark an. Diese Entwicklung brachte natürlich Mentalitätsveränderungen mit sich. Die Umwelt - die physische/psychische wie auch die geographische/politische - wurde z. B. intensiver wahrgenommen, was vielleicht auf die Dauer am wichtigsten war. Egalitäre Strömungen gewannen schnell an Boden. Statushierarchische Wertmuster wurden abgebaut. Die 1960er Jahre bedeuteten zweifellos eine gewaltige Modernisierung in vielen Hinsichten.

So gesehen kann argumentiert werden, daß kultur- und sozialhistorisch eine neue Periode eingeleitet wurde. Dennoch ist mein Argument, daß die schwedische Entwicklung viel stärker von Kontinuität geprägt war. Wenn man vom Jahre 1935 aus 30 Jahre vorwärts und rückwärts blickt, so wäre der Wandel seit 1905 größer als der bis 1965. Kein Jahrzehnt ist dem anderen ähnlich. Es gibt immer einen Wandel. Aber wenn man in Schweden einen etwas bruchartigeren Wandel finden kann, dann in den 1930er (und 1970er/1980er) Jahren; sie waren von großer gesellschaftlicher Neuorientierung gekennzeichnet.

Wie überall in Westeuropa machte sich auch in Schweden Ende der 1960er Jahre eine Radikalisierung der Gesellschaft bemerkbar. Sie könnte als Protest gegen das hohe Tempo des wirtschaftlichen Wandels gesehen werden. Obwohl die Arbeitslosigkeit sehr niedrig war, gab es zahlreiche Betriebsstillegungen, und viele Menschen mußten ihre vertraute Umgebung verlassen. Tausende von Menschen mußten von Nordschweden in die Städte Südschwedens umziehen. Kritiker sprachen von einer Möbelwagenpolitik.

Die Proteste führten aber keine Legitimitätskrise herbei. Schnell wurde der Schwerpunkt des Modells auf seinen anderen Eckpfeiler verlagert: die Garantie der Vollbeschäftigung. (Der erste Eckpfeiler war schnelles Wachstum und Produktivitätssteigerung.) Die Sicherung der Arbeiter wurde durch Gesetzgebung Anfang der 1970er Jahre verankert. Die Folge dieser Beschäftigungsgarantie war eine schnelle Steigerung der Subventionen, als die Strukturkrise die Basisindustrien ab Mitte der 1970er Jahre traf. Die Politik des massiven Subventionseinsatzes wurde vor allem von den verschiedenen Koalitionsregierungen (Konservativen, Liberalen, Zentrum) 1976-1982 vorangetrieben. Die Tatsache, daß sie in sechs Jahren mehr Unternehmen verstaatlichten und subventionierten als es die Sozialdemokraten in den vorangegangenen 40 Jahren getan hatten, sagt alles über die sozialdemokratische *folkhems*-Hegemonie und den Legitimitätsdruck, der die Vollbeschäftigung darstellte.

Die Belegschaftszahlen in der Metall- und Maschinenbauindustrie gingen nach 1976 zurück. Im Unterschied zu der Rationalisierungsbewegung der 1920er Jahre konnte aber diesmal die Vollbeschäftigung beibehalten werden. Ein mit dem Rückgang der Belegschaftszahlen einhergehender schneller Zuwachs der Beschäftigung im öffentlichen Sektor (siehe unten) bedeutete, daß die Industrie tatsächlich langfristige Schwierigkeiten in der Rekrutierung in den 1980er Jahren erlebte und sich deshalb viel mehr um Arbeitsumweltfragen kümmern mußte.

Langfristig sammelten sich aber große Spannungen im Modell an. Ein Grund für diese Anhäufung von Spannungen war der schnell anwachsende öffentliche Sektor, der Nebenwirkungen zeitigte, die man nicht vorhergesehen hatte. Die Voraussetzungen des Lohnbildungsprozesses wurden dramatisch verändert. Es war die Stärke des Modells gewesen, daß *Solidarität* und *Wachstum* in *einer Formel* zusammengehalten werden konnten. Die Tatsache, daß diese Verklammerung ab etwa 1980 immer schwieriger wurde, muß aber auch im Zusammenhang mit neuen Arbeitgeberstrategien gesehen werden, die auf das Modell in dieselbe zentrifugale Richtung wie der anwachsende öffentliche Sektor einwirkten. Rückblickend läßt sich feststellen, daß die 1970er/1980er Jahre von einem Strukturbruch in der grundlegenden Organisation der Gesellschaft wie in den 1930er Jahren gekennzeichnet waren.

4. Die Spannungen im Modell in den 1980er Jahren

Im Vergleich mit der Bundesrepublik war die schwedische Entwicklung ab etwa 1970 unterschiedlich. In der Bundesrepublik war der Zuwachs höher. Die Partizipation der aktiven Bevölkerung am Arbeitsmarkt nahm ab. In Schweden war die Entwicklung in beiderlei Hinsicht umgekehrt. Während die Schaffung von Arbeitsplätzen betont worden war, spielte der Zuwachs als strategischer Leitfaden eine größere Rolle in der Bundesrepublik.

Ein Schlüsselelement des Modells nach dem Zweiten Weltkrieg war der zentralisierte und hierarchisch eingestufte Lohnbildungsprozeß. Ohne die zentralistische Struktur wäre es schwierig gewesen, Druck auf die Unternehmen und Industriezweige mit niedriger Produktivität auszuüben. Die zentralistische Struktur der Tarifverhandlungen wurde Anfang der 1950er Jahre zuerst vom Arbeitgeberbund SAF vorgeschlagen, um den Lohnbildungsprozeß besser kontrollieren zu können; allerdings paßte die Strategie - wie gezeigt - sehr wohl mit der sich entwickelnden Gewerkschaftsstrategie zusammen.

Anfang der 1970er Jahre sahen mehrere Großunternehmen ein, daß die Möglichkeiten, die Produktivität zu steigern, durch Erhöhung des Arbeitstempos und tayloristische Methoden erschöpft waren. Die Motivation und die Leistungsbereitschaft der Arbeiter mußten mit anderen Mitteln verstärkt werden. Eine neue Arbeitgeberstrategie mit Schlüsselbegriffen wie *team work, job design*, Arbeitsumwelt, Monatsgehalt (statt Wochenlohn und Akkord), Mitarbeiter (statt Arbeiter) entwickelte sich - nicht nur in Schweden, sondern in der ganzen industrialisierten Welt - als eine Antwort auf die Produktivitätsprobleme und die allgemeine gesellschaftliche Radikalisierung Ende der 1960er Jahre. In Schweden wurde der Wettbewerb um die Arbeitskraft später auch ein wichtiger Faktor der Strategieentwicklung. Vor allem Volvo setzte sich an die Spitze dieser Entwicklung. Schlüsselgruppen von Arbeitern wurden mittels Gewinnanteile u. a. enger an die Unternehmen gebunden.

Im Verlauf dieser Entwicklung wurden immer mehr Zeichen einer Identitätsbildung sichtbar, die das Wir-Gefühl der Arbeiter und Angestellten auf die Unternehmensebene (statt auf eine nationale "Klassen"-Ebene) beschränkte. Von Solidarität in einem nationalen Rahmen war immer weniger die Rede. Diese Tendenzen einer neuen Identitätsbildung in einigen progressiven und erfolgreichen Unternehmen wurden von der Entwicklung in den von der Strukturkrise betroffenen Unternehmen und Industriezweigen (wie Schiffbau und Stahl) verstärkt. Dort bildete sich im Kampf um das Überleben auf der Unternehmensebene eine Zusammenarbeit zwischen Management und Belegschaft gegen andere Konstellationen heraus, die das Zusammengehörigkeitsgefühl mit den Unternehmen intensivierte[14]. Diese dezentralisierende Strömung unter den Arbeitgebern *und* die gleichzeitig einsetzenden transnationalen Strategien der Kapitalbesitzer nicht nur in Schweden, sondern in der ganzen industrialisierten Welt (im Zusammenhang mit der Internationalisierung oder Multinationalisierung des Kapitals) wirkten langfristig wie eine Kneifzange. Während sich die Voraussetzungen einer aktiven und interventionistischen Politik der Regierung durch den schnell wachsenden öffentlichen Sektor *kurzfristig* verstärkten, wurde die *langfristige* Kapazität des Staates durch internationale Entwicklungstendenzen auf dem Felde der gesellschaftlichen Organisation ausgehöhlt, die zentrifugal sowohl in transnationale als auch dezentralisierende/lokale (Unternehmen) Richtungen gingen.

Der Gewerkschaftsvorschlag, sogenannte Lohnempfängerfonds einzurichten, soll in diesem Zusammenhang als ein (vergeblicher) Versuch gesehen werden, den dezentralisierenden Kräften entgegenzuwirken. Im Laufe der 1980er Jahre brach die zentralisierte Ordnung des Lohnbildungsprozesses der 1950er (oder, wenn man so will, 1930er) Jahre zusammen, nachdem starke Kräfte innerhalb des Arbeitgeberbundes, vor allem die Maschinenbauindustrie, in den Tarifverhand-

---

14 Vgl. Bo Stråth, *The Politics of Deindustrialization*, London: Croom Helm 1987, S.8.

lungen erfolgreich für eine Dezentralisierung argumentiert hatten. Die Gewerkschaften waren für diese Entwicklung nicht ohne Verantwortung. In der Gewerkschaftsbewegung wurde immer dringlicher die Frage gestellt, wie weit der Lohnausgleich im Zuge der solidarischen Lohnpolitik eigentlich gehen sollte. Die Legitimität der Lohnrelationen zwischen den verschiedenen Gruppen geriet unter Druck.

Die fragmentierende Strömung am Arbeitsmarkt und innerhalb der Gewerkschaftsbewegung wurde in den 1980er Jahren zunehmend durch die Rivalität zwischen den Angestellten in der Privatwirtschaft und denen im öffentlichen Sektor vertieft. Der Grund dafür lag in den Produktivitätsunterschieden und der Einkommensverteilung zwischen den Angestellten in den international wettbewerbsorientierten Exportindustrien und den Angestellten mit niederen Löhnen, vor allem Frauen, in den öffentlichen Dienstleistungsberufen.

Eine sehr schnelle Expansion des öffentlichen Sektors folgte aus den strategischen Überlegungen innnerhalb der sozialdemokratischen Parteiführung schon in den 1950er Jahren, als sie einsah, daß der künftige Koalitionsbau wegen der abnehmenden Bedeutung der Bauern auf andere Gruppen zielen mußte. Zunächst dachte man an die schnell wachsende Schicht der mittleren Angestellten. Durch teure Reformen in den Bereichen Pension, Vorschule, Unterricht und Krankenversicherung sollten sie angesprochen und gewonnen werden. Das *Folkhemsmodell* wurde von einem "Kleine-Leute-Modell" zu einem Modell umdefiniert, das die Verhaltensweisen und den Standard der mittleren Angestelltenschichten zur Norm erhob. Statt eines *folkhem*, in dem Gleichheit bedeutete, daß sich alle als Arbeiter oder Kleinvolk fühlten, sollten sich jetzt alle als Mittelschicht verstehen[15].

Diese Strategie hatte zur Folge, daß die Anzahl der Beschäftigten im öffentlichen Sektor, die Anzahl der Frauen (mit niedrigen Löhnen) auf dem Arbeitsmarkt (auf 80 v. H.) und der öffentliche Anteil am Bruttosozialprodukt (von 30 v. H. 1960 auf 67 v. H. 1983) schnell und steil zunahmen[16]. (Diese Entwicklung spiegelt Tabelle 3 wider.)

1965 beschäftigte der private Sektor mehr als doppelt soviele Frauen wie der öffentliche Sektor. Zwischen 1965 und 1983 nahm ihr Anteil am öffentlichen Sektor um 264 v. H. zu. Gegen Ende der 1970er Jahre arbeiteten 54 v. H. der beschäftigten Frauen im öffentlichen Sektor. 1965 war die Hälfte der Beschäftigten im öffentlichen Sektor Frauen, 1983 zwei Drittel. 1989 betrug der Frauenanteil am öffentlichen Sektor 72 v. H., in der Industrie 22 v. H. und im privaten Dienstleistungssektor 38 v. H. Wenn man sich diese Zahlen und dazu noch die

---

15 Vgl. hierzu Gösta Esping Andersen, Jämlikhet, effektivitet och makt. Socialdemokratisk välfärdspolitik, in: Klaus Misgeld/ Karl Molin/ Klas Åmark (Hrsg.), *Socialdemokratins samhälle*, Stockholm: Tiden 1989.
16 60 v. H. der öffentlichen Ausgaben 1983, d. h. 40 v. H. des Bruttosozialprodukts, bezogen sich auf öffentlichen Konsum und Investitionen. Die übrigen 40 v. H. waren Transfer.

niedrigen Löhne im öffentlichen Sektor vergegenwärtigt, erscheint die Diskussion über die Frauenemanzipation in einem ganz anderen Licht.

Tabelle 3: Beschäftigung und Produktion nach Sektoren 1963-1983
(Index 1963 = 100)

	Jahr	Privater Sektor	Öffentlicher Sektor
Waren-	1963	100	100
produktion	1973	85	102
	1983	75	91
Dienstleistung	1963	100	100
	1973	103	162
	1983	118	236

Quelle: Jan Kuuse, *Strukturomvandlingen och arbetsmarknadens organisering*, Stockholm 1986, S. 36-38.

Die Entwicklung seit 1960 hat die Anzahl der Beschäftigten von 3,3 Millionen auf 4,2 Millionen erhöht. Die Zunahme war besonders stark in den 1970er Jahren, als die Frauen in den Arbeitsmarkt einstiegen. Die Umstrukturierung der Industrie und der Wirtschaft bedeutete einen jährlichen Verlust von 10.000 bis 15.000 Arbeitsplätzen in der Fertigungsindustrie. Der Verlust wurde aber durch die Expansion des Dienstleistungssektors, vor allem der öffentlichen Diestleistungen, mehr als ausgeglichen. (Ich erinnere in diesem Zusammenhang an die in der Einleitung erwähnte Tatsache, daß die Arbeitslosigkeit seit 1945 nie über 3,5 v. H. gestiegen ist.)

Am Anfang war die Entwicklung vielversprechend. Teurere Reformen erforderten höhere Steuern und Zuschüsse aus der Arbeitskraftreserve (die Frauen). Die erhöhten Steuern zogen höhere Haushaltseinkommen nach sich, die die Frauen am neu geöffneten öffentlichen Arbeitsmarkt verdienten - sie wurden allerdings niedriger bezahlt als die Männer. Allmählich aber häuften sich schwere Spannungen an, die sich in den 1980er Jahren schließlich entladen sollten. Im Rückblick war die sogenannte Politik des dritten Weges der neuen sozialdemokratischen Regierung ab 1982 ein wichtiger Faktor, der (natürlich unabsichtlich) die Spannungen ins Rollen brachte.

Die Hauptkomponenten der Politik des dritten Weges waren die Abwertung der Währung, um so einen erheblichen Teil der wirtschaftlichen Probleme an den Weltmarkt abzuschieben (wie 1931 und 1949), die Investitionstätigkeit der Industrie durch steigende Gewinne zu stimulieren und schließlich Vollbeschäftigung ohne Inflation durch Zurückhaltung der Gewerkschaften in den Tarifverhandlungen zu erreichen. Rein mathematisch schien dieses Modell zu funktionieren, aber der politische Druck, den die sich anhäufenden Spannungen letztlich auslösten, wurde nicht vorhergesehen. Die Abwertung enthielt an sich ein Inflationspotential und vergrößerte die Chancen für die Exportindustrie an den Auslandsmärkten. Die steigenden Gewinne der erfolgreichen Exportunternehmen und der Mangel an Arbeitskräften brachten in dieser Industrie überdurchschnittliche Lohnsteigerungen, die über die zentralen Tarifabkommen hinausgingen und Kompensationsforderungen der schlechter bezahlten öffentlichen Angestellten auslösten. Der traditionelle Verteilungskonflikt zwischen Arbeit und Kapital ging allmählich in eine Auseinandersetzung zwischen den Gewerkschaften im privaten und im öffentlichen Sektor über. In diesem Zusammenhang müssen die Probleme des öffentlichen Sektors gesehen werden und nicht wie üblich als eine Frage von bürokratischer Sklerose.

Die strategische Lösung eines (politischen) Problems Ende der 1950er und der 1960er Jahre beinhaltete langfristige neue, nicht vorhersehbare Schwierigkeiten. Welche Lösungen angeboten werden und von wem, ist noch immer eine offene Frage. Immerhin scheint klar zu sein, daß das traditionelle Modell vor einer Herausforderung steht.

War der Zweite Weltkrieg in Schweden eher eine Brücke, die Kontinuitätslinien von den 1930er in die 1950er Jahre überführte, so stellten die 1970er und 1980er Jahre einen Strukturbruch in der Gesellschaftsorganisation dar. Schlüsselbegriffe waren Dezentralisierung und Fragmentierung. Das sich immer deutlicher herauskristallisierende Problem der Sozialdemokratie vor dieser Entwicklung in den 1980er Jahren war, daß die Begriffe Solidarität und Zuwachs/dynamischer Strukturwandel/Produktivität/Rationalisierung, die bis dahin in einer Formel zusammengehalten werden konnten, allmählich auseinanderbrachen. Risse entstanden innerhalb der SAP und der LO sowie zwischen der SAP und der LO. Die entstehende Sprache vermittelte immer mehr eine Wahl zwischen den beiden Hauptkomponenten des alten Modells statt sie, wie früher, in *einen* Interpretationsrahmen zu vereinigen.

Eine neue überzeugende und kompromißfähige Sprache zu entwickeln, kann auf Dauer nicht wie soziale Ingenieurkunst von oben gesteuert werden. In der Tat geht es um eine enge und komplexe Verflechtung von wirtschaftlichen und politischen Prozessen. Die Entscheidungen und Handlungen von Tausenden von Akteuren auf der Mikroebene, aggregiert auf der Makroebene, über die Produktion im Wirtschaftsprozeß, über die Distribution im politischen Prozeß sind voneinander abhängig und beeinflussen einander auf komplizierte Weise. Hinzu kommt, daß es für die Entscheidungsträger schwierig oder gar unmöglich ist, die Ergebnisse richtig einzuschätzen, weil zuviele unbekannte Faktoren mitspielen. Die Wechselwirkung zwischen Wirtschaft und Politik in Schweden Anfang der 1930er Jahre war das Ergebnis einer politischen Antwort auf politischen Druck in einer seit langem entwickelten politischen Kultur, die die Richtung der Handlungsdisposition viel mehr bestimmte als eine theoretisch begründete Intervention. Die rationale Erklärung und die von Keynes gegebenen theoretischen

Gründe waren *ex-post*-Konstruktionen, wenn die Politik sich als erfolgreich erwiesen hatte.

Dies zu sagen heißt aber nicht, die Rolle der Politik zu schmälern. Auch wenn die weltwirtschaftlich gegebenen Handlungsspielräume sehr eng sind, gibt es doch gewisse Bewegungsfreiheiten, und zwar in den 1990er Jahren genauso wie es sie in den 1930er Jahren gegeben hat. Die Möglichkeiten der Politik einzuschätzen, neue Begriffe zu entwickeln und neue Interpretationsrahmen zu entwickeln, um auf die Herausforderungen der letzten Jahrzehnte in den 1990er Jahren zu antworten, ist aber eine andere Frage.

Walther L. Bernecker

Das spanische Wirtschaftswunder. Ökonomisches Wachstum und sozialer Wandel in der Franco-Ära

Im Vergleich zu anderen hochindustrialisierten Staaten Europas erfolgte der entscheidende Modernisierungsschub Spaniens verspätet, nämlich erst ab den sechziger Jahren des 20. Jahrhunderts. In nur etwas mehr als einem Jahrzehnt erfuhren dann jedoch die sozio-ökonomischen Strukturen des Landes derart beschleunigte Veränderungen, daß Spanien sich binnen kurzem in vielfältiger Hinsicht den modernen Industriegesellschaften Westeuropas annäherte. Der folgende Beitrag untersucht diesen Prozeß: 1. wird die Wirtschaftspolitik und -entwicklung der spanischen Nachkriegszeit unter dem Begriffspaar "Autarkie und Stagnation" analysiert; 2. auf die Krise dieses "Entwicklungsmodells" Ende der vierziger/Anfang der fünfziger Jahre eingegangen; 3. der ökonomische Kurswechsel, der unter dem Motto "Wachstum und Stabilität" stand, herausgearbeitet; 4. der wirtschaftliche Boom der sechziger Jahre beschrieben; 5. nach den Finanzierungsmodalitäten des Aufschwungs gefragt und 6. eine Zusammenfassung wichtiger gesellschaftlicher Auswirkungen des Wirtschaftswachstums geliefert. Eine knappe Schlußbetrachtung (7.) setzt die spanische Prosperitätsphase zum Modernisierungstheorem in Beziehung.

1. Die Nachkriegszeit: Autarkie und Stagnation

Das aus dem Bürgerkrieg hervorgegangene Franco-Regime verkündete von Anfang an die konservative Ideologie vom einmaligen Sonderweg Spaniens und seiner kreuzfahrerischen Mission in der Zeit der Säkularisierung und der Ausbreitung des Sozialismus und machte nahezu alle Modernisierungsmaßnahmen der vorangegangenen Republik und Kriegsjahre rückgängig. Dabei verstand es Diktator Francisco Franco bei seiner Machtausübung geschickt, die verschiedenen seine Herrschaft tragenden Gruppierungen und sozialen Kräfte gegeneinander auszuspielen und für seine eigenen Interessen einzusetzen. In der faschistischen Frühphase des Regimes stützte sich Franco vor allem auf die Falange, die nach 1939 allerdings sehr schnell ihre ursprünglich nationalsyndikalistisch-sozialrevolutionäre Orientierung aufgeben mußte. Da die Partei für den Sieg Francos im Bürgerkrieg zwar wichtig, aber nicht ausschlaggebend gewesen war, mußte der faschistische Flügel im Machtkartell des "Neuen Staates" schon bald - neben der dominierenden oligarchischen und militärischen Herrschaftsgruppe - eine untergeordnete Position einnehmen[1].

Es waren im wesentlichen drei Bereiche, in denen und über welche die Falange nach 1939 ihren Einfluß ausüben konnte[2]: die Massenmedien, die syndikalistische Organisation und die Verwaltungsbürokratie auf lokaler, regionaler und nationaler Ebene. Zur eigentlichen Machtdomäne der Falange entwickelten sich die Wirtschaftsorganisation und die soziopolitische Kontrolle der Arbeiterschaft durch die "vertikalen Syndikate". Allerdings gelang es der Falange auch im ökonomischen Bereich keineswegs, ihre Wirtschaftsdoktrin voll durchzusetzen: Der Eklektizismus des Franco-Regimes machte sich vielmehr auch auf wirtschaftlichem Sektor bemerkbar. Eine rein faschistische Wirtschaftspolitik betrieb das Regime nie, wenn es vorerst auch viele Einzelmaßnahmen faschistischen Rezepturen entnahm, vor allem, wenn sie dem Paternalismus der Oberschichten entsprachen. Die neue Wirtschaftsordnung trug alle Merkmale eines Amalgams aus unspezifischen Zielvorstellungen der Falange, aus Besitzinteressen, Traditionalismus und Pragmatismus. Staat und Privatunternehmen blieben als Wirtschaftssubjekte nebeneinander bestehen. Als eigentliche Gewinner des Bürgerkrieges wird man kaum die Falangisten bezeichnen können, sondern eher den Großgrundbesitz und die Finanzbourgeoisie. Diesen aber ging es darum, vorrepublikanische Macht- und Wirtschaftsverhältnisse wiederzuerlangen und jegliche Reform zu verhindern.

Nach 1939 wurde die traditionell zentrale Stellung des Finanzkapitals sofort wiederhergestellt. Der 1936 beschlossene Status quo Bancario, der bis 1962 gültig blieb, verbot die Zulassung neuer Banken. Durch den 1946 gegründeten Obersten Bankenrat verfügten die Vertreter der führenden Banken über einen direkten institutionalisierten Einfluß auf die staatliche Wirtschaftspolitik. Durch die staatlich geförderte Monopolstellung der Großbanken hatte die Finanzaristokratie zugleich die Kontrolle über die Industrie, da sie die Bedingungen der Kreditvergabe bestimmte. Die hauptbegünstigte Fraktion der Autarkiephase nach 1939 war somit das zentrale Finanzkapital, das an keinerlei Veränderungen interessiert war. Zugleich konnte die enge Verknüpfung der Bodenbesitzeroligarchie mit der

---

1 Zu den politischen Familien im Franquismus vgl. Juan J. Linz, "From Falange to Movimiento-Organización: The Spanish Single Party and the Franco Regime, 1936-1968", in: Samuel P. Huntington/Clement H. Moore (Hrsg.), *Authoritarian Politics in Modern Societies*, New York 1970, S. 128-201; Klaus von Beyme, *Vom Faschismus zur Entwicklungsdiktatur - Machtelite und Opposition in Spanien*, München 1971.
2 Zur Falange vgl. Eduardo Alvarez Puga, *Historia de la Falange*, Barcelona 1969; Bernd Nellessen, *Die verbotene Revolution. Aufstieg und Niedergang der Falange*, Hamburg 1963; Stanley G. Payne, *Falange. A History of Spanish Fascism*, Stanford 1961; Herbert Southworth, *Antifalange*, Paris 1967.

Finanzoligarchie grundlegende Strukturreformen im Agrarsektor verhindern.

Obwohl Spanien nicht am Zweiten Weltkrieg teilnahm, erlebte das Land als Folge des Bürgerkrieges, der politischen Isolierung durch das Ausland und des Ausschlusses von der Marshall-Plan-Hilfe nahezu zwei Jahrzehnte wirtschaftlicher Stagnation. Im Gegensatz zu anderen neutralen Ländern war der Zweite Weltkrieg somit für Spanien nicht mit einem wirtschaftlichen Aufschwung verbunden. Der Weltkrieg und sein Ausgang verschlossen dem Land zu einer Zeit die Türen, als es für Spanien besonders wichtig gewesen wäre, vom Ausland Kredite für den Wiederaufbau und die wirtschaftliche Gesundung zu erhalten. Nach 1939 konnten Importe nurmehr durch gleichwertige Exporte bezahlt werden. Im Innern trieb das Regime Inflationspolitik, und nach außen beharrte es aus traditionellen Prestigegründen auf zu hohen Wechselkursen, was der Ausfuhr von Erzeugnissen hinderlich war. Lediglich der Export von Wolfram und Kali an die kriegführenden Nationen blieb ein lohnendes Ausfuhrgeschäft; insgesamt jedoch schrumpfte das Gesamtvolumen des spanischen Außenhandels weiter, und diese drastische Verringerung des Außenhandels verhinderte in wesentlichem Umfang einen schnellen Wiederaufbau des Landes.

Zwischen 1939 und 1959 betrieb die Regierung eine Autarkiepolitik im Sinne einer radikalen Importsubstitution und der systematischen Verringerung der Weltmarktverflechtung in allen Bereichen. Die importsubstituierende Industrialisierung sollte das Land von Einfuhren unabhängig machen. Die Bereiche, in denen die industrielle Konzentration sehr ausgeprägt war (Stromerzeugung, Eisen- und Zementindustrie), unterlagen nach 1939 staatlicher Lenkung mit Höchstpreisen. Angesichts der externen Rahmenbedingungen - Weltkrieg und anschließende internationale Isolierung Spaniens - lag es zwar nahe, eine nationalistische Wirtschaftspolitik mit den Kernpunkten Autarkie und Staatsinterventionismus zu verfolgen, in erster Linie war dieses Konzept aber von den sozialen und wirtschaftlichen Vorstellungen der Falange bestimmt, die davon ausging, daß die Wirtschaft sich der Politik unterzuordnen habe, die Produktion im Dienste des Vaterlandes stehen und die Industrialisierung Ausdruck des nationalen Prestiges sein müsse.

Um die Politik der Autarkie durchzusetzen, griffen die Behörden in den Wirtschaftsprozeß ein. Das Ergebnis dieser Politik der Wirtschaftslenkung war ein Sinken des allgemeinen Lebensstandards, eine laufende Erhöhung der (offiziell inexistenten) Arbeitslosigkeit, Fehlinvestitionen großen Stils, Mängel in der Qualität der Industrieerzeugnisse, Stagnation von Forschung und Entwicklung, ein ungenügendes Niveau der Produktion und Produktivität sowie - durch Schwarzmärkte, Privilegierungen und Spekulationen - Untergrabung der Wirtschaftsmoral. Bis Ende der fünfziger Jahre blieb Spanien ein Agrarland mit einer auf dem internationalen Markt nicht konkurrenzfähigen Industrie.

Die neuere wirtschaftshistorische Diskussion dreht sich um die beiden Schlüsselbegriffe, die bereits im franquistischen Regierungsprogramm von November 1939 zum Ausdruck kamen: Autarkie und Interventionismus. Nach Meinung von

José Luis García Delgado war die Wirtschaftspolitik der vierziger Jahre "eine Periode der spanischen Industrialisierung, die am besten die schmerzhaften Beschränkungen eines ausgeprägten Wirtschaftsinterventionismus aufzeigt, die zugleich letzter Ausdruck des introvertierten spanischen Wirtschaftsnationalismus des vorhergehenden halben Jahrhunderts, Höhepunkt von Autarkie und von weitestgehender Ausdehnung staatlicher Ordnungs- und Regulierungskompetenzen im Wirtschaftsbereich war"[3]. Von der folgenden Epoche unterschied sich die der vierziger Jahre durch ihr Nullwachstum im Industriebereich und die außerordentliche Intensität an Wirtschaftsinterventionismus im Rahmen einer vorher nicht dagewesenen ökonomischen und politischen Isolierung.

Der Interventionismus war nicht ausschließlich eine Nachkriegserscheinung. Schon während des Bürgerkrieges war es zu umfangreichen Eingriffen in das Wirtschaftsleben gekommen: Preiskontrollen, Verwendungsvorschriften, Lebensmittelrationierungen und Rohstoffzuteilungsquoten waren Ausdruck einer Kriegswirtschaft, die sich allerdings als vorübergehendes wirtschaftspolitisches Instrument, nicht als neue Wirtschaftsphilosophie verstand. Nach 1939 plädierten dann einflußreiche Wirtschaftspolitiker und -wissenschaftler systematisch für Staatsinterventionismus, der durch die Autarkiebestrebungen eine besondere Prägung erhielt. Die spanische Wirtschaftspolitik hatte schon vor 1936 Zollprotektionismus und Autarkietendenzen aufgewiesen, vor allem während der Diktatur Primo de Riveras. Nach Beendigung des Bürgerkrieges sollte das nationalsyndikalistische Falangeprogramm für die Neugestaltung der Wirtschaft bestimmend sein[4]. Die ausgedehnte Wirtschaftskontrolle, die während des Krieges von Burgos aus für die Ökonomie aufgestellt und in den "Regulierungskommissionen" (für Produktion, Verteilung und Absatz) sämtlicher wichtiger Güter organisiert worden war, wurde 1939 zunächst für ganz Spanien beibehalten und in eine den neuen Ministerien unterstellte staatliche Wirtschaftskontrolle umgewandelt.

Neuere Untersuchungen haben deutlich gemacht, daß die vierziger Jahre ein Jahrzehnt wirtschaftlicher Stagnation waren. Auf die bereits relativ negative Entwicklung in den Republikjahren - sie war auf die Folgen der Weltwirtschaftskrise zurückzuführen - folgte die lange Depression der anderthalb Jahrzehnte nach 1936. Diese Depression hatte international keine Parallele, da die Periode des Wiederaufbaus in den anderen europäischen Ländern schnell und früher - spätestens aber 1948 mit dem Marshallplan - einsetzte. Während beispielsweise Italien, Griechenland und Jugoslawien zwischen 1946 und 1950 die Indices ihrer Industrieproduktion verdoppeln konnten, wurde im spanischen Fall nur ein

---

3 Die folgenden Ausführungen beruhen primär auf dem Aufsatz von José Luis García Delgado: Estancamiento industrial e intervencionismo económico durante el primer franquismo, in: Josep Fontana (Hrsg.), *España bajo el franquismo*, Barcelona 1986, S. 170-191.
4 Vgl. hierzu die kommentierte Quellensammlung von Walther L. Bernecker (Hrsg.), *Gewerkschaftsbewegung und Staatssyndikalismus in Spanien. Quellen und Materialien zu den Arbeitsbeziehungen 1936-1980*, Frankfurt a.M. 1985.

Zuwachs von zehn Prozent registriert. Wirtschaftshistoriker haben sogar errechnet, daß die Jahrzehnte der dreißiger und vierziger Jahre die einzige Phase der letzten hundertfünfzig Jahre spanischer Geschichte darstellten, in denen langfristig ein Rückgang im Lebensstandard der Bevölkerung zu registrieren war[5].

Die erste Etappe des Franquismus bedeutete somit die Beendigung des zwar gemäßigten, aber beständigen Wirtschaftswachstums, das in Spanien im letzten Drittel des 19. und im ersten Drittel des 20. Jahrhunderts erfolgte. Zugleich vergrößerte diese Phase den Abstand, der Spanien von den übrigen europäischen Ländern trennte. Albert Carreras spricht deshalb von den vierziger Jahren als der "Nacht der spanischen Industrialisierung" (die im übrigen parallel zum politischen, sozialen und kulturellen "Dunkel" jener Zeit gesehen werden muß). Erst im Jahr 1950 konnte das Produktionsniveau der Vorkriegszeit endgültig überschritten werden.

Die meisten Wirtschaftswissenschaftler führen mittlerweile die lange Stagnation der Nachkriegszeit auf die politische Oktroyierung eines "traditionsverhafteten Nationalismus" (J. L. García Delgado) zurück, der sich gegen die Kriterien ökonomischer Rationalität durchsetzte. Alle betonen den Bruch, den auch im Wirtschaftsbereich der Bürgerkrieg und der auf ihn folgende Franquismus darstellten. Implizit oder explizit gehen sie davon aus, daß Spanien im ersten Drittel des 20. Jahrhunderts eine Phase ökonomischen Wachstums und struktureller Veränderung durchlief; der Bürgerkrieg unterbrach sodann diese Tendenz wirtschaftlicher Modernisierung, und diese Unterbrechung wurde durch die autarkistische und isolationistische Politik der Nachkriegszeit um viele Jahre verlängert, die Spanien vom wirtschaftlichen Aufschwung des restlichen Europa abkoppelten. Zusammenfassend formuliert neuerdings Juan Carlos Jiménez: "Es war die Wirtschaftspolitik der frühen Jahre des Franquismus, eine zu Unzeiten in Kontinuitätsdenken befangene Politik, die unseren beginnenden Modernisierungsprozeß unterbrach und unseren Anschluß an die westliche Prosperität verzögerte."[6]

Für die Industrieproduktion pro Kopf der Bevölkerung hat Albert Carreras das Zurückfallen Spaniens hinter Italien herausgestellt und errechnet, daß bei Annahme gleicher Industrieproduktionsindices für Spanien und Italien kurz nach dem Zweiten Weltkrieg (1947 = 100) fünf Jahre später (1952) der spanisch-italienische Vergleich schon 130,9 : 150,2, nach weiteren fünf Jahren (1957) 167,1 : 224,4 und zu Beginn der sechziger Jahre (1962) 231,9 : 347,6 betrug. Die industrielle Stagnation Spaniens wird so im internationalen Vergleich zu einer offensichtlichen Wirtschaftsdepression.

Auch die Depression im Agrarsektor war nicht so sehr auf die Verwüstungen

---

[5] Vgl. Albert Carreras, La producción industrial española, 1842-1981: Construcción de un índice anual, in: *Revista de Historia Económica*, 1/ 1984, S. 127-157.
[6] Juan Carlos Jiménez, Las consecuencias económicas de la guerra civil, in: *Revista de Historia Económica*, 1/ 1987, S. 121-130.

des Bürgerkrieges als vielmehr auf die Politik der franquistischen Regierungen zurückzuführen. Juan Carlos Jiménez schreibt hierzu: "Auch für unsere Landwirtschaft war die schlimmste Folge des Bürgerkrieges der auf ihn folgende Franquismus. Die auf den Prinzipien von Autarkie und Interventionismus beruhende Agrarpolitik, die nicht einmal die elementarsten Wirtschaftsprinzipien kannte, erreichte nur das Aufblühen der Schwarzmärkte, die vor allem in den vierziger Jahren um sich griffen. Das Ergebnis des agrarischen Interventionismus war negativ und kontraproduktiv. Der Bürgerkrieg beendete die wichtigsten strukturellen und institutionellen Reformen, die unsere Landwirtschaft benötigte, und verlängerte damit ihren ohnehin schon in die Länge gezogenen Übergang in die Modernisierung außerordentlich."[7]

Selbst im staatlichen Bereich läßt sich eine Abkoppelung der spanischen Entwicklung von der des restlichen Europa feststellen. Die bis zum Bürgerkrieg eingeleitete Änderung der Budgetstruktur wurde erneut unterbrochen. Der begonnene Übergang zu einer modernen Steuergesetzgebung bei Betonung direkter Steuern erfuhr eine Unterbrechung (bis zum Ende des Franquismus), womit die archaische Form indirekter Steuererhebung wieder zunahm; auf der Ausgabenseite des Staates ist ein deutlicher Rückgang der Ausgaben zu registrieren, die zu den "modernen", d.h. wirtschaftlichen und sozialen Funktionen des Staates gehören, wie sie der öffentliche Sektor als Wohlfahrtsstaat in den übrigen europäischen Staaten zusehends übernahm. Hintergrund der Negativbilanz der vierziger Jahre waren der Rückgang des Privatkonsums und der Verzicht auf den Import von Energie und Industriegütern zugunsten der existenziell notwendigen Grundnahrungsmittel. Primär muß die Wirtschaftsentwicklung allerdings im Zusammenhang mit der Isolierung des Regimes sowie der Autarkie- und wirtschaftlichen Interventionspolitik des frühen Franquismus betrachtet werden. Die Interventionspolitik jenes Jahrzehnts wies vier Hauptcharakteristika auf:

a) Im Gegensatz zur Rhetorik der Machtträger des "Neuen Staates" handelte es sich im Hinblick auf die angewandten Instrumente um einen wenig originellen Interventionismus; er setzte vielmehr die nationalistische Orientierung fort, die die spanische Wirtschaftspolitik seit Anfang des Jahrhunderts verfolgte. Hierzu gehörten Maßnahmen zur Unterstützung und Stimulierung der Produktion, um eine "Nationalisierung" der Rohstoffe und eine Importsubstitution zu erreichen. Hierzu gehörten auch die Beschränkungen, die der unternehmerischen Freiheit im Industriebereich auferlegt wurden, indem prinzipiell für Industrieinitiativen und Investitionen Genehmigungen eingeholt werden mußten. Die Ideologie dieses Interventionismus läßt sich eher als "traditionsverhafteter Nationalismus" denn als "faschismusverpflichteter Nationalismus" auf den Begriff bringen. Erstere Charakterisierung ist von Carlos Moya[8] vorgeschlagen worden, letztere von einer Vielzahl von Auto-

---

7 Ebd., S. 126.
8 Carlos Moya, *Señas de Leviatán. Estado nacional y sociedad industrial. España, 1936-1980*, Madrid 1984.

ren[9]. Typisch ist gewissermaßen der Synkretismus der wirtschaftlichen und politischen Ideologie, die sich als Amalgam der verschiedensten (nationalistischen, regenerationistischen, konservativen, faschistischen...) Tendenzen manifestierte. Die offizielle Diktion konnte daher sehr schnell den unterschiedlichen Situationen angepaßt werden.

b) Distinktives Merkmal des Wirtschaftsinterventionismus war sein Übermaß. Das Vertrauen in die Möglichkeiten des Binnenmarktes erwies sich als weit überzogen, die Politik der Importsubstitution konnte nicht erfolgreich sein. Autarkie war das Zauberwort, durch das wirtschaftliche Unabhängigkeit erreicht werden, das aber zugleich zur Sublimierung der politischen Isolierung und einem nahezu allergischen Mißtrauen gegenüber jeglicher Außenbeziehung beitragen sollte. Angel Viñas hat auf den Zusammenhang zwischen Autarkie und Außenpolitik verwiesen[10].

c) Der Parallelismus zwischen der Diktatur Primo de Riveras und dem frühen Franquismus ist vor allem im Hinblick auf die Herausbildung von Industriemonopolen greifbar. Bereits bestehende Industriebereiche wurden begünstigt, die Unmenge an bürokratischem Aufwand und legalistischen Formalitäten verhinderte faktisch die Gründung neuer Betriebe und eine rege Investitionstätigkeit. Außerdem erhielten die Unternehmen ein Mitspracherecht in der Wirtschaftspolitik und bei der Zuweisung von Rohstoffen. Offiziell wurde die wirtschaftliche Regulierungs- und Ordnungsfunktion der Syndikatsorganisation übertragen; faktisch garantierten die bestehende Verfilzung und Korruption eine monopolähnliche Bevorzugung der Unternehmerschaft, die industrielle Neuansiedlungen leicht abblocken konnte. Der Status quo wurde in jedem Sektor beibehalten. Auf dem regulierten Markt, dessen Charakteristika Prohibitionen, Genehmigungen und Subventionen waren, bestand das Hauptproblem der Unternehmer darin, politische Beziehungen herzustellen, um bei dem willkürlichen Interventionssystem möglichst erfolgreich mithalten zu können; da der Binnenmarkt wegen der protektionistischen Politik ohnehin den bestehenden Unternehmen garantiert war, waren die Arbeitgeber bestrebt, in ihren monopolistischen und konkurrenzunfähigen Industrien keine Kostenreduzierung zu erzielen, sondern Preiserhöhungen durchzusetzen. Unter derartigen Bedingungen war an eine auf Konkurrenz, Wachstum und Diversifizierung hin orientierte Entwicklung der Industrie nicht zu denken.

d) Eine Folge dieses Systems waren die erdrückende Vorherrschaft der Bürokratie und zahlreiche Unregelmäßigkeiten in der Verwaltung, die auch auf die vielfältigen Institutionen mit exekutiven oder beratenden Funktionen auf dem Sektor der Wirtschaftsregulierung zurückzuführen waren. Eines der Hauptprobleme der Wirtschaft bestand darin, daß das wirtschaftspolitische System

---

9 Beispielsweise von Emile Témime u.a., *Historia de la España contemporánea. Desde 1808 hasta nuestros días*, Barcelona 1982.
10 Angel Viñas, *Guerra, dinero, dictadura. Ayuda fascista y autarquía en la España de Franco*, Barcelona 1984.

weder zu einer zentralverwalteten Planwirtschaft weiterentwickelt noch zu einer freien Marktwirtschaft umgestaltet wurde, sondern gewissermaßen "auf halbem Weg" zwischen verschiedenen Wirtschaftsmodellen stehenblieb. Spanien hat in den 20 Jahren des Wirtschaftsdirigismus keinen einzigen Gesamtplan gekannt, sondern ließ es bei unkoordinierten, aufeinander nicht abgestimmten Eingriffen des Staates bewenden. Mangelnde Koordination war denn auch von Anfang an einer der Hauptkritikpunkte am spanischen Wirtschaftssystem der Autarkiephase. Ein Schweizer Ökonom charakterisierte das spanische Wirtschaftsregime Ende der vierziger Jahre mit den Worten: "Es ist ein Planwirtschafts- und Wohlfahrtsstaat mit autoritärem Vorzeichen und ohne Marshall-Hilfe, gemildert durch das Mißverhältnis zwischen den Kosten des bürokratischen Apparates und seiner Wirksamkeit."[11]

Insgesamt muß, aus heutiger wirtschaftswissenschaftlicher Perspektive, die Politik der "nationalen Autarkie" als gescheitert bezeichnet werden. Die Gründe hierfür sind mannigfaltig: Zum einen fußte die Wirtschaftspolitik weder auf einer Wirtschaftstheorie - sie schwankte vielmehr zwischen planwirtschaftlichen und wettbewerbsorientierten Tendenzen - noch stand ihr eine dezentralisierte, auf Selbstverwaltung aufbauende Wirtschaftsverfassung zur Seite. Dauernde und nachhaltige Störungen im Wirtschaftsgefüge waren die Folge. Die Erfolge in der Industrialisierung des Landes wurden durch gewaltige Opfer der Bevölkerung und durch die Stagnation anderer Wirtschaftsbereiche erkauft. So mußte das Agrarland Spanien weiterhin beträchtliche Mengen an agrarischen Produkten aus dem Ausland beziehen.

Trotz der ambitiösen Industrialisierungspläne aufgrund der Import-Substitutionsstrategie, die durch staatliche Intervention bewerkstelligt wurde, war der Zuwachs der Industrieproduktion doch äußerst gering. Die Knappheit an Rohstoffen, an Investitionsgütern, die galoppierende Inflation im letzten Drittel der vierziger Jahre wie auch die geringe Nachfrage, die durch die gesamtwirtschaftliche Stagnation sowie durch die Unterkonsumption der Bevölkerung verursacht war, stellten ernstzunehmende Hindernisse der Wirtschaftspolitik dar.

Gegen Ende der vierziger Jahre wurde das Autarkiemodell immer heftiger von Krisenerscheinungen geschüttelt: Die Stagnation der Produktion ging mit einer hohen Inflationsrate ("Stagflation") einher; Hungerlöhne, Lebensmittelrationierung und Schwarzmärkte charakterisierten den sozio-ökonomischen Alltag Spaniens. Trotz massiver Repressionen manifestierte sich die Krise in Form erster Streikbewegungen in Vizcaya und Barcelona. Alles deutete daraufhin, daß die Wirtschaftspolitik des Staates in eine Sackgasse geraten war. Für den franquistischen Staat bedeuteten die Vorgänge im Innern, aber auch der Wandel in der internationalen Politik, das Heraufziehen einer qualitativ neuen Etappe für das Gleichgewicht und die Kontinuität der politischen Macht. Die Durchführung

---

11 *Neue Zürcher Zeitung* vom 14.5.1950.

von Reformen erwies sich als unumgänglich.

2. Krise und Neuorientierung

1951 war der Mißerfolg eines Jahrzehnts wirtschaftlicher Isolierung offenkundig geworden und hatte im März jenes Jahres, anläßlich einer Tariferhöhung bei den öffentlichen Verkehrsmitteln in Barcelona, zu einem Generalstreik geführt, auf den Franco mit einer Regierungsumbildung unter Ankündigung einer "liberaleren" Wirtschaftspolitik reagierte. Eine definitive Wendung zum Besseren schien aber nur mit ausländischer Hilfe und nach einer gewissen Eingliederung in den Weltmarkt möglich zu sein. 1950/51 erhielt Spanien von der Export-Import-Bank bereits einen langfristigen Kredit über 62,5 Millionen US-Dollar, der zum Ankauf von Agrarprodukten, Rohstoffen und Investitionsgütern verwendet werden konnte. Wenig später wurde ein kurzfristiger Kredit über 24 Millionen US-Dollar zum Ankauf von Baumwolle gewährt, der die katalanische Textilindustrie ankurbeln sollte.

Die eigentliche ausländische Hilfe erfolgte 1953 durch das Stützpunktabkommen mit den USA, das eine nicht unbeträchtliche Wirtschaftshilfe für Spanien vorsah[12]. Es enthielt neben technischen Bestimmungen eine Fülle von Vorschriften, die eine Neuorientierung der spanischen Wirtschaftspolitik zur Folge haben mußten. Die spanische Regierung verpflichtete sich, die Währung zu stabilisieren, einen gültigen Wechselkurs festzusetzen und aufrechtzuerhalten, das Regierungsbudget so bald wie möglich ins Gleichgewicht zu bringen, innere finanzielle Stabilität zu schaffen, insgesamt: das Vertrauen in das Währungssystem wiederherzustellen. Außerdem sollten der freie Wettbewerb und die Produktivität ermutigt, die Entwicklung des internationalen Handels erleichtert und die Zollschranken herabgesetzt werden. Die volle Durchführung dieser Vertragsbestimmungen hätte für Spanien die Beendigung der autarkistischen Wirtschaftspolitik, den Übergang zum wirtschaftlichen Liberalismus und die Eingliederung des Landes in den kapitalistischen Markt bedeutet; hierzu bedurfte es allerdings noch mehrerer Krisen und einiger innenpolitisch bewegter Jahre. Von 1951 bis 1963 belief sich die Gesamtwirtschaftshilfe der USA (einschließlich sämtlicher Kredite und Schenkungen, allerdings ohne die direkte Militärhilfe) auf etwas über 1,5 Milliarden Dollar; darin nahmen die nötigen Industriegüter einen eher bescheidenen Platz ein; die gelieferten Nahrungsmittel und Rohstoffe konnten jedoch die Mangelerscheinungen in der Versorgung etwas mildern. Insgesamt war die spanische Regierung über die von den USA erhaltene Wirtschaftshilfe enttäuscht,

---

12 Vgl. Angel Viñas, *Los pactos secretos de Franco con Estados Unidos. Bases, ayuda económica, recortes de soberanía*, Barcelona 1981.

die anregende Wirkung der amerikanischen Unterstützung auf die spanische Wirtschaft verflog auch rasch, die ständigen spanischen Nachforderungen blieben größtenteils unerfüllt.

Die Wirtschaftshilfe seitens der USA nach dem Abkommen von 1953 funktionierte folgendermaßen: Die entsprechende spanische Stelle stellte ein Ansuchen um Dollar-Zuteilung für bestimmte Importvorhaben. Das Ansuchen wurde von spanischen und US-Stellen überprüft und, falls unterstützungswürdig, genehmigt. Hierauf erhielt der Exporteur den beantragten Dollar-Betrag überwiesen; der spanische Importeur zahlte den entsprechenden Betrag in das Spanische Fremdwährungsinstitut ein, das den Betrag wiederum auf ein von der Regierung bei der "Bank von Spanien" eingerichtetes "Counterpart-Konto" überwies. Die Counterpartmittel wurden dann nach folgendem Schlüssel verteilt: 10 Prozent erhielten die USA zur Deckung der Kosten des amerikanischen Personals in Spanien, 60 Prozent wurden für die Errichtung militärischer Basen verwendet, 30 Prozent erhielt die spanische Regierung als Geschenk. (Diese Mittel wurden vor allem für Kolonisierung, Wiederaufforstung, Straßen- und Eisenbahnbau verwendet. Nach 1958 bekam die spanische Regierung 90 Prozent der Counterpartmittel als Geschenk überwiesen.)

Außerdem erhielt Spanien 480 Lieferungen landwirtschaftlicher Überschußgüter. Zwei Drittel des Gegenwertes mußten auf das Counterpart-Konto überwiesen werden (von denen die USA die Hälfte zur Finanzierung ihrer Ausgaben in Spanien beanspruchten, während die spanische Regierung die andere Hälfte für langfristige Entwicklungsvorhaben einsetzen konnte), das restliche Drittel stand der spanischen Regierung zu freier Verfügung. Insgesamt wurden von den investierten US-Beträgen 25,7 Prozent der spanischen Regierung als Geschenk überlassen, 12,7 Prozent in Form von Dollar-Anleihen, 20 Prozent als Peseten-Darlehen gewährt; 41,6 Prozent wurden von den USA für ihre eigenen Zwecke in Spanien ausgegeben[13].

Die Verträge des Jahres 1953 mit den USA hatten für die Stabilisierung des Regimes eher politische als wirtschaftliche Bedeutung. Zwar konnten in der ersten Hälfte der fünfziger Jahre die ärgsten Engpässe in der Rohstoff- und Energieversorgung sowie im Verkehrswesen beseitigt werden; die Landwirtschaft führte Traktoren, Dünge- und Futtermittel ein und vergrößerte Produktion wie Produktivität. Diese Impulse bedeuteten aber noch lange nicht den Eintritt in eine neue Wachstumsphase. Insgesamt blieb die Dominanz der Politik gegenüber der Wirtschaft vorerst bestehen. Nach wie vor ging in dieser Phase der institutionellen Ausgestaltung und politischen Konsolidierung des Regimes die Wirtschaftspolitik von (inzwischen gemäßigten) Autarkievorstellungen und umfangreichen staatlichen Regulierungen aus. Als besonders negativ erwies sich die inflationistische Finanzpolitik, die Staat und Privatbanken zur Entwicklung der Industrie

---

[13] Vgl. Banco Exterior de España, *Hechos y cifras de la economía española en 1962*, Madrid 1963; vgl. auch Angel Viñas u.a., *Política comercial exterior en España (1931-1975)*, 2 Bde., Madrid 1979.

betrieben. So wurde z.B. das "Nationale Industrie-Institut" bis 1957 fast ausschließlich durch die staatliche Emission kurzfristiger Papiere im Wert von etwa 22 Milliarden Peseten finanziert; da sie bei der "Bank von Spanien" auf Sicht einlösbar waren, hatte diese Vorgehensweise deutliche inflationistische Folgen[14]. Staat und Privatbanken konnten ungehindert und unbegrenzt Kreditschöpfung betreiben und sich liquide Mittel (auch für hochspekulative Investitionen) beschaffen; dadurch heizten sie die Inflation an, die ständig an der Kaufkraft der Löhne nagte.

1956/57 lösten enorme Preissteigerungen, die in keiner Weise durch entsprechende Lohnerhöhungen aufgefangen wurden, soziale Unruhen unter den Arbeitern aus. Hintergrund der Unruhen waren die rapide Zunahme der Industriearbeiterschaft, ihr Druck auf den städtischen Arbeitsmarkt bei unkoordinierter, durch die US-Wirtschaftshilfe mitbedingter Industrialisierung sowie vor allem die Verschärfung der Inflation. Die Preise für Grundnahrungsmittel stiegen zwischen April 1954 und Dezember 1955 um durchschnittlich 47 Prozent, für einzelne Produkte noch mehr. Anfang April 1956 setzte die Streikbewegung in der Schuhindustrie von Pamplona ein, griff sehr schnell auf die Fertigwaren- und Zementindustrien von Guipúzcoa und die Eisen- und Stahlindustrien von Vizcaya sowie von dort auf die Maschinen-, Auto- und Elektroindustrien Kataloniens und die Papier- und Zelluloseindustrien Valencias über. Während sich die Arbeiter durch diese Streiks höhere Löhne erkämpften, ließ außenwirtschaftlich das ungleiche Verhältnis von Importen und Exporten - letztere waren durch steigende Kosten und Preise sowie als Folge des uneinheitlichen Wechselkurssystems immer weiter zurückgegangen - das Handelsbilanzdefizit enorm ansteigen; der Staat konnte die Zahlungsbilanz nicht mehr ausgleichen; er stand, nachdem auch die Devisenreserven stark zurückgegangen waren, vor dem finanziellen Zusammenbruch. Als die erzwungenen allgemeinen Lohnerhöhungen von 1956 die spanische Volkswirtschaft außerdem in eine schwere Krise stürzten und das Lohnsystem - wenn auch aus unterschiedlichen Gründen - heftige Kritik sowohl von der Kirche als auch von den Syndikaten erfuhr, wurde die Notwendigkeit einer Änderung der Wirtschaftspolitik immer offensichtlicher.

Angesichts dieser äußerst prekären Situation stand die Regierung vor der Frage, ob sie zur alten, von der Falange vertretenen Linie wirtschaftlicher Isolierung zurückkehren oder diese endgültig aufgeben und sich dem Wirtschaftsliberalismus verschreiben sollte[15]. Die weitreichende Regierungsumbildung des Jahres 1957 ließ bereits die Antwort auf diese Frage erkennen. Wegen seiner

---

14 Vgl. Josep Fontana/Jordi Nadal, Spanien 1914-1970, in: Carlo M. Cipolla (Hrsg., dt. Ausg. hrsg. v. Knud Borchardt), *Europäische Wirtschaftsgeschichte*, Bd. 5, Stuttgart 1980, S. 331-375.
15 Zu den Überlegungen der Regierung in jener Phase vgl. Ulrich Zelinsky, Spaniens wirtschaftspolitische Wende von 1959: Vorgeschichte, Determinanten, Durchsetzungsstrategie, in: Peter Waldmann/Walther L. Bernecker/Francisco López-Casero (Hrsg.), *Sozialer Wandel und Herrschaft im Spanien Francos*, Paderborn 1984, S. 279-303.

grundsätzlichen Bedeutung war das Revirement des Jahres 1957 nicht nur die bedeutendste Regierungsumbildung der Franco-Ära, sondern zugleich der Beginn eines grundlegenden Kurswechsels in der Wirtschaftspolitik sowie einer Veränderung der Entscheidungs- und Lenkungsmechanismen auf wirtschaftlichem Gebiet.

Schon 1956 waren zwei wichtige personalpolitische Entscheidungen gefallen, die die Machteinbuße der Falangisten auf wirtschaftspolitischem Gebiet signalisierten: In der Führung des "Nationalen Wirtschaftsrates" war der Franquist Higinio Paris Eguilaz durch den Wirtschaftspragmatiker Pedro Gual Villalbí ersetzt worden. Und an die Spitze des neu geschaffenen "Technischen Generalsekretariats im Amt des Regierungschefs" trat Laureano López Rodó, der schnell einer Gruppe junger Experten den Weg in höchste Verwaltungs- und Regierungsämter ebnete, die als "Technokraten" die neue Wirtschaftspolitik bestimmen sollten.

Worin lag nun die Bedeutung der Regierungsumbildung von 1957? Von 18 Ministern wurden nicht weniger als 12 ausgewechselt. Die Fraktion der katholischen Integralisten aus den Reihen der Asociación Católica Nacional de Propagandistas (ACNP), die nach 1939 enorm begünstigt worden waren, und vor allem die falangistische Fraktion verloren an Einfluß; die wirtschaftspolitisch entscheidenden Ministerien für Handel und Finanzen besetzten Alberto Ullastres bzw. Mariano Navarro Rubio. Beide gehörten der Organisation an, die im folgenden Jahrzehnt an den Schalthebeln der Macht stehen sollte: dem Opus Dei (Gotteswerk). Vorerst besetzte das Gotteswerk nur zwei Ministerien, es konnte jedoch noch 1957 weitere wichtige Spitzenpositionen im staatlichen Verwaltungsapparat und in der Ministerialbürokratie einnehmen. Außerdem wurde der Förderer des Opus, Luis Carrero Blanco, Staatssekretär im Amt des Regierungschefs.

Das 1928 gegründete Opus Dei konzentrierte sich von Anfang an darauf, intellektuelle Eliten zu gewinnen; 1952 wurde in Pamplona eine eigene Opus-Universität gegründet, die - ebenso wie andere Bildungsanstalten des Gotteswerkes - eher weltzugewandten Disziplinen (Medizin, Jura) den Vorrang einräumte. In der katalanischen Metropole Barcelona baute das Opus ein "Institut für höhere Betriebswirtschaftslehre" aus, in dem Unternehmensdirektoren mit den Methoden der "Harvard Business School" für modernes Management geschult wurden. Über dieses Institut gelangten Opus-Vertraute in die Führungspositionen der Wirtschaft; über das "Nationale Industrie-Institut" sicherten sie sich die Kontrolle über wichtige Industriezweige[16].

---

16 Zum Opus Dei vgl. Daniel Artigues, *El Opus Dei en España, 1928-1962. Su evolución ideológica y política*, Paris 1971; Jesús Ynfante, *La prodigiosa aventura del Opus Dei. Génesis y desarrollo de la Santa Mafia*, Paris 1970; María Angustias Moreno, *El Opus Dei. Anexo a una historia*, Barcelona 1977; Leslie Mackenzie, The Political Ideas of the Opus Dei in Spain, in: *Government and Opposition*, 8/ 1973, S. 72-92. Aus der Sicht zweier Beteiligter vgl. Klaus Steigleder, *Das Opus Dei - eine Innenansicht*, Zürich 1983; Peter Berglar, *Opus Dei. Leben und Werk des Gründers José María Escrivá*, Salzburg 1983.

Das Opus ist vor allem auf die Organisation von Laien gerichtet, Priester bilden nur eine kleine Minderheit. Es gehört zu den Eigenarten der Organisation, daß sie zwar ihre Ziele rein religiös definiert, gleichwohl zur "einflußreichsten kollaborationistischen Bewegung innerhalb der Kirche" (v. Beyme) wurde. In Verfolgung seiner Ziele war das Opus seit Beginn der fünfziger Jahre bemüht, den Staatsapparat und wichtige gesellschaftliche Institutionen mit seinen Mitgliedern und Sympathisanten zu durchsetzen. Die "Vereinigung von Gläubigen, die nach der Vollkommenheit des Evangeliums strebt" - so die offizielle Opus-Terminologie -, leitete oder besaß schließlich Verlage, Zeitungen, Druckunternehmen, Radioketten, Werbeagenturen, Versicherungs-, Finanzierungs-, Holding- und Investment-Gesellschaften, eine Filmgesellschaft, höhere Schulen und Studentenheime. Zur Finanzierung dieser Unternehmungen bedurfte es eines gewaltigen finanziellen Rückhalts. Daher richtete sich das besondere Interesse des Opus auf den Banksektor, der bald zu einer Hauptdomäne der Organisation wurde. Seit durch die Bankreform von 1962 das Kreditwesen der "Bank von Spanien" unterstellt war, die unter der Leitung des ehemaligen Finanzministers und Opus-Mitglieds Mariano Navarro Rubio stand, waren persönliche Kredite an Mitglieder und Firmen der Gesellschaft keine Seltenheit. Schon in den fünfziger Jahren war der damals recht unbedeutende "Banco Popular Español" unter Opus-Kontrolle geraten und in einer relativ kurzen Zeitspanne zur siebtgrößten spanischen Privatbank geworden. Außerdem gehörten weitere zwei Industriebanken und zahlreiche lokale Kreditinstitute dem Gotteswerk.

Die Männer des Opus Dei waren die eigentlichen Exponenten jener "technokratischen" Ideologie, deren Verfechter seit den späten fünfziger Jahren offen auf eine durchgreifende Modernisierung der antiquierten spanischen Wirtschaftsstruktur hinarbeiteten, eine forcierte ökonomische Expansion auf der Grundlage eines selbständigen, aber vom Staat geförderten Unternehmertums anstrebten und Spanien enger an Europa, vor allem an den gemeinsamen Markt, heranführen wollten. Wirtschaftstheoretisch förderte das Opus den Neoliberalismus, der angesichts der volkswirtschaftlich archaischen Autarkievorstellungen der vierziger und fünfziger Jahre zweifellos innovatorisch wirkte. Die Männer um López Rodó und López Bravo verbanden ökonomischen Liberalismus mit politischem Konservativismus. Sie glaubten, Spaniens Entwicklung könne am besten durch die rasche Steigerung des Sozialprodukts gefördert werden, und dieses Ziel sei nur dann zu erreichen, wenn man die Kräfte freier Unternehmerinitiative und kommerzieller Konkurrenz im Rahmen einer modernen Marktwirtschaft möglichst ungehemmt spielen lasse und sie nicht durch Sozialreformen behindere.

Durch starke Betonung des Arbeits- und Pflichtethos erlangte die Opus-Doktrin außerdem große Bedeutung für die Überlagerung vorkapitalistischer Strukturen und Einstellungen durch eine kapitalistische Wirtschaftsgesinnung. In der Ideologie des Opus Dei werden Kapitalismus und Katholizismus durch eine Morallehre so miteinander verknüpft, daß die aktive Arbeit in der bestehenden Wirtschafts- und Gesellschaftsordnung ethisch überhöht wird; man hat dieser

Ideologie für die Entwicklung einer unternehmerischen Ethik im katholischen Spanien dieselbe Impulsfunktion zugeschrieben wie der calvinistischen Ethik für die Entwicklung des kapitalistischen Wirtschaftsgeistes. Ziel der neuen Wirtschaftspolitik war eine Rationalisierung, d.h. eine Verbesserung der Wettbewerbsfähigkeit der spanischen Wirtschaft im Rahmen der franquistischen Gesellschaftsordnung; neben die ideologische Legitimierung des Regimes sollte nunmehr eine auf wirtschaftlichen Erfolgen beruhende ökonomische Legitimierung treten.

Das Handeln der Technokraten wurde von bestimmten Werten und ideologischen Mustern geleitet. Zu den Werten gehörten die besondere Betonung, ja: der Kult von Effizienzstreben, von Kompetenz, Produktivität und moderner Technik. Die ideologischen Elemente äußerten sich in der Neigung, dem Wirtschaftswachstum einen eindeutigen Vorrang gegenüber sozialem Fortschritt einzuräumen. Dementsprechend wurde die wirtschaftliche Modernisierung des Landes auf Kosten politischer Demokratie und sozialer Gerechtigkeit forciert.

3. Das Wirtschaftsstrukturgesetz: Wachstum und Stabilität

Seit der Penetration der Technokraten in die verschiedenen, vor allem wirtschaftspolitisch relevanten Regierungsressorts entstanden netzartig miteinander verbundene und funktional aufeinander abgestimmte Institutionen, die mit Opus-Dei-Anhängern durchsetzt wurden. 1962 war die Aufstiegsphase des Opus zur Macht abgeschlossen; in diesem Jahr hatte es "fast alle Machthebel der Regierung auf dem Gebiet des Außenhandels, der Industrieerzeugung, der Finanzen und somit der Planung in der Hand"[17]. Durch diese geschickte Personalpolitik konnte das Gotteswerk in der zweiten Hälfte der sechziger Jahre nahezu die gesamte Wirtschaftspolitik lenken.

Als dem Opus 1957 zum erstenmal Regierungsverantwortung übertragen wurde, waren die wirtschaftspolitischen Zielvorstellungen des neuen Kabinetts noch relativ unpräzise; sie gingen kaum über allgemeine Vorstellungen einer Wirtschaftsliberalisierung hinaus. Zur Kristallisierung dessen, was später als "Stabilisierungsplan" bekanntgeworden ist, bedurfte es der Verschärfung der Krise im Jahr 1958. Seit Jahren schon war deutlich geworden, daß die Praxis der staatlichen Lohnfestsetzung ein bürokratisch äußerst schwerfälliges Instrument war. Die ständigen Preisschwankungen, die kräftigen Erhöhungen der Lebenshaltungskosten und die ebenso umfassende Ausweitung der Unternehmergewinne hatten die Unterlegenheit der Arbeiter immer deutlicher werden lassen und zusehends (vor allem zwischen 1956 und 1958) zu Unruhen geführt. Es war klar, daß

---

17 Artigues, *Opus Dei* (Anm. 16), S. 12.

die wirtschaftlichen Schwierigkeiten des Landes und in ihrem Gefolge die sozialen Unruhen letztlich auf die wirtschaftspolitische Philosophie des Autarkiemodells zurückzuführen waren. "Wollte das Regime Franco fortbestehen, so mußte es sich dazu bequemen, zwanzig Jahre eines aggressiven Nationalismus, akuten Protektionismus und willkürlichen Interventionismus abzuschreiben."[18]

Im März 1958 brach in Asturien erneut eine Streikbewegung aus, deren wichtigstes Ergebnis eine grundsätzliche Neuregelung der Tarifpolitik war: Das "Gesetz über Kollektivverträge" vom April 1958 ließ in Großbetrieben Verhandlungen zwischen Unternehmern und Arbeitern über die "Regelung der wirtschaftlichen und sozialen Bedingungen" zu. Diese Neuregelungen verlagerten die Tarifverhandlungen in ihrer überwiegenden Mehrheit in den Aktionsbereich der Arbeiter und trugen somit zu einer Entwertung der offiziellen Syndikate bei. Man kann zwar noch nicht von einer vollständigen Autonomie der Tarifverhandlungen sprechen, wohl aber davon, daß einer der Eckpfeiler der nationalsyndikalistischen Wirtschaftsordnung preisgegeben worden war[19]. Ein gutes Jahr später wurde dann die gesamte wirtschaftspolitische Autarkie-Philosophie der Falange über Bord geworfen.

Die Autarkiepolitik war nicht nur am Mangel wichtiger Rohstoffe und Maschinen, sondern vor allem auch am Protektionismus gescheitert, der traditionelle Unternehmensformen unterstützte, welche keine konkurrenzfähige Produktion aufbauen und sich selbst finanzieren konnten. Der Übergang zu einer liberalen Wirtschaftspolitik erforderte vor allem eine Reorganisation des Finanzwesens, eine Verwaltungsreform im Sinne der Auflösung staatlicher Kontrollinstanzen und eine Liberalisierung des Außenhandels[20]. Ansätze einer Umorientierung waren schon 1957 zu bemerken. Der Zinssatz wurde erhöht, die Pesete abgewertet, spekulatives Geschäftsverhalten gesetzlich eingeschränkt, das System multipler Wechselkurse im Außenhandel abgeschafft. Die Wirkung dieser Maßnahmen war zwar gering, sie signalisierten jedoch dem Ausland die Bereitschaft Spaniens zu einer wirtschaftspolitischen Kursrevision. Zur Unterstützung der eingeleiteten Stabilisierungsmaßnahmen wurde Spanien 1958 assoziiertes, zwei Jahre später Vollmitglied der Organisation für Europäische Wirtschaftliche Zusammenarbeit (OEEC), des Internationalen Währungsfonds und der Weltbank.

Ende Juni 1959 stellte die spanische Regierung in einem Memorandum an die Organisation für Wirtschaftliche Zusammenarbeit und Entwicklung (OECD) und den Internationalen Währungsfonds die geplanten Stabilisierungsmaßnahmen vor. Das einen Monat später verabschiedete "Wirtschaftsstrukturgesetz", das unter der Bezeichnung "Stabilisierungsplan" bekannt wurde, stand unter der Devise

---

18 Fontana/Nadal, *Spanien 1914-1970* (Anm. 14), S. 368.
19 Vgl hierzu Walther L. Bernecker, Die Arbeiterbewegung unter dem Franquismus, in: Peter Waldmann u.a., *Die geheime Dynamik autoritärer Diktaturen. Vier Studien über sozialen Wandel in der Franco-Ära*, München 1982, S. 61-198.
20 Vgl. Carlos Moya, *El poder económico en España (1939-1970). Un análisis sociológico*, Madrid 1975.

"Wachstum und Stabilität". In seinen wesentlichen Grundzügen war das Gesetz von wirtschaftsliberalen Technokraten, Bankiers und Wirtschaftsspezialisten ausgearbeitet worden; maßgeblich daran beteiligt war der Katalane Joan Sardá Dexeus, der Leiter der volkswirtschaftlichen Abteilung der "Bank von Spanien". Die politische Umsetzung des Gesetzes, seine Verabschiedung im Ministerrat, war sodann Sache des Opus, das es geschickt verstand, sich selbst als den geistigen Vater des Reformgesetzes darzustellen. Mit dem Gesetz sollten ein gleichgewichtiges Wirtschaftswachstum und größere Integration in die Weltwirtschaft, eine Eindämmung der Inflation und bessere Entfaltungsmöglichkeiten für die Privatwirtschaft erreicht werden. Um diesen Zielen näherzukommen, wurde der Diskontsatz erhöht; für den privaten Sektor wurden Kreditbeschränkungen verfügt, für den öffentlichen alle Ausgaben reduziert, Steuererhöhungen erlassen, außerdem Tariferhöhungen in öffentlichen Unternehmungen (Eisenbahnen, Telefon, Benzin) angeordnet. Der internationale Waren- und Dienstleistungsverkehr sollte liberalisiert werden. Zur Stützung der Exporte erfolgte eine abermalige Abwertung der Pesete, die Restriktionen gegenüber Importen wurden gelockert, eine neue Gesetzgebung über Auslandsinvestitionen sollte fremdländisches Kapital anziehen; Gewinne durften ins Ausland transferiert werden. Mit dieser wirtschaftlichen Öffnung verband sich eine grundlegende, am Vorbild der Wirtschaft der westlichen Industriestaaten ausgerichtete Neuorientierung der Wirtschaftspolitik.

Zunächst hatten die Maßnahmen eine einschneidende Rezession zur Folge, die jedoch insofern beabsichtigt war, als die spanische Wirtschaft dadurch von den Verzerrungen und Hindernissen gereinigt wurde, die sich in den vergangenen zwei Jahrzehnten herausgebildet hatten. Die unmittelbar Leidtragenden waren die Arbeiter und Kleinunternehmer; Produktionssenkungen führten zu umfangreichen Entlassungen; Reduktion der Überstunden und Kurzarbeit bedeuteten für viele Industriearbeiter weitere Lohneinbußen, die Reallöhne sanken. Die Auswirkungen auf dem Arbeitsmarkt waren verheerend: Setzt man den Arbeitslosenindex für 1959 mit 100 an, so stieg er im folgenden Jahr auf 143 und 1961 auf 155. Um einerseits die beschleunigte Landflucht zu kanalisieren und die Arbeitslosigkeit in Grenzen zu halten, andererseits das soziale Konfliktpotential in den Slums der industriellen Ballungszentren zu senken, wurde gleichzeitig das Ventil des Arbeitskräfteexports nach Europa geöffnet: Zwischen 1960 und 1969 erreichte die spanische Auswanderungsquote mit fast 1,5 Millionen ihren Höhepunkt. In Spanien selbst aber nahmen die sozialen Spannungen nach dem Auslaufen des Stabilisierungsplans (1961) und dem deutlichen Anstieg der Preise erheblich zu. Am meisten begünstigt vom Stabilisierungsplan waren zunächst die investierenden Unternehmer. Erst mittel- und langfristig konnten auch die übrigen gesellschaftlichen Gruppen von den Folgen des Plans profitieren.

Auf den Stabilisierungsplan von 1959 folgte nach 1962 als Phase des wirtschaftlichen "take-off" eine Periode des Aufschwungs mit starker unternehmerischer Konzentration und Zentralisation des Kapitals. Die Maßnahmen im außenwirtschaftlichen Bereich beseitigten die Autarkie und führten zur Eingliederung Spaniens in das internationale Wirtschaftssystem. Die Produktion orientierte sich stärker am Export, der vom Staat intensiv gefördert wurde. Emigrationsabkommen mit europäischen Ländern förderten die Auswanderung der Reservearmee an Arbeitslosen; die Devisen aus den Emigrantenüberweisungen wiederum besserten die Zahlungsbilanz auf. Kurzum: Für Spanien hatte das Jahrzehnt des "Wirtschaftswunders" begonnen.

4. Der Boom der sechziger Jahre

Durch den Stabilisierungsplan von 1959 griff die Regierung zum erstenmal mit kohärenten Maßnahmen in den Wirtschaftsablauf ein. Die Liberalisierung im binnen- und außenwirtschaftlichen Bereich, die der Stabilisierungsplan einleitete, trug wesentlich dazu bei, die prekäre Situation der ersten Nachkriegsjahrzehnte zu überwinden. Die Stabilisierungspolitik wollte die Grundlage für eine "indikative" Wirtschaftsplanung schaffen; die Regierung setzte eine bestimmte Wachstumsrate fest, die dem privaten Sektor als "Orientierung" diente. Eine Weltbankstudie über die spanische Wirtschaft aus dem Jahr 1963 legte ebenfalls eine "indikative" Wirtschaftsplanung nahe; vor allem die Industrie und der Dienstleistungssektor sollten die erstrebten Steigerungen der Wachstumsraten erbringen.

Dementsprechend war der erste Entwicklungsplan (1964-1967) auch primär auf die Großbetriebe hin orientiert; sie sollten marktgerecht produzieren, Qualität und Preise sollten in einem vernünftigen Verhältnis zueinander stehen. Weitere Ziele waren eine gleichmäßige Einkommensverteilung, Vollbeschäftigung und die fortschreitende Integration der spanischen Wirtschaft in die Weltwirtschaft. Im Unterrichtswesen sollten die schulische Situation auf allen Ebenen verbessert und insbesondere die Ingenieur- und Technikerausbildung gefördert werden. In der Landwirtschaft ging es um eine Erhöhung der Produktivität, eine Förderung der Exportproduktion, die Ausdehnung der bewässerten Ländereien, Wiederaufforstung, Bodenkonservierung, Flurbereinigung und die beschleunigte Mechanisierung der Agrarbetriebe.

Im Industriesektor sollten die Hüttenindustrie neu gegliedert und modernisiert, der Maschinenbau forciert, die Nahrungsmittelbranche erweitert und eine Zusammenarbeit kleiner Unternehmen gefördert werden. Energiewirtschaftlich wurde das Ziel verfolgt, die Elektrizitätserzeugung zu steigern, die Raffineriekapazität von Erdölerzeugnissen zu erhöhen, die Gasproduktion anzuheben und zu verbessern. Schließlich sollten im Verkehrswesen der Schienentransport modernisiert, das Straßennetz verbessert, die See- und Flughäfen ausgebaut werden. Insgesamt setzte sich der Plan das ehrgeizige Ziel, einen Anstieg des Bruttosozial-

Das spanische Wirtschaftswunder

produkts um sechs Prozent zu erreichen.

Wie entwickelte sich nun die spanische Wirtschaft nach dem Stabilisierungs- und dem Entwicklungsplan? "Die Jahre 1961 bis 1974 waren eine Phase langfristigen Wachstums und ermöglichten Spaniens Übergang zu einer Industriegesellschaft. Die durchschnittliche Wachstumsrate des Bruttoinlandprodukts belief sich pro Jahr auf rund 7%... Von den kapitalistischen Industrieländern konnte in diesen Jahren nur Japan eine höhere Durchschnittsquote erwirtschaften. Die in Spanien erzielten Produktivitätsfortschritte lagen nur geringfügig unter den japanischen. Da die Zahl der Beschäftigten im Jahresdurchschnitt um weniger als ein Prozent zunahm, erhöhte sich die gesamtwirtschaftliche Produktivität jährlich um mehr als sechs Prozent. Das Pro-Kopf-Einkommen stieg gleichzeitig von unter 400 Dollar zu Beginn der sechziger Jahre auf rund 2000 Dollar 1974. Während der dynamischen Wachstumsphase sank der Anteil des Agrarsektors am Bruttoinlandsprodukt von 23,7% im Jahre 1960 auf 9,8% 1974. Zugleich erfolgte eine starke Gewichtsverlagerung zugunsten des Dienstleistungssektors... Der jeweilige Anteil der Industrieproduktion verschob sich dagegen kaum."[21]

Zu Beginn der sechziger Jahre war die spanische Industrie wegen ihrer veralteten Anlagen und der hohen Produktionskosten international kaum wettbewerbsfähig, hatten doch die Unternehmer in der Autarkiephase keinerlei betriebliche Rationalisierungsmaßnahmen ergriffen. Die Industrialisierung der sechziger Jahre orientierte sich vor allem am inländischen Endverbraucher, bei dem ein zurückgestautes Nachfragepotential bestand. Bis Mitte der fünfziger Jahre hatte ja die Kaufkraft der Arbeitseinkommen unter dem Niveau von 1935 gelegen. Jetzt entwickelte sich sehr schnell ein dynamisches Konsumverhalten, auf das sich die Industrieproduktion einstellen mußte. Vor allem für Elektrohaushaltsgeräte, für Kraftfahrzeuge und für Verbrauchsgüter der chemischen Industrie boten sich ausgezeichnete Absatzchancen auf dem Inlandsmarkt. Innerhalb von 15 Jahren stieg Spanien vom Niveau eines Entwicklungslandes auf den zehnten Platz der Industrienationen auf. Die Stahlproduktion stieg um das Fünffache, die Autoproduktion von 40.000 Fahrzeugen im Jahr 1960 auf 700.000 im Jahr 1974. "Sobald die Wirtschaft sich von der durch die Stabilisierungspolitik verursachten Rezession erholte, wurde die unablässige Steigerung der Einfuhrkapazität der treibende Faktor in der Entwicklung der Industrie. Ab 1961 machte ein unbeschränkter Zustrom ausländischer Waren es möglich, die Ausrüstung der Industrie zu erneuern und neue Techniken einzuführen, die das Land durch so viele Jahre hatte entbehren müssen. Auf diese Weise wurden die Importe zu einer wesentlichen Voraussetzung für die erhebliche Steigerung der durchschnittlichen Arbeitsproduktivität, die ihrerseits die eigentliche Ursache einer starken Erhöhung des realen Pro-Kopf-Einkommens war."[22]

---

21 Francisco López-Casero, Das spanische Wirtschaftssystem im Zeichen der politischen Wende, in: *Berichte zur Entwicklung in Spanien, Portugal und Lateinamerika*, 2. Jg. 1977, H. 1, S. 36.
22 Fontana/Nadal, Spanien 1914-1970 (Anm. 14), S. 371.

Der Fortschritt machte sich vor allem bei den Produktionsgütern bemerkbar. Chemikalien, Maschinen und Energie rangierten deutlich vor den anderen Gütern. Bei den industriellen Produkten verloren traditionelle Zweige wie Nahrungs- und Genußmittelindustrie oder Textil- und Holzwirtschaft an Bedeutung, während Grundstoff- und Basisindustrien sowie dauerhafte Konsumgüter zunahmen. Der Index der Industrieproduktion stieg von 100 (im Jahr 1929) bzw. von 133 (im Jahr 1949) auf 320 (im Jahr 1959) und auf 988 (im Jahr 1970). Die jährliche Zunahme um über zehn Prozent in den sechziger Jahren ist wegen der höheren Ausgangsbasis besonders auffällig. Zwischen 1960 und 1974 wies der Industriesektor (zu konstanten Preisen) eine jährliche Wachstumsrate von rund neun Prozent auf; in diesem Zeitraum nahm die Arbeitsproduktivität in der Industrie um jährlich 6,9 Prozent zu.

Der Export spanischer Güter verlagerte sich schwerpunktmäßig von den traditionellen Agrar- und Bergbauprodukten auf Fertigwaren und Kapitalgüter. So ging beispielsweise der Anteil von "Landwirtschaftserzeugnissen und Nahrungsmitteln" an der Gesamtausfuhr von (1962:) 55 Prozent auf (1972:) 28 Prozent zurück, der von "Roh- und Brennstoffen" im gleichen Zeitraum von 14 Prozent auf 6 Prozent. Demgegenüber stieg der Anteil von "Maschinen und Transportmitteln" von 7 Prozent auf 23 Prozent; und der Wert "sonstiger Industrieprodukte" (vor allem Schuhe) nahm von 23 Prozent auf 44 Prozent zu. 1968 überstieg der Ausfuhrwert aus dem Industriebereich bereits den Exportwert der Güter aus dem Agrar- und Rohstoffsektor. Spätestens zu diesem Zeitpunkt hatte Spanien aufgehört, ein "primäres Agrarland" zu sein.

Die quantitativen Erfolge der Wirtschaftsentwicklung in den sechziger Jahren sind nicht zu übersehen. Allerdings wies die Entwicklung auch Mängel auf: Sobald sich auf dem Inlandsmarkt Sättigungserscheinungen bemerkbar machten, stockte der nahezu ausschließlich auf das Inland hin orientierte Absatz. Die Wachstumsraten der spanischen Wirtschaft waren zwar insgesamt sehr hoch, in den einzelnen Sektoren und Regionen jedoch auch sehr unterschiedlich. Die Folge dieser Unterschiede war ein ausgesprochen ungleichgewichtiges Wachstum, das außerdem von ständiger Inflation begleitet wurde. Die Landwirtschaft war immer weniger in der Lage, den spanischen Bedarf an Nahrungsmitteln zu befriedigen; die Arbeitsproduktivität im Agrarsektor stieg zwar gewaltig an, blieb aber im internationalen Vergleich immer noch gering. Seit den sechziger Jahren sank der Selbstversorgungsgrad Spaniens im Agrarbereich, das heißt das Land mußte mehr landwirtschaftliche Produkte einführen als es selbst ausführen konnte.

Mittel- und langfristig wirkte sich negativ aus, daß der Entwicklungsplan keine entscheidenden Strukturreformen enthielt, die zu einer ausgeglichenen Entwicklung der spanischen Wirtschaft hätten führen können. Derartige Reformen hätten letztlich zu Lasten der führenden gesellschaftlichen Gruppen gehen müssen, und diese waren nicht bereit, eine Einbuße ihrer privilegierten Position hinzunehmen. Auch die Betriebsgrößen der spanischen Industrieunternehmen blieben wenig rationell; nach wie vor überwogen bei weitem Klein- und Kleinstbetriebe. In den Schlüsselzweigen behielten demgegenüber wenige Großunternehmen ihre beherrschende Stellung. Mittelständische Unternehmen spielten eine nur untergeordnete Rolle.

Die strukturellen Schwächen zeigten sich vor allem im Ausbleiben einer Agrarreform, die diesen Namen verdient hätte, in der Ungerechtigkeit des Steuerrechts, in der nach wie vor ungenügenden Effizienz der von den Banken beherrschten Unternehmen, im technologischen Defizit und in der fehlenden Koordinierung der Entwicklung. Auch die zur Förderung regionaler Wirtschaften und zum Abbau von Ungleichgewichten geschaffenen "Entwicklungspole" erwiesen sich als Fehlschlag. Die vorher schon existierenden regionalen Ungleichgewichte blieben nicht nur bestehen, sondern verstärkten sich noch mehr, was wiederum auf fehlende Koordinierung und infrastrukturelle Mängel zurückzuführen war.

Zweifellos nahm die spanische Wirtschaft in den anderthalb Jahrzehnten, die auf den Stabilisierungsplan folgten, einen nie dagewesenen Aufschwung. Blickt man jedoch hinter die Fassade, so entdeckt man schwere strukturelle Mängel des spanischen Wirtschaftswunders. Diese Mängel wirkten sich vor allem ab Mitte der siebziger Jahre, als die internationale Wirtschaftskrise auch vor Spanien nicht haltmachte, erschwerend auf die weitere Entwicklung aus. Noch eine weitere Einschränkung ist erforderlich: Aus der Perspektive des Jahres 1959 verkörperte der Stabilisierungsplan einen radikalen Bruch mit den bis dahin geltenden wirtschaftspolitischen Prinzipien. Seine Bedeutung muß allerdings dahingehend relativiert werden, daß er zwar eine wichtige Voraussetzung für Spaniens Wirtschaftsaufschwung in den sechziger Jahren war, seine Wirkung aber ohne den günstigen internationalen Kontext vermutlich weit weniger positiv ausgefallen wäre; zu diesem Kontext zählen der Touristenboom, ausländische Investitionen, Gastarbeiterabwanderung und Emigrantenüberweisungen. Diese Aspekte können im folgenden nur angedeutet werden.

5. Die Finanzierung des Aufschwungs

Der sprunghafte Anstieg der Einnahmen aus dem Tourismus, aus den Gastarbeiterüberweisungen sowie den ausländischen Investitionen hatte in den sechziger Jahren auf die Ankurbelung der Wirtschaftsentwicklung einen dynamischen Multiplikatoreffekt. Zugleich konnte das Handelsbilanzdefizit durch die einfließenden Devisen ausgeglichen werden. Damit war jedoch der Ausgleich der Zahlungsbilanz von externen Faktoren abhängig, so daß die spanische Wirtschaft in den sechziger Jahren zwar ständig wuchs, zugleich aber von äußeren konjunkturellen Lagen und von Auslandskapital zusehends abhängiger wurde.

Vor 1959 beschränkten sich die Kapitalimporte zum größten Teil auf die staatliche Hilfe der USA im Gefolge des Stützpunktabkommens von 1953. Außerdem bestand die US-Wirtschaftshilfe zur Hälfte aus Produkten (Baumwolle, Milchpulver, Sojaöl), die woanders nicht oder nur schwer absetzbar waren. Nach 1959 änderte sich die Situation grundlegend: "Es ist bemerkenswert, wie mit dem Aussetzen der öffentlichen amerikanischen Hilfe (1963) gleichzeitig ein rapides Wachsen der Privatinvestitionen einsetzte. So wuchsen die Privatinvestitionen, die 1959/60 50 Millionen Dollar betrugen, auf 697 Millionen Dollar im Jahre 1970 an, das heißt 1959 betrug der Anteil der Privatinvestitionen 33 Prozent aller Nettokapitalimporte, 1970 dagegen 97,1 Prozent."[23] Das amerikanische Privatkapital drang massiv in die spanische Wirtschaft ein. Die Direktinvestitionen stiegen von (1959:) 16 Millionen Dollar auf (1970:) 251 Millionen Dollar. Hiermit sind allerdings nur die Privatinvestitionen berücksichtigt, die eine Kapitalbeteiligung von über 50 Prozent an spanischen Unternehmen hatten. Alle darunterliegenden Investitionen bedurften keiner gesonderten Genehmigung. Die tatsächlichen Investitionen dürften somit um ein Vielfaches über den "offiziellen" Zahlen gelegen haben.

Das Auslandskapital kam zu 30 Prozent aus den USA, zu 21 Prozent aus der Schweiz, zu 12 Prozent aus der Bundesrepublik Deutschland, zu 7 Prozent aus Frankreich; die übrigen 30 Prozent kamen aus 15 verschiedenen Ländern. Da ein Teil der "europäischen" Kapitalien wiederum über US-Tochtergesellschaften in Europa nach Spanien floß, sprechen einige Schätzungen davon, daß sich der tatsächliche Anteil der US-Investitionen auf 60 Prozent belief. Erst in den siebziger Jahren investierten die Länder der EG stärker als die USA.

Der Anteil des Auslands an der Gesamtfinanzierung der privaten spanischen Wirtschaft belief sich auf etwa ein Fünftel; ungefähr genauso hoch war die ausländische Beteiligung am Grundkapital spanischer Kapitalgesellschaften. Die wichtigsten Gründe für die Auslandsinvestitionen lagen im rasch expandierenden spanischen Markt, dem günstigen Investitionsklima, den relativ niedrigen Arbeitskosten, der geringen Steuerbelastung und der "Stabilität" im Lande. Das Auslandskapital konzentrierte sich stark auf einige wenige Wirtschaftszweige und Großunternehmen. Vor allem im Fahrzeugbau und in der chemischen Industrie wurden die Direktivestitionen angelegt; auch in andere moderne Bereiche (wie Maschinenbau und Elektrotechnik) floß massiv Auslandskapital.

Mit den ausländischen Investitionen Hand in Hand ging - weitgehend überstürzt und wahllos - die Einfuhr ausländischer Technologien, was die Auslandsabhängigkeit der spanischen Wirtschaft weiter erhöhte. Die Erzeugnisse der chemischen Industrie und der Metallverarbeitung wurden zum großen Teil mit ausländischen Patenten hergestellt. Demgegenüber lagen (und liegen) die spanischen Staatsausgaben für Forschung und Entwicklung mit 0,2-0,4 Prozent

---

23 Ulrike Borchardt, *Die politische und ökonomische Krise des Franquismus. Probleme der "Öffnung" des politischen, ökonomischen und sozialen Systems in Spanien*, Hamburg (Manuskript, Diplomarbeit) 1977.

Das spanische Wirtschaftswunder 211

des Bruttoinlandsprodukts deutlich unter denen der großen Industrieländer. Technologische Neuerungen wurden in den vergangenen Jahrzehnten vor allem in den dynamischen, vom Auslandskapital kontrollierten Wachstumsbranchen eingeführt. Alljährlich müssen Millionen von Dollars für ausländische Technologien bezahlt werden.

Die ausländischen Privatinvestitionen stellen in vielerlei Hinsicht ein Problem für die spanische Wirtschaft dar. Sie erfolgten ohne ausgearbeiteten Strukturplan, beschränkten sich auf einige wenige profitversprechende Wachstumssektoren und Spekulationsbranchen (wie Immobilien) und waren vor allem bestrebt, den spanischen Markt zu gewinnen. Außenmärkte wurden anderen Filialen überlassen, und selbst spanische Unternehmen, die mit ausländischen Lizenzen arbeiten, werden zumeist ganz oder teilweise durch entsprechend abgefaßte Lizenzverträge daran gehindert, ihre Produkte zu exportieren. Die Abhängigkeit der spanischen Wirtschaft von Fremdkapital und ausländischer Technologie hat dazu geführt, von ihrer "Kolonisierung" durch externe Kräfte zu sprechen. Zumindest ist ihre Anfälligkeit als Folge äußerer Entwicklungen (etwa Verschlechterung der internationalen Konjunktur) offensichtlich.

Hinsichtlich der Deviseneinnahmen steht der Tourismus seit vielen Jahren an der Spitze der spanischen Industrien. Im Jahr 1955 besuchten 1,5 Millionen Touristen das Land, 1960 waren es 6 Millionen, 1971 etwa 27 Millionen, 1978 nahezu 40 Millionen und damit bedeutend mehr, als das Land Einwohner hat (1978: 37 Millionen). In einem Jahrzehnt kamen über 200 Millionen Menschen nach Spanien, um dort ihren Urlaub zu verbringen - die wohl größte "Völkerwanderung" aller Zeiten. 1961 betrug das Deviseneinkommen durch Tourismus über 380 Millionen Dollar, 1971 über zwei Milliarden Dollar, 1974 über drei Milliarden Dollar, 1978 schon vier Milliarden Dollar. Der Tourismus trug ohne Zweifel wesentlich zur Verbesserung der Zahlungsbilanz bei. Außerdem beeinflußte er die Einkommensentwicklung und die Lage auf dem Beschäftigungsmarkt[24]. Seit 1959 stellten die direkten Deviseneinnahmen aus dem internationalen Touristenverkehr einen beachtlichen Anteil am Volkseinkommen dar (1966: über sechs Prozent). Zwischen 1960 und 1968 wurden fast 400.000 neue Arbeitskräfte in der Fremdenverkehrsindustrie beschäftigt. Der Verkauf von Sonne und Folklore entwickelte sich seit Mitte der fünfziger Jahre zur (saisonal) bedeutendsten Industrie des Landes.

Neben den Auslandsinvestitionen und dem Tourismus spielten für die Devisenzufuhr die Geldüberweisungen emigrierter Arbeiter eine besonders wichtige Rolle. Seit Beginn der sechziger Jahre wurden jährlich mehrere hundert Millionen Dollar aus dem Ausland nach Spanien transferiert. 1969 z.B. beliefen sich die regelmäßigen Rücküberweisungen der Emigranten auf gute 400 Millionen Dollar, 1974 auf rund 700 Millionen Dollar. Rechnet man die unre-

---

24 Hierzu im einzelnen Carsten R. Moser, *Tourismus und Entwicklungspolitik. Dargestellt am Beispiel Spaniens*, Hamburg 1972.

gelmäßigen Kapitalüberweisungen, die Ausgaben der Auswanderer in den Ferien im Heimatland, Transfers durch Renten und andere Formen des Geldrückflusses hinzu, so erhöht sich die Summe des tatsächlich transferierten Geldes noch erheblich. Die Auswirkungen des Geldtransfers der Auswanderer auf die spanische Zahlungsbilanz sind unübersehbar. So wurde beispielsweise der negative Saldo der spanischen Handelsbilanz 1968 zu 20,5 Prozent durch Geldüberweisungen spanischer Arbeitnehmer im Ausland gedeckt, 1971 sogar zu 35,3 Prozent. In den Jahren 1962-1971 glichen der Fremdenverkehr (zu 59,8 Prozent) und die Rücküberweisungen der Auswander (zu 17,9 Prozent) die passive Handelsbilanz zu 77,7 Prozent aus. Zwischen dem Stabilisierungsplan von 1959 und dem ersten Ölschock 1973 bestanden zwischen Spanien und den Industriestaaten des Westens Kanäle, durch die sich in der einen Richtung Spaniens überschüssige Arbeitskräfte bewegten und aus der anderen Richtung ausländisches Kapital und Touristenströme kamen. "Finanziell gesehen, vereinigten sich Abstrom und Zustrom zu einem einzigen Devisenstrom in Richtung Spanien."[25]

Die drei wichtigsten Devisenbringer (Fremdenverkehr, Auswandererrücksendungen, investiertes Auslandskapital) ließen die Ziffern für den Außenhandel sprunghaft ansteigen. Zwischen 1959 und 1970 erhöhte sich der Wert der Importe auf das 8,5fache, der Wert der Exporte auf das 7,6fache. Die wirtschaftliche Entwicklung auf nahezu allen Gebieten fällt nach 1959 deutlich ins Auge. Allerdings konnte sich die Regierung nicht dazu entschließen, in ähnlicher Weise die politische Entwicklung voranzutreiben. Diese Haltung bedeutete ein unüberwindbares Hindernis für die Eingliederung Spaniens in das übrige Europa und widersprach den Bemühungen um eine Liberalisierung der Wirtschaft.

6. Gesellschaftliche Auswirkungen: "Modernisierung" und Konfliktivität

Natürlich hatte das Wirtschaftswachstum vielfältige Auswirkungen auf die Bevölkerung. Zwei Aspekte seien herausgegriffen: zum einen die "Modernisierung" der Gesellschaft, zum anderen das Anwachsen des Konfliktpotentials. - Legt man die in der sozialwissenschaftlichen Literatur verwendeten sozio-ökonomischen und sozio-kulturellen Modernitätsindikatoren zugrunde, so lassen sich die Veränderungen in der spanischen Gesellschaft der Wachstumsjahre folgendermaßen beschreiben:
a) Vor allem in den sechziger Jahren nahm Spaniens Demographie die Muster entwickelter Industrienationen an: Erhöhung der Lebenserwartung, nachlassende Geburtenhäufigkeit, Anwachsen der älteren Bevölkerung, Rationalisie-

---

25 Fontana/Nadal, Spanien 1914-1970 (Anm. 14), S. 369.

rung des generativen Verhaltens. Die Sterblichkeitsrate sank zwischen 1940 und 1976 von 16,5 ‰ um mehr als die Hälfte auf 8,1 ‰ und stellte damit einen der hervorstechendsten Züge der demographischen Entwicklung des Landes dar. Gleichzeitig sank die Geburtenrate, die im Jahrfünft 1931-1935 noch bei 27 ‰ gelegen hatte, im darauffolgenden Jahrfünft 1936-1940 schlagartig auf 21,6‰, d.h. um ein Fünftel; die gewaltsame "Anpassung" der Geburtenrate an den europäischen Durchschnitt konnte später nicht mehr rückgängig gemacht werden. Da die Sterblichkeitsrate in den letzten Jahrzehnten noch schneller als die Geburtenrate gesunken war, war das natürliche Wachstum der Bevölkerung relativ hoch; es schwankte zwischen 7,8‰ (1940) und 12,0‰ (1970). Zwischen 1940 und 1976 wuchs die spanische Bevölkerung von knapp 26 auf über 36 Millionen Personen.

b) Neben den demographischen Veränderungen waren es vor allem die massenhaften Wanderungsbewegungen, die das heutige Bild der spanischen Bevölkerungsstruktur prägen. Die Hungerjahre nach dem Bürgerkrieg und dem Zweiten Weltkrieg ließen die Auswanderungsquoten wieder auf eine ähnliche Höhe wie vor dem Ersten Weltkrieg ansteigen. Allerdings verhinderten in den ersten Nachkriegsjahren die Behörden aus ideologischen Gründen Auswanderungen größeren Umfangs. Nachdem jedoch 1946 die entsprechenden gesetzlichen Voraussetzungen geschaffen worden waren, setzte wieder ein breiter Auswanderungsstrom nach Übersee ein.

Bis 1970 wanderten ungefähr 900.000 Spanier nach (Latein-) Amerika aus; im gleichen Zeitraum kehrten an die 400.000 zurück. Seit Beginn der sechziger Jahre verebbte der Migrationsstrom nach Übersee allmählich; an seine Stelle trat die Auswanderung nach Europa. Die Bundesrepublik, die Schweiz und Frankreich wurden nach 1960 die wichtigsten Zielländer für die spanischen Auswanderer. Zwischen 1960 und 1969 erreichte die spanische Auswanderungsquote mit fast 1,5 Millionen einen nie dagewesenen Höhepunkt.

Für die spanische Bevölkerungs- und Erwerbsstruktur wichtiger als die Auswanderung waren die Migrationsbewegungen im Innern des Landes. Der über Jahre ansteigende Bedarf an Industriekräften sowie die gleichzeitige Wirtschaftskrise in den agrarischen Gebieten setzten eine breite Wanderungswelle vom Land in die Stadt in Bewegung und führten zu hochgradiger Verdichtung der spanischen Bevölkerung in wenigen Provinzen, zu gewaltigen Verschiebungen im Siedlungsgefüge und in deren Gefolge zu einer hohen Urbanisierungsrate. Lebten 1930 rund 15 Prozent der Bevölkerung in Städten mit über 100.000 Einwohnern, so waren es 1970 schon fast 37 Prozent. Hauptzuwanderungsstädte bzw. -provinzen wurden (mit großem Abstand vor allen anderen) Madrid und Barcelona sowie (deutlich abgesetzt) Bilbao (Vizcaya) und San Sebastián (Guipúzcoa). Zwischen 1940 und 1970 waren 21 (der insgesamt 50) Provinzen ständige Abwanderungsgebiete. Insgesamt übertrafen die Abwanderungsregionen die

Zuwanderungsgebiete bei weitem: Zwischen 1951 und 1960 gab es bereits 80 Prozent Abwanderungsprovinzen (40 von 50); in weiten Agrargebieten waren Entvölkerungstendenzen unverkennbar. Zwischen 1950 und 1960 wanderten über eine Million Landarbeiter aus den agrarischen Gebieten Kastiliens, Extremaduras und Andalusiens in die industriellen Ballungszentren ab. Noch deutlicher läßt sich die Entvölkerung agrarischer Gebiete für das Jahrzehnt 1961-1970 nachweisen: In diesem Zeitraum sank die Bevölkerung von 23 Provinzen, d.h. von drei Fünfteln der Gesamtfläche des Landes. Der Bevölkerungsrückgang zwischen 1961 und 1970 erreichte in einigen Gegenden extreme Ausmaße; er betrug zum Beispiel in den vor allem landwirtschaftlich geprägten Provinzen Soria und Cuenca je 21 Prozent, Teruel 20 Prozent, Guadalajara 19 Prozent, Badajoz und Lugo je 17 Prozent. Seit Ende des Bürgerkriegs bis 1970 verloren die Agrargebiete durch Abwanderung insgesamt 3,14 Millionen Arbeitskräfte[26].

c) Die Land-Stadt-Migrationen bedeuteten im Hinblick auf die Erwerbsstruktur eine Wanderung von landwirtschaftlichen in industrielle Berufe. Hatte es während der Zweiten Republik noch rund zwei Millionen Landarbeiter gegeben, so war diese ärmste Schicht des spanischen Agrarproletariats bis 1975 auf unter 600.000 gesunken. Insgesamt erfolgte in den letzten 40 Jahren eine sektorale Verschiebung der erwerbstätigen Bevölkerung, die einzigartig in der spanischen Geschichte ist. 1940 waren noch rund 50 Prozent der Bevölkerung in der Landwirtschaft tätig; bis 1976 reduzierte sich dieser Prozentsatz auf 23 Prozent. Im gleichen Zeitraum nahmen die Beschäftigten in der Industrie von 22 Prozent auf 37 Prozent und im Dienstleistungssektor von 27 Prozent auf 40 Prozent zu.

d) Eine der auffälligsten Veränderungen in der sozialen Schichtung des Landes nach 1939 ist die Ausweitung der "Mittelschichten"; betrugen diese 1939 lediglich 17 Prozent der Bevölkerung, so waren es in den sechziger Jahren mit neun Millionen Personen mindestens 28 Prozent der Gesamtbevölkerung[27]. Im Gefolge der Industrialisierung und Arbeitsplatzspezialisierung nahm außerdem die Professionalisierung und die intergenerative Berufsmobilität in nahezu allen Bereichen deutlich zu: Ein Viertel der Söhne ist heute nicht mehr in den Berufen der Väter tätig. Insbesondere die Gruppe der Facharbeiter hat im Generationenwechsel erheblich zugenommen (von 18 Prozent auf 27 Prozent aller Erwerbstätigen). Zugleich sank die Vererbungswahrscheinlichkeit

---

26 Aus der Vielzahl an Literatur zum Migrationsproblem vgl. J. Estébanez Alvarez/R. Puyol Antolín, Los movimientos migratorios españoles durante el decenio 1961-1970, in: *Geographica*, 15/2, 1973, S. 105-142; A. García Barbancho, *Las migraciones interiores españolas en 1961-1970*, Madrid 1970; A. García Ferrer, *Migraciones internas, crecimiento del empleo y diferencias interregionales de salarios en España*, Madrid 1979; D. D. Gregory, *La odisea andaluza. Una emigración hacia Europa*, Madrid 1978; Instituto Nacional de Estadística, *Las migraciones interiores en España, decenio 1961-1970*, Madrid 1974.
27 Vgl. Ramón Tamames, *La República. La Era de Franco*, Madrid 1979, S. 350.

des Landarbeiterberufes von rund 20 Prozent auf 7,5 Prozent.
e) Auch die Alphabetisierung erreichte Quoten, die in etwa denen in entwickelten Industrienationen entsprechen. Lag die Analphabetenrate 1940 noch bei über 33 Prozent, so konnte sie bis Ende der sechziger Jahre auf rund 5,7 Prozent gesenkt werden. Bildungspolitisch waren die letzten 40 Jahre ein Übergang von einem massiven Analphabetentum zu einer sozio-kulturellen Differenzierung. Schließlich ist noch zu erwähnen, daß sich auch die Familienstruktur immer deutlicher auf die sogenannte Kernfamilie hin entwickelte und die Erwerbsquoten der Frauen rasch stiegen. Das Wertesystem (Einstellung zur Ehescheidung, Sexualität, Emanzipation usw.) war fundamentalen Wandlungen unterworfen; der reale Säkularisierungsprozeß der Bevölkerung schritt weit voran; Leistung und Erfolg zählten längst zu den "positiven" Werten in der spanischen Gesellschaft.

Eine zweite weitreichende Auswirkung - neben den soeben kursorisch geschilderten gesamtgesellschaftlichen Strukturveränderungen - des Wirtschaftsbooms verdient festgehalten zu werden: die Zunahme an gesellschaftlichem Konfliktpotential in den sechziger Jahren. Das Anwachsen von Konfliktivität ist um so bemerkenswerter, als die Modernisierungsstrategie der Technokraten darauf hinauslief, durch eine beschleunigte Entwicklung klassisch-kapitalistischen Typs, die durch den politisch autoritären Rahmen des Regimes abgesichert wurde, Spanien im 20. Jahrhundert die Verwirklichung der im 19. Jahrhundert gescheiterten industriellen Revolution zu ermöglichen und auf diese Weise die Herausbildung der als politisch "vernünftig" angesehenen Mittelschichten durch eine solchermaßen legitimierte Entwicklungsdiktatur voranzutreiben. Wirtschaftlich mußten Modernisierungsmaßnahmen ergriffen werden, damit politisch nichts verändert zu werden brauchte[28]. Seit Beginn der neuen Phase nach 1957/59 zeigte das Regime ein besonderes Interesse an allen wirtschaftlichen Fragen; seine Legitimität sollte fortan mehr auf der Förderung der Effizienz der neuen Technokraten als auf der bis dahin geübten Manipulation der politischen Symbole, auf dem Gespenst des Bürgerkrieges oder auf dem traditionalen Katholizismus beruhen; an die Stelle der ideologischen Legitimierung des Regimes sollte nunmehr eine auf wirtschaftlichem Erfolg beruhende ökonomische Legitimierung treten.

Allerdings wird man die angewandte Strategie kaum pauschal - wie dies geschehen ist[29] - mit dem Begriff "konservative Modernisierung" erfassen können. Der Ausdruck impliziert nämlich, daß der Franquismus in seiner technokratischen Epoche über eine gezielte und bewußt angewandte Strategie verfügte, die Ausdruck der Steuerungskapazität des Regimes war - eine Annahme, die sich angesichts der Sachzwänge, denen das Regime im Vorfeld der "großen Wende" von

---

28 Vgl. Guy Hermet, UFL'Espagne de Franco, Paris 1974, S. 193.
29 Guy Hermet, Espagne: Changement de la société, modernisation autoritaire et démocratie octroyée. Des faits a leurs interprétations conceptuelles, in: *Revue Française des Sciences politiques*, Bd. 27, Nr. 4/5, 1977, S. 582-600.

1957/59 ausgesetzt war, kaum aufrechterhalten läßt. Und der größte Teil der gesellschaftlichen Veränderungen, die im Zusammenhang mit den wirtschaftlichen Modernisierungsmaßnahmen erfolgten, gehört eher zu den nicht-intendierten als zu den beabsichtigten Wirkungen. So führte zum Beispiel die massive Industrialisierungspolitik der sechziger Jahre zu einem gewaltigen Anwachsen der Industriearbeiterschaft, zu einer Zunahme oppositioneller Untergrundorganisationen, deren Methoden infolge des arbeitsrepressiven Systems weit radikaler, direkter und gewalttätiger waren als die gemäßigten Strategien der Gewerkschaften in den industrialisierten Demokratien des Westens. Das Hauptziel des Opus-Dei-Entwicklungsmodells, die Sicherung der sozialen und politischen Stabilität des Regimes, wurde nicht erreicht, im Gegenteil: Die Unruhen nahmen in den sechziger Jahren derart zu, daß die Repression im Arbeitsbereich verstärkt werden mußte.

Die größere Anzahl sozialer Unruhen im Spanien der sechziger Jahre stellt im Industrialisierungskontext sich entwickelnder Länder allerdings keine Ausnahme dar. Wiederholt ist in der sozialwissenschaftlichen Literatur auf die destabilisierenden Auswirkungen schnellen sozio-ökonomischen Wandels hingewiesen worden, der keine größere gesellschaftliche und politische Stabilität der sich entwickelnden Länder, sondern - im Gegenteil - eher wachsende soziale Spannungen hervorruft[30]. Der wesentliche Grund für die Zunahme des Konfliktpotentials dürfte im spanischen Fall in der Partialität der Modernisierungsmaßnahmen gelegen haben, die den soziopolitischen Bereich im wesentlichen aussparten: "Die Intensivierung von Teilprozessen der sozialen Mobilisierung und Modernisierung seit Ende der fünfziger Jahre führte zu einer Verschärfung der Klassengegensätze und der Regionalismusproblematik. Da die Ideologie des 'Movimiento' eine Artikulation gesellschaftlicher Problemlagen unter Gesichtspunkten einer Klassenanalyse nicht zuließ und außer im ökonomisch-kapitalistischen und urbanistischen Sektor weitergehende Modernisierungsprozesse verhinderte - von emanzipatorisch-sozialen Mobilisierungsprozessen außer denen der Wanderung ganz zu schweigen -, führte Spaniens 'verspäteter Faschismus' seit Ende des Bürgerkrieges bzw. des Zweiten Weltkrieges zu einem 'Problemstau'."[31]

Die autoritäre Unterdrückung offener Auseinandersetzungen, d.h. die mangelnde Institutionalisierung von Konflikten sowie das Fehlen einer Vermeidungsstrategie und die ideologische Überbetonung sowie gewaltsame Durchsetzung der (eher fiktiven als tatsächlichen) Einheit heizten in den "Wachstumsjahren" der Franco-Ära die Feindseligkeiten an und schufen "Fremdgruppen" (Arbeiter, Regionalisten) in der eigenen Gesellschaft, deren Interessen nicht in das politische System des Franquismus integriert worden waren. Das Ergebnis der

---

30 Vgl. Mancur Olson, Rapides Wachstum als Destabilisierungsfaktor, in: Klaus von Beyme (Hrsg.), *Empirische Revolutionsforschung*, Opladen 1973, S. 205-222; Samuel P. Huntington, *Political Order in Changing Societies*, London 1973.
31 Jorge García-Petit/Bernhard Schäfers, Sozialer Wandel in Spanien. Über einige Prozesse der Modernisierung und sozialen Mobilisierung, in: *Schweizerische Zeitschrift für Soziologie*, 6/1980, S. 87-108, hier S. 106.

franquistischen Politik widersprach in nahezu jedem Punkt den ursprünglichen Intentionen: Am Ende der Franco-Herrschaft war die spanische Gesellschaft politisierter, urbanisierter und säkularisierter denn je, die Arbeiter und Studenten waren so aufsässig wie noch nie, die Autonomie- und Selbständigkeitsbewegungen der Regionen ausgeprägter als zu jedem anderen Zeitpunkt in der neueren spanischen Geschichte, Sozialisten und Kommunisten bei den ersten Wahlen nach Francos Tod so erfolgreich wie nie zuvor, die spanische Wirtschaft finanziell und technologisch vom internationalen Kapitalismus in geradezu beängstigendem Ausmaß abhängig. Hatte das Regime (notgedrungen) unter der (jahrzehntelang wiederholten) Devise "Spanien ist anders" die These der radikalen Inkompatibilität der politischen Institutionen Spaniens und der kulturellen Werte des Landes mit dem restlichen Europa zu einer offiziösen Metaphysik hochstilisiert und die Distanz von wirtschaftlichen wie ideologischen Modellen westlicher Demokratien betont, so war diese bewußte Distanzierung in den sechziger Jahren bereits einer deutlichen Annäherung an den Westen auf dem Gebiet der Wirtschaft und in der Konsummentalität gewichen; nach dem Tode Francos erfolgte dann geradezu ein Wettlauf, um sich auch politisch (und militärisch) in das früher so verpönte System des Westens zu integrieren. Nie zuvor in seiner Geschichte dürfte Spanien so "europäisch" gewesen sein wie heute.

7. Schlußbetrachtung

Die Analyse des spanischen Wachstumsmodells der sechziger und frühen siebziger Jahre läßt deutlich werden, daß man das Franco-Regime schon deshalb nicht vorbehaltlos als Entwicklungs- oder Modernisierungsdiktatur bezeichnen kann, weil die unter den "Modernisierungs"-Theorien subsumierten Theorien - Wachstumstheorien, Theorien des sozialen Wandels usw. - von einem Prozeß der Nachahmung und der Angleichung unterentwickelter Gesellschaften an die entwickelten Gesellschaften der westlichen Industrieländer ausgehen[32]. Gerade dieses Ziel aber verfolgte das international anfangs geächtete und isolierte spanische Regime nicht. Ganz im Gegenteil: Es wurde nicht müde, die wirtschaftspolitischen und ideologischen Unterschiede zu den angeblich dekadenten Demokratien in den Mittelpunkt seines Rechtfertigungsmusters zu rücken. Der Modernisierungsaspekt, den später die Technokraten an den Schalthebeln der politischen Macht bemühten, um das System zu legitimieren, ist erst relativ spät (etwa seit

---

32 Hierzu Hugo C. F. Mansilla, *Entwicklung als Nachahmung. Zu einer kritischen Theorie der Modernisierung*, Meisenheim am Glan 1978; vgl. die partielle Kritik am Modernisierungstheorem bei Jürgen Kocka, Theorien in der Sozial- und Gesellschaftsgeschichte, in: *Geschichte und Gesellschaft*, 1/1975, S. 9-42, bes. S.28f.

dem Erfolg des ersten Entwicklungsplans Mitte der sechziger Jahre) bejaht und in seinem propagandistischen Nutzen erkannt worden.

Nachdem Mitte der fünfziger Jahre klar geworden war, daß das falangistische Wirtschaftsmodell der Autarkie in eine Sackgasse geführt hatte und das politische Modell des Franquismus nur durch eine radikale Kursänderung in der Wirtschaftspolitik erhalten werden konnte, initiierte und unterstützte die Opus-Dei-Elite den wirtschaftlichen Modernisierungsprozeß nachdrücklich, war außerdem - allerdings erfolglos - sorgfältig darauf bedacht, Modernisierung und alle damit zusammenhängenden Teilprozesse unter ihrer Kontrolle zu behalten. Im Gegensatz zu anderen autoritären Regimen stärkten sich jedoch in Spanien das wachstumsorientierte Wirtschaftskonzept der "stabilisierenden Entwicklung" und die im politischen Bereich scheinbar vorherrschende entwicklungsfördernde Stabilität nicht; denn die nach außen demonstrierte Stabilität des Regimes konnte nicht über die im Zuge der Modernisierung aufgetretenen oder verstärkten Disparitäten hinwegtäuschen: die Beibehaltung oder Vergrößerung der Einkommensunterschiede und der regionalen Entwicklungsgefälle, die zunehmende Diskrepanz zwischen steigenden Erwartungshaltungen und sinkenden Befriedigungsmöglichkeiten, die destabilisierenden Wirkungen des wirtschaftlichen Aufschwungs. Die intendierte Funktionalität der Modernisierung im Sinne der Stabilisierung des Systems schlug eher in ihr Gegenteil um. Die Errichtung einer "Mittelstandsgesellschaft" sollte das Land vom Druck extremer sozialer Klassen befreien und damit gleichzeitig zur Stärkung des bestehenden Systems beitragen; in den genannten Fällen führte die Modernisierung der franquistischen Diktatur jedoch nicht dazu, wie ihre Architekten sich erhofften, sie zu konsolidieren, sondern unterminierte sie.

Das politische System des Franquismus überlebte seinen Schöpfer nicht. Es gehört sicherlich zu den nichtantizipierten Wirkungen der "kontrollierten Modernisierung", daß sie selbst möglicherweise den Grundstein für das Ende der Diktatur gelegt hat, daß sie auf eine Situation hinführte, die den konservativen Zielen des Regimes völlig entgegenstand. Denn soviel ist klar: Die sozio-ökonomischen Veränderungen der sechziger Jahre waren eine entscheidende Voraussetzung für den relativ reibungslosen Übergang von der Diktatur in die Demokratie. Die Prosperitätsphase der sechziger Jahre bedeutete für Spanien eine wirtschafts- und gesellschaftshistorische Umbruchphase, in der vorher bestehende ökonomische und soziale Strukturen unwiederbringlich verschwanden und das Land beschleunigt den Weg in die "Moderne" beschritt.

Hartmut Kaelble

Boom und gesellschaftlicher Wandel 1948-1973: Frankreich und die Bundesrepublik Deutschland im Vergleich

Von der Sozialgeschichte des Booms der 1950er und 1960er Jahre vermittelt die bislang äußerst dünne Speziallitteratur in Frankreich ein gänzlich anderes Bild als in der Bundesrepublik. Aus der französischen Literatur gewinnt man den Eindruck eines dramatischen, historisch einmaligen sozialen Wandels und Aufbruchs, eines plötzlichen, durchaus gewollten und geplanten Modernisierungssprungs nach der tiefen Krise der späten Dritten Republik, nach dem Schock der deutschen Besatzung und der europäischen Rückständigkeit gegenüber den USA. Dieser Aufbruch wird auch als Abschied nicht nur vom ländlichen Frankreich Friedrich Sieburgs, sondern auch vom idyllischen Paris verstanden, wie es noch die Fotografien und Filme Robert Doisneaus und Jacques Tatis schildern. Dieser Modernisierungssprung unterbrach und beendete - so der Eindruck - in Frankreich eine jahrzehntelange wirtschaftliche und soziale Stagnation. Er ist deshalb in der längeren Sicht ein ähnlich tiefer, aber im Ganzen doch positiverer Einschnitt in der Gesellschaftsgeschichte als es die Weltkriege und die Weltwirtschaftskrise waren. In der Bundesrepublik erweckt das beherrschende und gleichzeitig einzige Buch zur Sozialgeschichte des Booms von Burkart Lutz den genau umgekehrten Eindruck: Der Boom der 1950er und 1960er Jahre trieb nicht nur - wie schon die früheren Prosperitätsphasen - den Industrialisierungprozeß voran. Er führte die bundesrepublikanische und europäische Gesellschaft auch in eine Sackgasse. Erstmals saugte ein Boom die Nischen traditioneller Arbeit und Wirtschaft völlig auf und zerstörte damit die Reserven, aus denen die europäische Wirtschaft davor immer wieder das Potential für die Überwindung von zyklischen Wirtschaftskrisen und für den Eintritt in neue Properitätsphasen gewonnen hatte. Im Gegensatz zur französischen Literatur sieht daher Lutz den Boom der 1950er und 1960er Jahre nicht als modernisierenden Sprung aus der gesellschaftlichen Stagnation in neue Optionen und Chancen, sondern - eher umgekehrt - als Weg aus der früheren wirtschaftlichen Flexibilität in die Auswegslosigkeit und Stagnationsgefahr[1]. Ausgehend von diesem scharfen Kontrast der

---

1 Vgl. Ph. Pinchemel, *La France. Activités, milieux ruraux et urbaines*, 2 Bde., Paris 1981 (engl.: *France*, Cambridge 1986); F.Bloch-Lainé/J.Bouvier, *La France restaurée 1944-1954. Dialogues sur les choix d'une modernisation*, Paris 1986;

Interpretationen, nicht unbedingt der sozialhistorischen Realitäten, möchte ich in einem Vergleich zwischen Frankreich und der Bundesrepublik folgende Fragen zu den sozialen Folgen des Booms der 1950er und 1960er Jahre stellen:
1. Gab es in Frankreich und in der Bundesrepublik während und durch die Prosperitätsphase der 1950er und 1960er Jahren einen tiefgreifenden gesellschaftlichen Entwicklungsschub, der diese Periode im Rahmen des gesamten 20. Jahrhunderts zu einer ähnlich bedeutenden oder sogar bedeutenderen gesellschaftlichen Umbruchperiode werden ließ als der Erste oder Zweite Weltkrieg - freilich zu einer Umbruchperiode in positiverem Sinn des rasch steigenden Lebensstandards, der zunehmenden Bildungs- und Berufsqualifikationen, der wachsenden Auswahl an Lebensformen, der solideren sozialen Sicherheit? Müssen wir daher die Sozialgeschichte des 20. Jahrhunderts, die normalerweise nach politischen Daten geschrieben wird, umschreiben? Ist dieser Strukturbruch für Frankreich wie für die Bundesrepublik gleich wichtig und kann man an die These eines allgemeinen, westeuropäischen Strukturbruchs denken, oder sind schon zwischen Frankreich und Deutschland die Unterschiede dafür zu tiefgreifend?
2. Worin besteht der grundsätzliche Charakter dieses gesellschaftlichen Umbruchs im Boom? Ist es vor allem die endgültige Aufsaugung traditioneller Arbeits- und Lebensformen, wie es Burkart Lutz postuliert, der letzte Schritt der Durchindustrialisierung Europas und das endgültige Ende vorindustrieller Nischen mit schwerwiegenden negativen Folgen für die Bewältigung der darauffolgenden Krise? Ist es auch ein beschleunigter Übergang in neue Gesellschaftsformen, die man als tertiäre Gesellschaft, als postindustrielle Gesellschaft, als Informationsgesellschaft bezeichnet hat - mit neuen Gefahren, aber auch Chancen? Oder ist es eine einmalige Koinzidenz voneinander unabhängiger Entwicklungen vor allem in der Bevölkerungs- und Familiengeschichte (dem Ende der demographischen Transition), in der Berufs- und Beschäftigungsstruktur (dem Ende der industriebeherrschten Gesellschaft) und in der Sozialstaatsintervention mit ihrer davor unbekannten Massivität? Außerdem: Ist es sicher, daß die wirtschaftliche Prosperität in diesem gesellschaftlichen Umbruch und in den neuen Beziehungen zwischen beiden Gesellschaften eine ausschlaggebende Rolle spielte? Hätte sich der gesellschaftliche Umbruch in langsamerem Tempo vielleicht auch ohne diese Prosperitätsphase durchgesetzt?
3. Ließ der rasche soziale Wandel im Boom die französische und deutsche Gesellschaft sich ähnlicher werden und brachte er dadurch die beiden Gesellschaften in ihren Strukturen und Mentalitäten einander näher? Haben

---

J.Fourastié, *Les trentes glorieuses ou la révolution invisible*, Paris 1979; H.Mendras (Hrsg.), *La sagesse et le désordre, France 1980*, Paris 1980; ders., *La seconde révolution française, 1985-1984*, Paris 1988; B.Lutz, *Der kurze Traum immerwährender Prosperität. Eine Neuinterpretation der industriell-kapitalistischen Entwicklung im Europa des 20. Jahrhunderts*, Frankfurt a.M. 1984.

gleichzeitig Franzosen und Bundesdeutsche im Boom ähnliche, gemeinsame und damit verbindende Erfahrungen gemacht, und spielt somit der Boom in der historischen Erinnerung beiderseits des Rheins eine ähnliche Rolle? Sind in all dem Franzosen und Deutsche nur zwei Beispiele für breitere gemeinsame europäische Entwicklungen und Erfahrungen? Oder haben sich im Boom die Unterschiede zwischen Frankreich und der Bundesrepublik ähnlich wie in den Prosperitätsphasen des langen 19. Jahrhunderts verschärft bzw. sind zumindest Weichen gestellt worden für fundamental unterschiedliche Wege, die vielleicht erst in der Krise danach in aller Schärfe zum Vorschein kamen? Sind auch die von Franzosen und von Deutschen im Boom der 1950er und 1960er Jahre gemachten Erfahrungen unterschiedlich gewesen, und bereiteten sie die starken französisch-deutschen Kontraste in der Einstellung zur Familie, zur Technik, zur Umwelt vor, die in den 1980er Jahren so massiv ins Auge zu springen schienen?

Sozialhistorische Vergleiche zwischen zwei europäischen Ländern nach 1945 haben ihre eigene Dynamik. Die vergleichende Sozialgeschichte hat sich angewöhnt, den Kontrastvergleich zwischen zwei Ländern für die wichtigste Vergleichsform zu halten und vor allem nach Unterschieden zwischen Ländern zu suchen und sie zu erklären. Die Geschichte Europas nach 1945 zwingt zu erheblich komplizierteren Vergleichen, weil der bloße Kontrastvergleich, der für das 19. Jahrhundert und die erste Hälfte des 20. Jahrhunderts häufig richtig sein mag, nach 1945 zuviel an historischer Wirklichkeit herausschneiden würde. Es gibt neben den Unterschieden auch wachsende Gemeinsamkeiten, die man nicht einfach beiseite lassen kann - Gemeinsamkeiten teils nur zwischen einzelnen Ländern, in unserem Fall französisch-deutsche Gemeinsamkeiten, teils auch weitergehende, europaweite Gemeinsamkeiten. Ich möchte deshalb in diesem französisch-deutschen Vergleich die sozialen Folgen des Booms in Frankreich und der Bundesrepublik nicht nur einander gegenüberstellen, sondern auch fragen, welche Rolle der Boom für die gesellschaftliche Annäherung beider Länder im europäischen Rahmen spielte.

Meine Überlegungen trage ich in drei Schritten vor: Zuerst werde ich ausführlich daran erinnern, wie die beiden Gesellschaften vor dem Boom im Vergleich miteinander aussahen und dabei auch immer wieder fragen, ob diese Unterschiede eher Rückständigkeiten des einen hinter dem anderen Land oder eher Unterschiede der eigenständigen Entwicklungswege waren. Danach werde ich nachzeichnen, was sich durch den Boom veränderte. Am Ende diskutiere ich, ob diese tiefgreifenden Veränderungen auf den Boom zurückgehen oder ob sie andere, tieferliegende Ursachen haben.

Es soll kein umfassender gesellschaftlicher Vergleich angestrebt werden. Ich werde vielmehr - und das mag manchem als problematisch erscheinen - diejenigen französisch-deutschen Unterschiede beiseitelassen, die sich über die Prosperitätsphase hinweg weitgehend erhalten haben, möchte sie aber hier doch in aller

Deutlichkeit nennen: besonders die vielfältigen gesellschaftlichen Folgen der starken Zentralisierung Frankreichs und der föderaleren Struktur der Politik in der Bundesrepublik, die stärkere Kohäsion der französischen Macht- und Wirtschaftselite und die stärkere Ausrichtung des französischen Bildungssystems auf die Ausbildung dieser Elite, die verschiedenartige Rolle von katholischer und protestantischer Kirche in beiden Ländern, die unterschiedliche Rolle der Intellektuellen, die großen Unterschiede der sozialen Konflikte, Arbeiterbewegung und der neuen sozialen Bewegungen. Diese Aspekte hängen teilweise eng zusammen.

1. Die Situation vor dem Boom

Zuerst zur Situation in Frankreich und der Bundesrepublik bzw. Westdeutschland vor dem Boom. Fünf Unterschiede drängen sich im Vergleich beider Länder besonders auf:

1. Die wirtschaftliche Situation: Die wirtschaftliche Ausgangslage in Frankreich und der Bundesrepublik am Anfang des Booms war sehr unterschiedlich. Neben den verschiedenenartigen Kriegsfolgen, die aus Raumgründen herausgelassen werden, fallen vor allem die langfristigen Kontraste in den wirtschaftlichen Entwicklungswegen Frankreichs und Deutschlands auf. Man versteht die Ausgangssituation vor dem Boom nicht richtig, wenn man diese Unterschiede primär als französische Rückständigkeit und deutschen Vorsprung interpretiert, obwohl ein Teil der Wirtschaftshistoriker genau dies tut. Beide Länder waren noch immer von ihren weit auseianderliegenden Industrialisierungswegen geprägt. Frankreichs Industrialisierungsweg war nicht - wie manchmal behauptet wird - durch langsames Wachstum des Sozialprodukts pro Kopf und geringere Produktivitätssteigerungen, sondern vor allem durch langsamen Strukturwandel der Wirtschafts- und Beschäftigungsstruktur, durch wenige Großbetriebe, viele Mittel- und Kleinbetriebe, durch ein starkes Gewicht der Konsumgüterindustrie und ein geringeres Gewicht der Produktionsgüterindustrie, durch eine starke Konzentration auf den heimischen Markt und eine geringere Exportorientierung geprägt. Deutschland - aber nicht nur Deutschland - war das Gegenstück dazu: rasches Tempo des Strukturwandels, viele und moderne Großunternehmen, produktionsgüter- und exportorientiert[2].

---

2 Vgl. zur Kontroverse über den Rückstand oder den anderen Industrialisierungsweg Frankreichs: D. Landes, *The Unbound Prometheus*, Cambridge 1969; R. Cameron, L`économie française, passé, présent, avenir, in: *Annales*, 25/1970; ders./C.E. Freedeman, French Economic Growth. A Radical Revision, in: *Social Science History*, 7/1983; R. Roehl, French Industrialization: A Reconsideration, in: *Exploration in Economic History*, 13/1976; T.Kemp, Structural Factors in the Retardation of French Economic Growth, in: *Kyklos*, 2/1962; D. McClosky, The

Noch unmittelbar vor dem Beginn des Booms waren die Folgen dieser unterschiedlichen Industrialisierungswege deutlich zu sehen: Frankreich war immer noch ein stark agrarisches Land. Fast zwei Fünftel aller Beschäftigten arbeiteten in der Landwirtschaft, nur etwas über ein Viertel in der Industrie. Der nationale Binnenmarkt spielte für Frankreich weiterhin eine beherrschende Rolle: Noch um 1955 exportierte Frankreich erst 12 Prozent seiner gesamtwirtschaftlichen Leistung und besaß einen Anteil am Welthandel von nur acht Prozent. Selbst 1965 exportierte es noch überwiegend Rohstoffe und Nahrungsmittel, weniger Industrie- und Investitionsgüter, seine Exporte waren also nicht typisch für ein Industrieland. Auch die Branchenstruktur Frankreichs war nach wie vor stark konsumgüterorientiert. Die Bundesrepublik hingegen war zu Beginn des Booms wirtschaftlich schon erheblich weiter entwickelt: Lediglich ein Viertel der Beschäftigten arbeitete 1950 noch in der Landwirtschaft, zwei Fünftel dagegen schon in der Industrie. Um 1955 exportierte die Bundesrepublik 21 Prozent ihrer gesamtwirtschaftlichen Leistungen, ihr Anteil am Weltexport betrug 11 Prozent. Die Exportstruktur war schon am Anfang des Wirtschaftsbooms weitgehend auf Industriegüter und die Industrie in starkem Maß auf Produktionsgüter

---

Achievement of the Cliometric School, in: *The Journal of Economic History*, 35/1978; R.R. Locke, French Industrialization: The Roehl Thesis Reconsidered, in: *Explorations in Economic History*, 18/1981; L.Bergeron, French Industrialization in the 19th Century: An Attempt to Define a National Way, in: J.F.Sweets (Hrsg.), *Proceedings of the 12th Annual Meeting of the Western Society for French History*, 24.-27. Oktober 1984, Albuquerque, New Mexico, Lawrence 1985; J. Marcewski, The Take-off Hypothesis and the French Experience, in: W.W. Rostow (Hrsg.), *The Economics of Take-off into Sustained Growth*, London 1963; M. Lévy-Leboyer, *L'économie française au XIX siècle*, Paris 1985; F. Caron, Comparaison entre les systèmes techniques allemands et français au XIX siècle, in: K.F. Werner/K. Manfrass (Hrsg.), *Frankreich - Deutschland. Forschung, Technologie und industrielle Revolution im 19. und 20. Jahrhundert*, vorauss. 1991; ders., La capacité d'innovation technique dans l'industrie française. Les enseignements de l'histoire, in: *Débat*, Nr.46, Sept.-Nov.1987; J. Bouvier, Libres propos autour d'une démarche revisioniste, in: P. Fridenson/A. Straus (Hrsg.), *Le capitalisme français XIXe-XXe siècle*, Paris 1987; J.-C.Asselain, *Histoire économique de la France du XVIIIe siècle à nos jours*, Bd.1, Paris 1984, S.190 ff.; R. Aldrich, Late-Comer or Early-Starter? New Views on French Economic History, in: *Journal of European Economic History*, 16/1987; C.Fohlen, Allemagne, Etats-Unis, France, Russie: Une évolution économique comparable, in: *Histoire, économie, société* 1985; W.Feldenkirchen, Wirtschaftswachstum, Technologie und Arbeitszeit von der frühen Industrialisierung bis zum Ersten Weltkrieg, in: H. Pohl (Hrsg.), *Wirtschaftswachstum, Technologie und Arbeitszeit im internationalen Vergleich*, Wiesbaden 1983; indirekt wichtig: P.K. O'Brien/C. Keyder, *Economic Growth in Britain and France, 1780-1914*, London 1978; F. Crouzet, *De la supériorité de l'Angleterre sur la France*, Paris 1985; N.F.R. Crafts, Economic Growth in Britain and France, 1830-1910: A Review of the Evidence, in: *Journal of Economic History*, 44/1984; Tom Kemp, French Economic Performance: Some New Views Critically Examined, in: *European History Quarterly*, 15/1985, S.473-488; Zusammenfassung der Argumente auch in: H.Kaelble, Industrialisierung in Frankreich und Deutschland, in: W. Treue (Hrsg.), *Geschichte als Aufgabe. Festschrift für Otto Büsch zu seinem 60. Geburtstag*, Berlin 1988, S. 323-355.

ausgerichtet[3]. All das sind keine Zahlenspiele aus der heutigen Rückschau. Auch das Bewußtsein der Franzosen wurde davon so stark geprägt, daß selbst in den 1970er Jahren viele Intellektuelle immer noch fest daran glaubten, Frankreich sei eine ländliche Gesellschaft. Den Deutschen hat vor allem Friedrich Sieburg in seinem nach dem Zweiten Weltkrieg wieder aufgelegten "Gott in Frankreich" dieses idyllische ländliche Frankreich beschrieben.

Trotzdem kann man die französische Wirtschaft vor dem Boom nicht ohne weiteres als rückständig und die deutsche Wirtschaft als entwickelter ansehen. Dagegen spricht vor allem, daß das wirtschaftliche Wachstum, genauer des Sozialprodukts pro Kopf, in Frankreich seit dem Beginn der Industrialisierung im 19. Jahrhundert nur vorübergehend spürbar niedriger gewesen ist als in Deutschland. Die französische Wirtschaft hinkte in der langfristigen Wachstumsbilanz keineswegs der deutschen Wirtschaft hinterher. Um 1950 war das Sozialprodukt in Frankreich kriegsbedingt sogar um fast ein Viertel höher als in der Bundesrepublik. Gegen eine Rückständigkeit Frankreichs spricht vor allem auch, daß die wirtschaftlichen Entwicklungsbedingungen in Frankreich grundsätzlich anders gewesen sind als in Deutschland. Vor allem das für Europa extrem langsame Bevölkerungswachstum hat in Frankreich die Industrieexpansion, den Aufbau großer Industrieunternehmen, den raschen sektoralen Wandel massiv gebremst. Aber auch der traditionell größere Reichtum und die größere Binnenkonsumkraft Frankreichs haben den Binnenmarkt und die Konsumgüterproduktion weit wichtiger erscheinen lassen. Was beide Länder vor dem Boom unterschied, waren daher eher Unterschiede in den Entwicklungswegen, nicht unbedingt wirtschaftlicher Vorsprung oder Rückständigkeit[4].

2. Sehr unterschiedlich war vor dem Boom auch die Bevölkerungs- und Sozialstruktur beider Gesellschaften, die hier nur ganz kurz skizziert werden sollen. Die französischen Geburtenraten waren seit dem frühen 19. Jahrhundert für europäische Verhältnisse ungewöhnlich niedrig gewesen. Erst in den letzten Kriegsjahren überflügelten sie erstmals die deutschen Geburtenraten. Daher gab es in Frankreich relativ mehr Alte und zunehmend auch mehr Kinder, damit weniger Erwachsene im erwerbsfähigen Alter als in der Bundesrepublik - die

---

3 Vgl. für die Daten zum Sozialprodukt, zur Beschäftigung und zur Stadtbevölkerung (Gemeinden bis 5.000 und ab 100.000): P.Flora, *State, Economy and Society in Western Europe, 1815-1975*, Bd.2, Frankfurt a.M. 1987, S.259 ff.,413 ff., 505 ff.; Anteile am Weltexport berechnet nach: A. Maizel, *Industrial Growth and World Trade*, Cambridge 1962, S.430-432; Anteil des Exports am Sozialprodukt: W.G.Hoffmann, *Das Wachstum der deutschen Wirtschaft seit der Mitte des 19.Jahrhunderts*, Berlin 1965, S.455, 520 f. (Bundesrepublik 1950); J.-C. *Asselain, Histoire économique de la France du XVIIIe siècle à nos jours*, Bd.2, Paris 1984, S.126 (Frankreich 1950).
4 Vgl.für die Wachstumsraten des Sozialprodukts pro Kopf: A. Maddison, *Phases of Capitalist Development*, Oxford 1982, S.8; BSP 1950 in US $ von 1970: P.Bairoch, Europe`s Gross National Product: 1800-1975, in: *Journal of European Economic History*, 1/1976, S.307(Bairochs Angaben umgerechnet von US $ von 1960 auf US $ von 1970); vgl. zudem: Kaelble, Industrialisierung (Anm.2).

Ausgangssituation für den wirtschaftlichen Wiederaufbau war also ungünstiger. Die Familienstruktur unterschied sich in beiden Ländern ebenfalls seit langem. Die französische Familienstruktur stand der heutigen Situation schon erheblich näher als die deutsche. So lag das Heiratsalter seit langem deutlich niedriger, war die Zwei-Kinder-Familie bereits häufiger und auch die Frauenarbeit vor allem von verheirateten Frauen mit ihren vielfältigen Konsequenzen für das Familienleben schon weit mehr verbreitet als in Deutschland[5].
Markanter und bekannter noch stellen sich die französisch-deutschen Kontraste in der sozialen Schichtung dar: Frankreich hatte unmittelbar nach dem Zweiten Weltkrieg ein in sich geschlosseneres, in seinen Traditionen ungebrocheneres Bürgertum, das sich in seinem Besitz und seiner Lebensführung scharf von der übrigen Gesellschaft abhob, das durch das Vichy-Regime und die Kollaboration mit der deutschen Besatzung nicht grundsätzlich diskreditiert war und auf einen langfristigen, starken politischen Einfluß in der französischen Republik nicht nur zurückblicken, sondern auch in der Zukunft hoffen konnte. Teile des französischen Bürgertums hätten auch in der Planung und Modernisierung der französischen Wirtschaft durch den Staat eine neue Aufgabe gefunden. Das bundesrepublikanische Bürgertum hingegen war weit weniger in sich geschlossen, durch Vertreibung, Betriebszerstörung, Kriegstod oft der familiären Kontinuität beraubt und durch die Beteiligung am NS-Regime weit stärker diskreditiert. Es konnte vor dem Boom auch nicht auf eine Epoche der Geschichte zurückblicken, die von ihm politisch so stark geprägt war wie die Dritte französische Republik vom französischen Bürgertum. Der Krieg und die unmittelbare Nachkriegszeit waren daher für das deutsche Bürgertum eine viel tiefere Veränderung, die neue Optionen, aber auch eine unklarere Zukunft eröffnete. Frankreich war unmittelbar nach dem Zweiten Weltkrieg weiterhin eine ungewöhnlich stark kleinbürgerlich und bäuerlich geprägte Gesellschaft. Jeder vierte Franzose war damals Einzelhändler, Gastwirt, handwerklicher Kleinunternehmer, Fuhrunternehmer oder Landwirt. Diese Schicht war in Frankreich sogar immer noch etwas größer als die Industriearbeiterklasse. Ihr Lebensstil prägte deshalb damals die französische Gesellschaft noch stark. Für die französische Politik spielte sie weiterhin wie schon im 19. Jahrhundert eine wichtige Pufferrolle. In der Bundesrepublik dagegen gehörte nur noch ungefähr jeder Siebte dieser Schicht an. Weder in seinem statistischen Gewicht, noch auch in seinem Lebensstil oder seinem politischen Einfluß war das deutsche Kleinbürgertum mit dem französischen Kleinbürgertum vergleichbar. Dafür war umgekehrt die bundesdeutsche Gesellschaft vor dem Boom weit stärker von den Industriearbeitern geprägt. Über sieben Millionen, d.h. 38 Prozent der Erwerbstätigen der Bundesrepublik, waren Industriearbeiter, dagegen nur knapp fünf Millionen (einschl. Angestellte) in Frankreich, d.h. 24 Prozent aller französischen Erwerbstätigen. Als Folge davon war die bundesre-

---

5 Vgl. H. Kaelble, *Nachbarn am Rhein. Die Entfremdung und Annäherung der französischen und deutschen Gesellschaft seit 1880*, München 1991, Kap. 3.

publikanische Gesellschaft auch weit mehr von reinen Industrie- und Arbeiterstädten, einige Zeit auch von einem weit dichteren, städtischen Arbeitermilieu und von einer gewerkschaftlich stärker organisierten, politisch mächtigeren und selbstbewußteren Arbeiterschaft gekennzeichnet als die französische Gesellschaft[6].

Unübersehbar waren vor dem Boom auch die französisch-deutschen Unterschiede in der Verstädterung: Frankreich war unmittelbar nach dem Zweiten Weltkrieg noch ein vorwiegend agrarisches Land. Mehr als die Hälfte der Franzosen lebten auf dem Land oder in kleinen ländlichen Städten. Die ländliche französische Gesellschaft bestand überwiegend aus Bauern und ländlichen Honoratioren, Grundbesitzern, Priestern, Ärzten, Volksschullehrern. Das Leben auf dem Land bot noch eine Lebensperspektive. Die Zeit der massiven Abwanderung vom Land stand Frankreich erst bevor. Lediglich für einen kleinen Teil der Franzosen, für etwa ein Sechstel, war das Großstadtleben der Alltag. Aber auch sie sahen im ländlichen Frankreich, la France profonde, oft den eigentlichen Kern des Landes. Die Bundesrepublik hingegen war schon vor dem Boom weit städtischer als Frankreich. Eine deutliche Mehrheit der Bevölkerung lebte in Städten, ein Drittel sogar in Großstädten, nur noch zwei von fünf Einwohnern wohnten auf dem Land und in kleinen Landstädten. Die Zeit intensivster räumlicher Wanderungen, auch der Land-Stadt-Wanderungen, hatte in Deutschland bereits in den 1860er Jahren eingesetzt und war mit dem Ersten Weltkrieg beendet. In der Zeit nach dem Zweiten Weltkrieg war die Land-Stadt-Wanderung - von politischer Flucht und Vertreibung abgesehen - bei weitem nicht mehr so spektakulär[7].

Weniger bekannt, aber wichtig waren schließlich auch die Unterschiede in der Ausbildung von Franzosen und Bundesdeutschen. Sicherlich war unmittelbar nach dem Zweiten Weltkrieg in der Bundesrepublik ebenso wie in Frankreich die Masse der Jugendlichen, die in den Arbeitsmarkt eintrat, im Gegensatz zu heute noch Volksschulabgänger. Nur eine kleine Minderheit von Frauen und auch Männern besuchte weiterführende Schulen. In zwei wichtigen Hinsichten unterschieden sich jedoch die Bundesrepublik und Frankreich am Vorabend des

---

6 Zur besonderen Rolle des Kleinbürgertums in Frankreich vgl. H.-G.Haupt, Soziale Ungleichheit und Klassenstrukturen in Frankreich seit der Mitte des 19. Jahrhunderts, in: *Klassen in der europäischen Geschichte*, hrsg. v. H.-U.Wehler, Göttingen 1979. Zum Vergleich der oberen Schichten und des Sozialkonflikts in Frankreich und der Bundesrepublik vgl. Kaelble, *Nachbarn* (Anm.5), Kap.8 und 10; Erwerbstätigenanteile des Kleinbürgertums berechnet nach Flora, *State* (Anm.3), Bd.2, S.505 ff.; dazu auch: *Données sociales 1987*, Paris: INSEE 1987, S.39 ff.; *Bevölkerung und Wirtschaft 1872-1972*, hrsg. v. Statistischen Bundesamt, Stuttgart 1972, S.142.
7 Verstädterungsraten berechnet nach: Flora, *State* (Anm.3), Bd.2, S.259 ff.; zur ländlichen und bäuerlichen Gesellschaft unmittelbar nach dem Zweiten Weltkrieg: R.Huebscher, Déstruction de la paysannerie? in: Y.Lequin, *Histoire des français XIXe-XXe siècles*, Bd.2: La société, Paris 1983; zur Migration: D.Langewiesche/ D.Lenger, Internal Migration: Persistence and Mobility, in: *Population, Labour and Migration in 19th- and 20th-Century Germany*, hrsg. v. K.J.Bade, Leamington Spa 1987.

Booms. In der Bundesrepublik hatten die meisten Männer anders als in Frankreich meist zusätzlich zum Volksschulabschluß eine Lehre in der dualen, halb betrieblichen, halb öffentlichen Berufsausbildung absolviert. In Frankreich fehlte eine solche duale Institution für die systematische Berufsausbildung von Facharbeitern. Es gab sie fast nur entweder als fachliche Weiterbildung im Betrieb oder als rein schulische Ausbildung. Umgekehrt war in Frankreich damals die Zahl der Hochschulstudenten schon erheblich höher als in der Bundesrepublik. Darunter waren auch erstaunlich viele Studenten - rund ein Viertel - an den Elitehochschulen des Landes, an den grandes écoles. Gleichzeitig waren unter den Studenten in Frankreich erheblich mehr Frauen. Die sehr viel längere Tradition der liberalen Zulassung von Frauen zu Universitäten machte sich auch unmittelbar vor dem Boom immer noch deutlich bemerkbar[8].

Im Ganzen lassen sich auch in der Sozialstruktur die französisch-deutschen Unterschiede vor dem Boom nicht in ein simples Raster von Rückständigkeit und Vorsprung pressen. Sicherlich sieht manches nach einem deutschen Entwicklungsvorsprung aus: der weit größere Industriearbeiteranteil und die Häufigkeit moderner Industriestädte, der stärkere Rückgang des selbständigen Kleinbürgertums und der Bauern ebenso wie der höhere Verstädterungsgrad und das größere Potential an Facharbeitern. Aber auch die französische Gesellschaft vor dem Boom hat ihre moderner erscheinenden Seiten: das größere Gewicht des Dienstleistungssektors, die häufigere außerhäusliche Arbeit von - vor allem auch verheirateten - Frauen, die größere Bedeutung eines liberalen Bürgertums und seiner Kritiker, der oppositionellen Intellektuellen, die raschere Expansion der Hochschulen. Auch in der Entwicklung der Sozialstruktur erscheint es deshalb besser, in der Zeit unmittelbar vor dem Boom nicht von französischen oder deutschen Rückständigkeiten, sondern besser von auseinanderlaufenden Entwick-

---

8 A.Prost, L`école et la famille dans une société en mutation(1930- 1980), Paris 1981; M.Maurice/F.Sellier/J.-J.Silvestre, Politique d'éducation et organisation industrielle en France et en Allemagne, Paris 1982; B.Lutz, Bildungssystem und Beschäftigungsstruktur in Deutschland und Frankreich, in: H.G. Mendius u.a., Betrieb - Arbeitsmarkt - Qualifikation, Frankfurt a.M.1976; W.König/W.Müller, Intergenerational Mobility in Germany and France, in: European Sociological Review, 2/1986; W.Müller, Schulbildung und Weiterbildung als soziologische Hintergrundsvariable, in: F.U.Pappi (Hrsg.), Sozialstrukturanalyse mit Umfragedaten, Königstein 1979, S.177 (Abschlüsse für Männer der Jahrgänge 1880-1941, befragt 1971); J.Handl u.a., Prozesse sozialstrukturellen Wandels am Beispiel von Qualifikations- und Erwerbsstruktur von Frauen im Deutschen Reich und in der Bundesrepublik, Mannheim 1979, S.61 (Abschlüsse von Frauen der Jahrgänge 1901-1946); Frauen in Familie, Beruf und Gesellschaft, hrsg. v. Statistischen Bundesamt, Mainz 1987, S.119 (Abschlüsse der Schulabgänger 1972 und 1985 in der Bundesrepublik); R.Pohl/ C.Thélot/ M.-F.Jousset, L`enquête formation- qualification professionelle de 1970, in: Collections de l`INSEE, démographie et emploi, Série D, Nr.32, Paris 1974, S.114 (Ausbildungsabschlüsse von Männern und Frauen in Frankreich der Jahrgänge 1919-1964, befragt 1971); Flora, State (Anm.3), Bd.2, S.580 ff. (Frauen unter Studenten); H.Kaelble, Soziale Mobilität und Chancengleichheit im 19. und 20. Jahrhundert, Göttingen 1983, S.222 f. (Frauen unter Studenten).

lungswegen zu sprechen und daher die Entwicklung im Boom, auf die wir gleich zurückkommen, nicht einfach als Aufholung durch eine rückständige Gesellschaft, sondern eher als Konvergenz zweier unterschiedlicher gesellschaftlicher Entwicklungswege anzusehen.

3. Auch die französich-deutschen Gegensätze in der Lebensführung und im Lebensstil waren am Beginn des Booms noch scharf ausgeprägt. Der französische Lebensstil war stärker an sozialen Kontakten und gleichzeitig an der Bewahrung der individuellen Sphäre, der Lebenstil in der Bundesrepublik stärker an hoher materieller Qualität des innerhäuslichen Lebens orientiert. Die Franzosen wußten es am Anfang des Booms offensichtlich noch mit ihrer Lebensführung zu vereinbaren, daß sie in kleinen, oft nicht mit Bad, Innentoilette und Frischwasser ausgestatteten Wohnungen lebten. Sie besaßen freilich dafür umgekehrt andere Formen der Wohnungsqualität und weit mehr Wohnsicherheit: Am Anfang des Booms war in Frankreich das Leben im Einzelhaus sehr viel mehr verbreitet als in der Bundesrepublik. Selbst noch um 1960 waren die Franzosen weit häufiger Hausbesitzer als die Bundesdeutschen. In kaum einem anderen westeuropäischen Land wurde ein so geringer Teil des Einkommens für Miete ausgegeben wie in Frankreich. Die Franzosen waren damit weit weniger als die Bundesdeutschen den Unsicherheiten der Mietersituation ausgesetzt. Die Sicherheit der individuellen Wohnsphäre war besser geschützt, bezahlt freilich mit schlechterer Wohnungsqualität. Gleichzeitig hatte ein neues langlebiges Konsumgut in der Lebensführung eine höhere Priorität als in der Bundesrepublik: Nirgendwo sonst in Westeuropa außer in Großbritannien gab es eine so hohe Autodichte wie in Frankreich. Sie war 1948 rund sechsmal so hoch wie in der Bundesrepublik und auch um 1955 noch mehr als doppelt so hoch. Deutlich anders war die französische Lebensführung auch im Essen und Trinken. Nirgendwo sonst in Westeuropa wurde am Anfang des Booms ein so großer Teil des Einkommens für Essen und Trinken ausgegeben wie in Frankreich. Selbst noch um 1960 war der Alkoholverbrauch - vor allem der Weinkonsum - fast zweieinhalbmal so hoch wie in der Bundesrepublik; er lag einsam an westeuropäischer Spitze. Gleichzeitig war Anfang der fünfziger Jahre die Sparquote in Frankreich zwar für westeuropäische Verhältnisse nicht niedrig, aber doch nur fast halb so hoch wie in der Bundesrepublik[9].

4. Große Unterschiede bestanden zwischen Frankreich und der Bundesrepublik vor dem Boom auch in der Entwicklung des frühen Wohlfahrtstaats, der erst in der Prosperitätsphase der fünfziger und sechziger Jahre seine heutige, umfassende

---

9 Vgl.N.Herpin/ D.Verger, *La consommation des français*, Paris 1988; L. Lévy-Garboua, Les modes de consommation de quelques pays occidentaux: Comparaisons et lois d'évolution (1960-1980), in: *Consommation*, 1/1983; *Sozialindikatoren für die Europäische Gemeinschaft 1960-1975*, Luxemburg 1977, S.168 ff. (Wein und Tabakverbrauch), 242 ff. (Wohnungsqualität um 1960); A.S.Deaton, *The Structure of Demand 1920-1970*, in: Fontana Economic History, Bd.5, Teil 1, London 1976, S.99 ff. (Sparquoten, Haushaltsausgaben für Essen, Mieten), 118 f. (Wasseranschluß); Flora, *State* (Anm.3), Bd.2, S.30 ff. (Zimmerzahl pro Wohnung)

Form gewinnen sollte. Hier sei nur auf zwei zentrale Aspekte der sozialstaatlichen Intervention, auf die soziale Sicherung und auf die Stadtplanung, hingewiesen.

In der sozialen Sicherung durch den Staat waren die langfristigen französisch-deutschen Entwicklungsunterschiede ebenfalls markant. Deutschland war seit der Bismarckschen Sozialgesetzgebung und ihrer Umorientierung im späten Kaiserreich und in der Weimarer Republik einer der Pioniere des frühen Sozialstaats gewesen. Sicherlich war Westdeutschland bzw. die Bundesrepublik in der Leistungsfähigkeit der sozialstaatlichen Institutionen unmittelbar vor dem Boom längst von Großbritannien und Schweden überholt worden. Beide Länder waren die eigentlichen europäischen Wohlfahrtsstaatsmodelle geworden. Im Vergleich zu Frankreich galt Deutschland aber immer noch als weiter entwickelt. In Frankreich hatten sich sehr viel stärker als in Deutschland nichtstaatliche oder halbstaatliche soziale Sicherungssysteme, die secours mutuel, erhalten, die den Klienten mehr Einfluß beließen, oft aber auch nicht so leistungsfähig wie die großen staatlichen Versicherungen waren. Allerdings hatte sich dieser französisch-deutsche Unterschied unmittelbar vor dem Boom stark verändert. Direkt nach der Befreiung von der deutschen Besatzung war auch in Frankreich ein modernes System der sozialen Sicherung, die sécurité sociale eingeführt worden. Sie war in manchen Hinsichten sogar moderner als die doch schon jahrzehntealten deutschen Sozialversicherungen: So gab sie den Klienten in den Sozialwahlen ein größeres Mitspracherecht. Sie war einheitlicher organisiert und nicht in unterschiedliche Versicherungszweige für Krankheit, Arbeitsunfälle und Altersversorgung aufgesplittet. Sie belastete die Klienten finanziell weniger. Sie zog keine ständischen Trennlinien etwa zwischen Angestellten und Arbeitern, die nur aus der Situation des 19. Jahrhunderts verständlich waren, sich aber im deutschen Sicherungssystem auch nach dem Zweiten Weltkrieg erhalten hatten. Allerdings war die sécurité sociale in Frankreich noch zu neu, um ihre volle Leistungskraft entfalten zu können. Die staatlichen Ausgaben für soziale Sicherung und für Gesundheit waren in der Bundesrepublik in den frühen fünfziger Jahren um mehr als die Hälfte höher als in Frankreich. In der staatlichen Unfallversicherung und der staatlichen Arbeitslosenversicherung war in der Bundesrepublik immer noch ein weit größerer Teil der Erwerbstätigen versichert, in der Krankenversicherung war der Anteil leicht höher. Lediglich die Rentenversicherung erfaßte in Frankreich schon einen erheblich größeren Teil der Erwerbsbevölkerung[10].

Verschieden war auch die Stadtplanung: Die deutsche Stadtplanung hatte vor allem seit den 1920er Jahren in vielen Städten - ähnlich wie die englische, holländische, schwedische Stadtplanung - durchdachte und durchgeplante neue Wohnviertel gebaut und die städtischen Wohnweisen erfolgreich verbessert. Stadtplanung war in Deutschland vor allem Stadterweiterungsplanung, der Bau

---

10 Vgl. Kaelble, *Nachbarn* (Anm.5), Kap.10.; Flora, *State* (Anm.3), Bd.2, S.456, 493ff.

neuer Wohn- und ganzer Stadtviertel. Die französische Stadtplanung hingegen konzentrierte sich seit Haussmann sehr stark auf den Umbau der Innenstädte und vernachlässigte die Vorstädte. Wegen des geringen Bevölkerungs- und Stadtwachstums fehlten in Frankreich die Zwänge zu einer Stadterweiterungsplanung auch weit mehr als im nördlicheren Europa. Das schlug sich nicht nur im äußeren Anblick der Vorstädte, etwa der berüchtigten Pariser Banlieu, sondern auch direkt in der Wohnungsqualität nieder. Wohnungen waren in Westdeutschland bzw. der Bundesrepublik - soweit nicht zerstört - am Beginn des Booms von erheblich besserer Qualität. Sie waren größer, hatten am häufigsten drei bis fünf Zimmer, waren überwiegend elektrifiziert und frischwasserversorgt, besaßen zumindest um 1960 rund zur Hälfte ein Bad und zu zwei Dritteln auch eine Innentoilette. In Frankreich dagegen waren die Wohnungen erheblich kleiner, hatten um 1950 am häufigsten ein bis drei Zimmer, waren nur zu einem bescheidenen Drittel frischwasserversorgt und besaßen selbst um 1960 nur zur Hälfte eine Toilette in der Wohnung und nur zu einem Viertel ein Bad. Jahrzehntelange Unterschiede in der Stadtplanung und Wohnungspolitik, aber auch im Lebensstil hatten am Anfang des Booms zu scharfen Gegensätzen in einem der Essentials der Lebensqualität, der Wohnung, geführt[11].

5. Schließlich machte in der kürzeren Perspektive der Krieg einen nicht hoch genug einzuschätzenden Unterschied zwischen beiden Ländern. Deutschland, ehemaliger Kriegsaggressor und Besatzer, war jetzt Kriegsverlierer, besetzt, vom NS-Regime ohne eigenes Zutun befreit, mit vielen durch Kriegstod belasteten und oft überlasteten Familien. Es erlebte kurzfristig, aber traumatisch eine Auflösung der öffentlichen Ordnung, den individuellen Kampf um das nackte Überleben direkt nach 1945, in dem der Einzelne in starkem Maß auf Verwandtschafts-, Nachbarschafts- und Freundesnetzwerke angewiesen war. Es wurde eine erzwungenerweise hochmobile Gesellschaft, mit großen Flüchtlingsströmen und Flüchtlingselend, ein Land, dessen Hauptziel nach dem Krieg der Wiederaufbau war. Frankreich, das sich aktiv, wenngleich nicht allein von der Besatzungsherrschaft befreit hatte und zu den Siegern gehörte, war dagegen ein Land, das ebenfalls und schon seit 1940 viel Flüchtlingselend erlebt hatte, das aber meist durch Heimkehr aus dem ländlichen Zufluchtsort, aus der Zwangsarbeit in Deutschland, aus der Emigration beendet wurde; ein Land, das vom Kriegstod und von Kriegszerstörungen stark, aber weniger als Deutschland oder gar als osteuropäische Länder betroffen war, dessen öffentliche Ordnung nur kurz durch die épuration aufgehoben war und das ansonsten wohl mehr Kontinuität in den Machtpositionen als die Bundesrepublik erlebte; ein Land, für das der Krieg

---

11 Vgl. *Sozialindikatoren für die Europäische Gemeinschaft 1960-1975*, Luxemburg 1977, S.242 ff. (Wohnungsqualität um 1960); A.S.Deaton, *The Structure of Demand 1920-1970*, in: Fontana Economic History, Bd.5, Teil 1, London 1976, S.118 f. (Wasseranschluß); Flora, *State* (Anm.3), Bd.2, S.30 ff. (Zimmerzahl pro Wohnung); vgl. zudem D.Voldman, *La reconstruction des villes: solutions françaises et modèles allemands*, Aufsatzms.1988; Kaelble, *Nachbarn*, Kap.5 (Traditionen der Stadtplanung).

weniger physische Zerstörung und Tod, sondern mehr ein moralisches Trauma vom endgültigen Ende des primus inter pares unter den kontinentaleuropäischen Gesellschaften, von der wirtschaftlichen Rückständigkeit nicht nur hinter dem ehemaligen Besatzer Deutschland, sondern auch hinter dem ungleichen Bündnispartner, den USA, ein Trauma auch vom endgültigen Ende der gesicherten nationalen Unabhängigkeit und selbstverständlichen französischen Lebensweise war; ein Land, dessen Hauptkonsequenz aus dem Krieg die Modernisierung des Landes besonders auch durch staatliche "planification" war. Die Schlüsse, die aus dem Krieg gezogen wurden oder zumindest durch ihn erst gerechtfertigt erschienen, haben zu einer fast völligen Umkehrung der französisch-deutschen Unterschiede geführt. Wenige Jahrzehnte vorher war Deutschland das Land gewesen, das staatliche Intervention massiv einsetzte und dadurch vielen Franzosen in der sozialen Sicherung, in der Bildung, in der Gesundheitspolitik und der Stadtplanung, aber auch in der Rüstung, in der wirtschaftlichen und politischen Expansion überlegen erschien. Umgekehrt gab es in Frankreich gegenüber staatlicher Intervention weit mehr liberale, aber auch syndikalistische Skepsis und Abwehr. Besonders die sozialstaatliche Intervention war weit schwächer. Am Vorabend des Booms war dagegen Frankreich das Land geworden, das auf staatliche Planung und Modernisierung setzte, während - umgekehrt - die Bundesrepublik staatliche Bewirtschaftung und Kontrolle nach der Erfahrung mit dem dirigistischen NS-Regime ebenso wie mit der stalinistischen Zentralwirtschaft in der sowjetischen Einflußzone zurücknahm.

2. Der Wandel während des Booms

Die meisten dieser Unterschiede haben sich im Boom dramatisch verändert. Ich hoffe, daß nicht der Eindruck der Überdramatisierung entsteht, ich habe am Anfang die Kontinuitäten benannt. Vier gesellschaftliche Veränderungen im Boom waren trotzdem besonders einschneidend: der Wandel der Erwerbs- und Wirtschaftsstruktur, der Sozialstruktur, der Lebensführung und des Interventionsstaates:

1. Die beiden Wirtschaften veränderten sich während des Booms tiefgreifend, an seinem Ende in den frühen siebziger Jahren waren sie sich spürbar ähnlicher geworden. Nicht nur das jährliche Sozialprodukt pro Kopf hatte sich angenähert - in den fünfziger Jahren durch ein rascheres deutsches Wirtschaftswachstum, das in den sechziger Jahren durch ein etwas rascheres französisches Wachstum ausgeglichen wurde. Auch in der Erwerbs- und Wirtschaftsstruktur milderten sich die französisch-deutschen Unterschiede in einem dramatischen Wandel ab. Vor allem die Agrarbeschäftigung schrumpfte in Frankreich im Boom schlagartig. 1946 hatten in Frankreich noch 37 Prozent der

Erwerbstätigen in der Landwirtschaft gearbeitet, 1975 waren es nur noch 12 Prozent. Dieses Tempo des Strukturwandels war für die französische Geschichte völlig überraschend, nachdem die Agrarbeschäftigung in Frankreich seit etwa 1880, also seit fast siebzig Jahren, in einer für Westeuropa ungewöhnlichen Stagnation bei einem Niveau von knapp 4o Prozent stehengeblieben war. Aber auch im Vergleich zu Deutschland war dieses Tempo ungewöhnlich: Frankreich hatte damit die Agrarbeschäftigung in knapp dreißig Jahren in einem Umfang reduziert, wozu Deutschland rund sechzig Jahre gebraucht hatte. Dieses oft übersehene rasche Tempo der Veränderungen bedeutete für Frankreich den endgültigen Bruch mit der Agrargesellschaft und ließ es der Bundesrepublik so ähnlich werden wie nie zuvor im 20. Jahrhundert: Zu den acht Prozent Agrarbeschäftigten in der Bundesrepublik 1970 blieb nur noch ein geringfügiger Abstand. Gleichzeitig ging der Erwerbstätigenanteil der Industrie in einem kleineren, aber für Frankreich ebenfalls ungewöhnlichen Sprung von von 29 Prozent (1946) auf immerhin 38 Prozent (1968) nach oben. Damit überstieg die Industriebeschäftigung erstmals auch in Frankreich die Agrarbeschäftigung bei weitem. Frankreich wurde ein durchschnittliches westeuropäisches Industrieland und näherte sich schon darin der Bundesrepublik an. Aber auch der französisch-deutsche Abstand in der Industriebeschäftigung wurde deutlich geringer. Am Anfang des Booms war der Industriebeschäftigtenanteil in der Bundesrepublik mit 42 Prozent (1950) noch fast um die Hälfte höher als in Frankreich, am Ende des Booms hingegen mit 48 Prozent (1970) nur noch um rund ein Viertel. Schließlich trat die Bundesrepublik während des Booms in eine neue Phase der Dienstleistungsbeschäftigung ein. Am Ende des Booms war die Beschäftigung im Dienstleistungssektor ebenso groß geworden wie im Industriesektor. In der Bundesrepublik war damit die Schwelle zur Dienstleistungsgesellschaft erreicht. Auch dies bedeutete eine Angleichung an Frankreich, das diese Schwelle schon zwanzig Jahre zuvor überschritten hatte[12].

Auch andere markante Besonderheiten der bisherigen Wirtschaftsentwicklung Frankreichs schwächten sich in der wirtschaftlichen Prosperitätsphase spürbar ab. Der Boom war für Frankreich ein wirtschaftshistorischer Durchbruch vor allem im Export und im technischen Fortschritt. Frankreich gab seine ungewöhnlich starke und stabile Binnenmarktorientierung auf. In einer außergewöhnlichen Anstrengung steigerte es seinen Export, gemessen am Sozialprodukt von nur 12 Prozent um 1955, auf 22 Prozent 1974. Hierbei handelte sich es nicht nur um einen kurzen Exportsommer, sondern um einen grundsätzlichen Strukturwandel der französischen Wirtschaft, der auch in der darauffolgenden Wirtschaftskrise gehalten wurde. In dieser neuen Exportorientierung kam die französische Wirtschaft der bundesrepublikanischen Exportrate von 27 Prozent (1974) deutlich näher. Innerhalb des französischen Exports ging zudem das traditionelle Überge-

---

12 Beschäftigungsanteile nach: Flora, *State* (Anm.3), Bd.2, S.505ff.; Industriebeschäftigung und Sozialprodukt: Sozialprodukt: a.a.O., Bd.2, S.413ff.; 505ff.; *Historical Statistics 1960 - 1985*, Paris: OECD 1987, S.36f.

wicht der Rohstoffe und Nahrungsmittel sichtbar zurück. Der Export von Industrieprodukten, besonders von Investitionsgütern, stieg spürbar an. Am Ende des Booms bestanden knapp drei Viertel des französischen Exports aus Industriegütern, darunter fast zu einem Viertel aus Investitionsgütern. Auch das war ein struktureller Wandel von Dauer, der sich selbst in den späteren siebziger Jahren - den krisenhaften Jahren - eher noch verstärkte und damit ebenfalls die alten Unterschiede zum deutschen Nachbarn abmilderte, dessen Export am Ende des Booms (1973) zu neun Zehnteln aus Industriegütern, davon rund zur Hälfte aus Investitionsgütern, bestand. Schließlich schwächte sich auch die traditionelle Konsumgüterorientierung der französischen Industrie im Boom der 1950er und 1960er Jahre ab. Der Beschäftigungsanteil in den Produktionsgüterindustrien nahm deutlich zu. Ihr Output wuchs sogar rascher als in der Bundesrepublik. Zumindest in der zweiten Hälfte des Booms verwandte die französische Wirtschaft zudem einen höheren Anteil des Sozialprodukts als die Bundesrepublik auf Investitionen in Maschinen und Ausrüstung. Gleichzeitig erwirtschaftete die französische Produktionsgüterindustrie sogar einen Exportüberschuß[13]. Sicherlich blieb die deutsche Wirtschaft auch weiterhin exportorientierter, die deutsche Außenhandelsbilanz positiver, die deutsche Währung härter, die deutsche Produktionsgüterindustrie bedeutender. Aber Frankreich hatte viel von seiner wirtschaftlichen Besonderheit aufgegeben und war der Bundesrepublik deutlich ähnlicher geworden. Freilich wurde diese Entwicklung in der öffentlichen Meinung kaum wahrgenommen. Während das deutsche Wirtschaftswunder Schlagzeilen machte, blieb der für Frankreichs Geschichte einmalig rasche Strukturwandel der Arbeit, des Exports, des technischen Fortschritts, blieben die einmalig hohen, geradezu "deutschen" Wachstumsraten der französischen Wirtschaft selbst in Frankreich lange Zeit unbeachtet. Erst die Historiker haben den Sprung der fran-

---

13 Vgl. für den Exportboom: J.-J. Carré/ P.Dubois/ E.Malinvaud, *La croissance française. Un essai d'analyse économique causale de l'après-guèrre*, Paris 1972, S.493 (Wachstumsbeschleunigung im Außenhandel), S.611ff.(Einmaligkeit des Wachstums und des technischen Fortschritts); F.Caron, *An Economic History of Modern France*, London 1979, S.215 ff. (Umbruch im Außenhandel); J.-C.Asselain, *Histoire économique de la France*, Bd.2, Paris 1984, S.123 ff.; J.Weiler, Long Run Tendencies in Foreign Trade: With a Statistical Study of French Foreign Trade Structure, in: *Journal of Economic History* 1971 (Wandel Außenhandelsstruktur); Maizel, *Industrial Growth* (Anm.3), S.430-434 (Exportrate 1953/55); *Historical Statistics 1960-1985*, OECD Paris 1987, S.67 (Exportrate 1974-1985); *Historical Statistics of Foreign Trade, 1965-1980*, OECD Paris 1982, S.27 f. (Exportstruktur); M.Baslé/J.Mazier/J.-F.Vidal, Croissance sectorielle et accumulation en longue période, in: *Statistiques et Etudes financières*, série orange, Nr.40,1979, S.45 (Zuwachsraten des Produktionswerts der Investitionsgüterindustrie in Frankreich 1946-1960 9 % jährlich, 1960-1972 8 % jährlich, konstante Preise; Anteil Unselbständiger in Investitionsgüterindustrie an Unselbständigen in Industrie: 1946: 24 %; 1972: 33 %); Hoffmann, *Wachstum* (Anm.3), S.358, 570 (Zuwachsraten Metallverarbeitung, im wesentlichen Maschinenbau, 1950-1959 ca.9 %, konstante Preise); *Statistisches Jahrbuch 1975 für die Bundesrepublik Deutschland*, Stuttgart 1975, S.513 (Stahl-, Maschinen- und Fahrzeugbau, 1960-1972, konstante Preise 7 % jährlich).

zösischen Wirtschaft und Gesellschaft im Boom 1949-1973 und die Modernisierung Frankreichs, den Abbau des französischen Rückstands, gleichsam ausgegraben.
2. In Frankreich brachte der Boom mehr als in der Bundesrepublik auch einen dramatischen sozialen Wandel mit sich, dramatisch in seinem Tempo und in seinem Ausmaß. Das gilt für die Familie und die Bevölkerung ebenso wie für die soziale Schichtung, die Stadt, die Ausbildung.

Selten zuvor in der deutschen Entwicklung hatten sich die Familienstruktur und das Familienleben so tiefgreifend verändert: Selten zuvor waren in Deutschland die Geburtenraten so rasch gesunken, die Scheidungsraten so rapide gestiegen, die Familiengrößen so schnell geschrumpft, das Heiratsalter so rasch gesunken, hatte sich die Einstellung zu Heirat, Ehe und Kindererziehung so rasch gewandelt wie in diesen knapp 25 Jahren. Am Ende des Booms waren auch diese gesellschaftlichen Unterschiede zwischen Frankreich und der Bundesrepublik erheblich zurückgegangen. Die Familienstruktur der beiden Länder hatte sich stark angenähert. Das Heiratsalter war nun fast identisch, die Familiengröße fast gleich geworden. Frauenarbeit unterschied sich zumindest global überhaupt nicht mehr: In beiden Ländern arbeiteten 3o Prozent der Frauen außerhalb des Hauses. Auch die Einstellung zur Kindererziehung, zur Ehe, zur Rolle von Kirche und Staat gegenüber der Familie war in beiden Ländern recht ähnlich[14].

Selten zuvor hatte sich die soziale Schichtung so rasch verändert wie in diesem wirtschaftlichen Boom. Die kleinbürgerlichen Schichten, zu denen unmittelbar nach dem Zweiten Weltkrieg noch jeder vierte Franzose gehört und die die französische Gesellschaft und Politik stark geprägt hatten, waren im Boom in einem für Frankreich historisch einmalig tiefen Einschnitt rapide geschrumpft. Am Ende des Booms gehörte ihnen nur noch etwa jeder siebte Franzose an. Neben den rasch zunehmenden Industriearbeitern und -angestellten, die inzwischen dreimal so zahlreich geworden waren wie das Kleinbürgertum, spielte diese Schicht sozial und politisch nur noch eine Randrolle. In der Bundesrepublik hingegen gingen die kleinbürgerlichen Schichten während des Booms erheblich langsamer - von 15 Prozent auf 10 Prozent - zurück. Dadurch ähnelten sich am Ende des Booms beide Gesellschaften in einer dreißig Jahre zuvor noch kaum vorstellbaren Weise: 14 Prozent meist kleine Selbständige in Frankreich und 10 Prozent meist kleine Selbständige in der Bundesrepublik, außerhalb der Landwirtschaft sogar nur 8 Prozent Selbständige in Frankreich und 7 Prozent Selbständige in der Bundesrepublik. Deutliche, freilich weniger weitreichende Angleichungen waren auch in der Entwicklung der Arbeitnehmer festzustellen: Sowohl in der Industrie als auch im Dienstleistungssektor stieg der Anteil der Arbeitnehmer in Frankreich

---

14 Vgl. *Sozialindikatoren für die Europäische Gemeinschaft 1960- 1975* (Anm.11), S.102-105 (Arbeit von verheirateten Frauen); Kommission der Europäischen Gemeinschaft, *Die Europäer und ihre Kinder*, Brüssel 1979; S.Harding/D.Phillips/M.Fogarty, *Contrasting Values in Western Europe*, London 1986, S.120 f.

so rasch wie selten jemals zuvor. 1946 arbeitete noch jeweils nur knapp ein Viertel aller französischen Erwerbstätigen als Arbeitnehmer in der Industrie bzw. im Dienstleistungssektor, 1975 dagegen schon fast ein Drittel als Arbeitnehmer in der Industrie, sogar mehr als zwei Fünftel als Arbeitnehmer im Dienstleistungssektor. Sicherlich nahmen auch in der Bundesrepublik im Boom die Arbeitnehmer zu, sogar in einem erstaunlich ähnlichen Tempo wie in Frankreich. Im Detail blieben deshalb die französisch-deutschen Unterschiede erhalten. Aber Frankreich hatte während des Booms einen fundamentalen Entwicklungsschritt gemacht, den die Bundesrepublik am Anfang des Booms schon hinter sich hatte: Am Ende des Booms arbeitete auch in Frankreich die Mehrheit der Erwerbstätigen als Arbeitnehmer in den modernen Sektoren der Industrie und der Dienstleistungen. In dieser wichtigen Hinsicht waren sich beide Gesellschaften erheblich ähnlicher geworden. Freilich wurden die französischen Arbeitnehmer während des Booms nicht einfach das, was die bundesdeutschen Arbeitnehmer vor dem Boom gewesen waren. Die bundesdeutschen Arbeiter näherten sich im Gegenteil in einer anderen wichtigen Hinsicht den französischen Arbeitern an: Die engen proletarischen Milieubindungen und Notnetze schwächten sich in der Bundesrepublik während des Booms weiter ab[15].

Ähnlich die Verstädterung: Frankreich war unmittelbar nach dem Zweiten Weltkrieg noch ein überwiegend agrarisches Land. Mehr als die Hälfte der Franzosen lebte auf dem Land oder in kleinen ländlichen Städten. Am Ende des Booms in den siebziger Jahren war dieses ländliche Frankreich durch den raschen wirtschaftlichen Wandel so stark zurückgedrängt worden wie nie zuvor in der französischen Geschichte - nach einer Land-Stadt-Wanderung, wie es sie in Frankreich in diesem Ausmaß nie zuvor gegeben hatte. Mitte der siebziger Jahre lebten nur noch zwei von fünf Franzosen auf dem Land; schon fast ein Drittel

---

15 Vgl.für das Bürgertum: Kaelble, *Nachbarn* (Anm.5), Kapitel 9; für das Kleinbürgertum: Flora, *State* (Anm.3), Bd.2, S.509 ff. Für die Zeit seit dem Zweiten Weltkrieg einige genauere Zahlen, die freilich auch von der Definition dieser weiten sozialen Schichten abhängen: Die Schicht der Selbständigen (einschließlich der Landwirtschaft) - meist kleine Selbständige - sank in Frankreich von 24 % 1946 auf nur noch 14% 1975, die der Arbeiter und Angestellten im sekundären Sektor stieg von 24% 1946 auf 32% 1962 (blieb dann allerdings bis 1975 bei 31%), die der Angestellten und Arbeiter im Dienstleistungssektor von 23% 1946 auf 33% 1962 und weiter auf 42% 1975. In der Bundesrepublik waren die Veränderungen besonders in den fünfziger und sechziger Jahren meist langsamer: Die Schicht der Selbständigen sank von 15% 1950 auf 10% 1970, die der Arbeiter und Angestellten im sekundären Sektor stieg von 32% 1950 auf 41% 1961 und dann allerdings langsamer auf 44% 1970, die der Angestellten und Arbeiter im Dienstleistungssektor (ähnlich rasch wie in Frankreich zwischen 1946 und 1962) von 23% 1950 auf 30% 1961 und weiter auf 38% 1970 (berechnet nach Flora, *State*, Bd.2, S.505 ff.; dazu auch: *Données sociales 1987*, Paris: INSEE 1987, S.39 ff.; *Bevölkerung und Wirtschaft 1872-1972*, hrsg. v. Statistischen Bundesamt, Stuttgart 1972, S.142.; zur Abwächung proletarischer Milieubindungen in der Bundesrepublik s. K.Tenfelde, Vom Ende und Erbe der Arbeiterkultur, in: S.Miller/M.Ristau (Hrsg.), *Gesellschaftlicher Wandel, soziale Demokratie. 125 Jahre SPD*, Köln 1988; J. Mooser, *Arbeiterleben in Deutschland 1900-1970*, Frankfurt a.M. 1984, S.141 ff.

war Großstädter. Wichtiger noch: Das Leben auf dem Land veränderte sich grundlegend. Aus Bauerndörfern wurden in großen Teilen Frankreichs manchmal Geisterdörfer, meist aber Touristengemeinden, Zweitwohnungsorte, Industriedörfer oder einfach städtische Vororte, die in der Zeit vor dem Automobil von den Großstädten aus für Pendler noch nicht erreichbar gewesen waren. Eine jahrtausendealte ländliche und bäuerliche Lebensform ging plötzlich zu Ende. Im Boom nahm die französische Gesellschaft endgültig Abschied vom ländlichen Leben. In der Bundesrepublik ist die Zeit nach dem Zweiten Weltkrieg ebenfalls ein wichtiger Einschnitt. Auch hier lief das bäuerliche dörfliche Leben aus. Auch hier blieb das Dorf oft nur noch als Hülse, als Dörfer ohne Bauern, als zweitklassige städtische Lebensform auf dem Land, übrig. Aber der Bruch ging nicht so tief. Schon unmittelbar nach dem Zweiten Weltkrieg war die Gesellschaft der Bundesrepublik - wie schon gesagt - weit städtischer als die französische. Auch in der Verstädterung machte die Bundesrepublik danach keinen so fundamentalen Wandel durch wie das Nachkriegsfrankreich. Wiederum wurden durch diesen schwächeren bundesdeutschen sozialhistorischen Bruch im Boom Frankreich und die Bundesrepublik einander ähnlicher. Beide Gesellschaften waren in den frühen siebziger Jahren in gleicher Weise vorwiegend städtische Gesellschaften geworden[16].

Rascher als in der Bundesrepublik veränderte sich in Frankreich in wichtigen Hinsichten auch die Qualifikation der Arbeitskräfte. Sicherlich war auch in der Bundesrepublik die Zeit nach 1945 ein tiefer und historisch einzigartiger Umbruch. Auch in der Bundesrepublik kann man ihn in seiner historischen Bedeutung nur noch mit der Beseitigung des Analphabetismus vergleichen. Hier nun kurz einige Bemerkungen zu den allgemeinen Entwicklungen in beiden Ländern: In der Bundesrepublik wie in Frankreich vollzog sich der Bildungsumbruch der vergangenen vierzig Jahre, der die weit mehr als ein Jahrhundert alte Elementarschulgesellschaft beendete, in zwei Schüben. In einem ersten Schub veränderte sich besonders einschneidend die Qualifikation der Volksschulabgänger. Die reinen Volksschulabgänger ohne jede weitere Ausbildung wurden unter den jungen Frauen und Männern, die nun auf den Arbeitsmarkt drängten, sehr rasch immer weniger. Unter den männlichen Erwerbsanfängern in der Bundesrepublik waren sie um 1960 sogar seltener geworden als Fachschulabsolventen. Noch einschneidender waren die Veränderungen bei den jungen Frauen: In der Bundesrepublik hatten die Erwerbsanfängerinnen schon um 1960 weit überwiegend eine kaufmännische oder gewerbliche Lehre abgeschlossen. Nur noch eine Minderheit von

---

16 Verstädterungsraten berechnet nach: Flora, *State* (Anm.3), Bd.2, S.259 ff. Streng statistisch schrumpfte allerdings die ländliche Bevölkerung in Frankreich (Gemeinden mit 5.000 Einwohnern und darunter) nicht schneller als in der Bundesrepublik. Sie fiel in Frankreich von 53% (1946) auf 39% (1975), in der Bundesrepublik von 41% (1950) auf 30% (1970). Vgl. zum Verschwinden des ländlichen und bäuerlichen Lebensstils nach dem Zweiten Weltkrieg: R.Huebscher, Déstruction de la paysannerie?, in: Y.Lequin, *Histoire des français XIXe-XXe siècles*, Bd.2: *La société*, Paris 1983.

etwa einem Viertel ging direkt nach der Volksschule auf den Arbeitsmarkt. Ohne Beispiel waren auch die Veränderungen in einem zweiten Schub während der sechziger und siebziger Jahre: Die Volksschule verlor ihre Massenbasis und wurde zur Ausbildungsstätte für eine benachteiligte und oft ausgeschlossene Minderheit. Die Real- bzw. die Sekundarschule wurde in der Bundesrepublik wie in Frankreich zur Normalschule. Gleichzeitig expandierten Fachhochschul- und Hochschulabschlüsse in beiden Ländern in einem Ausmaß, das selbst um 1960 noch schwer vorstellbar gewesen war: Jeder fünfte junge Erwachsene studierte am Ende des Booms (um 1975) in Frankreich und jeder siebente in der Bundesrepublik. Die Elementarschülergesellschaft von 1950 war 1975 auf dem Weg zu einer Realschüler- und Akademikergesellschaft.

Dieser Bildungsumbruch war in Frankreich noch einschneidender als in der Bundesrepublik. Allerdings sind Vergleiche zwischen den beiden Ländern schwierig, weil die Schul- und Berufschulsysteme sehr verschieden waren und sind. Rascher war der Wandel der Ausbildung in Frankreich jedoch auf jeden Fall in zwei Hinsichten. Im ersten Schub des Bildungsumbruchs nahm die zusätzliche Berufsausbildung bei männlichen Volksschulabsolventen sehr viel schneller zu als in der Bundesrepublik und zwar vor allem deshalb, weil sie unmittelbar nach dem Zweiten Weltkrieg besonders im ländlichen Frankreich noch weit seltener gewesen war. Noch bedeutsamer ist, daß der zweite Schub des Bildungsumbruchs, besonders die Veränderungen in den Hochschul- und Fachhochschulabschlüssen, in Frankreich nicht nur früher einsetzte, sondern auch tiefer ging. Der Anteil junger Franzosen, der mit Universitäts- und Fachhochschulabschluß entlassen wurde, hatte sich schon um 1960 gegenüber den späten vierziger Jahren verdoppelt und verdreifacht - ein Expansionstempo, das auch später anhielt. Dieser Bildungsumbruch in Frankreich ist ebenso markant wie unbekannt. Während es noch um 1950 in der Bildungsentwicklung hinter der Bundesrepublik eher herzuhinken schien, schien es am Ende des Booms im Trend der Bildungsentwicklung eher vor der Bundesrepublik zu liegen[17].

---

17 Vgl. J.Handl, Educational Chances and Occupational Opportunities of Women: A Socio-historical Analysis, in: *Journal of Social History*, März 1984 (Schul-, Berufsschul- und Hochschulabschlüsse der Jahrgänge 1901-1940 in der Bundesrepublik); W.Müller, Schulbildung und Weiterbildung als soziologische Hintergrundsvariable, in: F.U.Pappi (Hrsg.), *Sozialstrukturanalyse mit Umfragedaten*, Königstein 1979, S.177 (Abschlüsse für Männer der Jahrgänge 1880-1941, befragt 1971); J.Handl u.a., *Prozesse sozialstrukturellen Wandels am Beispiel von Qualifikations- und Erwerbsstruktur von Frauen im Deutschen Reich und in der Bundesrepublik*, Mannheim 1979, S.61 (Abschlüsse von Frauen der Jahrgänge 1901-1946); R.Pohl/ C.Thélot/ M.-F.Jousset, L'enquête formation-qualification professionelle de 1970, in: *Collections de l'INSEE, démographie et emploi*, Série D, Nr.32, Paris 1974, S.114 (Ausbildungsabschlüsse von Männern und Frauen in Frankreich der Jahrgänge 1919-1964, befragt 1971); *Données sociales 1987*, Paris INSEE 1987, S.557 (Abschlüsse der Schul- und Hochschulabgänger in Frankreich 1973, 1977, 1983); A. Prost, *L'école et la famille dans une société en mutation (1930-1980)*, Paris 1981.

3. Auch in der Lebensführung und im Lebensstil unterschieden sich beide Länder am Ende des Booms weit weniger scharf als an seinem Anfang. Die großen Kontraste im Wohnen milderten sich in einem ungewöhnlichen Wohnungsbauboom ab, der vor allem in Frankreich ein ganz unbekannter Durchbruch zu staatlichen Wohnungsbauprogrammen, zu Stadterweiterungsplanungen und zu Gründungen von ganzen Vorstädten war. Die Qualität der Wohnungen war am Ende des Booms in beiden Ländern als Ganzem kaum noch verschieden. Die Wohnungsgröße näherte sich stark an: Nicht nur in der Bundesrepublik, sondern auch in Frankreich waren Mitte der siebziger Jahre Drei- bis Vierzimmerwohnungen am häufigsten. Auch in Frankreich waren nun fast alle Wohnungen frischwasserversorgt, die überwiegende Mehrzahl hatte Innentoilette und Bad. Umgekehrt lebte man in der Bundesrepublik am Ende des Booms fast ebenso häufig wie in Frankreich in Einzelhäusern. Das Mietshauswohnen ging stark zurück. Die Zahl der Hausbesitzer stieg in der Bundesrepublik von rund einem Viertel auf über ein Drittel und kam damit dem französischen Hausbesitzeranteil deutlich näher. Starke Angleichungen erfolgten auch in den Konsumgewohnheiten. Langlebige Konsumgüter wie Autos, Fernsehapparate, Kühlschränke wurden in Frankreich und der Bundesrepublik fast gleich häufig gekauft. Französisches und bundesdeutsches Sparverhalten glichen sich im Verlauf des Booms ebenfalls stark an. Die alten Gegensätze in den Ausgaben für Essen und Trinken sowie für Rauchen schwächten sich ab. Zwar blieben die Ausgaben für Essen in den französischen Haushaltsbudgets etwas höher, aber in Westeuropa gab es nun weit größere Gegensätze als den deutsch-französischen. Die Unterschiede im Alkoholverbrauch verringerten sich ebenfalls stark. Innerhalb Westeuropas gab es auch hier weit krassere Gegensätze als zwischen Frankreich und der Bundesrepublik. Selbst der Wein verlor etwas an Wert als Barometer für französisch-deutsche Lebensstilkontraste. Der Verbrauch sank in Frankreich, stieg in der Bundesrepublik stark an. Diese Angleichung in der Lebensführung, den Wohnformen und den Konsumgewohnheiten war keine kurzlebige Boomblüte. Auch nach Boomende blieb sie erhalten und setzte sich teilweise sogar fort. Neben aller regionalen und nationalen Vielfalt zeichnete sich damit in Frankreich und der Bundesrepublik mehr und mehr eine westeuropäische Lebensführung ab[18].

4. Es ist weniger bekannt, daß sich auch der Wohlfahrtsstaat während des Booms in beiden Ländern annäherte. Sicherlich war der entscheidende Schritt in

---

18 Vgl. *Sozialindikatoren für die Europäische Gemeinschaft 1960-1975* (Anm.11), S.242 ff. (Wohnungsqualität); Deaton, *Structure of Demand* (Anm.11), S.99 ff. (Sparquote, Wohnqualität, Automobil- und Fernsehdichte); Flora, *State* (Anm.3), Bd.2, S.30ff.(Zimmerzahl pro Wohnung); vgl. Kaelble, *Nachbarn* (Anm.5), Kap.10 (Angleichungen in der Stadtplanung); A.Prost, La périodisation des politiques urbaines françaises depuis 1945: le point de vue d'un historien, in: *Les politiques urbaines françaises depuis 1945, Bulletin de l'Institut d'histoire du temps présent*, Supplément Nr.5, Paris 1984; Herpin/ Verger, *Consommation* (Anm.9), S.107 ff.; Lévy-Garboua, Modes de consommation (Anm.9); *Eurostat. Haushaltsrechnungen. Einige Vergleichende Ergebnisse: BR Deutschland - Frankreich - Italien - Vereinigtes Königreich*, Luxemburg 1985, S.94 ff.

Frankreich bereits vor dem Boom mit der Einrichtung der umfassenden staatlichen Sozialversicherung, der sécurité sociale, getan. Aber in einer ganzen Reihe von Bereichen schuf der Boom Spielräume für zusätzliche praktische Annäherungen. Die staatlichen Sozialversicherungen deckten am Ende des Booms in beiden Ländern einen erheblich ähnlicheren Teil der Erwerbsbevölkerung ab als vor dem Boom: Beide Länder näherten sich der Absicherung der Gesamtbevölkerung auf unterschiedlichen Wegen. Frankreich baute den Rückstand ab, den es in der Krankenversicherung und der Unfallversicherung zur Bundesrepublik hatte. Gleichzeitig schuf es eine Arbeitslosenpflichtversicherung. Umgekehrt milderte die Bundesrepublik den Rückstand zu Frankreich in der Rentenversicherung ab. Die finanziellen Leistungen glichen sich im Boom ebenfalls deutlich einander an. Frankreich nutzte die finanziellen Spielräume des Wirtschaftsbooms und steigerte die Ausgaben erheblich. In den frühen fünfziger Jahren waren Sozialversicherungs- und öffentliche Gesundheitsausgaben in der Bundesrepublik noch um fast 60 Prozent (1952) höher als in Frankreich, am Ende des Booms dagegen nur noch um sieben Prozent (1973). Ähnlich verhielt es sich mit dem Modus der Leistungen. Beide Länder wählten in der Krankenversicherung den ähnlichen Weg der überwiegenden Kostenerstattung statt des kostenlosen Gesundheitsdienstes wie in Großbritannien oder in Dänemark. Am Ende des Booms hatten sie sich in diesem Bereich (zusammen mit Italien und den Beneluxländern) stark einander angeglichen. Schließlich rückten sie auch in der Finanzierung des Wohlfahrtstaats relativ nahe zusammen. In Frankreich waren zwar die Finanzierungsanteile der Arbeitgeber weiterhin etwas größer und dafür die Klienten- und Staatsanteile etwas niedriger. Aber vor den großen westeuropäischen Kontrasten nahmen sich diese französisch-deutschen Unterschiede bescheiden aus. Sicherlich wurden französischer und bundesdeutscher Sozialstaat im Boom nicht identisch. Die größere Einheitlichkeit und das stärkere Mitspracherecht der Klienten im französischen Sozialstaat blieb ebenso erhalten wie zahlreiche Einzelunterschiede im Verhältnis zu individuellen Klienten, staatlichen Sozialbürokratien und Ärzten. Aber etwas näher kamen sich die beiden Sozialstaaten im Boom schon[19].

---

19 Vgl. G.A.Ritter, *Der Sozialstaat. Entstehung und Entwicklung im internationalen Vergleich*, München 1989, S.145 ff.; Flora, *State* (Anm.3), Bd.1, S.456; *Sozialindikatoren für die Europäische Gemeinschaft 1960-1975* (Anm.11), S.186-189 (Sozialleistungen an Familien, Leistungsformen, Beitragsanteile von Arbeitnehmern, Staat und Arbeitgebern); *Social Expenditure 1960-1990*, Paris OECD 1985, S. 21 (Anteil der Sozialleistungen); V. Hentschel, *Geschichte der deutschen Sozialpolitik 1880-1980*, Frankfurt a.M. 1983, S.15 f.; vgl. zur Annäherung der westeuropäischen Gesellschaften: H.Kaelble, *Auf dem Weg zu einer europäischen Gesellschaft*, München 1987, S. 73 ff., 119 ff.; P.Flora, *Growth to Limits*, Bd.5, Berlin/New York vorauss.1991; H.G.Hockerts, Die Entwicklung vom Zweiten Weltkrieg bis zur Gegenwart, in: P.A.Köhler/H.F.Zacher (Hrsg.), *Beiträge zur Geschichte und zur aktuellen Situation der Sozialversicherung*, Berlin 1982, S.148 f. (tragende wohlfahrtsstaatliche Entscheidungen nach 1945 in Frankreich und der Bundesrepublik); J.Albers, *Vom Armenhaus zum Wohlfahrtsstaat. Analysen zur Entwicklung der Sozialversicherung in Westeuropa*, Frankfurt a.M. 1982

Insgesamt erlebten die Gesellschaften Frankreichs und der Bundesrepublik in der Prosperitätsphase zwischen 1949 und 1973 einen so tiefen Umbruch und so tiefgreifende und bis heute weiterwirkende Entwicklungen, daß sie - besonders in Frankreich, aber auch in der Bundesrepublik - als sozialhistorischer Wendepunkt an die Weltkriege zumindest heranreichen. Dadurch kam es offensichtlich während des Booms zwischen 1949 und 1973 trotz mancher gegenläufiger Entwicklungen zwischen den Gesellschaften Frankreichs und der Bundesrepublik zu spürbaren Annäherungen und darüber hinaus auch zu engeren Verflechtungen. Sie lösten eine Periode der gesellschaftlichen Auseinanderentwicklung seit ungefähr der Mitte des 19. Jahrhunderts ab.

Die Annäherungen müßten freilich, besonders in den Einstellungen, noch erheblich genauer nachgezeichnet werden. Anzeichen für Annäherungen gibt es freilich auch dort: Wenn wir Umfragen Glauben schenken dürfen, so betrachten die Franzosen seit der Mitte der siebziger Jahre die Deutschen als ihren vertrauenswürdigsten oder sogar vertrautesten Nachbarn. Auch die Deutschen sehen in den Franzosen die Nachbarn, die ihnen am nächsten stehen und auf die sie sich am meisten verlassen. Sicherlich hat dieses französisch-deutsche Vertrauen nicht allein mit der gesellschaftlichen Annäherung zu tun, ist aber doch wohl mit dadurch bedingt. Der Abbau der französisch-deutschen Unähnlichkeit ist selbst in den irritierenden neuen Unterschieden der achtziger Jahre spürbar. Selbst in den neuen Gegensätzen in der Umwelt- und Friedensbewegung waren die gesellschaftlichen Unterschiede nicht ausschlaggebend: Die Einstellungen des Durchschnittsfranzosen und des Durchschnittsbundesdeutschen zu Umweltfragen und ihr Sensorium für Kriegsgefahren unterschieden sich nicht sonderlich[20].

Alle diese gesellschaftlichen französisch-deutschen Annäherungen waren keinesfalls eine bloß binationale Entwicklung. Hinter ihr stand eine breitere europäische Angleichung der Gesellschaften. Darin unterschied sich der Boom nach 1945 fundamental von den Prosperitätsphasen vor dem Ersten Weltkrieg, die - im Ganzen gesehen - den industrialisierten Kern Europas mehr und mehr von den

---

20 Vgl. für den Umschwung in der Einstellung der Franzosen und Deutschen zueinander: R. Inglehart/J.-R. Rabier, La confiance entre les peuples: déterminants et conséquences, in: *Revue française de Science Politique*, 1984; *Eurobarometer*, Nr. 19, Juni 1983, S. 107 ff.; für die Einstellung von Franzosen und Deutschen zu Umwelt- und Kriegsgefahren in den achtziger Jahren vgl. *Die Europäer und ihre Umwelt*, hrsg. v. der Kommission der Europäischen Gemeinschaft, Brüssel 1982, S. 17, 38, 47 f. (ähnliche Sensibilität für Umweltprobleme in Frankreich und der Bundesrepublik 1982); *Eurobarometer*, Nr. 28, Dezember 1987, Anhang B, S. 123 ff. (Ansichten über Kriegsgefahr in Frankreich und der Bundesrepublik 1971-1987); S. von Oppeln-Bronikowski, *Die Linke im Kernenergiekonflikt. Deutschland und Frankreich im Vergleich*, Frankfurt a.M. 1989; dies., Parti Socialiste (PS) und neue soziale Bewegungen. Das Beispiel Kernenergiekonflikt, in: *Perspektiven des Demokratischen Sozialismus*, 1/1985; N.S.J. Watts, Mobilisierungspotential und gesellschaftliche Bedeutung der neuen sozialen Bewegungen. Ein Vergleich der Länder der Europäischen Gemeinschaft, in: R. Roth/D. Rucht (Hrsg.), *Neue soziale Bewegungen in der Bundesrepublik Deutschland*, Frankfurt a.M. 1987, S. 47-67.

peripheren Teilen Europas trennten und sie nicht zusammenführte wie der Nachkriegsboom.

Freilich sollte man auch nicht übersehen, daß die gesellschaftliche Annäherung zwischen Frankreich und der Bundesrepublik vor dem Hintergrund zählebiger politischer Kontraste ablief. Zwar gab es auch politische Annäherungen, vor allem eine neue fundamentale Gleichartigkeit der politischen Systeme, erstmals voll akzeptierte, parlamentarische Republiken auf beiden Seiten des Rheins. Daneben blieben aber während des Booms in den politischen Kulturen und Institutionen beider Länder massive Unterschiede bestehen, auf die nochmals in aller Deutlichkeit hingewiesen sei: ein hoch zentralisiertes, national saturiertes, aber während der Vierten Republik und auch im Mai 1968 politisch instabiles Frankreich mit einer mächtigen, auf lange Traditionen zurückblickenden politischen und administrativen Elite und einer intensivierten Staatsintervention und "planification" - dagegen eine föderalistische, bewußt provisorische, aber politisch sehr stabile Bundesrepublik; eine durch den Kalten Krieg gespaltene französische Arbeiterbewegung, in der bis zum Ende des Booms die kommunistische Partei eine Schlüsselrolle spielte und eine einheitliche bundesdeutsche Arbeiterbewegung mit einer marginalisierten kommunistischen Partei; eine besonders schwache Gewerkschaftsbewegung und schwache Arbeitgeberverbände in Frankreich, gleichzeitig massive staatliche Eingriffe in die Tarifauseinandersetzungen, dagegen hochorganisierte bundesdeutsche Gewerkschaften und Arbeitgeberverbände und gleichzeitig ein gegenüber dem Staat besonders autonomes Tarifvertragssystem in der Bundesrepublik[21]. Die Annäherung der beiden Gesellschaften wurde also paradoxerweise durch zwei sehr unterschiedliche und offensichtlich bleibend unterschiedliche politische Kulturen mit zustandegebracht. Über die Auflösung dieses Widerspruchs müßte man weiter nachdenken.

3. Was hat der Boom verändert?

Fanden diese Entwicklungen nur während des Booms oder auch durch den Boom statt? Besteht zwischen Boom und Annäherungen lediglich eine zufällige zeitliche Koinzidenz, oder ist der Boom auch Ursache?

Gegen den Boom als Ursache spricht manches: Man kann sicherlich nicht davon ausgehen, daß wirtschaftliche Prosperitätsphasen immer und überall und ihrer Natur nach zu Angleichungen zwischen Gesellschaften ähnlichen Entwicklungsstands führen. Gegen solche Verallgemeinerungen steht nicht nur der vorhergehende Boom vor dem Ersten Weltkrieg, in dem sich die französische und

---

21 Vgl. zum französischen Sozialkonflikt in internationalem Vergleich: P. Fridenson, Le conflit social, in: A. Burguière/J. Revel (Hrsg.), *Histoire de la France*, Bd.3, Paris 1990.

die deutsche Gesellschaft im ganzen stark auseinanderentwickelten, sondern genau umgekehrt auch die nach dem Ölschock folgende Wirtschaftskrise, in der die gesellschaftlichen Annäherungstendenzen zwischen den westeuropäischen Gesellschaften, auch zwischen Frankreich und der Bundesrepublik,nicht abbrachen, sondern sich in der Grundtendenz, wenn auch in anderer Weise, fortsetzten. Ein weiteres Argument gegen den Boom als alleinigen Vater gesellschaftlicher Annäherungen: Nach 1945 gingen starke gesellschaftliche Annäherungstendenzen von der Bevölkerungsentwicklung, besonders von den Geburtenraten aus, die sich in Frankreich und der Bundesrepublik fundamental wandelten. Diese Bevölkerungsentwicklung hat mit dem Boom wenig zu tun und hätte wohl auch ohne wirtschaftliche Prosperität die beiden Gesellschaften einander näher gebracht.

Trotzdem hat der Boom einen maßgebenden Anteil an den Annäherungen zwischen französischer und bundesdeutscher Gesellschaft. Vier Argumente scheinen mir dafür zu sprechen:

- Die lange Zeit wirtschaftlicher Prosperität schuf große Spielräume für jenen gesellschaftlichen Wandel und für jene Politiken, die - wie wir sahen - beide Länder sich erheblich ähnlicher werden ließen: Der Aufbau des Wohlfahrtstaats hätte ohne sie nicht finanziert, der rapide Wandel in der Berufs- und Sozialstruktur nicht aufgefangen werden können. Die Verstädterung wäre ohne verlockende Jobs in den Städten langsamer gewesen. Für die Planung der Expansion der Städte hätten viele Zwänge gefehlt. Die Bildungsexpansion wäre ohne sicheren höheren Verdienst bei höherer Qualifikation zögernder und müder abgelaufen. Die Wandlungen der Familienstruktur hätten in Perioden wirtschaftlicher Wachstumsstörungen, in denen Familien als individuelles Notnetz stark gebraucht werden, in gefährlichere individuelle Krisensituationen geführt und deshalb wahrscheinlich auch heftigere Gegenreaktionen ausgelöst. Alle diese Wandlungen, in denen beide Länder einander näherrückten, wären ohne Boom langsamer abgelaufen oder hätten ohne ihn vielleicht gar nicht stattgefunden. Der lange Boom dämpfte gleichzeitig auch die politische Opposition gegen eine Politik des gesellschaftlichen Umbaus, milderte die Ängste und Konflikte im sozialen Wandel, schwächte auch die Vorbehalte gegen eine stärkere Verflechtung mit anderen europäischen Ländern. Die Offenheit gegenüber gemeinsamen sozialen Modellen, vor allem dem amerikanischen Wirtschafts- und Konsummodell und dem britischen und schwedischen Wohlfahrtsstaatsmodell, aber auch die massive Unterstützung der europäischen Integration wäre ohne Boom wahrscheinlich weit schwächer ausgefallen.
- Der Boom hat seiner Natur nach die in Frankreich und der Bundesrepublik vorhandenen industriegesellschaftlichen Tendenzen ruckartig verstärkt und weiter durchgesetzt und wie schon frühere wirtschaftliche Prosperitätsphasen die von Land zu Land sehr verschiedenen vorindustriellen Überreste und Nischen rasch und wohl unumkehrbar reduziert. Nicht nur die traditionelle Bauernlandwirtschaft, auch viele traditionelle Arbeitsweisen im Handwerk,

im Kleinhandel, in den persönlichen Dienstleistungen wurden massiv und unwiderbringlich zurückgedrängt. Reine Hausfrauentätigkeit schwächte sich ab; mehr Frauen arbeiteten auch nach der Heirat. Der bürgerliche Rentier ging ebenfalls, besonders augenfällig in Frankreich, seinem Ende zu. In allen diesen Hinsichten ist das Argument von Burkart Lutz zur Besonderheit dieses Booms überzeugend.

- Der Boom hat darüber hinaus wahrscheinlich auch einen Entwicklungsschub in einem ganz anderen Sinn bewirkt: Es scheint zur räumlichen Natur der Industrialisierung besonders in Europa zu gehören, daß sie in ihrer Anfangsphase zu immer schärferen räumlichen, regionalen, auch nationalen Entwicklungsunterschieden, in ihrem späteren Verlauf allerdings dann wieder zu regionalen und auch nationalen Angleichungen führte. Für die Entwicklung des regionalen Sozialprodukts und für die regionale Beschäftigungsstruktur ist eine solche Welle regionaler Disparitäten und Konvergenzen für verschiedene europäische Länder eingehend belegt worden. In Frankreich wie in Deutschland spielen Regionen eine derart bedeutende Rolle, daß diese Welle ansteigender und abfallender regionaler Gegensätze auch zwischen beiden Ländern zu anfangs wachsenden und später abflachenden Unterschieden geführt haben kann. Die Besonderheit des letzten Booms: Er war der erste Wirtschaftsboom, der in die Zeit abflachender regionaler Unterschiede fiel, während in den vorhergehenden langen Perioden wirtschaftlicher Prosperität die regionalen Disparitäten noch im Anstieg begriffen waren. Die Besonderheit des Booms der 1950er und 1960er Jahre könnte darin gelegen haben, daß er die Abschwächung der regionalen Disparitäten noch erheblich beschleunigte und dadurch gleichzeitig auch die beiden Länder einander ähnlicher werden ließ, während die früheren wirtschaftlichen Wachstumsperioden regionale Disparitäten eher vorantrieben und verschärften. Dies genauer zu belegen, wäre eine wichtige Aufgabe einer europaweit vergleichenden historischen Regionalforschung[22].
- Schließlich eine vierte Überlegung: Der Boom könnte auch einen ähnlich langgestreckten, seiner Natur nach aber anderen Übergang beschleunigt haben. Im Übergang zur heutigen Industriegesellschaft und vielleicht überhaupt in sozialen Wandlungen scheinen europäische Gesellschaften sehr unterschiedliche nationale, auch regionale Wege beschritten zu haben und dabei in

---

22 Vgl. den klassischen Aufsatz von J.Williamson, Regional Inequality and the Process of National Development, in: *Economic Development and Cultural Change*, 13/1965; C.H.Lee, Regional Structural Change in the Long Run: Great Britain 1841-1971, in: S. Pollard (Hrsg.), *Region und Industrialisierung*, Göttingen 1980; G. de Brabander, *Regional Specialization, Employment and Economic Growth in Belgium Between 1846 and 1970*, New York 1980; V.Zamagni, The Sectoral Employment in Italy, 1881-1981, in: *Historical Social Research*, Nr.44, Okt.1987; H.Kaelble/R.Hohls, Der Wandel der regionalen Disparitäten in der Erwerbsstruktur Deutschlands, 1895-1970, in: J.Bergmann/ J.Brockstedt/ R.Fremdling/ R.Hohls/ H.Kaelble/ H.Kiesewetter/ K.Megerle, *Regionen im historischen Vergleich*, Opladen 1989 (kürzere englische Fassung in: *Historical Social Research*, Nr.44, Okt.1987).

der unterschiedlichsten Weise von den besondersartigen Voraussetzungen ihres jeweiligen Landes geprägt worden zu sein. Diese Wege nach modern und rückständig zu klassifizieren, fällt oft sehr schwer und macht oft auch wenig Sinn. Wir haben gesehen, daß Frankreich und die Bundesrepublik am Anfang des Booms noch sehr stark von solchen im europäischen Rahmen scharfen Kontrasten der Entwicklungswege geprägt waren, die sich während der Industrialisierung immer mehr gegeneinander absetzten und erst am Ende dieses Übergangs, also nach dem Zweiten Weltkrieg, zu recht ähnlichen Gesellschaften führten. Der Boom vor dem Ersten Weltkrieg hat in diesem langgestreckten Übergang die Auseinanderentwicklung beider Gesellschaften eher beschleunigt, der letzte Boom hingegen hat beide Gesellschaften am Ende dieses Übergangs eher wieder zusammengeführt.

4. Schlußüberlegungen

Kommen wir auf unsere drei Ausgangsfragen zurück. Gab es während des Booms wirklich einen Entwicklungsschub von Jahrhundertbedeutung? Führte dieser Entwicklungsschub eher in neue Probleme bei der Bewältigung von Krisen oder war er auch der Anfang einer neuen Epoche mit neuen Optionen? Hat dieser Entwicklungsschub im Boom die französische und die bundesdeutsche Gesellschaft einander nähergebracht oder eher neue Unterschiede entstehen lassen?

Zur ersten Frage: Für Frankreich wie für die Bundesrepublik war dieser lange Wirtschaftsboom eine Zeit eines ebenso unterschätzten wie tiefen säkularen gesellschaftshistorischen Umbruchs. Rekapitulieren wir: In der Bundesrepublik stärker als in Frankreich brach während dieses Booms erstmals in der Geschichte die Geburtenrate unter die Grenze der Bevölkerungserhaltung, setzte sich die Zwei-Kinder-Familie als Wunschgröße ebenso wie als tatsächliche Familiengröße durch und wurde unter verheirateten Frauen der Beruf erstmals zur normalen Lebensperspektive mit allen ihren Konsequenzen für das familiäre Zusammenleben. In Frankreich wie in der Bundesrepublik verfiel das klassische, an Besitz und an scharfen sozialen Grenzen nach unten orientierte Bürgertum, wurde das Kleinbürgertum der Handwerksmeister, Einzelhändler und Landwirte gesellschaftlich an den Rand gedrängt und verlor das proletarische Milieu in der Arbeiterschaft massiv an Boden. In Frankreich unerwarteter und abrupter als in der Bundesrepublik verschwand in dieser Zeit auch die traditionelle ländliche Arbeit und ländliche Gesellschaft. Eine Gesellschaft, die im 19. Jahrhundert entstanden war, neigte sich in beiden Ländern ihrem Ende zu. In Frankreich wie in der Bundesrepublik zeichnete sich während des Wirtschaftsbooms eine neue Gesellschaft ab, für die wir bisher noch keinen griffigen Namen haben: eine weitgehend verstädterte Gesellschaft ohne die alten Gegensätze zwischen Stadt und Land; eine

Gesellschaft mit weiterhin großer sozialer Ungleichheit, aber mit einer Umwertung in der Bedeutung sozialer Trennlinien und neuen Gemeinsamkeiten des Konsums, eine Gesellschaft der Sekundar- und Hochschulabsolventen ohne die alten Kontraste und Symbiosen zwischen einer schmalen Akademikerschicht und einer Gesellschaft aus einer erdrückenden Mehrheit von Volksschulabsolventen, einer Gesellschaft wohlfahrtsstaatlich abgesicherter Lebensläufe, in der die Bewältigung individueller Notsituationen von der Hilfe oder dem Versagen des Staates, weit weniger von der Familie abhing. Sicherlich begannen alle diese Entwicklungen im Boom nicht beim Punkte Null noch setzten sie sich im Boom vollkommen durch. Sicherlich sind auch nicht alle diese Durchbrüche direkte Folgen des Booms. Manche, so vor allem die Bevölkerungs- und Familienentwicklung, fielen eher zufällig mit dem Boom zusammen. Aber alle diese Entwicklungen waren während dieses Booms so massiv und stark, daß sie am Ende irreversibel waren. Als Epoche gesellschaftlicher Umbrüche ist deshalb die Zeit des Booms für die Gesellschaftsgeschichte mindestens ebenso wichtig wie unsere gewohnten Geschichtsdatierungen, die Weltkriege und die politischen Systemveränderungen. Auch historisch prägende Erfahrungen mag diese lange Prosperitätsphase hervorgebracht haben, die zwar nicht so traumatisch waren wie die Kriege. Genauere Untersuchungen könnten aber durchaus ergeben, daß auch die Erfahrungen des Booms auf lange Zeit die Erwartungen und Lebensperspektiven einer ganzen Generation geprägt haben.

Zur zweiten Frage: Der Boom hat in gleicher Weise Belastungen hinterlassen wie neue Chancen eröffnet. Die Belastungen: Der Boom mag durchaus in eine zähere und schwerer überwindbare Wirtschaftskrise hineingeführt haben, weil er - so Burkart Lutz - die bislang nicht durchindustrialisierten Gesellschaftsbereiche aufsog und dadurch eine wirtschaftliche Erholung ausschloß, die auf billigen Arbeitskräften, billigen Produkten und auch auf einer rasch steigenden Nachfrage nach Industriegütern aus diesen nichtindustrialisierten Gesellschaftsbereichen aufbaute. Der Boom hat darüber hinaus sicherlich auch unprodukive Branchen in der Landwirtschaft und der Industrie treibhausartig überleben oder sich sogar neu entwickeln lassen, deren wirtschaftliche Schwachseiten erst in Perioden geringeren Wachstums ans Tageslicht kamen. Er hat lange Zeit übervereinfachte Vorstellungen von Wirtschaftswachstum und Konjunkturpolitik gestützt, Hoffnungen auf Lebensstandardsteigerungen genährt, die zu sehr nur an Mengenwachstum, zu wenig an Qualitätswachstum der Konsumgüter ausgerichtet waren, hat zu rosige Erwartungen von Arbeitsmarktchancen bestimmter Bildungsabschlüsse geprägt, hat zu Illusionen über die staatlichen finanziellen Spielräume und dadurch in nicht mehr finanzierbare Kostenexplosionen des Sozialstaats hineingeführt, hat überhastet und gedankenlos geplante, rasch und schlecht gebaute Wohn- und Stadtviertel und vernachlässigte Innenstädte entstehen lassen, unrealistische Vorstellungen von Bürokratien und Planung erzeugt und damit scharfe Konflikte zwischen Bürokratien und Klienten aufkommen lassen. Er war freilich auch keine reine Sackgasse. Er hat vor allem der französischen Wirtschaft zu einem Modernisierungssprung verholfen, ohne den Frankreich heute nur noch ein Schwellenland wäre. Er hat in Frankreich wie in der Bundesrepublik einen breiten gesellschaftlichen Konsens über die Unumkehrbarkeit der modernen Gesellschaft verfestigt und jene alten Ängste vor der Industriegesellschaft und auch jene rückwärts gewandten Gesellschaftsvorstellungen beseitigt, die unter Angestellten, unter Handwerksmeistern und Kleinhändlern, unter Lehrenden und Beamten Nährböden für den Nationalsozialismus geschaffen und ihm Wähler zugeführt hatten. Er hat zu einer ruckartigen Verbesserung des Lebenstandards geführt, vor allem in Frankreich zu einer massiven Verbesserung der Wohnqualität. Er hat das Ausbildungsniveau von Männern und stärker noch von Frauen erheblich erhöht. Er hat soziale Trennlinien zwischen Bürgertum und Arbeitern, zwischen Stadt und Land, zwischen Männern und Frauen abgemildert, die sich heute kaum noch jemand zurückwünscht. Er hat schließlich zum Aufbau der modernen sozialen Sicherung und des modernen Wohlfahrtsstaats geführt, der zumindest auf dem europäischen Kontinent nicht wieder abgebaut wird und der sich von den neuen Industrieländern auch in Europa ganz offensichtlich ohne eine neue Periode wirtschaftlichen Wachstums nicht nachahmen läßt.

Schließlich zur dritten Frage: Die sozialen Folgen des vergangenen Booms waren historisch außergewöhnlich auch deshalb, weil sich während des Booms die französische und die bundesdeutsche Gesellschaft in wichtigen Hinsichten erstmals seit langem wieder spürbar ähnlicher geworden sind und sich alte Unterschiede abmilderten. Das gilt für eingespielte wirtschaftliche Unterschiede ebenso wie für Unterschiede der Erwerbstätigkeit, für die soziale Schichtung und Ausbildung ebenso wie für Stadtwachstum und -planung, für Lebensführung ebenso wie für den Sozialstaat. Diese Annäherung ist keine kurze Boomblüte. Sie hatte auch in der Wirtschaftskrise danach in vielen Hinsichten Bestand. Diese Annäherung war nicht einfach das Aufholen eines Rückstands der einen zur anderen entwickelteren Gesellschaft, sondern ein Zusammenkommen jahrzehntelang gegensätzlicher Entwicklungswege. Sie entstand zwar häufig aus einem rascheren Entwicklungstempo der französischen Gesellschaft, aber doch aus der gleichen Entwicklungsrichtung in beiden Gesellschaften. Der Boom der 1950er und 1960er Jahre ist aus diesem Grund der erste wirklich gemeinsame französisch-deutsche Boom, gemeinsam im gesellschaftlichen Wandel und in den Erfahrungen davon, gemeinsam in den Errungenschaften ebenso wie in den Problemen, die er schuf und hinterließ. Diese Gemeinsamkeiten sind aber nicht nur französisch-deutsche, sondern allgemein westeuropäische. Der Boom ist daher ein wichtiger Markstein in der französisch-deutschen ebenso wie in der europäischen Geschichte in einer wichtigen Hinsicht: Während die Geschichtsbücher in der ersten Hälfte des 20. Jahrhunderts gemeinsame französisch-deutsche oder europäische Fluchtpunkte und gemeinsame Daten immer nur dort aufweisen, wo es um Katastrophen oder im besten Falle um Mißerfolge geht - die Weltkriege, die Weltwirtschaftskrise, das wirtschaftliche Zurückfallen hinter die USA, das Scheitern des Völkerbunds-, ist der Boom der 1950er und 1960er Jahre einer der ersten historischen Fluchtpunkte, in dem sich neben Schattenseiten auch unbestreitbar positive Entwicklungen abzeichnen. Mit diesem Boom beginnt der bessere Teil der europäischen Geschichte im 20. Jahrhundert. Als europäische Entwicklung bleibt er allerdings für die Geschichtsbücher noch zu entdecken.

Die französisch-deutsche Annäherung im Boom ist freilich, zumindest soweit sie auf gezielte und geplante Staatseingriffe und Regierungsentscheidungen zurückgeht, nicht verständlich ohne die Krise vorher. Ohne den französischen Schock der deutschen Besetzung und der Verunsicherung der eigenständigen französischen Nation und Lebensweise, ohne den deutschen Schock der Inhumanität des NS-Regimes und seines Zusammenbruchs ohne eigenes deutsches Dazutun, schließlich ohne den europäischen Schock der Unterlegenheit und Rückständigkeit gegenüber den USA und - positiver ausgedrückt - ohne die Entschiedenheit zur Modernisierung der französischen und deutschen Gesellschaft und ohne die Gemeinsamkeit der wirtschaftlichen, gesellschaftlichen und politischen Modelle hätten die französischen und deutschen Regierungen und Bevölkerungen im Boom wahrscheinlich eine andere Politik und andere gesellschaftliche Veränderungen durchgeführt und gewünscht, die beide Gesellschaften vielleicht nicht so eng zusammengeführt hätten. Warum die Chancen, die der Boom bot, so und nicht anders genutzt wurden, läßt sich deshalb nicht allein aus wirtschaftlicher Prosperität erklären. Zugespitzt formuliert: Wenn am Ende des vorletzten wirtschaftlichen Booms der Erste Weltkrieg, dagegen am Ende des letzten Booms ein neuer Anlauf zur europäischen Integration stand, dann lag es offensichtlich nicht nur an den wirtschaftlichen Prosperitäten, sondern eher an den Lehren, die aus den vorhergehenden Krisen gezogen wurden. Gegenwärtig sind wir wieder dabei, aus einer Krise Lehren zu ziehen.

Schriften des Zentralinstituts für sozialwissenschaftliche Forschung der FU Berlin

Lieferbare Bände

Timothy W. Mason
Arbeiterklasse und Volksgemeinschaft

Gert-Joachim Glaeßner
Herrschaft durch Kader

Gero Neugebauer
Partei und Staatsapparat in der DDR

Gustav Schmidt
England in der Krise

Gerd-Michael Hellstern und Hellmut Wollmann (Hrsg.)
Handbuch zur Evaluierungsforschung
Band 1

Richard Stöss (Hrsg.)
Parteien-Handbuch
Die Parteien der Bundesrepublik Deutschland
Bd. 1: AUD bis EFP.

Michael Fichter
Besatzungsmacht und Gewerkschaften

Carola Sachse u. a.
Angst, Belohnung, Zucht und Ordnung

Max Kaase und Hans-Dieter Klingemann (Hrsg.)
Wahlen und politisches System

Rolf Ebbighausen und Friedrich Tiemann (Hrsg.)
Das Ende der Arbeiterbewegung in Deutschland?

Heinrich Volkmann und Jürgen Bergmann (Hrsg.)
Sozialer Protest

Traute Rafalski
Italienischer Faschismus in der Weltwirtschaftskrise (1925-1936)

Manfred Konukiewitz
Die Implementation räumlicher Politik

Hans-Dieter Klingemann und Max Kaase (Hrsg.)
Wahlen und politischer Prozeß

Walter Völkel (Hrsg.)
Systematische Bibliographie von Zeitungen, Zeitschriften und Büchern zur politischen und gesellschaftlichen Entwicklung der SBZ/DDR seit 1945
Bände 1-3

Ute Schmidt
Zentrum oder CDU

Klaus Sühl
SPD und öffentlicher Dienst in der Weimarer Republik

Dietrich Herzog und Bernhard Weßels (Hrsg.)
Konfliktpotentiale und Konsensstrategien

Jürgen Bergmann u. a.
Regionen im historischen Vergleich

Tilla Siegel
Leistung und Lohn in der nationalsozialistischen „Ordnung der Arbeit"

Zoltán Jákli
Vom Marshallplan zum Kohlepfennig

Nils Diederich u. a.
Die diskreten Kontrolleure

Max Kaase und Hans-Dieter Klingemann (Hrsg.)
Wahlen und Wähler

Wolfgang Jaedicke u. a.
Lokale Politik im Wohlfahrtsstaat

Christiane Lemke
Die Ursachen des Umbruchs 1989

Bernhard Weßels
Erosion des Wachstumsparadigmas: Neue Konfliktstrukturen im politischen System der Bundesrepublik?

Hans-Dieter Klingemann, Richard Stöss und Bernhard Weßels
Politische Klasse und politische Institutionen

WESTDEUTSCHER VERLAG
OPLADEN · WIESBADEN